この1冊で決める!!

国内旅行業務

取扱管理者

テキスト&問題集

第3版

JN015505

新星出版社

# 国内旅行業務

レジャー産業隆盛の現在、旅行業界はますます活況を呈しています。そんな旅行業界への就職に大変有利で、旅行業務のスペシャリストといわれる国内旅行業務取扱管理者の資格にチャレンジしてみませんか？

旅行業には、ツアーの企画立案、旅行プランの作成、予約や手配、契約、ツアーコンダクター、コンサルティングといった仕事がありますが、取引を円滑かつ公正に行い、トラブルを未然に防いだり解決するためには旅行業務に熟知した専門家が必要です。その専門家が旅行業務取扱管理者で、各営業所に1人以上配置することが旅行業法によって決められています。

国内旅行業務取扱管理者は、旅行業全般の知識を備えたエキスパートとして、旅行会社だけでなく、航空会社や鉄道・船舶会社、ホテル、ツアーオペレーターなど旅行関連産業においても、その活躍が期待されています。

# LET'S STUDY

## 独　学

マイペースで学習でき、経費もかからない。セミナーや模擬試験など自分の実力を確かめられる機会も積極的に利用しよう。

## 通信教育

時間の制約なしに講師の指導が受けられる。計画的に学習を進めていく上での指針にもなり、スクーリングや模擬テストなどのフォローもある。

## スクール

カリキュラム通りに学習を進めれば、無理なく実力をつけることができる。疑問点もすぐ解決でき、確かな実力が身につく。

# 取扱管理者にチャレンジ

旅行業者は国内旅行か海外旅行か、企画旅行か手配旅行か、さらに旅行業者の代理業かによって次の種別に分かれます。

## 5つの旅行業者

● 第1種旅行業：企画旅行（募集型・受注型）、手配旅行、国内旅行、海外旅行の企画・販売等、すべての旅行業務を取り扱えます。

● 第2種旅行業：第1種旅行業のうち、海外の募集型企画旅行は実施できません。その他の旅行業務はすべて取り扱えます。

● 第3種旅行業：募集型企画旅行（海外・国内）のみ実施できません。その他の旅行業務はすべて取り扱うことができます。

● 地域限定旅行業：営業所のある市町村、特別区およびこれに隣接する区域に限定して企画旅行、手配旅行を行える。（国内旅行のみ）

● 旅行業者代理業：第1種旅行業者から第3種旅行業者のいずれかの種別の、しかも1社の専属代理人。代理者として旅行者の集客・獲得に専念する旅行業者。

## 資格のメリット

旅行管理者の資格があれば、旅行業界への就職の際、大きな武器になる。

旅行業務全般の知識が広がり、日常業務の幅が広がる。

実力のあるスペシャリストが求められるため、昇給・昇進に有利。

独立して旅行業を営むためには、必要不可欠。

## 国内旅行業務取扱管理者試験に CHALLENGE!

● 試験科目は「法令」「約款」「国内旅行実務」の3科目
● 学歴・年齢・性別などに関係なく、誰でも受験可能
● 合格率は30%前後

### TIME SCHEDULE

| 6月中旬〜 | 試験要項の請求 |
| --- | --- |
| 7月中旬〜 | 受験願書の提出 受験料の振込み |
| 9月上旬〜 | 試験本番！ |
| 10月下旬〜 | 合格発表 |

# クリエイティブな魅力にあふれるさまざまな旅行業務

旅行業務は実に多彩でクリエイティブな魅力にあふれています。ここではそのいくつかを紹介しましょう。

## 旅行のプランニング

目的地や日程、料金など旅行サービスにかかわるあらゆる条件を上手に組み立て、立案する。

## ツアーコンダクター

添乗員（旅程管理者）の資格を取得すれば、企画旅行の添乗も可能。旅行業務全般の幅広い知識が必要とされる。

## カウンター業務

お客様に接し、ツアーの案内や旅行プランの説明から契約までを担当する。トラブルを未然に防ぐためにも大切な業務。

## 手配業務

旅行プランに基づいて、宿泊施設や交通機関などの旅行サービスを手配する。

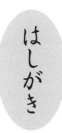

はしがき

　旅行業の役割は、鉄道や航空機・船舶・バスなどの交通運輸機関、あるいは旅館やホテルといった宿泊施設、さらに観光施設など、旅行を構成する要素または部品を組み合わせて旅行者に提供することです。また、この組合せを質的に高度に推進しようという考えの中から「旅行業は第4次産業である」と位置づける考えもあります。

　そのためには、旅行業務に関する幅広い知識や旺盛な学習意欲と好奇心、創意性などが必要とされます。そのエキスパートである旅行業務取扱管理者は活躍が期待されている人気の資格です。

　本書は、旅行業務の基本であり基礎である国内旅行業務取扱管理者に的を絞って、各科目の要点をまとめました。国内管理者の試験科目は、①旅行業法令、②各種約款、③運賃・料金と観光地の知識を併合した、国内旅行実務の3科目・4領域です。総合旅行業務取扱管理者の試験科目は4科目・10領域ですから、それと比べると楽に見えますが、合格率は30%前後ですから、決してやさしい試験ではありません。

　また、上述3科目のうち、①と②は記憶重点の学習をしなければなりませんが、③の運賃・料金は理解と練習がものをいいます。本書で③が理解できたと思ったら、JRの運賃料金は市販の時刻表で、また、宿泊料は旅館とホテルを想定して適宜の条件と金額を仮定して問題練習をしてください。観光地の知識は、個人差があるので共通して申しあげることはできませんが、好奇心と知識吸収欲を盛んにして、雑学に励んでください。書店で自分にふさわしい観光地に関する書籍を購入するのもひとつの方法です。

　読者の皆さんが、国内旅行業務取扱管理者合格の栄冠を勝ちとられることを、心から念願し、期待しています。

# 効率のよい本書の利用法

● 「国内旅行業務取扱管理者試験」は深く確かな知識が必要とされます。
　本書では出題科目の全体像をつかむため、出題頻度の高いものを中心にやさしいことばでコンパクトにまとめてありますので、何度も通読することによって試験に出やすいポイントを体系的につかむことができます。
　また、覚えにくい法令や約款の内容を表やイラストを使って分かりやすく解説してあります。

●出題範囲の項目を細分化し、1つの項目を2ページないし4ページで構成してあります。次のように学習していくと効果的です。

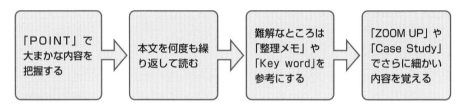

| 「POINT」で大まかな内容を把握する | → | 本文を何度も繰り返して読む | → | 難解なところは「整理メモ」や「Key word」を参考にする | → | 「ZOOM UP」や「Case Study」でさらに細かい内容を覚える |

**POINT**　出題内容を大まかにまとめたもの。本文を効率的に読むために、まず、ここで全体を大づかみしておく。

**ZOOM UP**　本文では説明しきれない内容を補足的にまとめたもの。試験にもよく出題されるので、必ず読んでおくこと。

**Case Study**　あらゆる具体的なケースでの対処法を解説。本文の内容をより深く理解できる。

**整理メモ**　本文の内容をやさしいことばで解説したもの。試験直前に全体をおさらいするのに役立つ。

**Key Word**　内容をより正確に理解するために、出題頻度の高い用語の意味をまとめたもの。

●各PARTの最後には、過去に出題された問題を中心に解答、解説を掲載してあります。最後の総復習のため、一度はじっくり取り組んでみてください。間違えた問題は、どこがどう間違えていたのかを本文に戻って確認してください。そうすることによって、内容の理解度が高まります。

# CONTENTS

はしがき …………………………………………………………………… 1
効率のよい本書の利用法 …………………………………………………… 2
旅行業務取扱管理者とは …………………………………………………… 8
国内旅行業務取扱管理者の仕事 …………………………………………… 9
受験ガイド ………………………………………………………………… 10

## PART1　　　　法　令

**SECTION1　旅行業法** ………………………………………………… 14
　1　旅行業法とは …………………………………………………………… 14
　　旅行業法令のしくみ ……………………………………………………… 14
　　旅行業とは ………………………………………………………………… 15
　　旅行業者とは ……………………………………………………………… 15
　　旅行サービス手配業とは ………………………………………………… 17
　2　登録制度について ……………………………………………………… 18
　　登録と登録変更等 ………………………………………………………… 18
　　登録できない場合（拒否事由） ………………………………………… 19
　3　営業保証金制度について ……………………………………………… 20
　　保証金を供託しなければ事業をできない ……………………………… 20
　　保証金の取戻し …………………………………………………………… 21
　4　旅行業務取扱管理者とは ……………………………………………… 22
　　管理者の必要性とその任務（管理・監督） …………………………… 22
　　管理者の資格を得るには ………………………………………………… 23
**SECTION2　契約・取引準則** ……………………………………… 24
　1　取引の条件 ……………………………………………………………… 24
　　募集型企画旅行、受注型企画旅行、手配旅行 ………………………… 24
　　広告表示 …………………………………………………………………… 25
　　取扱料金の明示 …………………………………………………………… 26
　　外務員について …………………………………………………………… 27
　2　取引のしくみ …………………………………………………………… 28
　　あらかじめ必要な取引条件の説明 ……………………………………… 28
　　契約の書面は手渡す ……………………………………………………… 29
　3　取引の実際 ……………………………………………………………… 30
　　旅行業者代理業とは ……………………………………………………… 30
　　受託契約とは ……………………………………………………………… 31
**SECTION3　旅行業務** ……………………………………………… 32
　1　旅程管理 ………………………………………………………………… 32
　　旅程管理と旅程管理者 …………………………………………………… 32

　　2　禁止行為 ……………………………………………………34
　　　　禁止行為とは …………………………………………………34
　　　　業務の改善命令 ………………………………………………35
　　3　行政処分 ……………………………………………………36
　　　　罰則 ……………………………………………………………36
　　　　旅行業の廃止 …………………………………………………37
　　　　登録の取消し …………………………………………………37
　　　　登録の抹消 ……………………………………………………37
**SECTION4　旅行業協会** …………………………………………**38**
　　1　旅行業協会とは ……………………………………………38
　　　　旅行業協会とは ………………………………………………38
　　2　旅行業協会の仕事 …………………………………………40
　　　　旅行業協会の仕事 ……………………………………………40
　　　　旅行業協会による弁済業務 …………………………………42
　　　　弁済業務保証金制度のしくみ ………………………………43
　練習問題 ……………………………………………………………**44**

# PART2　約　款

**SECTION1　標準旅行業約款** ……………………………………**56**
　　1　標準旅行業約款とは ………………………………………56
　　　　標準旅行業約款 ………………………………………………56
　　　　旅行業約款の構成 ……………………………………………57
　　　　用語の定義 ……………………………………………………57
　　　　旅行業者が行わねばならないこと …………………………57
　　2　契約の成立 …………………………………………………58
　　　　契約の申込み …………………………………………………58
　　　　契約の成立時期 ………………………………………………58
　　　　契約締結の拒否 ………………………………………………59
　　3　契約の変更 …………………………………………………60
　　　　契約内容の変更 ………………………………………………60
　　　　旅行代金の変更、旅行者の交代 ……………………………60
　　　　旅行者と旅行業者の解除権 …………………………………61
　　4　企画旅行契約 ………………………………………………62
　　　　旅程管理 ………………………………………………………62
　　　　旅行業者の旅程保証 …………………………………………62
　　　　特別補償規程 …………………………………………………64
　　　　支払われない場合 ……………………………………………65

5 手配旅行契約 ··············································· 66
　手配債務の終了 ··········································· 66
　旅行代金 ················································· 67
　団体・グループ手配 ······································· 68
　契約の変更および解除 ····································· 68
**SECTION2　JR旅客営業規則** ······························· 70
1 JR旅客営業規則とは ····································· 70
　旅客運送契約の成立と運賃・料金 ··························· 70
　乗車に必要な乗車券類 ····································· 71
2 団体旅客について ········································· 72
　団体旅客の種別による区分 ································· 72
**SECTION3　国内航空運送約款** ····························· 74
1 国内航空運送約款とは ····································· 74
　国内航空運送約款の内容 ··································· 74
2 手荷物に関する規定 ······································· 76
　無料手荷物許容量 ········································· 76
　手荷物の料金 ············································· 77
　航空会社の責任 ··········································· 78
　航空会社の賠償責任 ······································· 78
　会社の責任─共同引受と相次運送 ··························· 79
3 払戻しについて ··········································· 80
　払戻手数料 ··············································· 80
　取消手数料 ··············································· 80
4 搭乗時の注意 ············································· 82
　搭乗の制限 ··············································· 82
　不正搭乗の場合 ··········································· 83
**SECTION4　その他の約款** ································· 84
1 モデル宿泊約款とは ······································· 84
　契約の成立 ··············································· 84
　宿泊業者のするべきこと ··································· 85
2 宿泊に伴う違約金（取消料）・補償料等 ····················· 86
　宿泊予約の確認と変更 ····································· 86
3 フェリー標準運送約款とは ································· 88
　運送と運賃について ······································· 88
　乗船について ············································· 89
4 貸切バス約款とは ········································· 90
　運送の拒絶と制限 ········································· 90
　運送の申込みと契約成立 ··································· 91
練習問題 ··················································· 92

# PART3 国内旅行実務

**SECTION1　国内航空運賃** ……………………………………………108
　1　運賃・料金の計算 ……………………………………………108
　　国内航空運賃 …………………………………………………108
　2　取消しと払戻し ………………………………………………110
　　取消手数料と払戻手数料 ……………………………………110

**SECTION2　JRの運賃・料金** ……………………………………112
　1　JR普通運賃の計算 ……………………………………………112
　　用語の意味 ……………………………………………………112
　　普通運賃の計算の基本ルール ………………………………114
　　JR運賃表の例…………………………………………………118
　　運賃計算のしくみ（まとめ）………………………………120
　2　JRの料金 ………………………………………………………122
　　用語の意味 ……………………………………………………122
　　特急料金（新幹線・在来線共通）…………………………122
　　グリーン、寝台、指定席料金 ………………………………124
　　乗継割引 ………………………………………………………124
　3　JR割引運賃の計算 ……………………………………………126
　　個人割引 ………………………………………………………126
　4　JR団体運賃・料金 ……………………………………………128
　　団体運賃・料金の計算 ………………………………………128
　5　JR払戻し・その他 ……………………………………………130
　　有効日数と払戻手数料 ………………………………………130

**SECTION3　宿泊料金** ………………………………………………132
　1　ホテルの宿泊料金計算 ………………………………………132
　　宿泊料金と税・サービス料 …………………………………132
　　宿泊料金の計算について ……………………………………134
　2　宿泊の取消し …………………………………………………136
　　宿泊の取消料 …………………………………………………136

**SECTION4　その他の運賃・料金** ………………………………138
　1　フェリーの運賃・料金 ………………………………………138
　　フェリーの運賃と料金 ………………………………………138
　　乗船券の通用期間 ……………………………………………139
　2　貸切バスの運賃・料金 ………………………………………140
　　貸切バスの運賃・料金について ……………………………140
　　貸切バスの料金 ………………………………………………142

## SECTION5　旅行業務実務 ……………………………………144

1　企画業務 ……………………………………………144
　企画業務について ……………………………………144

2　受注型企画旅行契約と旅行相談契約 ………………146
　受注型企画旅行契約 …………………………………146
　旅行相談契約 …………………………………………147

3　募集広告の実務 ………………………………………148
　募集広告について ……………………………………148

4　契約業務 ………………………………………………150
　契約業務について ……………………………………150

5　保険制度 ………………………………………………152
　保険の知識について …………………………………152

6　応急手当について ……………………………………154
　応急手当の知識 ………………………………………154

7　旅行中に事故が発生したら …………………………156
　緊急事故時の処理 ……………………………………156

8　アフターサービス ……………………………………158
　アフターサービスについて …………………………158

9　緊急事故への対処 ……………………………………160
　緊急事故等における処理と連絡体制（例）…………160

## SECTION6　航空機 ……………………………………162

1　航空機の時刻表 ………………………………………162
　航空機の時刻表 ………………………………………162

## 旅行・観光事象の基礎知識 ………………………………164

都道府県別旅行事象一覧 ………………………………164
国立公園一覧 ……………………………………………188
国定公園一覧 ……………………………………………190
海域公園一覧 ……………………………………………194
ラムサール条約の登録湿地 ……………………………197
世界遺産条約の登録地 …………………………………197
日本名数地名一覧 ………………………………………198
全国の美術館・博物館一覧 ……………………………199

練習問題 …………………………………………………207
旅行業法（抜粋）………………………………………239
標準旅行業約款 …………………………………………245

口絵デザイン／やまだゆかり
口絵イラスト／ホン多・ツグヲ
本文デザイン・レイアウト／㈱グラスロード　榎森宏美
本文イラスト／関根てるよ　内藤明生　大橋建造

# 旅行業務取扱管理者とは

　週休2日制や休日の大型化、また学校の週休2日制定着に伴い、旅行の人気が高まっています。海外はもちろん、ゆっくり、のんびりできる国内旅行のニーズは毎年増加しています。これらの旅行を扱う旅行業者は「旅行業法」によって「第1種旅行業」「第2種旅行業」「第3種旅行業」「地域限定旅行業」「旅行業者代理業」の5種に分けられます。

| | |
|---|---|
| 第1種旅行業 | 国内・海外の募集型企画旅行、受注型企画旅行、手配旅行、旅行相談、渡航手続代行等、すべての旅行業務を取り扱うことができる。 |
| 第2種旅行業 | 国内旅行は募集型企画旅行、受注型企画旅行、手配旅行のすべてを取り扱うが、海外旅行は募集型企画旅行は取り扱わない。その他の旅行業務はすべて取り扱う。 |
| 第3種旅行業 | 国内旅行、海外旅行とも受注型企画旅行と手配旅行は取り扱うが、募集型企画旅行は実施しない。その他の旅行業務はすべて取り扱う。 |
| 地域限定旅行業 | 営業所のある市町村、特別区およびこれに隣接する区域に限定して企画旅行、手配旅行を行える。（国内旅行のみ） |
| 旅行業者代理業 | 上記旅行業者のいずれか1社に専属し、旅行業務（主に集客業務）を行う。 |

　旅行を"商品"として旅行客と取引し、その取引業務に不正やトラブルが発生しないよう管理・監督するのが、旅行業務取扱管理者です。

　旅行業務取扱管理者には、すべての旅行業務（国内・海外）に有効な総合旅行業務取扱管理者に対して、国内旅行に有効な国内旅行業務取扱管理者があります。

　オールマイティーな総合旅行業務取扱管理者に対し、その前段階として取得する資格の「国内旅行業務取扱管理者」は、その人気も高く、トライアルとしてチャレンジするには最適のものです。

国内旅行ならおまかせ

# 国内旅行業務取扱管理者の仕事

　国内旅行業務取扱管理者は、国内旅行における次の業務について、その業務が公正かつ確実に行われるように管理、監督をします（この他にも6つの法定業務があります。本文22ページ参照）。

## ①旅行者に対する取引条件の説明

　旅行者と契約を結ぶときは、契約の前に旅行者が依頼しようとする旅行業務の内容を確認したうえで、旅行サービスの内容、対価（旅行代金）、旅行業務取扱管理者の氏名などを記載した取引条件説明書面（条件予定書）を交付します（注参照）。

## ②書面の交付

　旅行契約を結ぶとき、または結んだときは、旅行サービスの内容、対価（旅行代金）、旅行業務取扱管理者の氏名を記載した書面（契約書面）、または乗車券、宿泊券などのサービスを受ける権利を表示した書面を交付します（注参照）。

## ③適切な広告

　誤認広告や誇大広告にならないよう、旅行の内容について正確に広告しなければなりません。

## ④苦情の的確な処理

　国内旅行業務取扱管理者としての知識を十分に生かし、複雑化、多様化してきたさまざまな苦情を的確に処理します。

（注）インターネット等を利用する場合には例外があります（本文参照）。

# 受験ガイド

## 受験資格

　年齢、性別、国籍、学歴を問わず、誰でも受験できます。しかし、試験の際に不正行為を行った場合には受験が停止となり、合格した場合でも無効となります。さらに、5年間、試験を受けることができなくなります。

## 受験申込

　試験の要項は、試験日の約2カ月前に、官報で公示されます。応募書類は試験を実施する(一社)全国旅行業協会の事務局本部、支部で配布されますが、郵送、協会ホームページからダウンロードによっても入手できます。

## 受験願書

　願書に必要事項を記入し、受験手数料の振込みを証明する用紙を貼付して(一社)全国旅行業協会に提出します。受験手数料は5,800円（変更される場合があります）、所定の振込用紙で郵便局、あるいは銀行から振込みます。願書と受験料の納付が確認されれば、受験者に受験票が送付されます。

## 実施場所

　試験は、北海道、宮城、埼玉、東京、愛知、大阪、広島、福岡、沖縄の9都道府県、15カ所で行われます。実施場所は変更されることがありますので、試験実施要領で確認しましょう。

## 実施時期

　試験は例年、9月の第1、または第2日曜日に実施されています。試験日は、必ず試験要領で確認してください。

## 受験時の注意

①受験票を忘れずに

　試験当日、受験票を所持しない者は受験できないので忘れないように。

②遅刻は禁物

　試験開始後の入場はできません。会場には早めに到着のこと。

## 合格発表

　合格発表は、例年10月末から11月上旬に行われます。すべての受験者に対し文書で合否結果が郵送されて、協会本部及び支部事務局に合格者受験番号名簿を備え付けるほか、ホームページ上でも発表されます。

## 合格証の交付

　合格者には、国内旅行業務取扱管理者試験合格証が交付されます。

## 試験科目

次の3つの分野から出題されます。

①**法令**──旅行業法およびこれに基づく命令

旅行業法や旅行業法施行規則などの知識が問われます。

②**約款**──標準旅行業約款、その他関連約款

標準旅行業約款をはじめ、宿泊約款、運送約款などの知識が問われます。

③**国内旅行実務**

運賃、料金と実務知識が問われます。

ａ．運送機関や宿泊施設の運賃や料金とその規則・制度、その他の旅行業務に関連する料金や制度

ｂ．旅行の取扱いに関する日常業務知識、旅行・観光事象など

## 試験時間

試験は例年13時30分から15時30分の2時間で3科目が一斉に行われます。年度により、変更される場合もありますので試験要領で確認してください。

## 試験の免除について

**管理者研修**

この研修は一定の資格（最近5年以内に3年以上の国内旅行業務に従事等）のある者を対象に、（一社）全国旅行業協会の実施する「国内旅行業務取扱管理者指定研修」を受講し、修了試験に合格した者は「国内旅行実務」の科目が免除となります。

受験に関する案内の概略を述べてきましたが、変更されることもあるので、6月中旬頃に（一社）全国旅行業協会、あるいは最寄りの支部に問い合わせ、試験施行要領を入手し、必ず確認してください。

**一般社団法人全国旅行業協会**

〒107-0052 東京都港区赤坂4丁目2-19　赤坂シャスタイーストビル3階

TEL 03-6277-8310（代表）　TEL03-6277-6805（試験係）

ホームページ　www.anta.or.jp

# PART 1

# 法令

出題頻度の高いと予想される項目
■旅行業…旅行業の目的と定義、登録制度、旅行業務取扱管理者、外務員
■契約・取引準則…取扱料金の掲示、標準旅行業約款、取引条件の説明、誇大広告の禁止、旅程
　管理業務
■旅行業協会…弁済業務保証金制度

学習のポイント
■各項目とも、条文に目を通しながら学習を進めること
■重要な条文や数字は暗記する
■条文に用いられている用語は正確に理解する

# SECTION
## 1

# 1 旅行業法とは

**POINT**
①旅行業法の目的は、㋑旅行業務に関する取引の公正の維持、㋺旅行の安全の確保、㋩旅行者の利便の増進の3つです。
②その目的を達成するために次の3つの方法をとります。㋑登録制度の実施、㋺旅行業者等の業務の適正な運営を確保、㋩旅行業協会の適正な活動を促進する。
③旅行業者は運送・宿泊・食事等の旅行サービスを直接提供するわけではありません。その便宜・便益を提供することにあります。

## 旅行業法令のしくみ

### 1. 旅行業法令のしくみ

旅行業法令は旅行業に関する法規で、2つの法令と4つの規則があります。

**2つの法令**
**4つの規則**

※「旅行業法に規定する旅行業約款に係る民間事業者等が行う書面の保存等における情報通信の技術の利用に関する法律施行規則」を加えて5つの規則とする見方もある。

| | |
|---|---|
| 旅行業法  | 旅行業の基本となる法律 |
| 旅行業法施行令 | 観光庁長官の権限を都道府県知事に委任することなどを定めた政府の命令 |
| 旅行業法施行規則  | 旅行業法について、細かい規則を示した国土交通省の命令及び内閣府令 |
| 旅行業者等が旅行者と締結する契約等に関する規則 | |
| 旅行業者営業保証金規則  | 営業保証金の取扱い方について定めた法務省・国土交通省の命令 |
| 旅行業協会弁済業務保証金規則  | 弁済業務保証金の納付・供託・還付等について定めた法務省・国土交通省の命令 |

### 2. 旅行業法の目的——旅行業法第1条——

この法律は、旅行業等を営む者について登録制度を実施し、あわせて旅行業等を営む者の業務の適正な運営を確保するとともに、その組織する団体の適正な活動を促進することにより、旅行業務に関する取引の公正の維持、旅行の安全の確保および旅行者の利便の増進を図ることを目的とする。

# 旅行業とは

旅行業とは、報酬を得て、旅行業務を行う事業です。旅行業者は、旅行サービスを直接提供するのではなく、運送機関・宿泊施設などの旅行サービス提供業者と旅行者の間で、代理・媒介・取次ぎの業務を行います（法第2条第1項）。

## ●旅行業務

旅行業法では、①運送または宿泊についての業務と、②運送または宿泊以外の旅行に関する業務に区分し、②は①に付随して行われる場合にのみ旅行業務となります。

## ●次のようなものは旅行業務ではない（旅行業の登録の必要はない）

① 運送機関の代理行為のみ（切符、乗船券等の販売のみ）。(例)埠頭にあるガソリンスタンドが、フェリーの乗船券のみを販売する場合

② 添乗員派遣会社、ランドオペレーター … 旅行業者と取引をするのであって、旅行者との取引を行うものでないため。

③ 宿泊以外のサービス（レストラン、遊園地など）の手配のみを行う場合

④ 運送事業者、宿泊事業者が自らの事業として行う場合。(例)バス事業者が自社バスを使って行う日帰り旅行。（他人が経営する宿泊施設に1泊でもすると、旅行業務となります。）

# 旅行業者とは

旅行業を営む「事業者」のことで、観光庁長官または都道府県知事の登録を受けた者で、登録を受けなければ事業を行ってはなりません。登録には一定の基準（18ページ参照）があり、旅行業の種別は次表の通りです。

---

**Key word** 登録行政庁──登録の申請を受け付ける、観光庁長官または都道府県知事の総称。
財産的基礎──資産─負債─営業保証金＝財産的基礎

## 旅行業者等の種別

| | | 募集型企画旅行 | 受注型企画旅行 | 手配旅行 |
|---|---|:---:|:---:|:---:|
| 第一種旅行業 | 海外旅行 | ○ | | |
| | 国内旅行 | ○ | | |
| 第二種旅行業 | 海外旅行 | × | ○ | ○ |
| | 国内旅行 | ○ | | |
| 第三種旅行業 | 海外旅行 | × | | |
| | 国内旅行 | △ | | |
| 地域限定旅行業 | 海外旅行 | × | × | × |
| | 国内旅行 | △ | △ | △ |
| 旅行業者代理業 | | 第1種、第2種、第3種、地域限定のいずれかの旅行業者の代理業。したがって自ら契約の主体（契約の当事者）となることはできない。 | | |

（注）○は実施可能、×は実施不可、△は一定条件（P17参照）の下で実施可能を示している。

## 旅行業等の種別──旅行業法施行規則第1条の2

①第1種旅行業　国内・海外の募集型企画旅行、受注型企画旅行、手配旅行、旅行相談、渡航手続代行、すべての旅行業務を取り扱うことができます。

②第2種旅行業　国内旅行は募集型企画旅行、受注型企画旅行、手配旅行のすべてを取り扱えるが、海外旅行は募集型企画旅行は実施できない。その他の旅行業務はすべて取り扱うことができます。

③第3種旅行業　国内旅行、海外旅行とも受注型企画旅行と手配旅行は取り扱うが、募集型企画旅行は一定の条件にて実施できる。その他の旅行業務はすべて取り扱うことができます。

④地域限定旅行業　営業所のある市町村、特別区およびこれに隣接する区域に限定して企画旅行、手配旅行を行うことができます。（国内旅行のみ）

⑤旅行業者代理業　上記①②③④のいずれかの旅行業を営む者の代理人として、旅行者と契約を成立させる業で、旅行業者代理業者は自らが契約の当事者となることはできません。したがって、自らが募集型企画旅行、受注型企画旅行を取り扱うことはもちろん、手配旅行も直接取り扱うことはできません。

　つまり、旅行業務（募集型企画旅行、受注型企画旅行、手配旅行、旅行相談、渡航手続代行業務）の取り扱いは、常に上記①②③④の旅行業者を通して行わねばなりません。

※旅行業者の種別の「一定条件」とは、その旅行業者が存する市区町村及びこれに隣接する市区町村内なら旅行業を営むことが可能となります。例えば、「新宿区とそれに隣接する区」の場合は、「中野区・渋谷区など」が、「横浜市とそれに隣接する市」の場合は、「川崎市・町田市など」となります。

# 旅行サービス手配業とは

2018年に新たに「旅行サービス手配業」が旅行業法の中に加えられました。これを法律の体系の中で図示すると次のようになります。

### 旅行業法の体系

注：旅行サービス手配業は、旅行業法では「事業者」だが、「旅行業者等」ではない。

旅行サービス手配業は、旅行業等と同様に登録制です。登録要件は、旅行業とそれほど異なっているわけではありません。ただし、旅行業と異なるところは、①財産的基礎、②営業保証金、③有効期間についての定めがないことです。

さらに、旅行業等が一般顧客（旅行者）を取り扱うのに対して、旅行サービス手配業では、旅行者の取り扱いはできません。旅行サービス手配業の業務は、国内または海外の旅行会社から依頼されて国内の宿泊・運送等を手配することです。

●企画旅行とは

①企画旅行とは、その旅行に旅行業者のプランニング（企画）が関与するものをいい、「募集型企画旅行」と「受注型企画旅行」に区分できます。

②募集型企画旅行とは、旅行の日程や運送・宿泊サービスの内容、旅行代金の額を旅行業者があらかじめ定めて、旅行者を新聞広告、ポスター、ダイレクトメール等で募集するツアーです。通常のパッケージツアーを考えてください。

③受注型企画旅行とは、旅行者から日程、旅行地などの大まかな旅行日程等の提示を受けて、旅行業者がそれに沿ったプランニングを行い実施する旅行です。修学旅行を考えてください。募集性はありません。

④旅行業者が企画旅行に同行させるチーフ添乗員は、旅程管理主任者の資格を有する者でなければなりません。

新たに「旅行サービス手配業務取扱管理者」制度が新設されて、この業務を行うためには同資格者の選任が必要となりました。（旅行業務取扱管理者を選任することでも可とされています）。

また、2018年から旅行業者等の営業所で選任されている旅行業務取扱管理者及び旅行サービス手配業務取扱管理者には、5年ごとの研修の受講が義務付けられました（条文では3年以上5年以内）。このほか、2018年より地域限定旅行業務取扱管理者資格が創設され、初年度の資格試験は観光庁が実施しました。

①募集型企画旅行は旅行の日程や目的地が計画上定まっていればよく、募集前に手配を完了している必要はない。

②目的地は決定しているが、旅行者には知らされていないミステリーツアーも企画旅行になる。

# SECTION 1

# 2 登録制度について

**POINT**

①「登録制度」の目的は、旅行業を営もうとする者が、それにふさわしい者であるか、一定の財産的基礎を有しているか等を観光庁長官、都道府県知事が審査し、問題がなければ消費者（旅行者）に「この者は、旅行業を営むに特に問題はありませんよ」と登録簿により公示することです。

②登録申請先は第1種旅行業とその他の旅行業で異なり、第1種旅行業は観光庁長官に、その他は主たる営業所を管轄する都道府県知事に登録の申請を行います。

③登録申請者は法令の定める拒否事由に該当してはなりません。

## 登録と登録変更等

### ●登録のしかた

登録は、まず旅行業の種別に応じて観光庁長官又は都道府県知事へ申請書を提出します。申請を受け付けた行政庁では資格要件の審査を行い、問題がなければ旅行業者登録簿に登録します。登録後、営業保証金を供託、または旅行業協会に弁済業務保証金分担金を納付、その旨を登録行政庁に届出を行うことで事業を開始することができます。

### ●旅行業者等とは

旅行業者等といった場合は、「旅行業者」と「旅行業者代理業者」を言い、旅行業者はさらに4つに区分されます。

| 区　分 | | 登録申請先 | 登録有効期間 | 登録の更新・変更の届出 | 営業保証金（最低額） | 財産的基礎（基準資産額） |
|---|---|---|---|---|---|---|
| 旅行業者 | 第1種 | 観光庁長官 | 登録の日から起算して5年例えば、2023・4・01の登録の場合は2028・4・30までとなる。 | ①更新——有効期間の満了日の2か月前までに申請②登録事項の変更——変更が生じた日から30日以内に届出 | 7,000万円 | 3,000万円以上 |
| | 第2種 | 主たる営業所の所在地を管轄する都道府県知事 | | | 1,100万円 | 700万円以上 |
| | 第3種 | | | | 300万円 | 300万円以上 |
| | 地域限定業者 | | | | 15万円 | 100万円以上 |
| 旅行業者代理業者 | | | 定めはない（注） | 更新はないが、変更届出義務はある | 供託の必要はない | 定めはない |

(注)旅行業者代理業者の登録は、旅行業者代理業務委託契約（俗にいう代理店契約）が失効したとき、または所属旅行業者の登録が抹消されたときはその効力を失います。

●変更登録等──「新しくなろうとする区分」に応じて申請先等は決定する

①第2種 ─┐
　第3種 ─┼→ 第1種に変更 ……観光庁長官に「変更登録」申請
　地域限定 ─┘

②第1種 ──→ 第2種、第3種または地域限定に変更 ─┐
　第2種 ──→ 第3種、地域限定に変更　　　　　　　├ 主たる営業所の所在地を管轄する
　第3種 ──→ 第2種、地域限定に変更　　　　　　　│ 都道府県知事に「変更登録」申請
　地域限定 ──→ 第2種、第3種に変更 ─────────┘

③旅行業者代理業者 ◀───── 旅行業者（第1種〜地域限定）「新規登録」が必要となる。

## 登録できない場合（拒否事由）

### 1. 登録しなくてもよいもの（法の適用除外）

　バスの回数券を販売するだけのタバコ店や、いわゆるチケット屋さんは、切符を扱うだけですから、旅行業としての登録は必要ありません。

### 2. 登録行政庁の「登録の拒否」事由 ※1つでもダメ。

①旅行業または旅行業者代理業の登録を取り消された日から5年を経過していない者（法人の場合、取消しに係る聴聞の期日および場所の公示の日前60日以内に役員だった者を含む）。

②禁錮以上の刑または旅行業法の規定に違反し、罰金の刑に処せられ、その刑の執行を終わり、執行を受けることがなくなった日から5年を経過していない者。

③暴力団員等。

④申請前5年以内に旅行業務に関し不正な行為をした者。

⑤未成年者でその法定代理人が①〜⑤、⑦のいずれかに該当する者。

⑥営業に関し成年者と同一の行為能力を有しない未成年者。

⑦法人で、その役員のうちに①〜④、⑥のいずれかの該当者がある場合。

⑧暴力団員等がその事業活動を支配する者。

⑨営業所ごとに旅行業務取扱管理者を確実に選任すると認められない者。

⑩国土交通省令で定める財産的基礎を有しない者。

⑪旅行業者代理業を営もうとする者で、その所属する（代理する）旅行業者（俗にいう親会社）が2つ以上ある者。

# SECTION 1

# 3 営業保証金制度について

## 保証金を供託しなければ事業をできない

　営業保証金制度の目的は、旅行業者との契約によってその契約に従ったサービスを受ける権利を有する旅行者を保護するため、あらかじめ旅行業者から財産の一部を国の管理下におくというものです。

旅行者に対する契約不履行やサービス提供業者への未払いが発生（最悪は倒産）

旅行業者

あらかじめ保証金を預けておく

（取引により生じた債権）貸し

請求

○○トラベルに代わって支払う

営業保証金

（旅行者のみ）

### 営業保証金の供託の額

| 種 別 | 営業保証金 |
|---|---|
| 第1種旅行業 | 7,000万円以上 |
| 第2種旅行業 | 1,100万円以上 |
| 第3種旅行業 | 300万円以上 |
| 地域限定業者 | 15万円以上 |
| 旅行業者代理業 | 必要なし |

### 供託する場合と届け出の期日

| | |
|---|---|
| 新規の登録 | 登録の通知を受けてから14日以内 |
| 保証金の法定額の増額 | 額が上げられた日から3カ月以内 |
| 還付による供託額不足 | 不足の通知を受けた日から14日以内 |
| 保証社員でなくなった | 喪失後直ちに |
| 旅行業協会の解散など | 解散から21日以内 |

# 保証金の取戻し

## ●営業保証金が取り戻せる場合

①登録を抹消されたとき。

②前年に比べて取引額が下がったとき

③旅行業協会の*保証社員（42ページ参照）になったとき。

④営業保証金の額が省令により引き下げられたとき。

⑤営業保証金を国債や地方債などの有価証券で供託していて、主たる営業所を移転し、今までとは別の供託所に供託したとき。

　①、③の場合、供託者は還付を請求する権利のある者（具体的には旅行者）に対し、6カ月以上の一定期間内に申し出るよう官報に公告しますが、その期間内に申し出がなかった場合、または取り戻す事由が発生したときから10年を経過した場合には、営業保証金を取り戻すことができます。

　②、④、⑤の場合は、直ちに営業保証金を取り戻すことができます。

## ●取引額の報告義務

　旅行業者は、毎事業年度の取引額を年度終了後100日以内に登録行政庁に報告しなければなりません。この取引額には、旅行業者代理業者の取扱金額も含まれます。

## key word

### ●供託の届出手順

　旅行業の登録者→供託所（法務局）・営業保証金の供託物受け入れの記載のある供託書の写しを添付し→観光庁長官（都道府県知事）に届け出る。

### ●営業保証金

　金銭だけでなく有価証券（国債や地方債など）でも供託することができる。

### ●営業保証金についてその債権の弁済を受ける権利の請求ができる者

　旅行者のみ

## こうでた！

営業保証金に関する次の記述のうち、誤っているものはどれか。（令和4年試験問題）

ア．旅行業者は、毎事業年度終了後において、その供託している営業保証金の額が所定の額に不足することとなるときは、その不足額を毎事業年度終了後において、その終了の日の翌日から100日以内に追加して供託しなければならない。

イ．旅行業者は、営業保証金を供託し、供託所から供託物受入れの記載のある供託書の受領後、直ちにその事業を開始することができる。

ウ．第2種旅行業の新規登録を受けた者が供託すべき営業保証金の額は、登録の申請時に添付した書類に記載した旅行業務に関する旅行者との年間取引見込額が400万円未満の合にあっては、1,100万円である。

エ．営業保証金は、旅行業者の主たる営業所の最寄りの供託所に国債証券、地方債証券その他の国土交通省令で定める有価証券をもって、供託することができる。

正解　供託書の受領後、その旨を登録行政庁に届け出をした後でなければ、事業を開始できない。⇒イ

# SECTION 1

# 4 旅行業務取扱管理者とは

**POINT**

①旅行業務取扱管理者は営業所ごとに１人以上選任し常駐が義務づけられています。
②旅行業務取扱管理者は一定の条件を満たし、旅行業務取扱管理者試験に合格した者でなければなりません。
③取扱管理者が欠けた（不在の状態を含む）営業所は旅行業務に関し契約を締結することはできません。

## 管理者の必要性とその任務（管理・監督）

### 1. 旅行業務取扱管理者の必要性

旅行業務取扱管理者とは「営業所における旅行業務に関し、その取引に係る旅行に関するサービスの提供の確実性、取引条件の明確性、契約書面の交付、苦情の処理、すなわち取引の公正を確保するために必要な管理、監督を行う者」です。

営業所における業務　　サービスの提供

管理してます!!

取引の管理・監督

### 2. 旅行業務取扱管理者の職務（以下10項目の管理・監督業務）

①旅行に関する計画の作成
②旅行業務取扱料金の掲示
③旅行業約款の掲示および据置き
④取引条件の説明
⑤契約書面の交付
⑥適正な広告の実施
⑦企画旅行の円滑な実施のための措置
⑧旅行に関する苦情の処理
⑨契約に関わる重要な記録または関係書類の保管
⑩取引の公正、旅行の安全及び旅行者の利便の増進のための事項

これが私の職務です

旅行業務取扱管理者

# 管理者の資格を得るには

　旅行業務取扱管理者の資格には３種類あります。いずれも国家試験が実施され、これに合格した者が資格所有者となります。

①「国内旅行業務取扱管理者」…試験は（一般社団法人）全国旅行業協会（ANTA）が試験事務を代行します。国内旅行業務のみを取り扱う営業所において選任されます。

②「総合旅行業務取扱管理者」…試験は（一般社団法人）日本旅行業協会（JATA）が試験事務を代行します。海外旅行も取扱うすべての営業所において選任されます。

③「地域限定旅行業務取扱管理者」…平成30年度の試験は観光庁が行いました。

## 1. 旅行業務取扱管理者の選任

旅行業務取扱管理者は各営業所ごとに１名以上選任されているんだ（従業員が10名以上の営業所は２名以上選任）

本当は２名以上選任することが望ましいんだ

## 2. 旅行業務取扱管理者における注意事項

①選任された取扱管理者のすべてが欠員になった場合、新たな管理者を選任するまでは、新たに旅行者と旅行契約を締結することはできません。ただし、すでに契約の成立した旅行者のための手配行為は行うことができます。

②１人の取扱管理者が、他の営業所の管理者を兼ねることはできません（兼務の禁止）。

③地域限定旅行業者は兼務が認められる場合がある（取引額１億円以下、営業所間の距離40km以下）。

整理メモ

①国内旅行のみを取り扱う営業所として登録すると、国内旅行業務取扱管理者でよいが、海外旅行を取り扱う営業所は総合旅行業務取扱管理者でなければならない。
②管理者は従業員が１人の営業所でも選任しなければならない。

# SECTION 2

# 1 取引の条件

**POINT**
①取引の公正を図ることは旅行業務取扱管理者の大切な仕事です。その
ための規定が「取引準則」です。
②募集型企画旅行、受注型企画旅行、手配旅行の違いをしっかり把握し
ましょう。
③取引準則の具体的事項は「2取引のしくみ」（28ページ）の説明事項
の表を参照してください。

## 募集型企画旅行、受注型企画旅行、手配旅行

### 1. パッケージツアー（募集型企画旅行）とは

　旅行業者があらかじめ定めた旅行内容に従って行われる旅行です。旅行者
に旅程等の変更権限はありません。

パッケージツアーの例

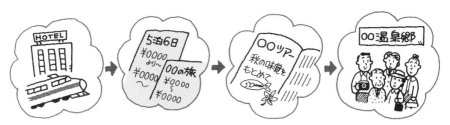

旅行業者が目的地・日程・　　　旅行代金を決定　　　パンフレット、雑誌などの　　募集型企画旅行
運送機関・宿泊施設を決定　　　　　　　　　　　　広告で参加者を募集　　　　の実施

### 2. ハーフメイドツアー（受注型企画旅行）とは

　修学旅行のように旅行者が大まかな日程、旅行地を定めて旅行業者にプラ
ンニングを依頼するツアーです。旅行者は旅程の変更を旅行業者に依頼する
ことも可能です。

### 3. オーダーメイドツアー（手配旅行）とは

　旅行者が立てた旅行計画に従って、旅行者の委託により旅行業者が交通手
段や宿泊施設などを手配するものです。企業の業務出張旅行などが該当しま
す。

オーダーメイドツアーの例

旅行者が自ら計画、旅行者の
依頼により旅行業者が企画

その計画に沿って旅行業者がサー
ビス（運送・宿泊）を手配

旅行の実施

# 広告表示

## 1. 広告の表示事項

　企画旅行参加者募集の広告には次のような表示が必要です。

①企画旅行を実施する旅行業者の氏名または名称および、住所、登録番号。

②旅行の目的地および日程。

③旅行サービス（運送・宿泊・食事等）の内容。

④支払対価。

⑤旅程管理業務を行う者（添乗員）が同行するかしないか。

⑥最少催行人員。

⑦旅行者が取得することが望ましい輸送の安全に関する情報

⑧取引条件の説明を行う旨。

## 2. 誇大広告の禁止

　事実に相違する表示をし、実際より著しく優良、有利と誤認させるような広告はしてはいけません。

●誇大広告についての注意
　次の項目については、特に正しい表示をしなければなりません。

①旅行に関するサービスの品質その他の内容

②旅行地における旅行者の安全の確保に関する事項

③感染症の発生の状況その他の旅行地における衛生に関する事項

④旅行地の景観、環境その他の状況

⑤旅行者が旅行業者等に支払うべき対価

⑥旅行中の旅行者の負担

⑦旅行者に対する損害の補償

⑧旅行業者等の業務の範囲、資力または信用

世の中、誇大
広告していい
ものなんて
ありませんよ～

整理メモ

①新聞広告やチラシなどの限られた紙面でも表示事項の8項目の記載は必要。

②標識（登録票）は旅行業およびその旅行業者代理業用の標識がある。

③標識は、カウンターの奥などの目につかない場所ではなく、公衆に見やすい場所に見やすく掲示しなければならない。

# 取扱料金の明示

## 1. 取扱料金は見やすく掲示する（料金掲示の義務）

　旅行業者は事業の開始前に旅行者から収受する旅行業務取扱料金を定め、旅行者に見やすく、営業所に掲示しておかなければなりません。

## 2. 取扱料金は旅行者に分かりやすく明示する

　企画旅行では、取扱料金が旅行代金に含まれているので掲示の必要はありません（企画旅行には取扱料金はないと覚えよう）。

　したがって営業所に掲示するのは、右の表のような取扱料金となります。

| 手配旅行 | 乗車券や宿泊だけの手配・発券<br>1件につき○○○円 |
| --- | --- |
| | 手配旅行の予約・手配・発券<br>1件につき○○○円 |
| | ハネムーンの予約・手配・発券<br>1件につき○○○円 |
| 旅行相談 | 1件につき○○○円 |

## 3. 旅行サービス業者からの手数料の表示について

　これらの手数料の掲示義務はありません。

## 4. 取扱料金の基準

①契約の種類および内容に応じて、定率、定額その他の方法により定めます。

②旅行者にとって明確であることが要求されています。

# 外務員について

## 1. 外務員とは

　旅行業者の役員または使用人（旅行業者の監督下で業務を行う者すべて）のうち、その営業所以外の場所で旅行業務の取引を行う者をいいます。外務員には次のような規制があります。

## 2. 外務員の規制

①旅行業者等は外務員に、国土交通省令で定める外務員証（証明書）を携帯させなければなりません。

②外務員は旅行業務の取引を行うときは、外務員証を提示しなければなりません。

③外務員は自分の所属する旅行業者を代表して旅行者との旅行業務に関する取引の一切の行為（裁判行為は除く）を行う権限を有します。

### ZOOM UP

●取扱料金5つのポイント
　①旅行業者が定める
　②事業の開始前に定める
　③企画旅行には適用されない
　④定めた料金は「（変更）届出」「認可」など必要ない
　⑤旅行者に見やすいように掲示する

●旅行業者代理業の取扱料金
　旅行業者代理業の場合には、所属旅行業者（親会社）の旅行業務取扱料金が適用され、それを掲示することになっています。

●外務員の権限
　外務員は、旅行業者の代表として旅行業務に関する取引の、一切の裁判以外の行為を行う権限を有します。ですから外務員が行った取引行為は、その権限を越えている場合でも旅行業者の責任となります。ただし旅行者が、外務員の権限を越えた取引が行われていることを知っていた場合には、旅行業者の責任はこの限りではありません。

---

整理メモ

①取扱料金とは、国土交通省令で定めた基準に従って定めるもの（P26参照）で、手配などの旅行業務に対して旅行者から受け取る手数料のこと。

②取扱料金は、登録行政庁への届け出の義務はないが、掲示の義務がある。

③外務員は、営業所以外の場所で取引を行うときは、外務員証を提示しなければならない。

# SECTION 2

## 2 取引のしくみ

**POINT**
① 「取引条件の説明」が必要な理由と内容は、出題頻度の高い項目です。
② 書面を交付して取引条件の説明をし、契約を交わした後には、その内容をまとめた文書を旅行者に渡します（契約書面の交付）。
③ その際、契約書面の内容は「取引条件の説明」とほぼ同じですが、企画旅行と手配旅行では多少の違いがあります。

## あらかじめ必要な取引条件の説明

### 1. 取引条件の説明

旅行業者は契約の際に（契約の前に）、後になってのトラブルを避けるために文書で取引条件(仮称・ご旅行取引条件書)を説明し、書面を交付しなければなりません。

※ ただし、メール等の手段で必要な記載事項を送信する場合は、必ずしも書面(紙の文書)を必要とするわけではない。

### 2. 説明事項

| 企 画 旅 行 契 約 | 企 画 旅 行 契 約 以 外 の 契 約 |
|---|---|
| 企画旅行業者の氏名または名称および住所、登録番号 | 契約を締結する旅行業者の氏名または名称および住所、登録番号 |
| 企画者以外の者が企画者を代理して契約する場合は（受託旅行業者が契約する場合）、その旨並びに当該代理人の氏名または名称および住所、登録番号 | 旅行業者代理業者が所属旅行業者を代理して契約する場合（旅行業者代理業者が契約する場合は）、その旨並びに当該旅行業者代理業者の氏名または名称および住所、登録番号 |
| 全国通訳案内士もしくは地域通訳案内士の同行の有無 | ― |
| 最少催行人員（受注型企画旅行にはない） | 旅行業務取扱料金に関する事項 |
| 当該契約に係わる旅行業務を取り扱う営業所の名称および所在地（外務員が書面を交付する場合にあっては、当該外務員の氏名とその所属する営業所の名称、所在地） ||
| 当該契約に係る旅行業務取扱管理者の氏名および旅行者の依頼があれば、当該旅行業務取扱管理者が最終的には説明を行う旨 ||
| 旅行の目的地、出発日、その他の日程 ||
| 旅行者が旅行業者等に支払うべき対価とその収受の方法 ||
| 旅行者が支払う対価によって提供を受けることができる旅行サービスの内容 ||
| 旅行者が支払う対価に含まれない経費で旅行者が通常必要とするもの ||
| 契約の申込方法、契約の成立に関する事項 ||
| 契約の変更・解除に関する事項 ||
| 責任・免責事項 ||
| 旅行中の損害の補償に関する事項 ||
| 旅行に参加する資格を定める場合にあっては、その旨および当該資格 ||
| 旅行の目的地を勘案して、旅行者が取得することが望ましい安全および衛生に関する情報がある場合にあっては、その旨および当該情報 ||

## 契約の書面は手渡す

### 1. 契約後の書面の交付

　旅行業者は契約を結んだ際、次の内容の書面を遅滞なく旅行者に交付しなければなりません。
①一定の事項（国土交通省令で定められたもの）。
②旅行サービスの提供を受ける権利を表示した書面（航空券、乗車券、クーポンなど）。

### 2. 交付書面の内容

　旅行者に交付する契約書面の記載内容は、前項の「説明事項」の中から、契約の申込方法、契約の成立に関する事項を除外し、次の項目を加えたものになります。
(1)企画旅行契約の場合（2項目を加える）
　①契約締結の年月日。
　②旅程管理業務を行う者（添乗員）が同行しない場合は、企画者への旅行中の連絡方法。
(2)企画旅行以外の契約の場合（1項目を加える）
　①契約締結の年月日。

●取引条件説明の注意
　対価と引換えに乗車券・宿泊券等を交付する場合、取引条件の説明は口頭でもよいが、それ以外の場合は書面（仮称・ご旅行取引条件書）を交付しなければなりません。営業所に料金表や取引条件などが掲示されていても取引条件の説明とはなりません。

●書面の交付の必要がない場合
　旅行相談の場合には書面の交付は不要です。

●インターネットを利用できないのか
　IT、パソコン（旅行業法では電子情報処理組織を使用する方法、情報通信の技術を利用する方法、電磁的方法という表現を用いている）を利用する方法は、旅行者が承諾すれば、紙の書面の交付に代えることができます。

---

整理メモ

①パッケージツアーなどでは乗車券や航空券などを渡さないことが多く、どのような運送機関のどのクラスを利用するかなどが不明確になりやすいので書面が必要である。
②取引条件の説明と書面の交付は、「取引準則」といわれ、旅行業務における取引では必ず守らなければならない。

# SECTION 2

# 3 取引の実際

**POINT**

①旅行業者代理業者は、専属の旅行業者（所属旅行業者）の代理人として旅行者と契約を結び、旅行業務を行う者です。

②旅行業者代理業者の行った取引の法律的責任は、その代理している旅行業者（所属旅行業者）にあります。

③受託契約においては、所属旅行業者のその他の営業所という位置づけにより、旅行業者代理業者も受託旅行業者として契約できます。

## 旅行業者代理業とは

### 1. 旅行業者代理業のきまり

①旅行業者代理業は、複数の親会社（所属旅行業者）と代理業契約を結ぶことはできません（1社専属）。

②取引の際には、所属旅行業者の名称あるいは氏名と、代理業者であることを旅行者に明示しなければなりません。

### 2. 旅行業者代理業の登録

①旅行業者代理業の登録には、財産的基礎の有無は登録要件とはなりません（法的責任は所属旅行業者にあるため）。

②旅行業者代理業の登録には有効期限もありません。したがって、登録の更新の必要もありません（18ページの下表参照）。

# 受託契約とは

　受託契約とは、旅行業者どうしで<u>募集型企画旅行の販売提携</u>をすることで、

販売を依頼する側を委託旅行業者といい、販売を依頼される側、すなわち旅行者を集める側を受託旅行業者といいます。そして、受託旅行業者は販売できる営業

委託旅行業者

募集型企画旅行への申込み

所を定めるとともに、営業所の標識（登録票）に委託旅行業者名を列記しなければなりません。

　旅行業者代理業は、所属旅行業者のその他の営業所としての位置づけですから、所属旅行業者が受託契約を締結している他の旅行業者（委託旅行業者）の募集型企画旅行は、受託旅行業者として取り扱うことができます。

委託旅行業者　受託旅行業者　　他社の募集型企画旅行の販売

販売する営業所を定める

●旅行業者の代理

　旅行業者は、他の旅行業者が実施する募集型企画旅行について、その代理人として募集型企画旅行契約を締結することを内容とする（　①　）を締結したときは、（　②　）の代理人として募集型企画旅行を（　③　）することができる。
　ａ．販売　ｂ．受託契約
　ｃ．委託旅行業者

　答　①―ｂ　②―ｃ　③―ａ

　委託旅行業者と受託契約を締結した旅行業者を（　　）という。
　ａ．所属旅行業者
　ｂ．受託旅行業者

　　　　　　　　答　　ｂ

①旅行業者代理業は、その営業所で所属旅行業者を誤認させるような表示をしてはならない。――当社は「○○○トラベル社」の営業所です（実際は違う）――違法。
②所属旅行業者と旅行業者代理業者との関係は、親子関係と考えるとわかりやすい。

# SECTION 3

# 1 旅程管理

**POINT**

①企画旅行は、旅行業者の企画に、旅行者がすべての行程で従うかたちとなります。そのため、旅行の内容が十分管理されていることが必要です。

②「企画旅行の円滑な実施のための措置」が旅程管理です。

③旅程管理を行う者が旅程管理者で、一般的には添乗員と呼ばれます。

④「旅程管理者の業務」「主任添乗員になるための条件」はよく出題される項目です。

## 旅程管理と旅程管理者

### 1. 旅程管理

①企画旅行は、旅行業者があらかじめ定めた旅行計画に旅行者が参加するものですから、旅行が円滑に行われるためには旅行業者の旅程管理の手際のよさが大きく左右します。

②その旅程管理のまとめ役が旅程管理者＝添乗員です。

③添乗員とは、正式には「旅程管理業務を行う主任の者」といいます。

## 2. 旅程管理の業務

①旅行計画に従ったサービスを旅行者に確実に提供するため、旅行開始前に必要な予約や手配を行います。

②旅行計画に定めるサービスの内容の変更を必要とするような出来事が発生した場合、契約の内容にできるだけ沿った代替サービスの手配などの手続きその他の措置を行います。

③旅行計画に従って、旅行者が同一の日程により行動できるように集合場所や時刻その他の事項に関する指示を行います。

はいこれが皆さんの旅行日程と航空チケットです。

大雪のため帰りの飛行機が欠航となったので〇〇時発の列車で帰ります

昼食後1時半にこの銅像の前に集合です！

●旅行業者が企画旅行の旅程管理業務の手続きを免れるのは

＜次の3つの条件が揃わないとダメ＞

①国内の旅行であること（すなわち、海外企画旅行は必ず旅程管理を行う手続きが必要）

②契約前に、その旨説明

③権利を表示した書面を交付

●主任添乗員

企画旅行に、複数の添乗員が同行する場合は、統括管理者としての有資格の主任添乗員が必要です。添乗員が1人の場合は、有資格（主任添乗員となることができる者）の添乗員でなければなりません。

●主任添乗員の条件

主任添乗員になるためには下表の「知識的要件」と「実務経験的要件」の両者を満たさなければなりません。

| 主任添乗員の資格 | | |
|---|---|---|
| | 知識的要件 | 実務経験的要件 |
| 国内の主催旅行 | 次の①②のいずれか<br>①平成7年以前に国内・一般旅行業務取扱主任者試験に合格した者<br>②観光庁長官による旅行管理業務の研修課程（登録研修）修了者 | ①研修の課程を修了した日の前後1年以内に1回以上または研修の課程を修了した日から3年以内に2回以上の実務経験があること。<br>②主任者の指導による実務研修を受けた経験は上記の回数に合計できる |

整理メモ

①旅程管理業務を行う主任の者の資格は、「登録の拒否」に当てはまる場合は資格がとれない（旅行業務取扱管理者の欠格事由と同じ）。

②複数の添乗員が同行する場合は、少なくともその中の1人は有資格者でなければならない。

③この旅程管理者制度は、企画旅行に適用される規定であり、手配旅行には適用されない。

# SECTION 3
# 2 禁止行為

**POINT**
①旅行業務には法令で定められた3つの禁止事項があります。1つはすでに触れた「誇大広告の禁止」、残りは「禁止行為」、「名義利用等の禁止」です。
②以上3つの禁止事項のほかに、旅行業の法令に従わなかった場合には罰則が与えられます。

## 禁止行為とは

### 1. 禁止行為

①営業所に掲示した取扱料金を超えて料金を受け取る。

②旅行業務に関し取引をする者に対し、支払いを不当に遅延させる。

③旅行業務に関し取引をする者に対し、取引に関する重要な事項について、故意に事実を告げなかったり不実のことを告げる。

④旅行地の法令に違反する行為を斡旋したり、サービスを受けたりすることに便宜を図り、またはそのような行為を行うことを広告する。

白ナンバーの貸切バス

⑤旅行業者またはその従業者等が、その取り扱う旅行業務に関連して、旅行者の保護に欠け、または旅行業の信用を失墜させる行為（旅行地の土産物店で特定の物品の購入を強要する行為等）を行うこと。

## 2. 名義利用の禁止（100万円以下の罰金となる）

　旅行業者が名義を他人に貸したり、その名前で他人に経営をさせてはいけません。

# 業務の改善命令

　登録行政庁は、旅行業者の業務運営が旅行者の利便、取引の公正、旅行の安全を害すると認めるときは、次のような措置（業務改善命令）を命ずることができます。

①旅行業務取扱管理者の解任
②旅行業務取扱料金または企画旅行に関する対価（旅行代金の額）の変更
③旅行業約款の変更
④旅程管理措置の確実な実施
⑤旅行者に生じた損害を補償するために必要な金額を担保することができる保険契約の締結
⑥その他業務の運営改善に必要な措置

●報告徴収および立入検査

　観光庁長官（または都道府県知事）は、旅行業務に関する法令の目的を円滑に達成するために必要があるときは、旅行業者、登録旅程管理研修機関、旅行業協会※、旅行業者等の届出団体に対し、その業務に関する報告をさせることができます。

　また、必要があれば旅行業者等の届出団体を除く上記の事務所または営業所に対して立入検査をすることができます。

※旅行業協会——旅行業者によって組織された団体で、詳細は38〜43ページを参照のこと。

### こうでた！

問　法第13条に関する次の記述は正しいか。（令和4年試験問題）

　旅行業者等が旅行者に対し、旅行地において施行されている法令に違反するサービスの提供をあっせんする旨の広告を掲載しても、便宜を供与しなければ禁止行為には該当しない。

答え　誤り。便宜供与に関わらず禁止されている。

---

**Key word**　旅行業務に関し取引をする者——旅行者だけではなく、宿泊業者、運送業者なども入る。
故意——わざと。
不実——事実ではないこと。

# SECTION 3

# 3 行政処分

**POINT**
①罰則とは旅行業務に関する法令に違反した場合に罰せられる規則です（6カ月以内の営業停止や登録の取消し）。
②旅行業者への禁止行為と、行政処分（罰則）との関係を把握しよう。
③罰則には罰金と過料の2つがあります。
④登録の拒否事由を再チェックし、当項目を理解してください。

## 罰 則

| | 違反内容と罰則の主なもの |
|---|---|
| 1年以下の懲役または100万円以下の罰金（または併科／両方）★⑥⑦⑧は旅行サービス手配業の登録制度に伴い新設された。 | ①旅行業の無登録営業。<br>②不正の手段で登録・更新・変更登録を受けた者。<br>③無届けで業務の範囲を変更した者。<br>④旅行業・旅行業者代理業の名義貸し。<br>⑤旅行業者代理業者が所属旅行業者以外の旅行業者の旅行業務を取り扱った場合。<br>⑥旅行サービス手配業の無登録営業。<br>⑦不正の手段で旅行サービス手配業の登録を受けた者。<br>⑧旅行サービス手配業の名義貸し。 |
| 1年以下の懲役または30万円以下の罰金 | ①旅程管理主任者登録研修機関・旅行サービス手配業務取扱管理者登録研修機関の役員または職員で業務の停止命令に違反した者。<br>②同、その職務に関して知りえた秘密を漏らした者。 |
| 6か月以下の懲役もしくは50万円以下の罰金、または併科 | 業務（旅行業・旅行サービス手配業）停止命令違反 |
| 100万円以下の罰金 | 営業保証金の供託を行わずに事業を開始した者。 |
| 50万円以下の罰金 | ①旅行サービス手配業者が、その業務を、（旅行業又は旅行サービス手配業の）登録を受けていない者に依頼した場合。<br>②旅行業者代理業者が所属旅行業者以外の者のために旅行サービス手配業務を行った場合。 |
| 30万円以下の罰金 | ①旅行業者等または旅行サービス手配業者が、社名の変更・代表者の変更などの届け出を怠った場合。<br>②旅行業者が取引額の報告を怠った、または虚偽の報告をした場合。<br>③旅行業務取扱管理者・旅行サービス手配業務取扱管理者を選任しなかった場合。<br>④約款を掲示または備え置かなかった場合。<br>⑤広告の記載事項違反・誇大広告違反。<br>以下略。旅行業法79条参照 |
| 20万円以下の過料 | 事業の廃止等の届出を怠った場合、他。<br>以下略。 |

注：平成30年より「旅行サービス手配業」の登録及び「旅行サービス手配業務取扱管理者」制度が新設されました、それに伴い同制度の罰則も付け加えられました。さらに、平成30年度の国家試験では、「国内」「総合」の両試験で20年ぶりに罰則問題が出題されました。

# 旅行業の廃止

　旅行業をやめたり、他人に譲渡するような場合には届け出が必要です。

① 事業を廃止したり、他に譲渡した場合。

② 旅行業者が法人である場合は、合併により消滅した場合。

※所属旅行業者が廃業した場合は、代理業者も廃業となる。

③ 旅行業者が死亡した場合。

※旅行業の登録を会社ではなく、個人で行った人に適用されます。
※相続人は、登録の可否の通知を受ける日まで旅行業を続けることができる。

## 登録の取消し

### 1. 業務の一部あるいはすべての停止（6カ月以内の期間）、あるいは登録が取り消される場合

① 旅行業法およびこれに基づく命令またはこれらに基づく処分に違反したとき。

② 登録時、登録の拒否事由に該当していたことが判明した場合。

③ 法人の役員に、受刑・不正行為があったり、成年被後見人・被保佐人・破産宣告を受けた者がいることとなった場合。

④ 不正手段で登録、有効期間の更新の登録、業務の範囲の変更登録を受けた場合。

### 2. 登録のみの取消しの場合

　次の場合には、旅行業者としての登録が取り消されることがあります。

① 登録後、1年以内に事業を開始しない場合。

② 1年以上事業を行っていないと認められる場合。

## 登録の抹消

　行政処分として行われた「登録の取消」の結果行われる行政手続きで、登録簿から物理的に消しゴムで消し去られるようなものです。

●旅行業廃止の際の届け出期間

| 事項 | 期日 | 必要事項 | 提出先 |
|---|---|---|---|
| 旅行業の廃止 | 30日以内 | 事業廃止届出書 | 登録行政庁 |
| 旅行業の譲渡 | 30日以内 | 事業譲渡届出書 | |
| 法人の消滅 | 30日以内 | 法人消滅届出書 | |
| 死亡の届け出 | 30日以内* | 旅行業者死亡届出書 | |

＊相続人が死亡を知った日から30日以内

　また、旅行業者が死亡しても、死亡後60日以内に相続人が旅行業登録の申請を行った場合は、新しい登録が認可または拒絶されるまで業務を続けることができます。

※登録行政庁は、登録の拒否、業務改善命令、業務停止、登録の取消しを行う場合には公開により意見の聴取または、聴聞を行わねばなりません。

① その際には、旅行業者に、処分理由、期日、場所を1週間前までに通知し、期日・場所を公示しなければならない。

② 公示日から30日が経過しても旅行業者から応答がない場合は、意見の聴取または、聴聞なしで処分を決定することができる。

# SECTION 4

# 1 旅行業協会とは

**POINT**
①旅行業協会は旅行業の健全な発達と旅行業者の社会的信用を高揚させるために設けられた社団法人組織です。
②現在、観光庁長官が指定している団体には、(一般社団法人)全国旅行業協会（ANTA）と(一般社団法人)日本旅行業協会（JATA）の2つがあります。
③旅行業協会の仕事は、苦情の解決、旅行業務に従事している者への研修、弁済業務に関する仕事などです。

## 旅行業協会とは

　旅行業協会は、観光庁長官の指定を受けて設立され、旅行業者等によって組織されます。

　また旅行業協会には、その名称、住所等の変更があった場合は、観光庁長官に届け出る義務があります。

観光庁長官の指定を受けて設立された

指定します

旅行業者等によって組織されている

旅行業協会を組織している私たち旅行業者（加盟している旅行会社）は（保証）社員と呼ばれます

届け出る

名称、住所等の変更は観光庁長官に届け出る

ANTA : All Nippon Travel Agents Association
JATA : Japan Association of Travel Agents

## 1. 2つの旅行業協会の違い
### ①（一社）全国旅行業協会（ANTA）

　（一社）全国旅行業協会には、主として中小規模の旅行業者が加入しており、その旅行業者代理業者は準社員といいます。

### ②（一社）日本旅行業協会（JATA）

　（一社）日本旅行業協会では、国内および海外旅行を取り扱う比較的大手の旅行業者が加入しており、その旅行業者代理業者は準社員といいます。

## 2. 社員の資格と加入・脱退

　旅行業者、旅行業者代理業者または旅行サービス手配業者であれば、旅行業協会の加入資格があります。旅行業協会は、社員の加入、脱退があった場合は観光庁長官に直ちに報告しなければなりません。

①旅行業協会には、観光庁長官の指定を受けた2つの協会、（一社）全国旅行業協会〈ANTA〉と（一社）日本旅行業協会〈JATA〉がある。
②その構成員は、（一社）全国旅行業協会→第二種，第三種旅行業中心の中小旅行業者。
　　　　　　　　（一社）日本旅行業協会→中大手の一般的な旅行業者。

# SECTION 4

## 2 旅行業協会の仕事

**POINT**

①旅行業界全体の質的向上と、旅行者（旅行客）との円滑な関係を図るために、旅行業協会の行う業務内容が法的に定められています（法定業務）。

②旅行業協会の法定業務は、(1)苦情の解決業務、(2)研修業務、(3)弁済業務、(4)指導業務、(5)調査・研究・広報業務に分けられます。

## 旅行業協会の仕事

旅行業協会が行う法定業務は次の5つになります（法定5業務といいます）。

### ①苦情の解決業務

旅行業者等または旅行サービス手配業者が取り扱った旅行業務に関しての苦情を解決します。

この場合の旅行業者等とは、旅行業の登録業者すべてを指し、旅行業協会に入会していない旅行業者等も含みます。

| 苦情解決の方法 | (1)苦情申出人に必要な助言を与える　(2)事情を調査する (3)旅行業者等に苦情の内容を通知し、迅速な処理を求める　(4)旅行業者等に、文書あるいは口頭による説明を求め、資料を提出させる　(5)解決結果を他の社員に周知させる（旅行業協会に仲裁権限はなく、和解勧告などはできない）。

### ②研修業務

旅行業務の取扱いに従事する者に対し、必要な知識・能力について旅行業者等の従業者に対する、旅行業務の取扱いについての研修を実施します。

### ③弁済業務（詳細は次頁）

　旅行業務に関して保証社員と取引をした旅行者が、その取引によって生じた債権（取引内容〈行為・金額〉を請求する権利）を協会が一時的に肩代わりして弁済する制度のことです。

旅行者

### ④指導業務

　旅行業者等に対する業務指導。

### ⑤調査・研究・広報業務

　旅行業務に関する取引の公正の確保、または旅行業および旅行業者代理業の健全な発展を図るための調査、研究、および広報活動のことです。

ZOOM UP

●試験事務の代行

　旅行業協会は5つの業務のほか、旅行業法第25条の2の規定により、総合旅行業務取扱管理者試験（日本旅行業協会）、国内旅行業務取扱管理者試験（全国旅行業協会）の業務を代行しています。ただし、法定業務ではありません。

●保証社員

　正確には「旅行業協会の保証社員」のことで、旅行業協会に自社が負担すべき弁済業務保証金分担金を納付した社員をいいます。平易に表現すると旅行業協会が「この旅行業者は当協会が保証する旅行業者ですから安心してお取引きください」と公表していると受けとめてよいでしょう。

●旅行業協会の指定の取消し

　観光庁長官は、旅行業協会が法定業務について適正かつ確実に実施することができないと認めたときは、その指定を取り消すことができます。

●旅行業者等への立入検査

　旅行業協会に立入検査権はありません。旅行業者等への立入検査権を持つのは登録行政庁だけです。

●苦情の解決は

・社員以外の旅行業務に関する苦情も扱う。

・説明・資料提供を求められた社員は、正当な理由がないのにこれを拒んではならない。

・解決の結果は、社員のみに周知すればよい。

整理メモ

①弁済業務は、旅行業協会の保証社員の弁済業務に関する場合のみ行われる。
②研修は、社員でなくても登録された旅行業者または旅行業者代理業者の従業者または旅行サービス手配業者で、定められた業務経験があれば受講することができる。

# 旅行業協会による弁済業務

## 1. 保証社員

　旅行業の登録をして、旅行業協会に弁済業務保証金分担金を納めると保証社員になることができます（社員＝保証社員）。

※弁済業務保証金分担金

　取引上発生した支払いが支払えない事態になったときに、債権者の損害を最小限にするため、旅行業協会を通じて国に供託しておく自社の負担金のことで弁済業務保証金分担金といい、その金額は営業保証金の金額の1/5と決められている。

保証社員のメリット

弁済業務保証金分担金は営業保証金の供託額の$\frac{1}{5}$でよい

供託した営業保証金も取り戻せます

営業保証金

保証社員

## 2. 納入した弁済業務保証金分担金は？

　保証社員から協会に納付された弁済業務保証金分担金は、協会が国に供託しておき、保証社員に債務が発生したとき、国から引き出され、保証社員にかわって債権者に還付されます。多くの保証社員が分担金を持ち寄って行う、一種の共済制度といえます。保証社員にかわって、旅行業協会が債務を立て替えて支払うことを弁済といいます。

債権者（旅行者）

旅行業協会から弁済いたします

## 2. 弁済業務保証金分担金の額が不足することになったら？

　保証社員は、毎事業年度終了後において弁済業務保証金分担金の額が不足することとなるときは、その事業年度終了の日の翌日から100日以内に、業務範囲の変更登録を受けて不足することとなるときは変更の登録を受けた日から14日以内に、協会に納付しなければなりません。

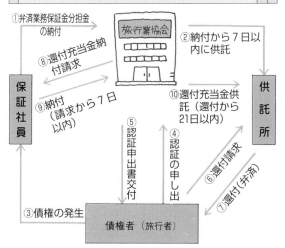

①弁済業務保証金分担金の納付
⑧還付充当金納付請求
②納付から7日以内に供託
旅行業協会
保証社員
⑨納付（請求から7日以内）
⑩還付充当金供託（還付から21日以内）
供託所
⑤認証申出書交付
④認証の申し出
⑥還付請求
⑦還付（弁済）
③債権の発生
債権者（旅行者）

①社員が納付した弁済業務保証金分担金は、納付の日から7日以内に、旅行業協会から供託所に供託される。
②債権者から認証の申し出（債権が発生した申し出）の発生。
③協会は認証の申し出を審査して、確実であれば認証申出書の交付をする。
④申し出が認められた債権者は、供託所に債権の還付（弁済）の請求をする。
⑤営業保証金の額を限度として、供託所は債権者に還付（弁済）を行う。
⑥還付相当額を協会は保証社員に納付するように通知する。
⑦納付の通知を受けた保証社員は、通知を受けた日から7日以内に納付する。
⑧協会は供託所が債権者に還付した日から21日以内に還付充当金を供託しなければならない。

## ZOOM UP

●弁済業務保証金分担金と
営業保証金の違い

| | 弁済業務保証金分担金 | 営業保証金 |
|---|---|---|
| 共通 | 旅行業務について取引をした旅行者の保護が目的。保証金を供託所に供託している。 | |
| 納入時期 | 旅行業協会に加入しようとする日までに | 事業開始前 |
| 納付先 | 旅行業協会 | 国（各地方法務局・供託所） |
| 金額 | 営業保証金の1/5 | 取引金額の規模ごとに定められた金額 |
| 納付方法 | 現金 | 現金、有価証券国債・地方債証券 |
| 基礎 | 協会の会員の相互協力・連帯・共済方式 | 個々の旅行業者 |
| 認証の申出先 | 旅行業協会 | 登録行政庁 |
| 弁済方法 | 旅行業協会から | 国から |

●弁済業務保証金の取戻し

次の場合、協会は、保証社員に弁済業務保証金分担金を返還するために供託所から保証金を取り戻すことができます。
①保証社員が社員の地位を失ったとき
②年間の取引金額が小さくなり納付額が余ったとき
③弁済業務保証金分担金の金額が法令改正で減らされたとき
④協会が指定を取り消されたり、解散したとき

---

**key word**　弁済業務保証金準備金——還付により弁済業務保証金が不足し、還付充当金が納付されなかった場合に、穴埋めに当てられる資金（供託金から生じる利子や配当金）。
　　　　　特別弁済業務保証金分担金——上記準備金でもまだ不足する場合、保証社員に分担させて穴埋めを行う分担金。
　　　　　認証——取引相手（旅行者等）が、債権があることを認めてもらうための証拠書類や債権発生の年月日、債権の額などを記載して、旅行業協会に提出し、認定を受けること。

## 練習問題

問1　次の記述から、法第1条「目的」に定められているもののみをすべて選んでいるものはどれか。

a．旅行の安全・安心の確保
b．旅行業を営む者についての営業保証金制度の実施
c．旅行業務に関する取引の公正の維持
d．旅行業を営む者の組織する団体の適正な活動の促進
ア．a．b　　イ．a．b．c　　ウ．b．d　　エ．c．d

問2　次の行為を報酬を得て事業として行う場合に、「旅行業の登録」を受けなければならないものはどれか。

ア．観光タクシー会社が、自ら所有するタクシーを使い、他人が経営するテーマパークに半日入場する日帰り旅行を販売する行為
イ．ホテル事業者が、航空会社のため、その航空券の販売について、代理して契約を締結する行為
ウ．市の観光協会が、旅行者の依頼を受けて市内のホテル等の宿泊のサービスの提供を受けることについて、代理して契約を締結する行為
エ．査証の取得代行を業としている者が、旅行業者等の依頼を受けて旅行者の査証取得のための手続きを代行する行為

問3　「旅行業の登録」に関する次の記述から、正しいものはどれか。

ア．第1種旅行業の新規登録を受けようとする者が、その業務を本邦内の企画旅行（参加する旅行者の募集をすることにより実施するものに限る。）の実施のみとするときは、その主たる営業所の所在地を管轄する都道府県知事に新規登録申請書を提出しなければならない。
イ．旅行業の更新登録の申請をしようとする者は、登録有効期間の満了の2か月前までに登録行政庁に更新登録申請書を提出しなければならない。
ウ．旅行業者が更新登録の申請を行った場合で、有効期間満了の日までに登録行政庁から更新登録をした旨又は更新登録を拒否する旨の通知がないとき、旅行業者は、当該通知があるまでの間、旅行者と旅行業務について契約を締結してはならない。
エ．旅行業者の登録の有効期間は登録の翌日から起算して5年である。

問4　「登録業務範囲」に関する次の記述のうち、誤っているもののみをすべて選んでいるものはどれか。

a．第3種旅行業者は、本邦外への旅行者の案内、旅券の受給のための行政庁等に対する手続の代行その他旅行者の便宜となるサービスの提供を

することはできない。

b．第3種旅行業者は、本邦外の旅行に関する相談に応ずることはできない。

c．第1種旅行業者は、その営業所の旅行業務取扱管理者が国内旅行業務取扱管理者試験に合格した者であっても、本邦外の企画旅行（参加する旅行者の募集をすることにより実施するもの以外のものに限る。）であれば取扱うことができる。

d．第2種旅行業者は、訪日外国人旅行者を対象とした本邦内の企画旅行を実施できる。

ア．a．b　　イ．a．c　　ウ．a．b．c　　エ．b．d

問5　「登録の拒否」に関する次の記述のうち、拒否事由に該当するもののみをすべて選んでいるものはどれか。

a．法人であって、その役員のうちに申請前5年以内に道路交通法に違反して罰金の刑に処せられた者があるもの

b．破産者で申請前に復権を得たもの

c．営業所ごとに旅行業務取扱管理者を確実に選任すると認められない者

d．第1種旅行業の登録を取り消され、その取消の日から3年を経過した日に第2種旅行業の新規登録の申請をした者

ア．a．d　　イ．b．c．d　　ウ．a．c．d　　エ．c．d

問6　「営業保証金」に関する次の記述のうち、誤っているものはどれか。

ア．営業保証金は、国債証券、地方債証券をもって、これに充てることができる。

イ．旅行業者は、営業保証金を供託した旨の届出を登録行政庁にした後でなければ、その事業を開始してはならない。

ウ．旅行業者は、毎事業年度終了後100日以内に、その事業年度における旅行業務に関する旅行者との取引の額を登録行政庁に報告しなければならない。

エ．営業保証金の供託は、登録行政庁の最寄りの供託所にしなければならない。

問7　「旅行業務取扱管理者の選任」に関する次の記述のうち、正しいものはどれか。

ア．旅行業者等は、その営業所の旅行業務取扱管理者として選任した複数の者のうち、1人が欠けるに至ったときは、その営業所において旅行業務に関し旅行者と契約を締結してはならない。

イ．旅行業務取扱管理者は、他の営業所の旅行業務取扱管理者となることはできない（地域限定旅行業者を除く）。

ウ．旅行業者等は、旅行業法の規定に違反して罰金刑に処せられて、その執行を終わった日から3年を経過したものを旅行業務取扱管理者に選任することができる。

エ．旅行業者等は、旅行業務に従事した経験が3年未満である者を営業所の旅行業務取扱管理者として選任することはできない。

問8　次の記述から、「旅行業務取扱管理者の職務」として定められているものはどれか。

ア．旅行に関する苦情の処理に関する事項

イ．法第7条の規定による営業保証金の供託に関する事項

ウ．法第10条の規定による旅行業務に関する旅行者との取引額に関する事項

エ．法第12条の9の規定による標識の掲示に関する事項

問9　旅行者から収受する旅行業務の取扱いの料金（企画旅行に係るものを除く。）に関する次の記述から、正しいものはどれか。

ア．旅行業者は、事業開始後速やかに、旅行者から収受する旅行業務の取扱いの料金を定め、これをその営業所に旅行者に見やすいように掲示しなければならない。

イ．旅行業者は、旅行業務の取扱いの料金を変更したときは、遅滞なく登録行政庁に届け出なければならない。

ウ．旅行業者代理業者は、所属旅行業者が定めた旅行業務の取扱いの料金の範囲内で独自に自社の旅行業務の取扱いの料金を定めることができる。

エ．旅行業務の取扱いの料金は、契約の種類及び内容に応じて定率、定額その他の方法により定められ、旅行者にとって明確なものでなければならない。

問10　「旅行業約款」に関する次の記述から、正しいものをすべて選んでいるものはどれか。

a．旅行業者は、旅行者と締結する旅行業務の取扱いに関する契約に関し、旅行業約款を定め、登録行政庁の認可を受けなければならない。

b．第2種旅行業者及び第3種旅行業者が使用する標準旅行業約款は、その主たる営業所の所在地を管轄する都道府県知事が定めて公示する。

c．旅行業者等は、旅行業約款をその営業所において、旅行者に見やすい

ように掲示し、又は旅行者が閲覧できるように備え置かなければならない。

　ｄ．企画旅行を実施する旅行業者にあっては、旅行業者の責任に関する事項が、企画旅行契約と手配旅行契約その他の企画旅行以外の契約との別に応じ、明確に定められたものでなければならない。

　ア．ａ．ｃ．ｄ　　イ．ａ．ｂ　　ウ．ｂ．ｃ．ｄ　　エ．ｃ．ｄ

**問11**　次の記述のうち、旅行業者等が企画旅行契約を締結しようとする場合にあって、その取引の条件について旅行者に説明しなければならない事項として定められていないものはどれか。

　ア．旅程管理業務を行う者が同行しない場合にあっては、旅行地における企画者との連絡方法

　イ．旅行に参加する資格を定める場合にあっては、その旨及び当該資格

　ウ．旅行の目的地を勘案して、旅行者が取得することが望ましい安全及び衛生に関する情報がある場合にあっては、その旨及び当該情報

　エ．旅行中の損害の補償に関する事項

**問12**　次の記述から、「旅行業約款の記載事項」として定められているもののみをすべて選んでいるものはどれか。

　ａ．旅行業務の取扱いの料金その他の旅行者との取引に係る金銭の収受に関する事項

　ｂ．契約の変更及び解除に関する事項

　ｃ．責任及び免責に関する事項

　ｄ．旅行中の損害の補償に関する事項

　ア．ａ．ｂ．ｃ　　イ．ａ．ｃ．ｄ　　ウ．ｂ．ｃ．ｄ．　　エ．ａ．ｂ．ｃ．ｄ

**問13**　取引条件の説明に関する次の記述から、正しいもののみをすべて選んでいるものはどれか。

　ａ．旅行業者は、旅行に関する相談に応ずる場合であっても、取引条件の説明をしなければならない。

　ｂ．旅行業者等は、取引条件の説明書面の交付に代えて、旅行者の承諾を得て、情報通信の技術を利用する方法であって、国土交通省令・内閣府令で定めるものにより、当該書面に記載すべき事項を提供することができる。

　ｃ．旅行業務の取扱いの料金に関する事項は、旅行業者等が旅行者と企画旅行契約を締結する場合の取引条件の説明事項として定められている。

d．旅行業者等は、企画旅行契約を締結しようとするときは、対価と引き換えに旅行者に対し、当該旅行に関するサービスの提供を受ける権利を表示した書面を交付する場合であっても、取引条件の説明をしなければならない。

　ア．a．b．d　　イ．a．b．c　　ウ．b．c　　エ．b．d

問14　次の記述から、旅行業者等が企画旅行契約を締結しようとする場合、「取引条件を説明するときに交付する書面の記載事項」として定められているもののみをすべて選んでいるものはどれか。

a．旅行業務の取扱いに関する料金に関する事項
b．旅程管理業務を行う者の同行の有無
c．旅行者が旅行業者等に支払うべき対価及びその収受の方法
d．責任及び免責に関する事項

　ア．a．b　　イ．a．c　　ウ．b．c．d　　エ．c．d

問15　「書面の交付」に関する次の記述のうち、誤っているものはどれか。

　ア．旅行業者等は、旅行者と企画旅行契約を締結したときに交付する書面には、契約の申込方法及び契約の成立に関する事項を記載しなければならない。

　イ．旅行業者等は、旅行者と手配旅行契約を締結したときに交付する書面には、旅行業務の取扱いの料金に関する事項を記載しなければならない。

　ウ．旅行業者等は、旅行者と手配旅行契約を締結したときに交付する書面には、責任及び免責に関する事項を記載しなければならない。

　エ．旅行業者等は、旅行者と企画旅行契約を締結したときに交付する書面には、旅行者が旅行業者等に支払うべき対価に含まれていない旅行に関する経費であって旅行者が通常必要とするものを記載しなければならない。

問16　「外務員」に関する次の記述のうち、誤っているものはどれか。

　ア．外務員とは、勧誘員、販売員、外交員その他いかなる名称を有する者であるかを問わず、旅行業者等の役員又は使用人のうち、その営業所以外の場所でその旅行業者等のために旅行業務について取引を行う者をいう。

　イ．旅行業者代理業者の外務員の証明書は、国土交通省令で定める様式により、その所属旅行業者が発行する。

　ウ．外務員は、旅行者が悪意であった場合を除き、その所属する旅行業者等に代わって、旅行者との旅行業務に関する取引についての一切の裁判

外の行為を行う権限を有するものとみなす。

　エ．外務員は、その業務を行うに当たっては、旅行者から請求がなくても、外務員の証明書を提示しなければならない。

問17　「企画旅行の広告」に関する次の記述のうち、誤っているものはどれか。

　ア．旅行業者等は、企画者以外の者の氏名又は名称を表示する場合は、文字の大きさ等に留意して、企画者の氏名又は名称の明確性を確保しなければならない。

　イ．旅行業者等は、企画旅行の円滑な実施のための措置を講ずる旨を明確に表示すれば、そのために必要な旅程管理業務を行う者の同行の有無については、表示しなくてもよい。

　ウ．旅行業者等は、旅行者が旅行業者等に支払うべき対価が企画旅行の出発日により異なる場合において、その最低額を表示するときは、併せてその最高額を表示しなければならない。

　エ．旅行業者等は、企画旅行の参加者数があらかじめ企画者が定める人員数を下回った場合に当該企画旅行を実施しないこととするときは、その旨及び当該人員数を表示しなければならない。

問18　次の記述から、「誇大広告をしてはならない事項」として定められているもののみをすべて選んでいるものはどれか。

　ａ．旅行地における旅行者の安全の確保に関する事項

　ｂ．感染症の発生の状況その他の旅行地における衛生に関する事項

　ｃ．緑地の景観、環境その他の状況に関する事項

　ｄ．旅行者に対する損害の補償に関する事項

　ア．ａ．ｄ　　イ．ａ．ｂ．ｄ　　ウ．ａ．ｃ．ｄ　　エ．ａ．ｂ．ｃ．ｄ

問19　「標識」に関する次の記述のうち、誤っているものはどれか。

　ア．旅行業者等は、営業所において、その営業所の別に応じ国土交通省令で定める様式の標識を、公衆に見やすいように掲示しなければならない。

　イ．旅行業者代理業者の標識には、所属旅行業者の登録番号及び氏名又は名称も記載しなければならない。

　ウ．旅行業者等の標識には、営業所の名称及び代表者の氏名を記載しなければならない。

　エ．地の色が青色の標識を掲示している第３種旅行業者の営業所の業務範囲は、海外旅行・国内旅行である。

問20　「企画旅行の円滑な実施のための措置」に関する次の記述のうち、正しいもののみをすべて選んでいるものはどれか。

a．旅行業者は、本邦内の企画旅行において、契約の締結前に旅行者に旅程管理のための措置を講じない旨を説明し、かつ、当該旅行に関する計画に定めるサービスの提供を受ける権利を表示した書面を交付した場合は、旅行地において旅行に関する計画に定めるサービスの提供を受けるために必要な手続きその他の措置を講じなくてよい。

b．旅行業者は、本邦外の企画旅行において、旅行に関する計画に定めるサービスの内容の変更を必要とする事由が生じた場合、代替サービスの手配及び当該サービスの提供を受けるために必要な手続きの実施その他の措置を講じなければならない。

c．旅行業者は、本邦内の企画旅行にあっては、旅行に関する計画における2人以上の旅行者が同一の日程により行動することを要する区間における円滑な実施を確保するために必要な集合時刻、集合場所その他の事項に関する指示をしなくてよい。

d．旅行業者は、企画旅行（参加する旅行者の募集をすることにより実施する者に限る。）に関する計画に定めるサービスの旅行者への確実な提供をするために旅行者の募集を開始する前に必要な予約その他の措置を講じなければならない。

ア．a．b．d　イ．a．b．　ウ．b．c．d　　エ．c．d

問21　「旅程管理を行う者」に関する次の記述のうち、正しいものはどれか。

ア．旅行業者によって選任された旅程管理業務を行う主任の者の指導による旅程管理業務に相当する実務の研修を受けた経験は、当該研修を受けた地域を目的とする旅行に係る旅程管理業務に従事した経験とみなされる。

イ．企画旅行に参加する旅行者に同行して旅程管理業務を行う者は、旅行業者によって選任された主任の者以外の者であっても、観光庁長官の登録を受けた者が実施する旅程管理業務に関する研修の課程を修了したものでなければならない。

ウ．旅程管理業務に関する実務の経験は、観光庁長官の登録を受けた者が実施する旅程管理業務に関する研修の課程を修了した日から1年以内に1回以上又は3年以内に2回以上の旅程管理業務に従事した経験に限られる。

エ．旅程管理業務に関する実務の経験は、本邦外の企画旅行に参加する旅行者に同行する者にあっては本邦外の旅行に関する旅程管理業務に従事した経験に、本邦内の企画旅行に参加する旅行者に同行する者にあって

は本邦内の旅行に関する旅程管理業務に従事した経験に限られる。

問22 「禁止行為」に関する次の記述から、正しいもののみをすべて選んでいるものはどれか。

a．旅行業者は、あらかじめ旅行者の了承を得れば、その営業所に掲示した旅行業務の取扱いの料金を超えて料金を収受することができる。

b．旅行業者等又はその代理人、使用人その他の従業者は、旅行者に対し、旅行地において施行されている法令に違反するサービスの提供を受けることに関し便宜を供与する行為をしてはならない。

c．旅行業者等は、いかなる場合においても、旅行業務に関し取引をした者に対し、その取引によって生じた債務の履行を遅延させてはならない。

d．旅行業者等の代理人、使用人又はその他の従業者は、旅行者に対し、旅行地において特定の物品を購入することを強要する行為をしてはならない。

ア．a．b　　イ．b．d　　ウ．c．d　　エ．b．c．d

問23 「旅行業者代理業者」に関する次の記述のうち、誤っているものはどれか。

ア．旅行業者代理業者の登録は、当該旅行業者代理業者が所属旅行業者のために旅行業務を取り扱うことを内容とする契約が効力を失ったときは、その効力を失う。

イ．旅行業者代理業者は、旅行業務に関し取引をしようとするときは、所属旅行業者の氏名又は名称及び旅行業者代理業者である旨を取引の相手方に明示しなければならない。

ウ．旅行業者代理業者の新規登録をする場合は、300万円以上の財産的基礎を有していなければならない。

エ．所属旅行業者がその旅行業者代理業者への委託につき相当の注意をし、かつその旅行業者代理業者の行う旅行業務につき旅行者に加えた損害の発生の防止に努めた時を除き、所属旅行業者は旅行業者代理業者が旅行者に加えた損害を賠償する責任がある。

問24 次の記述のうち、「業務改善命令」として定められていないものはどれか。

ア．旅程管理業務を行う主任の者を解任すること。

イ．旅行業約款を変更すること。

ウ．企画旅行に係る旅程管理のための措置を確実に実施すること。

エ．旅行業務の取扱いの料金又は企画旅行に関し旅行者から収受する対価

を変更すること。

問25 「受託契約」に関する次の記述のうち、正しいものはどれか。

ア．旅行業者は、他の旅行業者が実施する企画旅行（参加する旅行者の募集をすることにより実施するものに限る。）について、受託契約を締結したときは、旅行業者代理業の登録を受けなくても、当該他の旅行業者を所属旅行業者とする旅行業者代理業者として企画旅行契約を締結することができる。

イ．旅行業者は、他の旅行業者が実施する企画旅行（参加する旅行者の募集をすることにより実施するものに限る。）について、複数の旅行業者と受託契約を締結することができる。

ウ．第1種旅行業者は、第2種旅行業者の受託旅行業者になることはできない。

エ．受託旅行業者は、その営業所において、委託旅行業者の旅行業務の取扱いの料金及び旅行業約款を旅行者に見やすいように掲示しなければならない。

問26 「登録の取消等」に関する次の記述のうち、正しいものはどれか。

ア．登録行政庁は、旅行業者等がこの法律に基づく命令又はこれらに基づく処分に違反したときは、6箇月以内の期間を定めて業務の一部の停止を命ずることはできるが、業務の全部の停止を命ずることはできない。

イ．登録行政庁は、旅行業者等が当該事業を遂行するために必要と認められる法第4条第1項第4号の業務の範囲の別ごとに国土交通省令で定める基準に適合する財産的基礎を有しなくなったときは、6箇月以内の期間を定めて業務の一部の停止を命ずることができる。

ウ．登録行政庁は、旅行業者等が登録を受けてから6箇月以内に事業を開始せず、又は引き続き6箇月以上事業を行っていないと認められるときは、登録を取り消すことができる。

エ．法人である旅行業者等の役員が禁錮以上の刑に処せられることになったときは、その登録を取り消すことができる。

問27 次の記述のうち、旅行業協会が適正かつ確実に実施しなければならない業務として定められていないもののみをすべて選んでいるものはどれか。

a．旅行業協会は、旅行者及び旅行に関するサービスを提供する者からの旅行業者等の取扱った旅行業務に対する苦情の解決に関する業務を実施しなければならない。

b．旅行業協会は、旅行業務の取扱いに従事する者に対する研修に関する業務を実施しなければならない。

　c．旅行業協会は、旅行業務に関し社員である旅行業者又は当該旅行業者を所属旅行業者とする旅行業者代理業者と取引をした旅行者又は運送・宿泊事業者等に対し、その取引によって生じた債権に関し弁済をする業務を実施しなければならない。

　d．旅行業務の適切な運営を確保するための旅行業者等に対する立入検査

　ア．a．b．c　　イ．b．d　　ウ．a．c．d　　エ．c．d

問28　旅行サービス手配業に関する次の記述のうち、誤っているものはどれか。

　ア．旅行サービス手配業者は、旅行サービス手配業務を他人に委託する場合においては、他の旅行サービス手配業者又は旅行業者に委託しなければならない。

　イ．旅行業者は、旅行サービス手配業の登録を受けなくても、旅行サービス手配業務を行うことができる。

　ウ．旅行サービス手配業者は、運送サービス（専ら企画旅行の実施のために提供されるものに限る。）を提供する者に対し、輸送の安全の確保を不当に阻害する行為をしてはならない。

　エ．旅行サービス手配業の登録の有効期間は、登録の日から起算して5年とする。


# 解答と解説

　問1　エ　　a：「安心」は条文中には定められていない。

　問2　ウ　　ウ：国・地方公共団体といえども登録は除外されない。

　問3　イ　　エ：「…登録の翌日から…」ではなく「…登録の日から…」が正しい。

　問4　ウ　　c：海外旅行を取り扱うのであれば、総合旅行業務取扱管理者の資格が必要。

　問5　エ　　a：道交法違反は拒否事由には関係ない。「この法律」とは、旅行業法のことである。

　問6　エ　　エ：登録行政庁ではなく、旅行業者の主たる営業所の最寄りの供託所である。

　問7　イ　　ウ：3年ではない。5年を経過しなければ拒否される。

　問8　ア　　「旅行に関する苦情の処理」は、旅行業務取扱管理者が管理・監督すべき事務とされている。

問9　エ　ア：「…事業開始後速やかに…」ではなく「…事業開始前に…」が正しい。

問10　ア　第2種旅行業者及び第3種旅行業者が使用する標準旅行業約款は、その主たる営業所の所在地を管轄する都道府県知事が定めて公示するのではなく、観光庁長官及び消費者庁長官が公示する。

問11　ア　「旅行地における企画者との連絡方法」は、事前説明の必要はない。P28「説明事項」の表を参照。

問12　エ　すべて「旅行業約款の記載事項」として定められているものである。

問13　ア　c：「旅行業務の取扱いの料金」は企画旅行では適用されていない。

問14　エ　b：広告表示に必要な事項である。

問15　ア　ア：既に契約を締結しているのだから、契約の申込み方法や成立に関する事項は不要である。

問16　イ　イ：旅行業者代理業者自らが発行する。

問17　イ　旅行業者等が広告を行う場合には、表示事項が定められている。旅程管理業務を行う者の同行の有無は表示が義務付けられている。

問18　エ　そもそも誇大広告をしていい事項は存在しない。誇大広告をして良い選択肢を作ることはできない。

問19　ウ　ウ：「代表者の氏名」は不要である。

問20　イ　d：「…募集を開始する前…」ではなく「…旅行の開始前に…」が正しい。

問21　ア

問22　イ　c：「いかなる場合においても」は誤り。旅行業法には「債務の履行を不当に遅延する行為をしてはならない」と規定されており、正当な理由があれば可能である。

問23　ウ　旅行業者代理業者は旅行業者の代理業であり、自らが契約の主体になることはできない。したがって、旅行業者代理業者には財産的基礎の規定は定められていない。

問24　ア　ア：「旅程管理業務を行う主任の者」ではなく「旅行業務取扱管理者」が正しい。

問25　イ　ア：旅行業者代理業者として契約を締結するのではない。
　　　　　　エ：「旅行業務の取扱いの料金」は不要。受託契約の対象は（募集型）企画旅行である。

問26　エ　ウ：「6箇月」ではなく「1年」が正しい。

問27　エ　c：運送・宿泊事業者等は弁済業務の対象外である。
　　　　　　d：旅行業協会に立入検査権はない。

問28　エ　登録の有効期間はない。ただし旅行サービス手配業務取扱管理者は5年ごとに研修を受講することになっている。これは選任されている旅行業務取扱管理者も同様である。

# PART2

# 約　　　　款

出題頻度の高い項目
- ■標準旅行業約款…募集型企画旅行・受注型企画旅行・手配旅行・団体グループ等の定義、契約の成立・変更、旅行の取消し、特別補償
- ■JR旅客営業規則…定義、旅客の区分、乗車券の有効日数
- ■国内航空運送約款…定義、航空券の有効期間、運賃・料金の払戻し、無料手荷物許容量、手荷物にかかる賠償責任限度額
- ■その他の約款…定義、契約の成立、契約の変更・取消し・払戻し

学習のポイント
- ■企画旅行と手配旅行の違いを把握しておく
- ■本書の内容と約款をあわせて読み進める
- ■乗車券等の有効期間、払戻手数料は暗記する

# SECTION 1

# 1 標準旅行業約款とは

**POINT**

①標準旅行業約款とは、旅行業者と旅行者との契約のバラツキを均一にして、迅速かつ安心して契約ができるように観光庁長官及び消費者庁長官が定めた標準契約のことです。

②約款は旅行業者が一方的に有利にならないよう、国のコントロールが加えられています。特約は旅行業者が法令に反せず、かつ旅行者の不利にならない限り約款に優先しますが、口頭ではなく書面で結ぶことが条件です。

## 標準旅行業約款

### 1. 約款とは

　契約者と個別な条件で契約を結んでいると、正確、公正、迅速な契約ができない場合があります。それを防ぐためにあらかじめ契約の内容を定め、各契約者と結ぶ均一の契約を「約款」といいます。旅行業者各社は、約款を定め、登録行政庁の認可を受けなければなりませんが、モデルとして観光庁長官及び消費者庁長官は、標準旅行業約款を公示しています。

さあ、皆さん同じ条件の契約ですよ。

観光庁長官及び消費者庁長官が公示する

この契約が旅行業の場合だと

### 標準旅行業約款 と呼ばれます。

この標準旅行業約款と同じものを自社の約款として申請すれば、その社の約款は認可されたものとみなされます。

### 2. 適用範囲

①約款の中で定められていない項目については、法令、あるいは一般の慣習に従います。

②法令に反せず、旅行者の不利にならない範囲で、かつ、書面により特約を結んでいる場合は、その特約が約款に優先します。

# 旅行業約款の構成

旅行業約款は、「5つの部」と「特別補償規程」で構成されています。

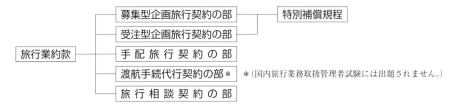

試験の70%近くは「募集型企画旅行契約の部」から出題されます。

# 用語の定義

①「国内旅行」と「海外旅行」…「国内旅行」とは本邦内（日本国内）のみで終結する旅行を言います。「海外旅行」とは、それ以外の旅行を言います。したがって、次のような募集型企画旅行は「海外旅行」として取り扱いますから注意してください。

(例)札幌を出発 → 浦安でTDR入園 → ハワイへ → 札幌へ（全体で海外旅行）

②「通信契約」…＜メール、電話、FAX等で申し込み＞＋＜クレジットカード（サインレス）で決済する＞　この両方が揃わないと「通信契約」とは言いません。

③「電子承諾通知」…通信契約において、旅行業者が旅行者に対しての契約承諾の通知をメールで行う方法です。

# 旅行業者が行わねばならないこと

**1. 企画旅行（募集型企画旅行、受注型企画旅行）では、**

①手配の完了（運輸機関・宿泊機関等を確実に手配すること。）

②旅程の管理（旅程を管理し、事故等が起きれば代替サービス等を手配する。）

**2. 手配旅行では、①手配の完了だけです。旅程管理義務はありません。**

**3. 旅行業者は、手配の全部又は一部を国内又は海外の手配代行者（ランドオペレーター）に代行させることができます。**

(注)「募集型企画旅行」「受注型企画旅行」「手配代行者」等についてはP24を参照してください。

# SECTION 1

# 2 契約の成立

**POINT**

①旅行契約の成立時期は、申込金が受理された時点、または通信契約では旅行業者が契約を承諾する通知を発した時点ですが、手配旅行契約では書面による特約及び乗車券類・宿泊券の手配のみの場合は、「申込金」なしで契約締結をしてもよいとされています。

②旅行業者は業務上の都合で契約を拒否することができます。

## 契約の申込み

契約の申込みとは、旅行者が所定の申込書に必要事項を記入し、所定の申込金を旅行業者に渡すことです。

## 契約の成立時期

### 1. 契約の成立

企画旅行契約、手配旅行契約ともに、旅行業者が旅行者から「申込金」を受理したとき、通信契約では旅行業者が契約の承諾を発したときに契約が成立します。

### 2. 電話等による予約

募集型企画旅行契約の予約は、電話、郵便、ファクシミリ、インターネットその他の通信手段でも受け付けます。ただし予約の時点では契約は成立しておらず、旅行業者が予約の承諾を通知した後、旅行業者が定める期日までに旅行者が申込書と申込金を提出、あるいはクレジットカードの会員番号を通知することによって契約は成立します。この場合、他の旅行者との契約締結の順位は、予約の受付の順位に従います。また上記の期日までに申込書、申込金の提出や会員番号の通知がないときは、予約そのものがなかったものとして取り扱います。

### 3. 手配旅行契約における契約成立の例外

① 「申込金」を支払わなくても契約が成立しますが、「手配旅行契約」の成立時期は書面で明示されます。

② 乗車券類等の手配に関する契約は、口頭や電話での申込みでも、旅行業者が承諾すれば契約は成立します。

## 契約締結の拒否

　以下の場合には旅行業者は募集型企画旅行契約の締結に応じないことがあります。

① 旅行者が、旅行業者があらかじめ明示していた性別、年齢、資格、技能その他の参加旅行者の条件を満たしていないとき。

② 応募旅行者数が、募集定員に達したとき。

③ 旅行者が他の旅行者に迷惑をかけたり、団体行動の円滑な実施を妨げる恐れがあるとき。

④ (通信契約の場合)旅行者のクレジットカードが無効であるとき。

⑤ 旅行者が、暴力団員等、反社会的勢力であると認められるとき。

⑥ 旅行者が、暴力的な要求行為、不当な要求行為、取引に関して脅迫的暴力的な行為を行うとき。

⑦ 旅行者が当社の信頼を毀損、業務を妨害する行為を行ったとき。

⑧ 旅行業者の業務上都合があるとき。

●電話による募集型企画旅行契約の予約

① 所定期間内に申込書と申込金の提出がない場合は予約は無効となるが、契約は成立していないので取消料・違約料は生じない。

② 電話予約の優先順位は、電話予約の受付順位となる。したがっていくら早く申込書・申込金の提出を行っても先に電話予約した者より優先されることはない。

　ただし、契約の成立時期はあくまでも「申込金を受理した時点」になる。

●契約書面の交付

　旅行業者は契約の成立後、旅行者に対して速やかに旅行日程、旅行サービスの内容、その他の旅行条件および旅行業者の責任に関する事項を記載した契約書（当該旅行業者所定の契約書）を旅行業法に定めるところにより、交付することになっています。IT、パソコンなど情報通信手段を使用する場合は、契約書面の交付をこれで代替することも可能です。

●確定書面（最終日程表）の交付

　契約書面の交付後、契約書面に定められた旅行開始の前までに確定された旅行日程、運送・宿泊機関等を記載した確定書面を交付します。

整理メモ　契約成立の時期は、企画旅行も手配旅行も基本的には、申込金を旅行業者が受け取ったとき。

# SECTION 1

# 3 契約の変更

**POINT**

①旅行業者は、旅行業者の関与できない事態が発生し、旅行の安全かつ円滑な実施を図るためにやむを得ないときは、あらかじめ旅行者に理由を説明して、旅行日程、旅行サービスの内容等を変更できます。
②また、緊急を要する場合には、旅行業者が一方的に変更し、事由を後で説明することもできます。

## 契約内容の変更

### 1. 募集型企画旅行契約の内容が変更できる場合

　天災地変、戦乱、運送・宿泊機関等の旅行サービス提供の中止、当初の運行計画にない運送サービスの提供、その他旅行業者の関与できない事由が発生している状況下で、旅行の安全かつ円滑な実施を図る場合。

※受注型企画旅行契約では、これに加えて「旅行者からの求めに応じて」変更もできます。

### 2. 変更の処置

①旅行者にあらかじめ関与しえない理由および事由との因果関係を説明して変更します。②緊急の場合は変更した後で、説明します。

### 3. 手配旅行契約の内容の変更について

　旅行者の依頼によって手配する手配旅行にあっては、その性格上、旅行者は契約内容を自由に変更でき、旅行業者はできる限り、これに応じます。変更に伴う旅行代金の増減は旅行者に帰属します。

## 旅行代金の変更、旅行者の交代

　旅行代金の額が変更となるのは、次のようなときです。

①企画旅行において、上記のような旅行業者が関与できない事態が発生して、やむを得ず旅行内容に変更が生じ費用が増減する場合。

②旅行業者が募集型企画旅行募集の際に、あらかじめ明示していた運送機関の運賃・料金が著しい経済情勢の変化等により、大幅に変更されるとき（宿泊機関の宿泊料には適用されません）。

③企画旅行契約を締結した旅行者は、契約上の地位を第三者に譲ることができます。その際には所定の用紙に所定の事項を記入し、所定の手数料とともに旅行業者に提出し、承諾を得なければなりません。

## 旅行者と旅行業者の解除権

### 1. 旅行者の契約解除権

募集型企画旅行契約では、旅行者はいつでも取消料を支払って契約を解除することができます。

ただし、天災地変、運送・宿泊機関等の旅行サービス提供の中止、戦乱など不可抗力のときや、契約内容の重要な変更、旅行代金の増額、旅行業者が期日までに確定書面を交付しなかったとき、旅行業者の責任で旅行の実施が不可能になったときは、旅行者は取消料を支払うことなく、募集型企画旅行契約を解除することができます。

募集型企画旅行契約（国内旅行）の取消料（旅行代金の何%になるか）

| 21日 | 20日前〜8日前 | 7日 | 4日 | 3日 | 2日 | 前日 | 当日 | 旅行開始後 |
|---|---|---|---|---|---|---|---|---|
| | 20% | | | | | | | |
| | | 30% | | | | | | |
| | | | | | | 40% | | |
| | | | | | | | 50% | |
| | | | | | | | | 100% |

### 2. 旅行業者の契約解除権

①期日までに旅行者が旅行代金を支払わない場合（旅行者は取消料と同額の違約料を支払わねばならない）。

②①以外の事由　1）参加旅行者の条件を満たさないとき＊　2）旅行者が病気のとき　3）旅行者が旅行の円滑な実施を妨げる恐れがあるとき　4）最少催行人員に達しないとき＊　5）スキー、花見など旅行実施条件が成就しないとき（通知期限の定めはないことに注意）　6）天災地変のとき　7）通信契約でクレジットカードが無効となっているとき

（注）＊の1）、4）は、募集型企画旅行契約にのみ適用される規定です。

●旅行代金の変更の処置
①旅行業者は、旅行代金を増額する場合は、旅行開始日の前日から起算してさかのぼって15日目にあたる日よりも前に旅行者に通知。
②減額の場合は、減少額分を旅行者に返却するので、旅行者に事前に通知する義務はない。

●募集型企画旅行契約解除の処置
最少催行人員の不足で旅行業者が契約解除する場合は、国内旅行では旅行開始日の前日から起算してさかのぼって13日目（日帰り旅行では3日目）にあたる日よりも前までに旅行者に中止の通知。

●契約解除後の帰路手配
旅行開始後に企画旅行契約が旅行者の病気または非常事態の発生で解除された場合、旅行者の求めに応じて出発地点に戻るために必要な旅行サービスの手配を引き受けます。その際の一切の費用は旅行者の負担です。

●旅行代金の払戻し
運送機関の運賃・料金の減額、旅行費用の減少、天災地変・戦乱等による旅行費用の減少、旅行者の旅行契約の解除、旅行業者の契約解除等により発生する旅行代金の払戻しは次により行います。
①旅行開始前の払戻し→解除の翌日から起算して7日以内
②減額または旅行開始後の払戻し→旅行終了予定日の翌日から起算して30日以内

●旅行代金を変更できる場合
企画旅行で旅行代金の変更ができるのは、運送機関の運賃・料金の大幅な増減と、天災地変など旅行業者の関与不可能な場合に限られ、宿泊料金や入場料、食事代などでは変更できない。

# SECTION 1

# 4企画旅行契約

**POINT**

①募集型企画旅行では、旅行者の安全かつ円滑な旅行の実施を確保するために旅程管理の業務が行われています。
②旅行業者が故意または過失によって旅行者に損害を与えた場合、その損害を賠償しなければなりません。
③募集型企画旅行において、旅行業者の故意や過失により旅行者に損害を与えた場合、損害賠償に任じます（2年以内に通知があったときに限る）。

## 旅程管理

　旅行者が旅行中に予定される旅行サービス（列車に乗ったり、ホテルに宿泊したりすること）が受けられない恐れが認められる場合は、旅行業者は企画旅行契約に従った旅行サービスの提供が確実に受けられるよう必要な措置を講じなければなりません。

　上記の措置にもかかわらず、企画旅行の内容を変更せざるを得ない場合は企画旅行契約に沿った旅行サービスと同様のものとなるように努力しなければなりません。

## 旅行業者の旅程保証

　旅行業者は右表の左側の事項に重要な変更があったときは、旅行開始前と旅行開始後に区分して、1件あたりの率に応じた額（旅行代金×○%）以上の変更補償金を、旅行終了日の翌日から起算して30日以内に支払います。

ただし、その変更の原因が次の場合は支払いません。

　1）天災地変　2）戦乱　3）暴動　4）官公署の命令　5）運送・宿泊機関等の旅行サービス提供の中止（欠航、運休、ホテルの全館休業など）6）当初の運行計画によらない運送サービスの提供（遅延など）7）旅行参加者の生命又は身体の安全確保のために必要な措置

## 変更補償金（第29条第１項関係）（巻末標準旅行業約款を参照）

| 変更補償金の支払いが必要となる変更 | 一件あたりの率（％） | |
|---|---|---|
| | 旅行開始前 | 旅行開始後 |
| 一 契約書面に記載した旅行開始日または旅行終了日の変更 | 1.5 | 3.0 |
| 二 契約書面に記載した入場する観光地または観光施設（レストランを含みます）その他の旅行の目的地の変更 | 1.0 | 2.0 |
| 三 契約書面に記載した運送機関の等級または設備のより低い料金のものへの変更（変更後の等級および設備の料金の合計額が契約書面に記載した等級および設備のそれを下回った場合に限ります） | 1.0 | 2.0 |
| 四 契約書面に記載した運送機関の種類または会社名の変更 | 1.0 | 2.0 |
| 五 契約書面に記載した本邦内の旅行開始地たる空港または旅行終了地たる空港の異なる便への変更 | 1.0 | 2.0 |
| 六 契約書面に記載した本邦内と本邦外との間における直行便の乗継便または経由便への変更 | 1.0 | 2.0 |
| 七 契約書面に記載した宿泊機関の種類または名称の変更 | 1.0 | 2.0 |
| 八 契約書面に記載した宿泊機関の客室の種類、設備、景観その他の客室の条件の変更 | 1.0 | 2.0 |
| 九 前各号に掲げる変更のうち契約書面のツアー・タイトル中に記載があった事項の変更 | 2.5 | 5.0 |

注一 「旅行開始前」とは当該変更について旅行開始日の前日までに旅行者に通知した場合をいい、「旅行開始後」とは、当該変更について旅行開始当日以降に旅行者に通知した場合をいいます。
注二 確定書面が交付された場合には、「契約書面」とあるのを「確定書面」と読み替えた上で、この表を適用します。この場合において、契約書面の記載内容と確定書面の記載内容との間または確定書面の記載内容と実際に提供された旅行サービスの内容との間に変更が生じたときは、それぞれの変更につき一件として取り扱います。
注三 第三号または第四号に掲げる変更に係る運送機関が宿泊設備の利用を伴うものである場合は、一泊につき一件として取り扱います。
注四 第四号に掲げる運送機関の会社名の変更については、等級または設備がより高いものへの変更を伴う場合には適用しません。
注五 第四号または第七号若しくは第八号に掲げる変更が一乗車船等または一泊の中で複数生じた場合であっても、一乗車船等または一泊につき一件として取り扱います。
注六 第九号に掲げる変更については、第一号から第八号までの率を適用せず第九号によります。

※上記１件あたりの率で算出した金額の合計額が1,000円未満のときは免責とします。（変更補償金の支払いは行われません）

---

### ZOOM UP

●過失による手荷物の損害賠償

　損害発生の翌日から起算して14日以内に通知を受けた場合、旅行業者は旅行者１名につき15万円（この場合、旅行業者に故意または重大な過失がある場合を除く）を限度として賠償することになります。

●旅行者の責任

　旅行者が故意または過失によって旅行業者に損害を与えた場合は、旅行者が損害を賠償しなければなりません。

●変更補償金の限度

　左表の変更事項が重なる場合は、当該企画旅行業者が定める15％以上の率をもって限度とします。つまり、変更事項が重複したときは、その率を加算するが、当該旅行業者が20％と定めていれば20％が限度となるという制度です。

●変更補償金の算出方法

　変更補償金の算出方法を例示すると次のようになります。
例適用する補償金の率が1.0％、2.0％、3.0％の３件が重なり、その旅行代金が50,000円の場合……３件のパーセンテージを合計するのではなく、それぞれのパーセンテージを金額になおし、合計額が1,000円未満だと支払いが免責になります。このケースでは合計3,000円が支払われることになります。

---

整理メモ

①企画旅行では、旅行の内容は旅行業者任せとなるので、旅程保証は旅行業者の重要な業務となる。
②旅行業者が旅行の手配を任せた（代行させた）者を「手配代行者」という。

# 特別補償規程

　旅行業約款、企画旅行契約の部の付属規程である特別補償規程では、旅行業者の責任か否かを問わず、旅行者が企画旅行参加中にその生命・身体や手荷物などに被った一定の損害に対して、あらかじめ定められた額の補償金あるいは見舞金が旅行業者より支払われるよう規定されています。

　損害の種類と程度により補償金額が定められています。

| 補償金の種類 | 補償金を支払う場合 | 補償金の金額 |
|---|---|---|
| 死　亡　補　償 | 企画旅行参加中に急激かつ偶然な外来の事故で、事故発生から180日以内に死亡した場合。 | 1,500万円（海外旅行は2,500万円） |
| 後　遺　障　害　補　　　　　償 | 企画旅行参加中に急激かつ偶然な外来の事故による傷害＊で、事故発生から180日以内に後遺障害が生じた場合。 | 後遺障害の程度により、死亡補償額の3〜100％ |
| 入　院　見　舞 | 企画旅行参加中に偶発的に発生した事故による傷害で、医師の指示により入院した場合。 | 入院期間に応じて2〜20万円（海外は4〜40万円） |
| 通　院　見　舞 | 企画旅行参加中に偶発的に発生した事故による傷害で、医師の指示により通院した場合。 | 1〜5万円（海外は2〜10万円） |
| 携　帯　品　損　害　補　償 | 企画旅行参加中に、旅行者の携帯品が、盗難、破損、火災、事故などで損害を受けた場合。 | 旅行者1名につき15万円までが限度。実損額が3,000円以下は支払われない（補償対象品1個または1対の品物については10万円が限度） |

（注）＊障害には、有毒ガス等による急性中毒は含まれるが、細菌性食物中毒は含まれないので注意してください。

# 支払われない場合

次のような場合は、旅行業者は補償金などを支払いません。

## 1. 傷害事故

旅行者の故意・自殺・犯罪行為・闘争行為（けんか）無免許運転・酒酔い運転・疾病（病気）等による傷害。また、原因が戦争・内乱による武装事変、放射能被害。

## 2. 原因のいかんを問わず、頸部症候群（ムチウチ症）、あるいは腰痛で他覚症状（医者や第三者にわからないもの）のないもの

## 3. 「国内旅行」中の地震、噴火、津波やそれに伴って発生した混乱に基づく事故

## 4. 企画旅行の日程に含まれていない行為

①山登りや危険な運動。

②自動車、原付自転車、モーターボートによる競技、試運転などで生じた事故。

③路線を運行する航空機以外の航空機の操縦による事故。

## 5. 携帯品の損害

①補償対象品の瑕疵（きず）、自然の消耗、さび、カビ、変色等

②置き忘れ、紛失（盗難の場合は補償金が支払われる。）

③単なる外観の損傷で、機能に支障をきたさない損害

④補償対象品である液体（香水、液体化粧品など）の流出（ただし、その結果として、他の補償対象品に生じた損害は補償金が支払われる。）

●携帯品の損害補償
① 1 企画旅行につき 1 人15万円が限度
②1個1対について10万円を超えるときは10万円とみなす。
③3,000円以下は支払わない。

●補償対象品とはならない携帯品
①現金、小切手、その他の有価証券、印紙、切手等
②クレジットカード、クーポン券、航空券、パスポート等
③コンピュータ等の記録媒体に記録された情報等
④稿本、設計図、図案等
⑤船舶、自動車、原付自転車
⑥山岳登はん用具、探検用具
⑦義歯、義肢、コンタクトレンズ
⑧動物、植物

●特別補償と損害賠償の関係
旅行業者が損害賠償の責任を負わねばならない場合であっても、特別補償金が損害賠償金に当てられます。その場合、足りなかったら足りない分、損害賠償責任が残ります。

---

整理メモ

①旅行者は、旅行業者が原因ではない損害を被った場合でも特別補償を受けることができる。
②事故による傷害でも、ムチウチ症や腰痛など第三者に確認できない症状には、補償金は支払われない。

# SECTION 1

# 5 手配旅行契約

**POINT**

①手配旅行契約とは、旅行業者が旅行者の委託により、旅行のサービスの提供の手配を引き受ける契約です。
②この手配旅行契約に定められていない事項については、法令や一般に確立された慣習に従います。
③手配旅行契約でも、旅行業者が法令に反せずかつ旅行者の不利にならない範囲内で書面により特約を結んだときは、特約が優先します。

## 手配債務の終了

　旅行業者が善良な管理者の注意（善管注意義務）のもとで、旅行サービスの手配を行ったときは、手配旅行契約に基づく旅行業者の債務の履行は終了します。したがって旅行者の委託した旅行サービスが、満員、休業、条件が合わない等の理由で手配ができなかった場合でも責任は果たしたことになり、旅行者は所定の旅行業務取扱料金を支払わなければなりません。

　旅行業者は、手配旅行契約の履行にあたって、手配の一部あるいはすべてを本邦内の他の旅行業者に代行させることがあります。

# 旅行代金

　旅行者は、旅行業者が定める期日までに旅行代金を支払わなければなりません。

　旅行業者は、旅行開始前に運送機関または宿泊機関等の運賃・料金の改訂等により旅行代金に変動があった場合は、旅行代金を変更することがあります。この旅行代金の変更は旅行者の負担となります。

　旅行業者が旅行サービスの手配のために支払った費用で、旅行者が負担すべき料金と、すでに旅行者から支払われた旅行代金とが合致しない場合、旅行終了後、旅行代金の精算をします。
※募集型・受注型企画旅行の場合は、運送機関の運賃・料金の大幅な変動があった場合のみ、変更できます。（P60参照）

（P60参照）

●添乗サービス
①契約責任者からの求めによって、団体に添乗員を同行させて添乗サービスを提供することがある。
②契約責任者が団体旅行に参加しない場合は、契約責任者が選任した契約責任者と業務を行う。
③添乗員の業務は、あらかじめ定められた旅行日程に従って団体旅行ができるように運送、宿泊機関との折衝等のサービスを提供する。
④旅行業者が添乗サービスを提供する場合は、契約責任者は旅行業者に所定の添乗サービス料金を支払わなければならない。

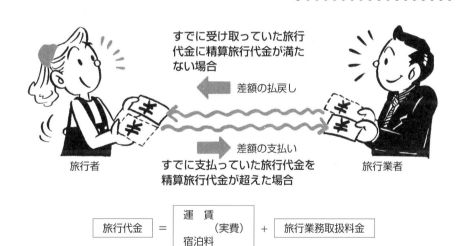

すでに受け取っていた旅行代金に精算旅行代金が満たない場合　差額の払戻し

すでに支払っていた旅行代金を精算旅行代金が超えた場合　差額の支払い

旅行者　　　旅行業者

$$旅行代金 = \begin{matrix} 運　賃 \\ （実費） \\ 宿泊料 \end{matrix} + 旅行業務取扱料金$$

# 団体・グループ手配

団体・グループの代表者を団体構成員の代理人とし、契約責任者とみなして、旅行業者は、一切の取引をこの契約責任者と行います。

また、旅行業者は、申込金の支払いを受けることなく手配旅行契約の締結の承諾を行うことがあります。この場合、契約は旅行業者がその旨を記載した書面を交付したときに成立するものとします。

契約責任者と団体構成員との関係には、旅行業者は一切関与しません。

旅行業者は、団体構成員の人数に変更があった場合は、可能な限りこれに応じなければなりません。

団体・グループの委託による旅行手配

### ①契約責任者
団体の責任ある代表者で旅行業者との一切の取引を行う者。

### ②団体構成員の通知
契約責任者は、旅行業者が定める日までに構成者の名簿又は人数を旅行業者に通知しなければなりません。

### ③団体構成員
団体を構成する1人1人の旅行者。

**団体構成員の増減により旅行代金に変更が生じた場合は、増加分は請求し、減少分は払戻しをする。**

# 契約の変更および解除

## 1. 契約の成立

企画旅行と同様に手配旅行契約でも、旅行者が所定の申込書と申込金を旅行業者に提出し、旅行業者が申込金を受け取ったときに契約が成立しますが、書面による特約をもって、申込金の支払いを受けることなく手配旅行契約を成立させることがあります。

## 2. 契約内容の変更

①旅行者は、旅行業者に対して、旅行日程、旅行サービスの内容等、手配旅行契約の内容の変更を求めることができ、旅行業者は、できるだけその要求に応えなければなりません。

②この手配旅行契約の内容の変更によって生じた旅行代金の増減は旅行者が負います。

旅行者による増減額の負担

## 3. 契約の解除

①旅行者は、手配旅行契約の一部あるいはすべてを解除できますが、それまでに受けた旅行サービスの料金、まだ受けていない旅行サービスの取消料等を負担し、旅行業者には旅行業務取扱料金を支払わなければなりません。

②旅行者が所定の期日までに旅行代金を支払わないとき。

③旅行業者の責任により旅行サービスの手配が不可能となったとき。

---

### こうでた！

問　手配旅行契約の部に関する次の記述は正しいか。（令和4年試験問題）

　旅行業者は、旅行開始前に旅行者から契約の内容を変更するよう求めがあったときは、可能な限りこれに応じるが、旅行開始後は応じない。

答え　誤り。旅行開始前・開始後に関わらず、旅行業者は可能な限り旅行者の求めに応じるとされている。

---

整理メモ

①善良な管理者の注意義務を、一般に「善管注意義務」という。

②募集型企画旅行では、旅行業者があらかじめ定めた旅行契約の内容に従うが、受注型企画旅行及び手配旅行では、旅行者は旅行契約の内容を変更することができる。

③旅行業者の責任で契約が解除された場合は、旅行者がすでに受けた旅行サービスに関わった運送・宿泊業者への支払い、あるいはこれから支払う費用を除いた旅行代金を旅行者に払い戻す。

# SECTION 2

# 1 JR旅客営業規則とは

**POINT**

①JR旅客営業規則とは、6つのJR（Japan Railways）（JR北海道、JR東日本、JR東海、JR西日本、JR四国、JR九州）の共通の運送約款として定められているものです。

②新路線の開通や、税制の改変などによって改正されることもありますが、試験では、全国的に共通する変更事項に注意しておけばよいでしょう。

③JRには鉄道だけではなく、船舶の運送手段もあります。

## 旅客運送契約の成立と運賃・料金

### 1. 旅客運送契約の成立時

旅客が所定の運賃・料金を支払い、乗車券類を受け取ったときに成立します。

### 2. 旅客の年齢区分と運賃・料金の関係

年齢区分による呼び名

| 大人 | 小児 | 幼児 | 乳児 |
|---|---|---|---|
| 12歳以上 | 6歳以上12歳未満<br>（小学生は小児） | 1歳以上6歳未満<br>（未就学児は幼児） | 1歳未満 |

①大人は12歳以上です。

②小児は、大人の半額で10円未満の端数は切り捨てます。

③グリーン料金、寝台料金は小児も大人と同じです。

④幼児、乳児は無料ですが、次の場合は小児とみなし、小児の運賃・料金を支払います。

　・幼児だけで旅行するとき。

　・小児以上の旅行者に幼児が3人以上同伴される場合の3人目から。

　・幼児が団体として旅行、または団体に同伴される場合。

　・幼児あるいは乳児だけで指定の座席または寝台を利用するとき。

　　※12歳以上13歳未満の小学生は小児として扱い、6歳以上7歳未満の小学校入学前の小児は幼児として扱います。

# 乗車に必要な乗車券類

## 1. 乗車券類の種類

利用する列車・車両によって異なる乗車券類が必要です。乗車券類には次のようなものがあります。①乗車券　②普通急行券・特別急行券　③特別車両券（グリーン券）　④寝台券　⑤指定席券（座席指定券）

| 種別 | | 特急列車に乗車の場合 | 普通急行列車に乗車の場合 | 快速列車・普通列車に乗車の場合 |
|---|---|---|---|---|
| グリーン車 | 指定席 | ①乗車券<br>②特急券・グリーン券(A) | ①乗車券<br>②急行券・グリーン券(A) | ①乗車券<br>②グリーン券(B) |
| | 自由席 | | | ①乗車券<br>②グリーン券(B) |
| 普通車 | 指定席 | ①乗車券<br>②特急券<br>（指定席特急券） | ①乗車券<br>②急行券・指定席券 | ①乗車券<br>②指定席券 |
| | 自由席 | ①乗車券<br>②自由席特急券 | ①乗車券<br>②急行券 | ①乗車券 |
| A寝台車 | | ①乗車券<br>②特急券・<br>A寝台券 | ①乗車券<br>②急行券・A寝台券 | |
| B寝台車 | | ①乗車券<br>②特急券・<br>B寝台券 | ①乗車券<br>②急行券・B寝台券 | |

## 2. 途中下車

途中下車は下記の場合以外何度でもできます。

①100kmまでの乗車券

②東京・大阪・福岡・新潟の各近郊区間内駅の発・着の乗車券

③途中下車を指定した乗車券

④回数乗車券

⑤特定都区市内駅あるいは山手線内駅発・着の乗車券

「山手線」内は途中下車できません。

## ●片道乗車券の有効期間

| 営業キロ | 有効期間 |
|---|---|
| ～100キロ | 当日のみ |
| ～200キロ | 2日 |
| ～400キロ | 3日 |
| ～600キロ | 4日 |
| ～800キロ | 5日 |
| 以下200キロごとに1日プラス | |

## ●有効期間内での未使用の乗車券の払戻手数料

| 普通乗車券、自由席特急券<br>自由席グリーン券、普通急行券<br>団体乗車券、回数乗車券 | 220円 |
|---|---|
| 出発日2日前までの指定券類 | 340円 |

※指定券類の場合、前日から出発時刻まで料金の30％（最低340円）となる。また、特急券・グリーン券（1葉）等の2種類の料金券を払い戻す場合には特急・急行料金には手数料はかからない。

## ●往復割引乗車券

鉄道の利用区間の片道の営業キロが601キロ以上あるときは、往路、復路の運賃がそれぞれ1割引きとなります。

## ●学生割引

JRグループから指定を受けた中学・高校・大学・専修学校・各種学校の学生・生徒が片道の営業キロ101キロ以上を利用する場合、乗車前に学校の発行する「学校学生生徒旅客運賃割引証」を提出すれば、運賃は2割引。学割旅客が601キロ以上を往復乗車するときは、往路・復路とも上記往復割引運賃からさらに2割引を適用します。

---

**Key word**

乗車券類——乗車券、急行券・特急券、特別車両券（グリーン券・グランクラス券）、寝台券、コンパートメント券および座席指定券（指定席券）を総称していう。普通急行券は急行券、特別急行券は特急券と略すのが一般的

指定券——乗車日および乗車列車を指定して発売される乗車券。

有効期間——期間は初日は時間の長短にかかわらず1日として計算する。

# SECTION 2

# 2 団体旅客について

**POINT**

①団体旅客とは8名以上の旅客全員が、利用施設および発着駅、その経路を同じにして、旅行の全行程を同じ人員で旅行する旅客をいいます。
②団体旅客の種類は、(1)旅客の種別による区分、(2)利用列車による区分、(3)大口・小口による区分、(4)客車の利用法による区分に分類され、それぞれ取扱いが異なります。

## 団体旅客の種別による区分

### 1. 団体旅客の種別による区分

#### ①学生団体

JRグループの指定を受けた学校、保育所などの学生、生徒、児童あるいは園児8人以上が教職員に引率され、同行の医師、旅行業者などで構成されたものです。

#### ②訪日観光団体

日本を訪れた外国人観光客8人以上で構成され、責任ある代表者（旅行業者でもよい）が引率するもの。

#### ③普通団体（一般団体）

上記①、②以外の旅客によって構成された8人以上の団体で、責任ある代表者が引率するもの。

### 2. 利用列車による区分

①専用臨時列車を利用する団体。

②上記以外の列車を利用する団体。

  (1)定期列車

  (2)集約臨時列車（同一の区間を同一の時刻で、続けて7日以上運転する臨時列車）

  (3)一般の臨時列車

訪日観光団体は、日本国在外外交官、入国審査官または社団法人全国旅行業協会、社団法人日本旅行業協会会長の発行した訪日観光団体であることの証明書が必要です。

## 3. 大口・小口による区分

| | | |
|---|---|---|
| 大口団体 | | 専用臨時列車を1つの団体だけで利用する団体 |
| 小口団体 | A小口団体 | 31人以上の団体で大口団体に満たない団体 |
| | B小口団体 | 8人以上30人までの団体 |

## 4. 客車の利用法による区分

①旅客車専用扱団体——臨時列車を、車両あるいは列車単位で利用する団体（大口団体）。

②特別手配団体——グリーン車、寝台車を連結しない列車あるいは区間で、特別にグリーン車、寝台車を増結して利用する小口団体のこと。

## 5. 団体旅客の無賃扱い

| 31人以上50人以内 | → 1人が無賃に<br>（訪日観光団体は15人以上） |
|---|---|

| 51人以上100人以内 | → 2人が無賃に |
|---|---|

| 101人以上150人以内 | → 3人が無賃に |
|---|---|

これ以上は、50人につき無賃扱いが1人ずつ増えます（学生団体は無賃扱いなし）。

## 6. 団体旅客の申込受付期間

| 利用列車<br>（船）別 | 申込受付期間 | 記事 |
|---|---|---|
| 大口団体 | 始発駅出発日の9カ月前の日から2カ月前の日まで | 所定の申込受付期間外であっても受付をする場合がある。 |
| 小口団体 | 始発駅出発日の9カ月前の日から14日前（一部12日前）の日まで | |

### ●保証金と指定保証金

保証金、指定保証金とは予約金のようなものといえます。予約通りに団体乗車券を購入する場合には、運賃・料金に充当されます。JRは、大口団体に対しては保証金、指定席を利用する小口団体には指定保証金を求めています。

| | 対象となる団体と金額 |
|---|---|
| 保証金 | 大口団体、運送引受時の団体旅客運賃の1割 |
| 指定保証金 | 申込人員の9割の人数に対して、1人300円（大人、小児同額） |

### こうでた！

問　旅客鉄道会社（JR）の旅客営業規則に関する次の記述は正しいか。（令和3年試験問題）

団体旅客運賃に係わる無賃扱人員に対しては、旅客運賃に加え、特急・急行料金、乗車整理料金も無料となるが、寝台料金、座席指定料金には適用されず、無料とならない。

答え　誤り。無賃扱人員に対しては、運賃、各種料金が無料となる。

---

# SECTION 3

# 1 国内航空運送約款とは

**POINT**　平成12 (2000) 年2月から、国内航空運送事業はほぼ全面自由化され、航空会社としての事業免許があり、観光庁長官の変更命令さえ受けなければ、事前届出で、自由に運航することができるようになりました。したがって、運送約款は各社の運航実態に応じて徐々に変容していくこともありますので、国家試験前に市販の大型版時刻表または大手航空会社の時刻表の「旅客案内事項」を確認しておいてください。

## 国内航空運送約款の内容

### 1. 航空券の発行と効力

①旅客は、氏名、年齢および連絡先（勤務先あるいは住所の電話番号）を申し出ます。

②航空券、航空引換証は記名式とし、第三者に譲渡することはできません。

③航空券を不正に使用した場合（譲り受けて使用した場合も）、航空会社は一切の損害賠償に応じません。

### 2. 有効期間

①搭乗予定便の記載のある航空券は、その記載された搭乗予定便にのみ有効となります。

②搭乗予定便を記載しないで発行した航空券の有効期間は発行日及び発行日の翌日から1年間です。

③搭乗予定便を記載しないで発行した航空券の航空引換証の有効期間は発行日及び発行日の翌日から1年間とし、その期間内に航空券と引き換えなければなりません。

④有効期間内に旅客が搭乗しなければ、航空券は無効となります。

### 3. 有効期間の延長

①旅客が病気その他の事由で、あるいは航空会社が予約した座席を提供できない場合は、航空券、航空引換証の有効期間を有効期間満了日から30日を限度として延長することがあります。

②この場合は、その旅客の同伴者の航空券・航空引換証も同様に延長されます。

## 4. 座席の予約と航空券の購入期限

| 旅客の種類 | 座席の予約 | 航空券の購入制限 |
|---|---|---|
| 一般の旅客 | 搭乗希望日の2カ月前の同日午前9時30分から受け付け。電話予約も可 | 出発予定時刻の20分前までに購入しなければなりません |
| 団体、包括旅行参加客 | 旅行開始予定日の1年前から受け付け | 搭乗予定日の14日前までに購入しなければなりません。購入しなければ予約は取消しとなります |

※一部、例外あり。航空時刻表参照。

## 5. 約款の適用と変更

①旅客が所持する航空券の搭乗日に有効な運送約款および規定が適用されます。

②特約は運送約款より優先されます。

③航空会社の運送約款および規定は、予告なしに変更されることがあります。

●旅客の年齢による区分
①大人は12歳以上とする。
②12歳未満の小児の運賃は、各路線の区間毎に定められている。
③3歳未満の小児は、座席を占有しなければ、大人旅客1人につき1名が無賃となる。

●航空券の払戻期間（JAL）
払戻期間は、航空券あるいは航空引換証と引き換えに、その有効期間満了後10日以内に限られます。（ANAは30日以内）

●予約は330日前から（JAL）
JALでは搭乗日の330日前の午前9：30から予約することができます。（ANAは355日前から）

### こうでた！

問　国内旅客運送約款（全日本空輸）に関する次の記述は正しいか。（令和3年試験問題）
　　座席予約申込みは、航空会社の事業所において搭乗希望日の180日前より受け付ける。ただし、航空会社が特定の旅客運賃を支払う旅客につき別段の定めをした場合は、この限りではない。

答え　誤り。原則として、ANAでは最大355日前から、JALでは最大330日前のいずれも午前9:30から予約開始となる。注：令和4年2月時点。

Key word
航空券——運送約款に基づいて国内航空路線上の旅客運送のために発行される証票。
航空引換証——本証に記名されている人に対し航空券を交換するための証票。
搭乗用片——旅客切符の一部で、運送が有効に行われる特定の区間を明記している証明書類。

# SECTION 3

# 2 手荷物に関する規定

**POINT**

①受託手荷物とは、旅客が運送人に運送を委託した手荷物です。
②受託手荷物は、どんなものでも運送人が受託するとは限りません。その区別の理解が必要です。
③受託手荷物は、その旅客の搭乗する航空機で運送されますが、搭載量の関係など、やむを得ない事由がある場合は、他の航空機等で運送されることがあります。

## 無料手荷物許容量

### 1. 無料手荷物許容量

　身体障がい者である旅客が自身で使用する車いすを除いて、次の通りとなります。

ＡＮＡ　プレミアム40kg・普通席受託20kg、持込み10kgまで
ＪＡＬ　ファースト45kg・普通席受託20kg、持込み10kgまで
　サイズの制限はありますが、個数の制限はありません。
　次のものは旅客が携帯するときのみ無料となります。

コート類1着
ハンドバッグ1個
カメラその他の小型光学機器類1台
書籍
盲導犬類
その他会社が適当と判断するもの
傘またはステッキ1本
飲食物
身体障害旅客が自身で使用する松葉杖、添木、義手・義足など

### 2. 愛玩動物

　愛玩動物とは飼い馴らされた小犬・猫・小鳥をいい、無料手荷物許容量の適用を受けず、愛玩動物とその容器の全重量に対し別に定められた料金を支払わなければなりません。

### 3. 機内持込手荷物

客室内の収納棚又は旅客の前の座席の下に収納可能で、かつ、3辺の長さの和が115cm以内（ただし、座席数100席未満の航空機による運送の場合は、100cm以内）のもの1個と次のようなものがあります。

| 持込可能手荷物 | ①身の回り品を収納するショッピングバッグその他カバン類1個<br>②座席に装着して使用するチャイルドシート<br>③身体障がい者が自ら使用する松葉杖、ステッキ、添木、その他義手、義足<br>④身体障がい者が自身のために同伴する盲導犬、介助犬<br>⑤飛行中に必要な小児用品を入れたカバン類<br>⑥携帯用ゆりかご<br>⑦その他航空会社が機内持ち込みを認めた物品（サイズに制限があり、持込手荷物の合計重量は10kgまで） |
| --- | --- |

## 手荷物の料金

### 1. 超過手荷物について

無料受託手荷物許容量を超過した手荷物は超過手荷物料金が課せられ、超過手荷物切符が発行されます。

### 2. 従価料金

航空会社の賠償限度額は、旅客1人につき15万円ですが、旅客の身回品、手荷物の価額が1名につき15万円を超える場合には、旅客はその価額を申告することができます。この場合航空会社に従価料金として申告価額の15万円を超える金額の1万円ごとに10円を支払います。

従価料金を支払っていても、その補償は手荷物の実際の価格を超えることはありません。

●引渡不能手荷物の処分

手荷物の到着後、7日間を経過しても引取りがない場合は航空会社が手荷物を適宜処分することがあります。この場合の損害および費用は旅客の負担となります。

●手荷物の禁止制限品目

以下のものは手荷物として認められませんが、航空会社が承認した場合はこの限りではありません。

①航空機、人員または搭載物に危険または迷惑を及ぼす恐れがあるもの
②銃砲刀剣類および爆発物その他発火、引火しやすいもの
③腐蝕性薬品および適当な容器に入れていない液体
④動物
⑤遺体
⑥法令または官公署の要求により航空機への搭載または移動を禁止されたもの
⑦容積、重量、個数について航空会社が定める限度を超えるもの
⑧荷造りまたは包装が不完全なもの
⑨変質、消耗、破損しやすいもの
⑩航空会社が手荷物としての運送に不適当と判断するもの

●高価品の取扱いについて

貴金属や美術品、宝石類、骨董品、印紙類などの高価品は受託手荷物としては認められません。

# 航空会社の責任

　航空会社は、旅客から保管を受託した手荷物に破壊、紛失等の損害が発生した場合、その原因が航空会社の手荷物管理下にあった期間にあるときは、賠償します。

　手荷物の損害が、航空会社またはその使用人に過失があったことが証明された場合も賠償に応じます。

　航空会社およびその使用人が、その損害を防止するために必要な措置をとったことが証明された場合は、賠償の責に任じません。

　法令および官公署の要求、悪天候、争議行為、動乱、戦争その他のやむを得ない事由により、予告なく運航時刻の変更、欠航、休航、発着地の変更、旅客の搭乗制限、手荷物のすべてあるいは一部の取卸などの措置をとることがあり、その措置によって生じた損害については賠償の責に任じません。

　手荷物の損害が、その手荷物固有の欠陥、品質が原因の場合は賠償しません。さらに、旅客の故意もしくは過失によって航空会社が損害を受けた場合は、その旅客は航空会社に対して損害賠償をしなければなりません。

# 航空会社の賠償責任

　手荷物運送における航空会社の責任は、旅客1名につき15万円が限度です。

　従価料金を支払っていても、その補償は手荷物の実際の価額を超えることはありません。手荷物の賠償請求期間は以下の通り。

①旅客が異議なく手荷物を受け取った場合、手荷物は良好な状態で引き渡されたものとみなされます。

②手荷物の損害に対する通知は、JALでは受け取りの日から7日以内、ANAでは受け取りの日の翌日から7日以内、引き渡しがない場合には、JALで

は受け取るはずであった日から21日以内、ANAでは受け取るはずであった
日の翌日から21日以内に文書で通知します。

③2つ以上の運送人が相次いで運送を行った場合は、損害を発生させた運送
人に対してのみ損害賠償の請求ができます。

# 会社の責任─共同引受と相次運送

　会社の責任は、運送の違いにより次のように異なります。

**共同引受（コードシェア便）**→共同して国内航空運送を引き受け、会社の指
定する会社のいずれかが行う運送のこと。

**相次運送（乗り継ぎ）**→二以上の運送人が相次いで行う運送のこと。

## ●責任の所在

　**共同引受の場合**→賠償責任を負う場合、連帯して賠償の責任を負う

　**相次運送の場合**→運送を行った運送人のみ賠償の責任を負う。

## ●旅客の死亡又は負傷

　旅客の死亡又は負傷その他の身体の障害の場合に発生する損害については、
その損害の原因となった事故又は事件が航空機内で生じ、又は乗降のための
作業中に生じたものについては会社は責任を負う。

### こうでた！

問　国内旅客運送約款（全日本空輸）に関する次の記述のうち、誤っているものを1つ選
べ。（令和4年試験問題）

ア．会社は、身体障がい旅客を補助するために、当該旅客が同伴する盲導犬、介助犬及び
聴導犬は無料手荷物許容量に含めず、無料で受託する。

イ．航空券で予約事項に搭乗予定便が含まれないものの有効期間は、会社が特定の旅客運
賃を適用する航空券について別段の定めをした場合を除き、航空券の発行の日及びその
翌日から起算して1年間とする。

ウ．受託手荷物その他の会社が保管を受託した旅客の物の損害に関する通知は、受け取っ
た手荷物又は物については、その受取りの日から起算して7日以内に、引渡しがない場
合は、受け取る筈であった日から起算して14日以内に、それぞれ文書によりしなければ
ならない。

エ．同一の航空便で旅行する2人以上の旅客が、同一地点まで同時に会社に手荷物の運送
を委託する場合には、会社は、申出により、重量について、各人の無料受託手荷物許容
量を合算し、当該同行旅客全員を一体としてその許容量とすることができる。

答え　ウ　引き渡しがなかった場合は、（ANAでは）受け取る筈であった日の翌日から起算
して21日以内に文書で申し立てることとされている。P78「航空会社の賠償責任」を参照。

**Key word**　受託手荷物──旅客が航空会社に運送を委託する手荷物。

# SECTION
## 3

# 3払戻しについて

**POINT**

①航空券の払戻しは、航空会社の都合、旅客の都合、航空券の紛失によりますが、会社の都合の場合は、旅行区間すべてについては全額を払い戻します。旅客の都合による払戻しには所定の取扱手数料および払戻手数料を差し引いた額を払い戻します。

②航空券、航空引換証を払い戻すには払戻手数料が、また予約してある場合には、運賃・料金の種類、日付等により取消手数料が必要です。

## 払戻手数料

　航空券を払い戻す場合には、航空券1枚につき（航空引換証も同様）440円の払戻手数料が必要です。

　往復旅行あるいは旅程が連続している航空券、航空引換証を同時に払い戻す場合は1枚ずつに440円の払戻手数料がかかります。

## 取消手数料

　座席の予約がされている航空券、航空引換証の払戻しには、取消手数料を支払わなければなりません。

**Key word**

払戻手数料——座席の予約の有無にかかわらず、1枚の航空券を払い戻すときの手数料は1枚440円。小児用航空券も団体航空券も1枚につき440円。

取消手数料——座席の予約がなされている状態での払戻しの場合の手数料。契約を破棄するための手数料。

予約済みの航空券を払い戻すときは、取消手数料と払戻手数料の両方がかかる場合がある。

# 取消手数料

　日本航空、全日空の2社は、運賃ごとに取消手数料を定めており、この取消手数料を覚えていなければ解けない問題が近年多く出題されています。

## ①日本航空（JAL）

### A. フレックス、セイバー、スペシャルセイバー、往復セイバー

| | 取消手数料 | | |
|---|---|---|---|
| | 出発55日以上前 | 出発54日前～出発前 | 出発後 |
| フレックス | 不要 | | 運賃額の約20%相当額 |
| セイバー | 運賃額の約5％相当額 | | 運賃額の100% |
| スペシャルセイバー | 運賃額の約5％相当額 | 運賃額の約50％相当額 | |
| 往復セイバー | | | |

注1：「往復セイバー」は往復ともに未使用の場合のみ払戻し（片道のみの払戻しはできない）。また、往復ともに未使用の場合で、往路が出発後の払戻しには、復路にも出発後の手数料が適用され、往復旅程全体に100％相当額の取消手数料がかかる。

注2：「セイバー」、「スペシャルセイバー」、「往復セイバー」は、予約の取消しのみを行い、後日払戻しを行う場合は、払戻し手続き日の手数料が適用となる。

### B. スカイメイト、当日シニア割引

| | 払戻し日時 | 取消手数料 |
|---|---|---|
| スカイメイト、当日シニア割引 | 出発前 | 運賃額の約50％相当額 |
| | 出発後 | 運賃額の100% |

## ②全日空（ANA）

| 運賃名 | 取消手数料 | |
|---|---|---|
| FLEX 小児運賃 | 航空券購入後～出発時刻前まで | 不要（払戻手数料のみ必要） |
| | 出発時刻以降 | 運賃の約20％相当額 |
| VALUE | 航空券購入後～出発時刻前まで | 運賃の約5％相当額 |
| | 出発時刻以降 | 運賃額の100%（PFCのみ返却） |
| SUPER VALUE | 航空券購入後～搭乗日の55日前 | 不要（払戻手数料のみ必要） |
| | 搭乗日の54日前～搭乗日45日前 | 運賃の30％相当額 |
| | 搭乗日の44日前～搭乗日28日前 | 運賃の40％相当額 |
| | 搭乗日の27日前～搭乗日14日前 | 運賃の50％相当額 |
| | 搭乗日の13日前～出発時刻前 | 運賃の60％相当額 |
| | 出発時刻以降 | 運賃額の100%（PFCのみ返却） |

## ●払戻期間

　旅客運賃または料金の払戻しは、当該航空券または航空引換証と交換に行われます。

ANA　有効期間満了後の翌日から起算して30日以内に限られます。

JAL　有効期間満了後の翌日から起算して30日以内に限られます。

# SECTION 3

# 4 搭乗時の注意

> **POINT**
> ①航空会社は、運航の安全のために不適格な旅客に対しては搭乗を拒絶し、旅行開始後は寄航地で飛行機から降ろすことがあります。
> ②集合時刻に遅れることは搭乗拒絶の根拠となります。
> ③不正搭乗には、不正搭乗区間の運賃・料金に加えて当該区間の最も高額な運賃・料金の2倍相当額が徴収されます。

## 搭乗の制限

次のような場合は運送の拒否、あるいは寄航地で旅客を降ろすことがあります。この場合、運賃・料金の払戻しを行い、取消手数料は取りません。

①運航の安全に必要な場合

②法令、官公署の要求に従う場合

③旅客が次のいずれかに該当する場合

　(1)安全運航に必要な場合。

　(2)法令、官公署の要求により必要な場合。

　(3)旅客の行為、年齢、精神的もしくは身体的状況
　　が次のいずれかである場合。

　　㋑会社の特別な取扱いを必要とする場合。

　　㋺重傷病者または8歳未満の小児で付添人のない場合。

　　㋩次に掲げるものを携帯する場合。

　　　武器(職務上携帯するものを除く)、火薬、爆発物、他に腐蝕を及ぼすような物品、引火しやすい物品、航空機、旅客または搭載物に迷惑もしくは危険を与える物品、航空機による運送に不適当な物品または動物。

　　㊁他の旅客に不快感を与えまたは迷惑を及ぼすおそれのある場合。

　　㋭当該旅客自身もしくは他の人または航空機もしくは物品に危害を及ぼすおそれのある行為を行う場合。

　　㋬会社係員の業務の遂行を妨げ、またはその指示に従わない場合。

　　㋣会社の許可なく、機内で、携帯電話機、携帯ラジオ、電子ゲーム等電子機器を使用する場合。

　　㋠機内で喫煙する場合。

# 不正搭乗の場合

## 1. 不正搭乗とは

　不正搭乗の場合は、不正搭乗区間の運賃・料金に加えて当該区間の最も高額な運賃・料金の2倍相当額が徴収されます。搭乗区間が判断できない場合は、その搭乗機の始発地からとします。

　不正搭乗とされるのは次のような場合です。

①航空券を持たずに搭乗したとき。あるいは航空会社の係員の承諾なく航空券に記載された地区よりも遠くへ乗り越したとき。

②故意に無効航空券で搭乗したとき。

③航空券の提示をこばんだり、その収集や回収にも航空券を引き渡さないとき。

④不正の申告により運賃の特別取扱いを受けて搭乗したとき。

## 2. 予約の取消し

①指定時刻までに予約席の航空券を購入していない。

②予約した座席を利用しない（チェックインの時刻に空港に来ない場合）。

### ●集合時刻

　航空機による旅行では、集合時刻の厳守も大切です。

①航空機に搭乗する場合は、搭乗手続きのため決められた時刻（チェックイン・タイム、通常15分前まで）に所定の場所へ集合しなければならない。

②集合時刻に遅れた旅客は、搭乗を拒絶されることがある。

③遅れた旅客のために、航空機の出発を遅らせることはない。

### ●旅客の都合以外の理由による払戻し

　航空会社は、旅客の都合以外の事由によって運送契約の履行が一部でもできなくなった場合は次のような措置をとります。

①座席に余裕のある他社の航空機あるいは他の運送機関によって、航空券記載の目的地まで旅客および手荷物の運送の便を図る。

②①によらないで払戻しを行う場合、旅行開始前の払戻しは全額、開始後には取消地点から目的地までの旅客運賃・料金を払い戻す。

③旅客の申し出で、払戻しにかえて搭乗日・便・経路の変更または有効期間の延長をすることがある。

---

整理メモ
①搭乗の制限は、航空会社の判断で行われる。
②武器の携帯による搭乗拒絶は、職務上携帯する場合は除かれる。

# SECTION 4

## 1 モデル宿泊約款とは

**POINT**

①モデル宿泊約款とは、宿泊業者と宿泊客の間で結ばれる宿泊に関する
モデル契約です。

②宿泊業者は宿泊契約を拒否することがありますが、一度契約が成立す
ると、契約の拒否理由と宿泊業者が定めた禁止事項に反しない限り契
約の解除はしません。

③宿泊客は宿泊契約を自由に解除することができます。

## 契約の成立

### 1. 宿泊契約について

宿泊契約は、宿泊業者が申込みを承諾したときに成立します。

①宿泊契約が成立したときは、宿泊期間（3日を超えるときは3日間分）の
基本宿泊料を限度として、申込金の支払いを求めます。

②この申込金は宿泊料あるいは違約金（宿泊業界では取消料をこういいます）
等に充当されます。

### 2. 宿泊契約の申込み

宿泊契約の申込みをしようとする者は、次の項目を宿泊業者に申し出ます。

①宿泊者名 　　　　　　　　　②宿泊日および到着予定時刻

③宿泊料金（宿泊希望料金）　　④その他宿泊業者が必要と認める事項

### 3. 宿泊契約の拒否

宿泊業者は、次のような場合は宿泊契約を拒否することがあります。

①宿泊の申込みが、この約款によらないとき。

②満室（員）により客室に余裕がないとき。

③宿泊しようとする者が、宿泊に関し、法令の規定、公序良俗に反する行為

を行う恐れがあると認められる場合（暴力団
など）。

④宿泊しようとする者が、伝染病者であると明
らかに認められるとき。

⑤宿泊に関し合理的な範囲を超える負担を求め
られたとき。

⑥天災、施設の故障、その他やむを得ない理由
で宿泊ができないとき。

⑦都道府県の条令の規定に当てはまるとき。

⑧宿泊しようとする者が、暴力団員等に該当す
ると認められるとき。

⑨宿泊しようとする者が、他の宿泊客に著しい
迷惑を及ぼす言動をしたとき。

⑩宿泊に関し暴力的要求行為が行われ、又は合
理的な範囲を超える負担を求められたとき。

## 宿泊業者のするべきこと

### 1. 契約した客室の提供ができないとき

宿泊客の了解を得て、同一条件に近い他の施
設をあっ旋します。それができない場合は違約
金相当額の補償料を支払います。

### 2. 手荷物等の取扱い

①宿泊客がフロントに預けた物品、現金および
貴重品の損害は、不可抗力の場合を除き損害
賠償をする。

②フロントに預けなかった手荷物については宿
泊業者の故意、過失による損害のみ賠償する。

③宿泊客のチェックアウト後、手荷物の置き忘
れが発見された場合、所有者に連絡し指示を
もらう。所有者が判明しない場合は7日間保
管し、最寄りの警察署へ届ける。

●宿泊契約の追加

宿泊客が、宿泊中に宿泊の継
続を申し入れた場合は、宿泊業
者は、その申し出がなされた時
点で新たな宿泊契約の申込みと
して取り扱います。

●フロントでの登録

宿泊客は宿泊当日、フロント
で次の事項を登録します。

①宿泊客の氏名、年齢、性別、
住所、職業

②出発日および出発予定時刻

③この他外国人は国籍、旅券番
号、入国地および入国年月日

④その他宿泊業者が必要と認め
る事項

●駐車の責任

宿泊客が宿泊施設の駐車場を
利用する場合、宿泊業者は場所
を貸すだけで車両の管理責任は
負いません。ただし、故意また
は過失により損害を与えた場合
は賠償します。

●到着が遅れるとき

宿泊客が連絡なしに到着時刻
になっても来ない場合は、宿泊
契約の解除とみなされることも
あります。

整理メモ
①宿泊契約は、宿泊業者が契約を承諾した時点で成立する。
②宿泊契約は宿泊客により解除できるが、宿泊業者は、解除の規定に従わな
い限り一方的に解除することはできない。

# SECTION 4

# 2 宿泊に伴う違約金（取消料）・補償料等

**POINT**

①取消料は、徴収することが目的ではなく、不確定な予約を防いで宿泊業者の被る損害を少なくすることが目的です。

②旅行業者が宿泊業者に対して宿泊の予約を行い、宿泊業者がその予約を引き受けた場合は宿泊予約の確認を行います。

③宿泊業者は31名以上の宿泊予約を引き受けたとき、予約申込者から請求があった場合は、部屋割、献立等の条件を通知します。

## 宿泊予約の確認と変更

### 1. 予約確認について

宿泊業者が宿泊予約を引き受けた場合、予約確認を行います。

①宿泊業者は宿泊予約を引き受けた場合、旅行業者にすみやかに予約引受書または請書を送付します。

②予約人数が101名以上の大口団体の場合は、宿泊の日から数えて3カ月前・2カ月前および1カ月前に予約確認を行います。

### 2. 引受条件の通知

宿泊業者は31名以上の宿泊予約を引き受けた場合、および人数にかかわりなく予約申込者の請求があれば、ただちに部屋割、献立その他の引受条件を旅行業者に通知します。

ただし、宿泊日より50日以内に予約を受けた場合は40日前の日までに通知します。

## 3. 予約人数が増減の場合

部屋割通知後に予約人員が20％以上の増減となった場合、先に通知した部屋割を無効として新たな部屋割を通知します。

## 4. 違約金（予約取消料）

旅行者または旅行業者が宿泊業者に、宿泊の予約を行い、その後予約を取り消した場合および不泊の場合の違約金(取消料)は次の通りです。

### 〈旅館の違約金例〉

| 人数 | 取消しまでの期間 | 違約金（％）（取消料） |
|---|---|---|
| 予約人数1名から14名までの場合 | 不泊または宿泊当日の取消し | 予約宿泊料の50％ |
| | 宿泊3日前から前日までの取消し | 〃 20％ |
| 予約人数15名から30名までの場合 | 不泊または宿泊当日の取消し | 予約宿泊料の50％ |
| | 宿泊5日前から前日までの取消し | 〃 20％ |
| 予約人数31名から100名まで（小口団体）の場合 | 不泊または宿泊当日の取消し | 予約宿泊料の70％ |
| | 宿泊前日の取消し | 〃 50％ |
| | 宿泊7日前から2日前までの取消し | 〃 20％ |
| | 宿泊14日前から8日前までの取消し | 〃 10％ |
| 予約人数101名以上（大口団体）の場合 | 不泊または宿泊当日の取消し | 予約宿泊料の70％ |
| | 宿泊前日の取消し | 〃 50％ |
| | 宿泊7日前から2日前までの取消し | 〃 25％ |
| | 宿泊14日前から8日前までの取消し | 〃 15％ |
| | 宿泊30日前から15日前までの取消し | 〃 10％ |

●一部取消しの場合の取消料
①予約人数が101名以上の場合は、予約人数の10％以内、100名以下の場合、および人数にかかわりなく旅行業者の主催または共催団体の場合は、予約人数の20％以内に対しては、違約金を請求しない。
②上記を超える取消人数については通常の違約金が適用される。ただし予約人数の50％以上が宿泊した場合は通常の違約金の30％とする。
③宿泊人員の端数は切り上げる。

●取消料の免除
①天災地変・交通機関の運行不能等、旅行業者または旅行者の責任とならない理由の場合。
②旅行業者があっ旋する団体で、宿泊業者および旅行業者が共同で誠意をもって努力したにもかかわらず違約金が収受できない場合。
③部屋割・献立等の発送日から10日以内の取消しの場合。
④取消しによる空室分を同日、同一の旅行業者の送客で充足した場合。

---

整理メモ ①モデル宿泊約款は、宿泊予約の取消料を理解することがポイント。
②モデル宿泊約款は、宿泊客の立場から考えるとわかりやすく、宿泊予約の取消しは、宿泊業者の立場から考えるとわかりやすい。

# SECTION 4

# 3 フェリー標準運送約款とは

## 運送と運賃について

### 1. 運賃および料金について

①大人は12歳以上（小学生除く）とする。大人が同伴する1歳以上小学校入学前の小児1人と1歳未満の小児は無料です。6歳以上12歳未満および12歳以上の小学生は半額。

②重量の和が20キログラム以下の手回り品の料金は無料とします。

③手回り品として、旅客が携帯して船室に持ち込めるものは次の通りです。

(1)3辺の長さの和が2m以下で、重量が30キログラム以下のもの（原則2個まで）

(2)車いす 旅行者が使用するものに限る

(3)盲導犬 旅客が盲導犬協会の発行する証明書を提示して添乗させるもの

### 2. 自動車航送の運賃

自動車運送に係る運賃には、運転者1名が2等船室に乗船する場合の運賃が含まれる。（2等船室以外は、運賃を別途収受される。ガイド、添乗員は無料とはならない。）

### 3. 運送の引受け

次のいずれかに当てはまる場合は、運送契約の申込みを拒絶し、契約を解除することがある。

①運航中止の措置をとった場合

②旅客が次のいずれかに該当する場合
  (1)感染症患者。
  (2)泥酔者、薬品中毒者、他の乗船者の迷惑となる恐れがある者。
  (3)重症病者、6歳未満の小児で付添人のない者。
  (4)年齢、健康上その他の理由により、生命、健康に問題があると思われる者。
  (5)旅客が、約款の規定に違反する恐れがある

# 乗船について

## 1. 乗船券の通用期間

| 指定便でない片道の乗船券 | | 往復券 | 回数券 |
|---|---|---|---|
| 100キロメートル未満 | 発売当日限り | 片道券の2倍 | 2カ月間 |
| 100キロメートル以上200キロメートル未満 | 発売当日含む2日間 | | |
| 200キロメートル以上400キロメートル未満 | 発売当日含む4日間 | | |
| 400キロメートル以上 | 発売当日含む7日間 | | |

## 2. 乗船変更、乗船券の紛失

①旅客が乗船券の通用期間内に変更を申し出た場合、1回に限り応じ、手数料は無料とします。

②旅客が乗船券を紛失したら改めて購入しますが、その際、「再購入」の証明書を取得しておけば、その乗船券の通用期間経過後1年以内に原券（紛失した券）を発見した場合、払戻しが受けられます。

責任範囲は、乗船港の乗降施設（改札口がある場合は改札口）に達した時から下船港の乗降施設を離れた時までの間であり、病気などを理由に乗船できなくなった場合、7日間通用期間の延長ができる。

●不正乗船
　乗船券の不所持、無効乗船券での乗船、不正乗船券での乗船などは、2倍の運賃・料金を課します。その際、乗船港が不明のときは当船便の始発港を乗船港とし、乗船等級が不明のときは当船便の最上等級で乗船したものとみなします。

●乗り越し
　旅客が乗船後に乗船券の乗船区間、等級、船室の変更を申し出た場合には、船室に余裕があり、乗り越し、上位の等級・船室への変更の場合に限り、その取扱いに応じます。

●払戻手数料
船便の指定のない乗船券
　　　　　　　　　　　　200円
船便指定の乗船券
①発航の7日前まで　　　200円
②発航の前々日まで
　券面記載額の1割(200円に満たない場合は200円)
③発航時刻まで
　券面記載額の3割(200円に満たない場合は200円)

①ここでの営業所とは、船舶会社の事務所およびその船舶会社の指定する者（旅行業者等）の事務所をいう。
②旅客とは、徒歩客、自動車の運転者・乗務員、一般乗客のこと。
③手回り品とは、旅客が手荷物として携帯して船室に持ち込むことのできるもの。

# SECTION 4

# 4 貸切バス約款とは

**POINT**

①貸切バス約款の正式名は、一般貸切旅客自動車運送事業標準運送約款といいます。

②貸切バスは、旅客にとって身近なものであるだけに、規定を守らなければ円滑な運送に支障が生じます。そのために運転者・車掌等の指示に従わなければなりません。

③旅客が規定に違反してバス業者が損害を受けた場合は賠償します。

## 運送の拒絶と制限

### 1. 運送の拒絶

次の項目に当てはまる場合は、運送の契約を拒絶することがあります。

①運送の申込みが、運送約款によらない場合。

②申込者の要求に対し、運送に適した設備がない場合。

③運送に関し、申込者から特別な負担を求められた場合。

④運送が、法令の規定または公序良俗に反する場合。

⑤天災その他やむを得ない理由がある場合。

### 2. 運送の制限

次のような旅客には運送の契約を制限することがあります。

①乗務員の指示に従わない者。

②運輸規則で禁止された物品を携帯している者。

③泥酔または不潔な服装で、他の旅客の迷惑となる恐れのある者。

④保護者に伴われていない小児。

⑤付添人を伴わない重病者。

⑥感染症患者。

## 運送の申込みと契約成立

　所定の項目が記載された申込書を提出します。
①申込者の氏名、名称、住所、連絡先
②契約責任者の氏名、名称、住所
③旅客（団体名）の名称
④乗車申込人員
⑤乗車定員別または車種別の車両数
⑥配車の日時および場所
⑦旅行の日程
⑧運賃の支払方法
⑨学校等で運賃の割引適用を受けるときはその旨
⑩特約事項（ある場合）

　運送契約は、次の要件が満たされ、乗車券を発行し、契約責任者に交付した時点で成立します。

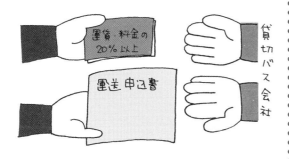

　運送契約の内容変更については以下の通りです。
①運送契約後に、契約責任者が契約内容を変更しようとする場合は、書面でバス会社の承諾を求めなければなりません。
②内容が著しく相違したり、運行上支障がある場合は拒絶することがあります。

●契約責任者が契約を解除する場合

| 期　　間 | 違　約　料<br>（取消料） |
|---|---|
| 配車日の14〜8日前まで | 所定の運賃および料金の20% |
| 配車日の7日〜配車日時の24時間前まで | 所定の運賃および料金の30% |
| 配車日時の24時間前以降 | 所定の運賃および料金の50% |

●旅行業者との関係
　バス会社は、旅行業者から契約申込を受けた場合、「企画旅行」なのか「手配旅行」なのか明確にするように求めます。
「企画旅行」の場合—当該旅行業者を契約責任者として契約を結ぶ。
「手配旅行」の場合—当該旅行業者に実施を依頼した者と契約を結ぶ。

●旅客に対する責任
①貸切バスの運行が原因で旅客が損害を被った場合は、貸切バス業者に賠償責任。
②貸切バスの責任とならない場合
　(1)運行に十分注意していたとき
　(2)貸切バス会社、関係者と無関係な者による故意あるいは過失があったとき
　(3)バスに構造上の欠陥がなかったとき
③責任は、車内と旅客の乗降中に生じた損害に限る。

整理メモ

①運送契約の成立は、運賃・料金の20%以上が支払われ、契約責任者に乗車券が交付されたとき。
②貸切バス会社は、契約の一切を、契約責任者1人と結ぶ。

練習問題

問1　募集型企画旅行契約の部「用語の定義」等に関する次の記述から、誤っているもののみをすべて選んでいるものはどれか。

a.「募集型企画旅行」とは、旅行業者が旅行者からの依頼により、旅行の目的地及び日程、旅行者が提供を受けることができる運送又は宿泊のサービスの内容並びに旅行者が旅行業者に支払うべき旅行代金の額を定めた旅行に関する計画を作成し、これにより実施する旅行をいう。

b.「通信契約」とは、旅行業者が、電話、郵便、ファクシミリ、インターネットその他の通信手段による申込を受けて締結するすべての募集型企画旅行契約をいう。

c.「札幌＝成田＝グアム＝成田＝札幌」の行程からなる募集型企画旅行においては、札幌・成田間は「国内旅行」として取り扱われる。

d. 旅行業者が法令に反せず、かつ、旅行者の不利にならない範囲で旅行者と特約を結んだときは、その特約が口頭によるものであっても約款に優先して適用される。

ア．a．b　　イ．b．d　　ウ．a．c．d　　エ．a．b．c．d

問2　募集型企画旅行契約の部「契約の申込み」「契約締結の拒否」「電話等による予約」に関する次の記述のうち誤っているものはどれか。

ア．通信契約の申込みをしようとする旅行者は、申込みをしようとする募集型企画旅行の名称、旅行開始日、会員番号その他の事項を旅行業者に通知しなければならない。

イ．申込金は、旅行代金又は変更手続料金若しくは違約料の一部として取り扱う。

ウ．旅行業者は電話、郵便、ファクシミリ、インターネットその他の通信手段による募集型企画旅行契約の予約を受け付けるが、この場合、予約の時点では契約は成立していない。

エ．旅行者から募集型企画旅行の参加に際し、特別な配慮を必要とする旨の申し出が契約の申込時にあったときは、旅行業者は可能な範囲でこれに応じる。

問3　募集型企画旅行契約の部「契約締結の拒否」に関する次の記述から、正しいもののみをすべて選んでいるものはどれか。

a. 旅行業者は、業務上の都合のみの理由をもって、契約の締結を拒否することはできない。

b. 旅行業者があらかじめ明示した性別、年齢、資格、技能その他の参加旅行者の条件を旅行者が満たしていないときは、旅行業者は、契約の締

結に応じないことがある。

c．旅行業者は、応募旅行者数が募集予定数に達したときは、契約の締結に応じないことがある。

d．旅行業者は、旅行者が他の旅行者に迷惑を及ぼし、又は団体行動の円滑な実施を妨げる恐れがあるときは、契約の締結に応じないときがある。

ア．a．b．c　イ．a．c　ウ．b．c．d　エ．a．b．c．d

**問4　募集型企画旅行契約の部「契約の成立時期」「契約書面の交付」に関する次の記述から、正しいもののみをすべて選んでいるものはどれか。**

a．募集型企画旅行契約は、旅行業者が申込書を受理し、契約の承諾をしたときに成立する。

b．旅行業者が募集型企画旅行契約により手配し旅程を管理する義務を負う旅行サービスの範囲は、契約書面に記載するところによる。

c．通信契約は、旅行業者が契約の締結を承諾する旨の通知を発した時に成立する。ただし、当該契約において電子承諾通知を発する場合は、当該通知が旅行者に到達した時に成立する。

ア．a．b．c　イ．a．b　ウ．a．c　エ．b．c

**問5　募集型企画旅行契約の部「確定書面」「情報通信の技術を利用する方法」に関する次の記述のうち、誤っているものはどれか。**

ア．旅行業者は、手配状況の確認を希望する旅行者から問い合わせがあったときは、確定書面の交付前であっても、迅速かつ適切にこれに回答する。

イ．旅行業者は、契約書面において、確定された旅行日程、運送若しくは宿泊機関の名称を記載できない場合には、当該契約書面において利用予定の宿泊機関及び表示上重要な運送機関の名称を限定して列挙することができる。

ウ．旅行業者は、契約書面において、確定された旅行日程、運送若しくは宿泊機関の名称をすべて記載した場合は、確定書面の交付を要しない。

エ．旅行業者は、あらかじめ旅行者の承諾を得ることなく、契約書面又は確定書面の交付に代えて、情報通信の技術を利用する方法により当該書面に記載すべき事項を提供することができる。

**問6　募集型企画旅行契約の部「旅行者の解除権」に関する次の記述のうち、旅行者が旅行開始前に契約を解除するに当たって取消料の支払いを要するもののみをすべて選んでいるものはどれか（いずれも取消料の支払いを要する期間内の解除とする）。**

ａ．利用列車として新幹線「ひかり」普通車指定席と契約書に記載されていたが、旅行業者によって新幹線「こだま」普通車指定席に変更されたとき。

　ｂ．契約書に「Ａレストランで昼食」と記載されていたが、旅行業者によって「Ｂレストランで昼食」に変更されたとき。

　ｃ．旅行者の配偶者の親が死亡したとき。

　ｄ．旅行業者が旅行者に対し、契約書に定めた期日までに確定書面を交付しなかったとき。

　ア．a．c　　イ．a．b　　ウ．b．d　　エ．c

問7　募集型企画旅行契約の部「旅行業者の解除権等―旅行開始前の解除」に関する次の記述のうち、旅行業者が旅行開始前に契約を解除できないものはどれか（いずれの場合も解除に係わる旅行者への理由説明は行うものとする）。

　ア．9月10日出発の日帰り旅行において、参加者の数が契約書面に記載した最少催行人員に達しないため、当該旅行を中止する旨を9月7日に通知したとき。

　イ．スキーを目的とする1泊2日の国内旅行において、異常気象により降雪量等の旅行実施に必要な条件が成就しないおそれが極めて大きいことから、当該旅行を実施しない旨を旅行開始日の前日から起算してさかのぼって2日目に当たる日に旅行者に通知したとき。

　ウ．旅行者が、旅行業者があらかじめ明示した参加旅行者の条件を満たしていないことが判明したとき。

　エ．旅行者が、契約内容に関し合理的な範囲を超える負担を求めたとき。

問8　募集型企画旅行契約の部「旅行業者の解除権―旅行開始後の解除」に関する次の記述から、旅行業者が解除権を行使することができるもののみをすべて選んでいるものはどれか（いずれの場合も解除に係わる旅行者への理由説明は行うものとする）。

　ａ．運送機関の旅行サービス提供の中止により、旅行の継続が不可能となったとき。

　ｂ．旅行者が病気、必要な介助者の不在その他の事由により旅行の継続に耐えられないとき。

　ｃ．添乗員が、旅行開始後に負傷し旅行の継続に耐えられないとき。

　ｄ．旅行開始後において、一部の旅行者からの申し出により旅行業者が当該旅行者との旅行契約を解除したため、旅行を継続する旅行者の数が契

約書面に記載した最少催行人員を下回ったとき。

ア．a．b．c　イ．b．c．d　ウ．a．b　エ．a．b．c．d

問9　募集型企画旅行契約の部「旅行代金の払戻し」に関する次の記述のうち、誤っているもののみをすべて選んでいるものはどれか（いずれも通信契約ではないものとする）。

a．旅行開始後、火山の噴火により旅行日程を短縮し、契約内容の変更に伴い旅行費用に減少が生じた場合、旅行業者は旅行が終了した日の翌日から起算して30日以内に旅行者に対し当該減少額を払戻ししなければならない。

b．旅行者の数が契約書面に記載した最少催行人員に達しなかったため旅行業者が旅行開始前に契約を解除したときは、旅行業者は解除日の翌日から起算して7日以内に既に収受している旅行代金を払戻ししなければならない。

c．旅行業者の手配上の過失により、契約書面に記載した旅行日程に従った旅行の実施が不可能になったため、旅行者が旅行開始前に契約を解除した場合、旅行者が旅行業者に既に支払った旅行代金の全額の払戻しを約款の定める期日までに受けても、旅行者は旅行業者に対して損害賠償請求権を行使できる。

d．旅行地において旅行者の添乗員に対する暴行により旅行の安全かつ円滑な実施を妨げたため、旅行業者が契約の一部を解除したとき、旅行業者は払い戻すべき金額が生じても払い戻すことを要しない。

ア．a．b　イ．a．b．c　ウ．a．d　エ．b．c．d

問10　募集型企画旅行契約の部「旅程管理」「旅行業者の指示」「添乗員の業務」「保護措置」に関する次の記述のうち、誤っているものはどれか。

ア．旅行業者は、契約内容を変更せざるを得ないときは、代替サービスの手配を行うが、この際、旅行サービスの内容を変更するときは、変更後の旅行サービスが当初の旅行サービスと同様のものとなるように努めなければならない。

イ．旅行業者は、旅行中の旅行者が、疾病、傷害等により保護を要する状態にあると認めたときは、必要な措置を講ずることがある。この場合において、これが旅行業者の責めに帰するべき事由によるものでなくても、当該措置に要した費用は旅行業者の負担となる。

ウ．旅行業者は、旅行の内容により添乗員その他の者を同行させて旅程管理業務その他当該募集型企画旅行に付随して旅行業者が必要と認める業

務の全部又は一部を行わせることがある。

エ．旅行者は、旅行開始後終了までの間において、団体で行動するときは、旅行を安全かつ円滑に実施するための旅行業者の指示に従わなければならない。

問11　募集型企画旅行契約の部「旅行業者の責任」に関する次の記述のうち、正しいものはどれか。

ア．旅行業者又は手配代行者が故意又は過失により旅行者に損害を与えた場合で、旅行業者が損害賠償責任を負うのは、損害発生の翌日から起算して1年以内に旅行者から旅行業者に対して通知があったときに限る。

イ．旅行者が自由行動時間中に被った損害については、旅行業者又は手配代行者の過失によるものであっても、旅行業者はその損害を賠償する責任を負わない。

ウ．旅行業者は、旅行業者の過失で旅行者の手荷物について生じた損害については、損害発生の翌日から起算して、国内旅行にあっては、14日以内に旅行者から旅行業者に対して通知があったときに限り、旅行者1名につき15万円（旅行業者に故意又は過失がある場合を除く。）を限度として賠償する。

問12　受注型企画旅行契約の部に関する次の記述のうち、誤っているもののみをすべて選んでいるものはどれか。

a．受注型企画旅行契約においては、旅行業者は、旅程を管理する義務を負わない。

b．旅行業者は、企画書面において、旅行代金の内訳として企画に関する取扱料金の金額を明示することがある。

c．申込金の支払いを受けることなく受注型企画旅行契約を締結する場合には、旅行業者は、契約責任者に契約書面を交付する必要はなく、当該契約は、旅行業者が契約の締結を承諾した時に成立する。

d．旅行者は、旅行業者に対し、旅行日程、旅行サービスの内容その他の受注型企画旅行の内容を変更するよう求めることができる。

ア．a．b．c　　イ．a．c　　ウ．b．c　　エ．a．b．d

問13　受注型企画旅行契約の部に関する次の記述のうち、誤っているものはどれか。

ア．旅行業者は、旅行者の数が契約書面に記載した最少催行人員に達しなかったときは、所定の期日までに当該受注型企画旅行契約を解除する旨を旅行者に通知して契約を解除することができる。

イ．受注型企画旅行契約における、契約責任者は、旅行業者が定める日までに、その団体・グループを構成する旅行者の名簿を旅行業者に提出しなければならない。

ウ．受注型企画旅行契約において、旅行業者は、契約責任者がその団体・グループを構成する旅行者に対して現に負い、又は将来負うことが予測される債務又は義務については、何らその責任を負わない。

エ．「受注型企画旅行」とは、旅行業者が、旅行者からの依頼により、旅行の目的地及び日程、旅行者が提供を受けることができる運送又は宿泊のサービスの内容並びに旅行者が旅行業者に支払うべき旅行の代金の額を定めた旅行に関する計画を作成し、これにより実施する旅行をいう。

**問14　募集型企画旅行契約の部及び受注型企画旅行契約の部「旅程保証」に関する次の記述から、誤っているものはどれか。**

ア．旅行業者は、旅行業者又は手配代行者の故意又は過失により、契約書面に利用ホテルとして記載していたAホテルを現地において契約書面に記載のないBホテルに変更したときは、旅行終了日の翌日から起算して30日以内に変更補償金を旅行者に支払わなければならない。

イ．旅行業者が支払うべき変更補償金の額は、旅行者1名に対して1募集型企画旅行又は1受注型企画旅行につき旅行代金に15％以上の旅行業者が定める率を乗じた額をもって限度とする。

ウ．旅行業者は、利用ホテルとして契約書面に記載していたAホテルが過剰予約受付をしたため、現地において利用ホテルを契約書面に記載のないBホテルに変更したときは、旅行者に変更補償金を支払わなければならない。

エ．旅行者1名に対して1募集型企画旅行又は1受注型企画旅行について支払うべき変更補償金の額が1,000円未満であるときは、旅行業者は、変更補償金を支払わない。

**問15　募集型企画旅行契約の部及び受注型企画旅行契約の部「旅程保証」に関する次の記述から、変更補償金の支払いを要するものはどれか（変更補償金の額は、約款に定める支払いを要する額とする）。**

ア．確定書面に利用航空会社として、「A航空○○便エコノミークラス」と記載していたが、旅行開始後A航空の過剰予約受付により座席不足が発生したため、同便のビジネスクラスに変更になったとき

イ．契約書面には、ツアータイトルに「東京タワー展望台から見る初日の出と七福神めぐり」と記載されていたが、天候が悪く初日の出が見られ

なかったとき。

ウ．確定書面に利用航空会社として記載した「A航空」が、旅行開始後、欠航となったため「新幹線」に変更となったとき。

エ．契約書面には宿泊施設として「A旅館又はB旅館」と記載し、確定書面では「A旅館」と確定したが、現地ではA旅館の過剰予約受付により部屋に不足が発生したため、「B旅館」に宿泊が変更になったとき。

問16　募集型企画旅行契約の部及び受注型企画旅行契約の部「特別補償」「別紙特別補償規程」に関する次の記述のうち、正しいもののみを選んでいるものはどれか。

a．旅行業者は、別紙特別補償規程で定めるところにより、旅行者が企画旅行参加中にその生命、身体又は手荷物の上に被った一定の損害について、旅行業者の責任が生じる場合に限り、あらかじめ定める額の補償金及び見舞金を支払う。

b．旅行業者は、入院見舞金を支払った後に、後遺障害補償金を支払うこととなったときは、支払うべき後遺障害補償金の金額から既に支払った入院見舞金の金額を控除した額を支払う。

c．旅行者があらかじめ定められた企画旅行の行程から離脱する場合において、離脱及び復帰の予定日時をあらかじめ旅行業者に届け出ていたときは、離脱のときから復帰の予定のときまでの間は企画旅行参加中とする。

d．旅行業者の募集型企画旅行参加中の旅行者を対象として、別途の旅行代金を収受して当該旅行業者が実施する募集型企画旅行については、旅行者との間に主たる募集型企画旅行契約とは別の旅行契約が成立しているため旅行業者にはそれぞれの旅行契約について特別補償責任が生じる。

ア．a．b　　イ．c　　ウ．a．b．d　　エ．a．c．

問17　募集型企画旅行契約及び受注型企画旅行契約における「別紙特別補償規程」に関する次の記述のうち、補償金等の支払いの対象又は対象品となるものをすべて選んでいるものはどれか。

a．国内の企画旅行参加中に発生した火山の噴火によって怪我をし、3日間入院した場合

b．企画旅行の自由行動中にスキューバダイビングを行い、事故で怪我をして5日間通院した場合

c．盗難にあったクレジットカード

d．液体化粧品の容器が破損し、液体が流出したため、機能に支障をきたしたデジタルカメラ

ア．a．b　　イ．b．c．d．　　ウ．a．d．　　エ．b．d．

問18　手配旅行契約の部に関する次の記述から、正しいもののみをすべて選んでいるものはどれか。

a．「手配旅行契約」とは、旅行業者が旅行者の委託により、旅行者のために代理、媒介又は取次をすること等により旅行者が運送・宿泊機関等の提供する運送、宿泊その他の旅行に関するサービスの提供を受けることができるように、手配することを引き受ける契約をいう。

b．旅行業者が善良な管理者の注意をもって旅行サービスの手配をしたときは、手配旅行契約に基づく旅行業者の債務の履行は終了する。

c．「旅行代金」とは、旅行業者が旅行サービスを手配するために、運賃、宿泊料その他の運送・宿泊機関に対して支払う費用及び旅行業者所定の旅行業務取扱料金（変更手数料及び取消手続料金を除く。）をいう。

d．旅行業者は、運送サービス又は宿泊サービスの手配のみを目的とする手配旅行契約であって旅行代金と引き換えに当該旅行サービスの提供を受ける権利を表示した書面を交付するものについては、口頭により申込みを受け付けることがある。

ア．a．c　　イ．b．c　　ウ．c．d　　エ．a．b．c．d

問19　旅行者が次の手配旅行契約において、旅行開始後①及び②のそれぞれの状況で手配旅行契約を解除した場合に、旅行業者が旅行者に払い戻すべき金額の組み合わせのうち、正しいものはどれか（旅行代金は全額収受済みとする）。

●旅行サービスに係る運送・宿泊機関等に支払う費用　　　　　200,000円
●旅行業務取扱料金（変更手数料及び取消手続料金を除く。）　　10,000円
●取消手続料金　　　　　　　　　　　　　　　　　　　　　　5,000円
●旅行者が既に提供を受けた旅行サービスの対価　　　　　　　60,000円
●旅行者がいまだ提供を受けていない旅行サービスに係る
　運送・宿泊機関等に支払う取消料、違約料　　　　　　　　　20,000円

①旅行者が自己の都合により、手配旅行契約を解除した場合
②旅行業者の責めに帰すべき事由により、旅行者が手配旅行契約を解除した場合（旅行業者に対する損害賠償請求は考慮しないものとする。）

|  | ① |  | ② |
|---|---|---|---|
| ア． | 115,000円 | ——— | 150,000円 |
| イ． | 105,000円 | ——— | 145,000円 |
| ウ． | 115,000円 | ——— | 140,000円 |

エ．105,000円 ──── 130,000円

問20　旅行相談契約の部に関する次の記述のうち、誤っているものはどれか。

ア．旅行相談契約は、旅行業者が契約の締結を承諾し、申込書を受理した時に成立する。

イ．旅行業者は、旅行者の相談内容が公序良俗に反し、又は、旅行地において施行されている法令に違反する恐れがあるものであるときは、旅行相談契約の締結を拒否することができる。

ウ．旅行業者が作成した旅行の計画に記載した運送・宿泊機関について、満員等の事由により、旅行に関するサービスの提供をする契約を締結できなかったときは、旅行業者は、その損害を賠償する責任を負う。

エ．旅行業者が相談に対する旅行業務取扱料金を収受することを約して、旅行者の委託により、旅行に必要な経費の見積りを行うことを引き受けることは、旅行相談契約に当たる。

問21　一般貸切旅客自動車運送事業標準運送約款に関する次の記述のうち、誤っているものはどれか。

ア．契約責任者は、運送契約の成立後において、運送申込に記載した事項を変更しようとするときは、緊急の場合及びバス会社の認める場合を除き、あらかじめ書面によりバス会社の承諾を求めなければならない。

イ．バス会社は、天災その他当該バス会社の責めに帰することができない事由により運送の安全の確保のため一時的に運行中止その他の措置をしたときは、これによって旅客の受けた損害を賠償する責めに任じない。

ウ．バス会社は、旅行業者が手配旅行の実施のため、バス会社に旅客の運送を申し込む場合には、当該旅行業者に手配旅行の実施を依頼した者と運送契約を締結する。

エ．バス会社は、車両の故障その他緊急やむを得ない事由により、契約された運送を行い得ない場合は、契約責任者に説明したうえで、運送契約の内容を変更することができる。

問22　海上運送法第9条第3項の規定に基づく標準運送約款（フェリーを含む一般旅客定期航路事業に関する標準運送約款）に関する次の記述のうち、誤っているものはどれか。

ア．旅客は、この約款で別に定めた者を除き、手回り品を2個に限り船室に持ち込むことができる。ただし、手回り品の大きさ、乗船する船舶の輸送力等を勘案し、フェリー会社が支障がないと認めた時は2個を超えて持ち込むことができる。

イ．フェリー会社は、旅客が、船長又はフェリー会社の係員の指示に従い、乗船港の乗降施設に達した時から下船の乗降施設を離れた時までの間に、その生命又は身体を害した場合は、これにより生じた損害について賠償する責任を負う。

ウ．自動車航送を行う場合において、当該自動車運転手1名が2等船室を使用する場合、運賃には当該自動車の運転者の運送の運賃は含まれない。

エ．船舶内の喫煙を禁止された場所において喫煙することは、旅客の禁止行為にあたる。

問23　国内旅客運送約款（日本航空）「無料手荷物許容量」「会社の責任限度額」「有効期間」「愛玩動物」に関する次の記述のうち、正しいもののみをすべて選んでいるものはどれか。

a．航空会社は、別段の定めのある場合を除き、普通席の運賃を支払った旅客の受託手荷物が20kgを超える場合には、航空会社が別に定める超過手荷物料金を申し受ける。

b．手荷物運送における航空会社の責任は、手荷物1個につき総額金150,000円を限度とする。

c．航空券で予約事項に搭乗予定便が含まれないものの有効期間は、航空券の発行の日の翌日から起算して90日間である。

d．旅客に同伴される飼い馴らされた小犬、猫、小鳥等の愛玩動物について、航空会社は、受託手荷物として運送を引き受ける。

ア．a．b　　イ．b．c　　ウ．b．c．d　　エ．a．d

問24　旅客鉄道会社（JR）の旅客営業規則に関する次の記述のうち、正しいもののみをすべて選んでいるものはどれか。

a．「A小口団体」とは、31人以上の人員によって構成された団体旅客をいい、「B小口団体とは、8人以上30人までの人員によって構成された団体旅客をいう。

b．小口団体（普通団体）に対する運送の申込受付期間は、当該団体の始発駅出発日の9箇月前の日から14日までである。ただし、別に定める場合は12日目の日まで受け付けることがある。

c．乗車券類とは、乗車券、急行券、寝台券及び座席指定券のみをいう。

d．小児のグリーン料金は、大人料金の半額である。

ア．a．b　　イ．b．c　　ウ．c．d　　エ．a．c．d

問25　モデル宿泊約款に関する次の記述のうち、正しいもののみをすべて選んでいるものはどれか。

a．宿泊客は、宿泊の申込みをしようとするときは、宿泊期間（３日を超えるときは３日間）の基本宿泊料を限度としてホテル（旅館）が定める申込金を、ホテル（旅館）が指定する日までに、支払わなければならない。

b．ホテル（旅館）は、宿泊に関し合理的な範囲を超える負担を求められたときは、宿泊契約を解除することができる。

c．ホテル（旅館）は、宿泊客に客室を提供できないときは、宿泊客の了解を得て、できる限り同一の条件による他の宿泊施設をあっ旋する。

d．宿泊客がホテル（旅館）の駐車場を利用する場合、車両のキーの寄託の如何にかかわらず、当該ホテル（旅館）は車両の管理責任を負う。

ア．a．b．c　　イ．b．c　　ウ．c．d　　エ．a．b．c．d

**問26　運送・宿泊等の約款について述べた次の文章で誤っているのはどれか。それぞれの選択肢から１つ選びなさい。**

(1)　国内航空約款（日本航空）

ア．航空券の払戻手数料は、大人・小児・スカイメイト・団体の別なく１枚につき440円である。

イ．旅客が病気その他の事由で旅行不能の場合、航空券又は航空引換証の有効期間を10日間を限度に延長することがある。

ウ．航空券又は航空引換証は記名式とし、第三者に譲渡できない。

エ．一般旅客の座席予約申込みは、搭乗希望日の２カ月前から受け付ける。

(2)　フェリー標準運送約款

ア．この運送約款で手回り品とは、旅客が携帯する３辺の長さの和が２メートル以下で、重量が30キログラム以下の物品をいう。

イ．旅客が携帯する車椅子、添乗させる盲導犬は手回り品としての扱いである。

ウ．旅客が疾病その他の不可抗力により乗船できなくなったときは、当社は乗船券の未使用区間について、10日間を限度として通用期間を延長する取扱いに応ずる。

エ．不正乗船に該当する旅客に対しては、当社は運賃・料金の２倍相当額を申し受けることがある。

(3)　モデル宿泊約款

ア．当ホテル・旅館は、宿泊客に客室を提供し、使用が可能になったのち、宿泊客が任意に宿泊しなかった場合においても、宿泊料金を申し

受ける。

　イ．当ホテル・旅館は、宿泊に関し合理的な範囲を超える負担を求められたときは、宿泊契約を解除することがある。

　ウ．契約した客室の提供ができないときは、宿泊客の了解を得て、できる限り同一の条件で他の宿泊施設をあっ旋するものとする。

　エ．当ホテル・旅館は、宿泊者がフロントに預けた物品又は現金ならびに貴重品等については、宿泊者１人につき15万円を限度としてその損害を賠償する。

(4)　一般貸切旅客自動車運送事業標準運送約款（貸切バス標準運送約款）

　ア．当社は運送の申込みがこの約款によらないときは、運送の引受けまたは運送の継続を拒絶することがある。

　イ．運送の申込みにあたっては出発時刻、終着予定時刻、目的地、主たる経由地、宿泊又は待機を要する場所などを記載した運送申込書を提出していただくことがある。

　ウ．旅客が乗車券を紛失した場合には、契約責任者の請求により、配車の前日に再発行に応じる。

　エ．当社は、所定の運賃・料金の20％以上を配車の１カ月前までに支払っていただくことにより運送契約の成立とする。

(5)　モデル宿泊約款

　ア．当ホテル（館）は、宿泊客が寝室での寝たばこなどの当ホテル（館）が定める火災予防上必要な利用規則の禁止事項に従わないときは、宿泊契約を解除することがある。この場合、当該宿泊客は、いまだ提供を受けていない宿泊サービス等の料金についても支払わなければならない。

　イ．宿泊客は、当ホテル（館）に連続して宿泊する場合においては、到着日及び出発日を除き、客室を終日使用することができる。

　ウ．当ホテル（館）は、宿泊客の手荷物が、宿泊に先立って当ホテル（館）に到着した場合は、その到着前に当ホテル（館）が了解したときに限って責任をもって保管し、宿泊客がフロントにおいてチェックインする際に当該手荷物を渡す。

　エ．宿泊客は、宿泊期間が３日を超える宿泊契約が成立したときは、３日間の基本宿泊料を限度として当ホテル（館）が定める申込金を、当ホテル（館）が指定する日までに支払わなければならない。

問27　旅客鉄道会社（JR）による運送における小児及び幼児の取扱いに関する次の記述のうち、正しいものはどれか。

ア．5歳の幼児が単独で乗車する場合は、小児の運賃・料金が必要である。

イ．7歳の者が5歳と3歳の者を随伴して乗車する場合は、3人共小児の運賃・料金が必要である。

ウ．グリーン料金、寝台料金、座席指定料金は、大人と小児で同額である。

エ．大人に随伴された3歳の幼児が、特急列車の普通車指定席を1人で利用する場合は、小児の料金だけが必要である。

問28　旅客営業規則に関する次の記述のうち、正しいものはどれか。

ア．小児の自由席特急券を払戻す場合の払戻手数料は、大人の自由席特急券の払戻手数料の半額である。

イ．往復乗車券は、片道の営業キロが601キロ以上あれば、復路の運賃が2割引となる。

ウ．乗車中の特急列車が所定の到着時刻よりも2時間以上遅延したときは、当該列車の特急料金の全額が払い戻される。

エ．7月31日の午前11時に始発駅を出発する新幹線のグリーン車指定席の発売日時は、7月1日の午前11時である。

問29　旅客鉄道会社（JR）の旅客営業規則に関する次の記述のうち、誤っているものを1つ選びなさい。

ア．大口団体とは専用臨時列車を一口の団体だけで利用する場合（旅客鉄道会社の定める両数以上を利用するときを含む。）の団体旅客をいい、小口団体とは大口団体以外の団体であって、当該団体の構成人員によってA小口団体とB小口団体に区分される。

イ．幹線と地方交通線にまたがる片道乗車券において、乗車区間の営業キロが396.2キロメートル、運賃計算キロが422.1キロメートルの場合、乗車券の有効期間は4日間である。

ウ．旅客鉄道会社は、訪日観光団体に対しては、団体旅客が15人以上50人までのときはうち1人、51人以上のときは50人までごとに1人を加えた人員を無賃扱人員として旅客運賃を収受しない。

エ．団体乗車券を所持する旅客の使用開始後における指定券に関する変更については、原団体乗車券に表示された列車が乗車駅を出発する時刻の2時間前までに係員に申し出て、その承諾を受けた場合であって、かつ、輸送上の支障がない場合に限り、1回に限って取り扱われる。

# 解答と解説

問1　エ　b：クレジットカードで署名することなく決済しなければならない。

問2　イ　イ：募集型企画旅行契約に変更手続料金はない。

問3　ウ

問4　エ　a：申込金を受理しない限り契約は成立しない。

問5　エ　エ：旅行者の承諾が必要である。

問6　ア　a：この場合、「JR」「新幹線」は変わらず、等級も変わらないので、重要な変更「3」にも「4」にも該当しない。

問7　ア　ア：「旅行開始日の前日からさかのぼって3日前」までに通知する必要があるので、6日までに通知しなければならない。

　　　　　イ：この場合、期日の規定はない。

問8　ウ

問9　ウ　a：「契約書に記載した旅行終了日の翌日から起算して30日以内」である。

問10　イ　イ：旅行者の負担となる。

問11　ウ　ア：「1年以内」ではなく、「2年以内」が正しい。

　　　　　イ：「自由時間」は、旅行業者が企画した日程であり責任がある。

問12　イ　c：契約書面を交付する必要がある。

問13　ア　ア：受注型企画旅行に「最少催行人員」はない。

問14　ア　ア：「故意又は過失」であれば損害賠償となる。

問15　エ　ア：等級がランクアップしているので「重要な変更」とはならない。

　　　　　イ：天候による変更は「1～8」に含まれず、「重要な変更」とはならない。

問16　イ　b：「補償金」と「見舞金」の間で調整することはない。

　　　　　d：「別途の旅行代金を収受して当該旅行業者が実施する募集型企画旅行」とは「オプショナルツアー」であり、二重払いは行わない。

問17　エ　イ：スキューバーダイビング等マリンスポーツは、別表に定める「危険な運動」とされていない。

問18　エ

問19　ア　この場合、旅行代金は210,000円となる。②の場合は、旅行者が負担しなければならないのは「既に提供を受けたサービス」分の60,000円だけである。

問20　ウ

問21　エ　エ：「説明」だけではなく「承諾」を得る必要がある。

問22　ウ

問23　エ　b：「手荷物1個につき」ではなく「旅客1名につき」が正しい。

　　　　　c：「90日間」ではなく「1年間」である。

問24　ア　c：他に「特別車両券（グリーン券）」「コンパートメント券」がある。

問25　イ　a：「宿泊の申込みをしようとするとき」→「契約が成立したとき」

問26　(1)　イ　30日を限度に延長する。

　　　(2)　ウ　7日間が限度。

　　　(3)　エ　モデル宿泊約款ではこのような宿泊者への損害賠償や損害保証は
　　　　　　　定めていない。

　　　(4)　エ　貸切バスの契約成立に、「いつまでに支払うことで契約が成立」
　　　　　　　という規定はない。

　　　(5)　ア　宿泊契約を解除した場合には、宿泊客が提供を受けていない宿泊
　　　　　　　サービス等の料金については支払う必要はない。他は正しい。

問27　ア　イ　1人分の小児の運賃・料金のみ必要。

　　　　　ウ　小児の座席指定料金は、大人の半額。

　　　　　エ　幼児が単独で指定席を利用した場合には、小児の運賃・料金の両
　　　　　　　方が必要となる。

問28　ウ　ア　払戻手数料は、大人・小児同額である。

　　　　　イ　往復乗車券の割引は、往路1割、復路1割となる。

　　　　　エ　指定席券は、列車が始発駅を出発する日の1ヶ月前の10時から
　　　　　　　発売される。

問29　イ　乗車券の有効期間は営業キロで計算する。営業キロが396.2キロの場
　　　　　合の有効期間は3日となる。運賃計算キロは無視してよい。P71
　　　　　「ZOOM UP」を参照。

# PART 3

# 国内旅行実務

■□□□□□□□□□□□□□□□□□□□□□□□□

出題頻度の高い項目
■国内航空運賃…払戻手数料、取消手数料、空港コード
■JRの運賃・料金…普通団体運賃・料金
■宿泊料金…宿泊料金の計算
■フェリー、貸切バス運賃・料金の算出方法
■旅行実務…旅行業・各種約款・運賃料金の関連事項
■旅行事象など…各都道府県の都道府県庁所在地、美術館、博物館、
　城郭、神社・仏閣、自然観光資源、史跡・歴史的建造物、祭り、
　郷土芸能、伝統工芸、名産品、酒、料理、気象、地震など

学習のポイント
■JR運賃の団体割引率は暗記しておく
■宿泊料金については、基本宿泊料と追加飲食の場合の計算に注意
　する
■運賃・料金はただ読むだけでなく、実際に自分で計算できるよう
　に練習しておくこと
■旅行実務は、約款、運賃とかかわってくる項目なので、照らし合
　わせながら読み進め、正確に把握する
■観光に関する知識は、一朝一夕では身につかない。ガイドブック、
　パンフレット、旅行雑誌には普段から目を通しておく
■山、川、国立公園、民芸品などは県名または市名とともに関連づ
　けて覚える

# 1 運賃・料金の計算

**POINT**　現在の運賃・料金制度は、観光庁長官の変更命令が発せられない限り、各社届出の金額が認可され、航空会社は同業他社ばかりでなくJR新幹線、JR寝台特急、長距離夜行バスとも競合関係にあります。しかも時期、曜日、時間帯によって多種多様の運賃・料金が誕生していますから、国家試験受験前に時刻表と運賃・料金あるいはその時の割引制度を再確認することをおすすめします。

## 国内航空運賃

### 1. 年齢区分

- **大人**…12歳以上
- **小児**…3歳以上12歳未満
- **幼児**…3歳未満（座席を使用しない）

### 2. 運賃の種類

　航空運賃の自由化により、航空会社各社が独自の運賃・料金政策に基づいて運賃・料金の額を観光庁長官に届出することになりました。その結果、さまざまな運賃が設定されました。割引率、販売座席数の制限、予約変更の可否、購入期限、取消手数料等がそれぞれ定められています。ここでは、日本航空（JAL）と全日空（ANA）の主な個人運賃を確認しましょう。

#### ●予約変更ができる運賃

| 種類 | JAL | ANA |
|------|-----|-----|
| 大人 | フレックス | ANA FLEX |
| | | 満12歳以上の旅客に適用 |
| 小児 | | 小児運賃 |
| | | 満3〜11歳の旅客に適用 |

#### ●予約変更ができない運賃

　名義・区間変更はできません。また、搭乗日当日に前の便に空席があっても変更はできません。しかし、予約便と同一便のクラス変更は可能です。

| JAL | ANA |
|---|---|
| セイバー | ANA VALUE 1 |
| スペシャルセイバー | ANA VALUE 3 |
| 往復セイバー | ANA SUPER VALUE21 |
| ※「フレックス」「セイバー」「スペシャルセイバー」「往復セイバー」には、各運賃より一律で割引となる「ディスカウント」という制度がある。 | ANA SUPER VALUE28 |
| | ANA SUPER VALUE45 |
| | ANA SUPER VALUE55 |
| | ANA SUPER VALUE75 |

## 3. 料金の種類

### ①超過手荷物料金

無料手荷物許容量を超えると1キログラムごとに適用

### ②ペット料金

ワンワン

### ③従価料金

15万円を超えると1万円ごとに10円支払う

●その他の代表的な割引運賃例

①青少年割引（JAL：スカイメイト、ANA：スマートU25）

②シニア割引（JAL：当日シニア割引、スマートシニア空割）

　上記の割引運賃は、当日空港で空席がある場合に利用可能です。またANAでは搭乗当日のみ予約可能ですが、JALの場合は予約はできません。

---

### こうでた！

問　全日本空輸の国内線において、次の航空便を利用する場合における次の設問は正しいか。（令和4年試験問題）

＜利用する航空便＞

令和4年8月1日（月）羽田空港（14：20発）　　　福岡空港（16：05着）ANA257便

ANA SUPER VALUE 55（ANAスーパーバリュー55）を適用した航空券を所持する旅客が、搭乗当日、羽田空港において利用する航空便の、プレミアムクラスへの座席予約の変更を申し出た。この場合、プレミアムクラスに空席があるときは、所定の追加代金を収受して座席予約を変更することができる。

答え　正しい。当該便のプレミアムクラス席に当日空席がある場合には、変更可能となる。

---

運賃は、旅客や貨物を運送する距離に対して支払われる代金のこと。一方、料金は、運送に伴うサービスや労務に対して支払われる代金をいう。

# SECTION
## 1

# ◆ 2取消しと払戻し

**POINT**

①団体や包括割引を除いた個人旅客の取消しには、予約変更が可能な運賃か否かで違いがあり、さらに予約変更が不可能な運賃に2つの取消手数料制度があります（P.81も参照）。

②航空券の払戻しは、その航空券の有効期間内または有効期間満了日の翌日から数えてJAL、ANAともに30日以内の申し出が必要です。

③払戻しには所定の取消手数料と払戻手数料が必要です。

## 取消手数料と払戻手数料 （2023年2月現在）

### 1. 運賃（航空券）の取消手数料

#### ①日本航空（JAL）

A. フレックス、セイバー、スペシャルセイバー、往復セイバー

| | 取消手数料 | | |
|---|---|---|---|
| | 出発55日以上前 | 出発54日前〜出発前 | 出発後 |
| フレックス | 不要 | | 運賃額の約20%相当額 |
| セイバー | 運賃額の約5％相当額 | | 運賃額の100% |
| スペシャルセイバー 往復セイバー | 運賃額の約5％相当額 | 運賃額の約50％相当額 | |

注1：「往復セイバー」は往復ともに未使用の場合のみ払戻し（片道のみの払戻しはできない）。また、往復ともに未使用の場合で、往路が出発後の払戻しには、復路にも出発後の手数料が適用され、往復旅程全体に100%相当額の取消手数料がかかる。

注2：「セイバー」、「スペシャルセイバー」、「往復セイバー」は、予約の取消しのみを行い、後日払戻しを行う場合は、払戻し手続き日の手数料が適用となる。

B. スカイメイト、当日シニア割引

| | 払戻し日時 | 取消手数料 |
|---|---|---|
| スカイメイト、当日シニア割引 | 出発前 | 運賃額の約50％相当額 |
| | 出発後 | 運賃額の100% |

#### ②全日空（ANA）

| 運賃名 | 取消手数料 | |
|---|---|---|
| FLEX 小児運賃 | 航空券購入後〜出発時刻前まで | 不要（払戻手数料のみ必要） |
| | 出発時刻以降 | 運賃の約20%相当額 |
| VALUE | 航空券購入後〜出発時刻前まで | 運賃の約5％相当額 |
| | 出発時刻以降 | 運賃額の100%（PFCのみ返却） |
| SUPER VALUE | 航空券購入後〜搭乗日の55日前 | 不要（払戻手数料のみ必要） |
| | 搭乗日の54日前〜搭乗日45日前 | 運賃の30%相当額 |
| | 搭乗日の44日前〜搭乗日28日前 | 運賃の40%相当額 |

| 運賃の種類 | 取消手数料 | |
|---|---|---|
| SUPER VALUE | 搭乗日の27日前～搭乗日14日前 | 運賃の50％相当額 |
| | 搭乗日の13日前～出発時刻前 | 運賃の60％相当額 |
| | 出発時刻以降 | 運賃額の100％（PFCのみ返却） |
| スマートU25 | 航空券購入後～出発時刻前まで | 運賃の約５％相当額 |
| | 出発時刻以降 | 運賃額の100％（PFCのみ返却） |
| スマートシニア | 航空券購入後～出発時刻前まで | 運賃の約５％相当額 |
| 空割 | 出発時刻以降 | 運賃額の100％（PFCのみ返却） |

## 2. 払戻手数料

　航空券や航空引換証の払戻手数料は１枚につき440円です。

### ①往復または連続した行程の航空券の払戻し

↓

払い戻す枚数に
応じて440円

### ②大人・小児払戻手数料は同じ！

## 3. 払戻しの計算手順

　払戻しの計算手順は以下のようになります。

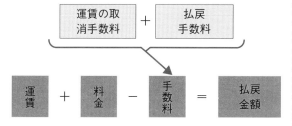

## 4. 取消手数料、払戻手数料も要チェック

　最近の時刻表を１冊購入するか、大手２社の航空時刻表を入手して、取消手数料や払戻手数料の規定を確認してください。

①割引航空券は、その割引制度に定められた取消規定に従う。
②往復旅行や乗り継ぎのときの取消手数料は、搭乗日・搭乗区間ごとにそれぞれ適用される。

●国内線旅客施設使用料（PFC）とは？

　国内線を利用して出発または到着する旅客を対象に、航空券に含めて徴収します。

羽田空港
　（大人370円、小児180円）
成田空港
　（大人450円、小児220円）
中部国際空港
　（大人440円、小児220円）
北九州空港
　（大人100円、小児50円）
新千歳空港
　（大人370円、小児180円）
仙台空港
　（大人290円、小児150円）
伊丹空港
　（大人340円、小児170円）
関西国際空港
　（大人440円、小児220円）
那覇空港
　（大人240円、小児120円）

※航空券購入後、未使用により払い戻す場合は、全額が払い戻されます。

【例】羽田空港を出発する便をANAのSUPER VALUEで購入し、搭乗日の28日前に払い戻す場合は、運賃からPFC370円を差し引いた額の40％の取消手数料が必要です。

# SECTION 2

# 1 JR普通運賃の計算

**POINT**

①JRの運賃は、営業キロによって算出しますが、この他賃率換算キロ（換算キロ）、擬制キロ、運賃計算キロも使います。

②運賃算出にあたっては、「用語」を正確に理解してください。

③運賃の算出はかなり奥深く複雑なものがありますが、要約すると、基本ルール、本州と3島のまたがり乗車、そして特例です。

## 用語の意味

①**本州3社**…JR東日本、JR東海、JR西日本の3社をいいます。本州3社以外に、JR北海道、JR四国、JR九州の3社があります。

②**幹線**…地方交通線に対する言葉で、新幹線とその他の主な在来線で、市販の時刻表では新幹線は赤線、その他の幹線（在来線）は黒線で書かれています。

③**地方交通線**…時刻表では青色で示してある路線で、経営的には恒常的な赤字路線です。幹線より運賃を高く設定してあります。

④**新幹線と在来線**…新幹線（九州、東海道・山陽、上越、東北・北海道、北陸）以外の路線をすべて在来線といいます。

※ミニ新幹線（山形・秋田新幹線）は、規則上在来線扱いとなります。

⑤**営業キロ**…JR鉄道各社（上述の6社）の幹線、または本州3社およびJR北海道の地方交通線区間を乗車するときの運賃計算に用いるキロ程（キロ数）です。

⑥**換算キロ**…本州3社とJR北海道の地方交通線区間に設けられたキロ程で、営業キロを約1割増したキロ数です。本州3社またはJR北海道で、幹線と地方交通線区間を通して、乗車するときの運賃算出に用います。

（例）

$$\underset{\text{換算キロ…198.0キロ}}{\overset{\text{営業キロ…180.0キロ}}{\text{Ⓐ} \xrightarrow{\hspace{4cm}} \text{Ⓑ}}}$$

Ⓐ－Ⓑが地方交通線区間のとき、営業キロが180.0キロの場合、換算キロはその1割増しのキロ数198.0キロとなる。

⑦**擬制キロ**…JR四国およびJR九州の地方交通線区間に設けられたキロ程で、換算キロとほぼ同じ意味です。「換算」という意味と「擬制」という意

味の違いで使い分けていると理解してください（下記整理メモ参照）。

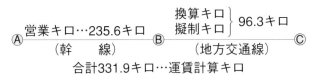

営業キロ…36.5キロ
Ⓐ———————————Ⓑ
擬制キロ…40.2キロ

⑧**運賃計算キロ**…幹線と地方交通線を通して乗車するときのキロ程で、幹線
区間の営業キロと地方交通線区間の換算キロ（ＪＲ四国とＪＲ九州は擬制
キロ）を合計したキロ程です。

営業キロ…235.6キロ　　換算キロ ⎫
擬制キロ ⎬ 96.3キロ
Ⓐ———————————Ⓑ———————————Ⓒ
（幹　線）　　（地方交通線）
合計331.9キロ…運賃計算キロ

⑨**基準額**…本州３社とＪＲ北海道・四国・九州とを通して乗車するときの基
準となる運賃で、運賃計算上の全キロ程を通算して算出した運賃です。

⑩**加算額**…本州３社とＪＲ北海道・四国・九州とを通して乗車するときのＪ
Ｒ北海道・四国・九州のキロ程に応じて定められた加算額で、本州３社と
ＪＲ北海道・四国・九州のいずれかにまたがるときの運賃は、基準額と加
算額の合計額となります。

⑪**境界駅**…基準額・加算額が関係してくるときの境界駅で、本州と北海道で
は新青森駅、本州と四国では児島駅、本州と九州では下関・小倉・博多駅
のいずれかの駅をいいます。

Ⓐ————————新青森————————Ⓑ
本州内の駅　　　　　　　　　　　　　　北海道内の駅

Ⓐ————————児　島————————Ⓑ
本州内の駅　　　　　　　　　　　　　　四国内の駅

Ⓐ———在　来　線———下　関———在　来　線———Ⓑ
本州内の駅　　　　　　　　　　　　　　九州内の駅

Ⓐ———山陽新幹線———小　倉———在　来　線———Ⓑ
本州内の駅　　　　　　　　　　　　　　九州内の駅

Ⓐ———山陽新幹線———博　多———在　来　線———Ⓑ
本州内の駅　　　　　　　　　　　　　　九州内の駅

整理メモ　換算…別な単位の数量に数え直すこと。別な単位に数え直すための計算。
擬制…実在しないものを、規定上・法律上、実在とみなすこと。

# 普通運賃の計算の基本ルール

## 1. 計算の基本ルール

### ①幹線区間内のみの乗車

Ⓐ —営業キロⓐ— Ⓑ —営業キロⓑ— Ⓒ

➡ 普通旅客運賃表

※合計した営業キロの端数は、1キロメートルに切り上げる。

(例) Ⓐ —91.5キロ— Ⓑ —126.3キロ— Ⓒ —182.3キロ— Ⓓ

営業キロ　　91.5＋126.3＋182.3＝400.1　　→401キロ

400キロと401キロでは
運賃が異なる

### ②地方交通線のみの乗車

　地方交通線のみを利用するときは、地方交通線の営業キロで算出します。ただし、JR四国内とJR九州内は擬制キロを適用します。

　乗車区間が2区間以上にまたがるときは、各区間のキロ数を合算（これを通算という）することは、上記①の例と同じ。

### ③幹線と地方交通線を連続乗車する場合

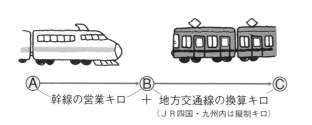

Ⓐ —幹線の営業キロ— Ⓑ ＋ 地方交通線の換算キロ — Ⓒ
　　　　　　　　　　　　　（JR四国・九州内は擬制キロ）

幹線の営業キロと
地方交通線の換算
キロ（JR四国・九
州内は擬制キロ）
を合計し、運賃表
に当てはめて算出
する

## 2. 計算の応用

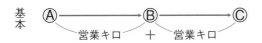

### ①JR鉄道区間の中間に連絡運輸扱いの会社線が入る場合

JR鉄道運賃＋中間の交通手段の運賃
ⓐ＋ⓑ

ⓐとⓑの合計キロでJR鉄道の運賃が決まる。

### ②乗車区間が途中で一周する場合

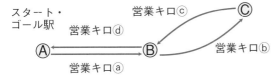

営業キロⓐⓑⓒの合計による運賃
＋
営業キロⓓによる運賃
＝
全体の運賃

### ③乗車区間の一部で往復する場合

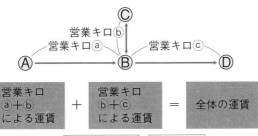

| 営業キロ<br>ⓐ＋ⓑ<br>による運賃 | ＋ | 営業キロ<br>ⓑ＋ⓒ<br>による運賃 | ＝ | 全体の運賃 |

上記行程の場合、ⓐ＋ⓒによる運賃＋ⓑの往復運賃の方が安いときは、安い運賃を使用してもよい。

●運賃の種類
・普通旅客運賃
①片道普通旅客運賃
　連続した区間を1回だけ乗車
　するときの運賃。

②往復普通旅客運賃
　行きと帰りを同じ経路で乗車
　する運賃。

③連続普通旅客運賃
　片道や往復以外の2区間を乗
　車する運賃。

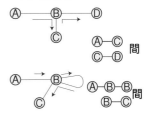

　この他、「定期旅客運賃」「回
数旅客運賃」「団体旅客運賃」
「貸切旅客運賃」がある。

運賃計算のための営業キロ以外にも、幹線と地方交通線区間を連続乗車する場合に用いる「換算キロ・擬制キロ」、営業キロと換算キロを合算した「運賃計算キロ」がある。

## 3. 特例（特殊な計算）

　複数の経路等で取扱いに不便を感じるのを避けるために、旅客営業規則では特定区間を定めています。

## ●運賃計算の例

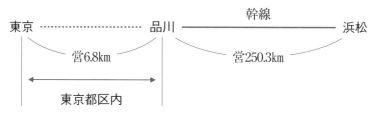

※品川は東京都区内の駅

①品川は特定都区市内の駅（東京都区内）であるので、中心駅から目的地までの営業キロをチェック！

　　営6.8km　＋　営250.3km　→　営257.1km

②東京〜浜松間　257.1km　＞　営200km　とわかる。

③営業キロで営200kmを超えているため、運賃計算は東京から計算する。

## ●特定都区市内

　特定都区市内にある駅と、その中心駅（次ページZOOM UP参照）から営業キロ200キロを超える駅との運賃は、中心駅を起点・終点として計算します。つまり、中心駅以外から乗降しても中心駅を起点・終点にして計算します。

| ※特定都区市内 |
| --- |
| 東京都区内、札幌、仙台、横浜、名古屋、京都、大阪、神戸、広島、北九州、福岡の各市内 |

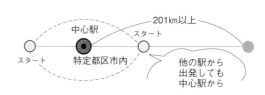

## ●その他の特例

・東京山手線内の各駅

　　東京駅から営業キロ101〜200キロまでの運賃は、東京駅を起点・終点として算出します。

・東京付近を通過するとき

　　実際の乗車経路にかかわらず最短経路の営業キロで算出します。

## ●その他の特例

### ・大都市近郊区間内のみ

東京・大阪・福岡・新潟・仙台の大都市近郊区間内の在来線の運賃は、実際乗車経路にかかわらず、最短経路により計算できる。

ただし、営業キロが100キロを超えても、有効日数は1日で途中下車不可。

例 新宿−御茶ノ水−東京200円

新宿−八王子−茅ヶ崎−東京でも200円

### ・JRの間に連絡会社線が入る場合（通過連絡運輸）

JRの間に連絡会社線が入る場合には、前後のJR区間のキロを通算して運賃を算出し、これに連絡会社線（私鉄）の運賃を加算します。（通過連絡運輸扱いの場合）

つまりJRはJRの運賃、連絡会社線は連絡会社線の運賃と別々に算出し最後に合計する。

●特定都区市内の中心駅

特定都区市内の中心駅は、次のように定められています。

| 特定都区市内 | 中心駅 |
|---|---|
| 札幌市内 | 札幌 |
| 仙台市内 | 仙台 |
| 東京都区内および東京山手線内 | 東京 |
| 横浜市内 | 横浜 |
| 名古屋市内 | 名古屋 |
| 京都市内 | 京都 |
| 大阪市内 | 大阪 |
| 神戸市内 | 神戸 |
| 広島市内 | 広島 |
| 北九州市内 | 小倉 |
| 福岡市内 | 博多 |

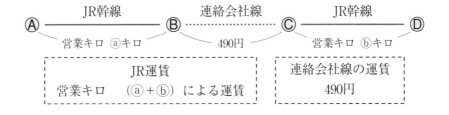

整理メモ　乗換駅に列車が停車しないとき、先の停車駅まで行き、折り返す乗車を区間外乗車という。この区間は、途中下車しなければ特例によって運賃を払わずに乗車できる。

# JR運賃表

## ●本州の3社内の幹線の普通運賃表

| 営業キロ<br>運賃計算キロ | 片道運賃<br>(基準額) |
|---|---|
| km | 円 |
| 1～　3 | 150 |
| 4～　6 | 190 |
| 7～　10 | 200 |
| 11～　15 | 240 |
| 16～　20 | 330 |
| 21～　25 | 420 |
| 26～　30 | 510 |
| 31～　35 | 590 |
| 36～　40 | 680 |
| 41～　45 | 770 |
| 46～　50 | 860 |
| 51～　60 | 990 |
| 61～　70 | 1,170 |
| 71～　80 | 1,340 |
| 81～　90 | 1,520 |
| 91～　100 | 1,690 |
| 101～　120 | 1,980 |
| 121～　140 | 2,310 |
| 141～　160 | 2,640 |
| 161～　180 | 3,080 |
| 181～　200 | 3,410 |
| 201～　220 | 3,740 |
| 221～　240 | 4,070 |
| 241～　260 | 4,510 |
| 261～　280 | 4,840 |
| 281～　300 | 5,170 |
| 301～　320 | 5,500 |
| 321～　340 | 5,720 |
| 341～　360 | 6,050 |
| 361～　380 | 6,380 |
| 381～　400 | 6,600 |
| 401～　420 | 6,930 |
| 421～　440 | 7,150 |
| 441～　460 | 7,480 |
| 461～　480 | 7,700 |
| 481～　500 | 8,030 |
| 501～　520 | 8,360 |
| 521～　540 | 8,580 |
| 541～　560 | 8,910 |
| 561～　580 | 9,130 |
| 581～　600 | 9,460 |
| 601～　640 | 9,790 |
| 641～　680 | 10,010 |
| 681～　720 | 10,340 |
| 721～　760 | 10,670 |
| 761～　800 | 11,000 |
| 801～　840 | 11,330 |
| 841～　880 | 11,550 |
| 881～　920 | 11,880 |
| 921～　960 | 12,210 |
| 961～1,000 | 12,540 |
| 1,001～1,040 | 12,870 |
| 1,041～1,080 | 13,200 |
| 1,081～1,120 | 13,420 |
| 1,121～1,160 | 13,750 |
| 1,161～1,200 | 14,080 |
| 1,201～1,240 | 14,410 |
| 1,241～1,280 | 14,740 |
| 1,281～1,320 | 15,070 |
| 1,321～1,360 | 15,290 |
| 1,361～1,400 | 15,620 |

## ●本州3社内の地方交通線の普通運賃表

| 営業キロ | 片道運賃<br>(基準額) |
|---|---|
| km | 円 |
| 1～　3 | 150 |
| 4～　6 | 190 |
| 7～　10 | 210 |
| 11～　15 | 240 |
| 16～　20 | 330 |
| 21～　23 | 420 |
| 24～　28 | 510 |
| 29～　32 | 590 |
| 33～　37 | 680 |
| 38～　41 | 770 |
| 42～　46 | 860 |
| 47～　55 | 990 |
| 56～　64 | 1,170 |
| 65～　73 | 1,340 |
| 74～　82 | 1,520 |
| 83～　91 | 1,690 |
| 92～100 | 1,880 |
| 101～110 | 1,980 |
| 111～128 | 2,310 |
| 129～146 | 2,640 |
| 147～164 | 3,080 |
| 165～182 | 3,410 |
| 183～200 | 3,740 |
| 201～219 | 4,070 |
| 220～237 | 4,510 |
| 238～255 | 4,840 |
| 256～273 | 5,170 |
| 274～291 | 5,500 |
| 292～310 | 5,720 |

## ●JR北海道内の幹線の普通運賃表

| 営業キロ<br>運賃計算キロ | 片道運賃 |
|---|---|
| km | 円 |
| 1～　3 | 200 |
| 4～　6 | 250 |
| 7～　10 | 290 |
| 11～　15 | 340 |
| 16～　20 | 440 |
| 21～　25 | 540 |
| 26～　30 | 640 |
| 31～　35 | 750 |
| 36～　40 | 860 |
| 41～　45 | 970 |
| 46～　50 | 1,130 |
| 51～　60 | 1,290 |
| 61～　70 | 1,490 |
| 71～　80 | 1,680 |
| 81～　90 | 1,890 |
| 91～　100 | 2,100 |
| 101～　120 | 2,420 |
| 121～　140 | 2,860 |
| 141～　160 | 3,190 |
| 161～　180 | 3,630 |
| 181～　200 | 4,070 |
| 201～　220 | 4,510 |
| 221～　240 | 4,840 |
| 241～　260 | 5,280 |
| 261～　280 | 5,610 |
| 281～　300 | 5,940 |
| 301～　320 | 6,270 |
| 321～　340 | 6,490 |
| 341～　360 | 6,820 |
| 361～　380 | 7,150 |
| 381～　400 | 7,370 |
| 401～　420 | 7,700 |
| 421～　440 | 7,920 |
| 441～　460 | 8,250 |
| 461～　480 | 8,470 |
| 481～　500 | 8,800 |
| 501～　520 | 9,130 |
| 521～　540 | 9,350 |
| 541～　560 | 9,680 |
| 561～　580 | 9,900 |
| 581～　600 | 10,230 |
| 601～　640 | 10,560 |
| 641～　680 | 10,780 |
| 681～　720 | 11,110 |
| 721～　760 | 11,440 |
| 761～　800 | 11,770 |
| 801～　840 | 12,100 |
| 841～　880 | 12,320 |
| 881～　920 | 12,650 |
| 921～　960 | 12,980 |
| 961～1,000 | 13,310 |

# JR運賃表・加算額表

## ●JR北海道内の地方交通線の普通運賃表

| 営業キロ | 片道運賃 |
|---|---|
| km | 円 |
| 1～ 3 | 200 |
| 4～ 6 | 250 |
| 7～ 10 | 300 |
| 11～ 15 | 340 |
| 16～ 20 | 440 |
| 21～ 23 | 540 |
| 24～ 28 | 640 |
| 29～ 32 | 750 |
| 33～ 37 | 860 |
| 38～ 41 | 970 |
| 42～ 46 | 1,130 |
| 47～ 55 | 1,290 |
| 56～ 64 | 1,490 |
| 65～ 73 | 1,680 |
| 74～ 82 | 1,890 |
| 83～ 91 | 2,100 |
| 92～100 | 2,320 |
| 101～110 | 2,420 |
| 111～128 | 2,860 |
| 129～146 | 3,190 |
| 147～164 | 3,630 |
| 165～182 | 4,070 |
| 183～200 | 4,510 |
| 201～219 | 4,840 |
| 220～237 | 5,280 |
| 238～255 | 5,610 |
| 256～273 | 5,940 |
| 274～291 | 6,270 |
| 292～310 | 6,490 |
| 311～328 | 6,820 |
| 329～346 | 7,150 |
| 347～364 | 7,370 |
| 365～382 | 7,700 |
| 383～400 | 7,920 |
| 401～419 | 8,250 |
| 420～437 | 8,470 |
| 438～455 | 8,800 |
| 456～473 | 9,020 |
| 474～491 | 9,350 |
| 492～510 | 9,680 |
| 511～528 | 9,900 |
| 529～546 | 10,230 |
| 547～582 | 10,450 |
| 583～619 | 10,780 |

## ●JR四国・九州内の普通運賃表

| 営業キロ 擬制キロ 運賃計算キロ | JR四国 | JR九州 |
|---|---|---|
| km | 円 | 円 |
| 1～ 3 | 190 | 170 |
| 4～ 6 | 240 | 210 |
| 7～ 10 | 280 | 230 |
| 11～ 15 | 330 | 280 |
| 16～ 20 | 430 | 380 |
| 21～ 25 | 530 | 480 |
| 26～ 30 | 630 | 570 |
| 31～ 35 | 740 | 660 |
| 36～ 40 | 850 | 760 |
| 41～ 45 | 980 | 860 |
| 46～ 50 | 1,080 | 950 |
| 51～ 60 | 1,240 | 1,130 |
| 61～ 70 | 1,430 | 1,310 |
| 71～ 80 | 1,640 | 1,500 |
| 81～ 90 | 1,830 | 1,680 |
| 91～100 | 2,010 | 1,850 |
| 101～120 | 2,310 | 2,170 |
| 121～140 | 2,750 | 2,530 |
| 141～160 | 3,190 | 2,860 |
| 161～180 | 3,630 | 3,300 |
| 181～200 | 3,960 | 3,740 |
| 201～220 | 4,400 | 4,070 |
| 221～240 | 4,730 | 4,400 |
| 241～260 | 5,170 | 4,840 |
| 261～280 | 5,500 | 5,280 |
| 281～300 | 5,830 | 5,610 |
| 301～320 | 6,160 | 5,940 |
| 321～340 | 6,380 | 6,160 |
| 341～360 | 6,710 | 6,490 |
| 361～380 | 7,040 | 6,820 |
| 381～400 | 7,260 | 7,040 |
| 401～420 | 7,590 | 7,370 |
| 421～440 | 7,810 | 7,590 |
| 441～460 | 8,140 | 7,920 |
| 461～480 | 8,360 | 8,140 |
| 481～500 | 8,690 | 8,470 |
| 501～520 | 9,020 | 8,800 |
| 521～540 | 9,240 | 9,020 |
| 541～560 | 9,570 | 9,350 |
| 561～580 | 9,790 | 9,570 |
| 581～600 | 10,120 | 9,900 |

## ●JR北海道内・JR四国・九州内の加算額表

| 境界駅からの営業キロ（運賃計算） | JR北海道 | JR四国 | JR九州 |
|---|---|---|---|
| km | 円 | 円 | 円 |
| 1～ 3 | — | — | 20 |
| 4～ 6 | — | — | 20 |
| 7～ 10 | — | — | 30 |
| 11～ 15 | — | — | 40 |
| 16～ 20 | — | 210 | 50 |
| 21～ 25 | — | 220 | 60 |
| 26～ 30 | — | 230 | 60 |
| 31～ 35 | — | 260 | 70 |
| 36～ 40 | 180 | 280 | 80 |
| 41～ 45 | — | 320 | 90 |
| 46～ 50 | — | 330 | 90 |
| 51～ 60 | — | 360 | 140 |
| 61～ 70 | — | 370 | 140 |
| 71～ 80 | — | 410 | 160 |
| 81～ 90 | — | 420 | 160 |
| 91～100 | — | 430 | 160 |
| 101～120 | 440 | 440 | 190 |
| 121～140 | 550 | 550 | 220 |
| 141～180 | 550 | 660 | 220 |
| 181～200 | 660 | 660 | 330 |
| 201～260 | 770 | 770 | 330 |
| 261～ | 770 | 770 | 440 |

＊本州3社とJR北海道、JR四国、JR九州とをまたがって利用する場合のJR北海道、JR四国、JR九州内のキロ数に対応する加算額です。

＊JR四国の加算額には、児島～宇多津間の加算運賃(100円)が含まれています。

# 運賃計算のしくみ（まとめ）

　ＪＲの各旅客鉄道会社の運賃は、ＪＲ東日本・ＪＲ東海・ＪＲ西日本（本州３社）とＪＲ北海道、ＪＲ四国、ＪＲ九州の各社でそれぞれ異なります。２つ以上の旅客鉄道会社にまたがって利用になる場合は通しで計算します。旅行日程にあわせて次の中から利用ケースに合った運賃表（前ページのＪＲ運賃表の例を参照）を選んでください。

| 乗車地域 | 幹線・地方交通線の区分 | 運賃計算に用いるキロ |
|---|---|---|
| 本州３社内<br>（ＪＲ東日本・<br>ＪＲ東海・<br>ＪＲ西日本） | ①幹線のみ ──────→ | 営業キロ |
| | ②地方交通線のみ ────→ | 営業キロ |
| | ③幹線・地方交通線 ───→ | 運賃計算キロ |
| ＪＲ北海道内 | ①幹線のみ ──────→ | 営業キロ |
| | ②地方交通線のみ ────→ | 営業キロ |
| | ③幹線・地方交通線 ───→ | 運賃計算キロ |
| ＪＲ四国・<br>ＪＲ九州内 | ①幹線のみ ──────→ | 営業キロ |
| | ②地方交通線のみ ────→ | 擬制キロ |
| | ③幹線・地方交通線 ───→ | 運賃計算キロ |

| 乗車地域 | | | 基準額 | 加算額<br>（JR北海道内） |
|---|---|---|---|---|
| 本州３社〜<br>ＪＲ北海道 | 本州内 JR北海道 | | | |
| | ① 〈幹〉 ＋ 〈幹〉 | → | 営業キロ | 営業キロ |
| | ② 〈幹〉 ＋ 〈幹・地〉 | → | 運賃計算キロ | 運賃計算キロ |
| | ③ 〈地・幹〉 ＋ 〈幹〉 | → | 運賃計算キロ | 営業キロ |
| | ④ 〈地・幹〉 ＋ 〈幹・地〉 | → | 運賃計算キロ | 運賃計算キロ |

| 乗車地域 | | | 基準額 | 加算額<br>（JR四国・九州内） |
|---|---|---|---|---|
| 本州３社〜<br>ＪＲ四国・<br>ＪＲ九州内 | 本州内 JR四国・JR九州 | | | |
| | ① 〈幹〉 ＋ 〈幹〉 | → | 営業キロ | 営業キロ |
| | ② 〈地・幹〉 ＋ 〈幹・地〉 | → | 運賃計算キロ | 運賃計算キロ |
| | ③ 〈地・幹〉 ＋ 〈幹〉 | → | 運賃計算キロ | 営業キロ |
| | ④ 〈幹〉 ＋ 〈幹・地〉 | → | 運賃計算キロ | 運賃計算キロ |

凡例　幹＝幹線
　　　地＝地方交通線
　　　運賃計算キロ＝営業キロ＋換算キロ
　　　　　　　　　　　　　　　（擬制キロ）

# JR6社

北海道旅客鉄道会社（JR北海道）

本州3社
東日本旅客鉄道会社（JR東日本）
東海旅客鉄道会社（JR東海）
西日本旅客鉄道会社（JR西日本）

四国旅客鉄道会社（JR四国）

九州旅客鉄道会社（JR九州）

注：境界駅（P113）に注意する。
※沖縄にはJRの鉄道路線はないが、便宜
的にJR九州に含まれている。

JR北海道

JR東日本

JR西日本

JR東海

JR九州　　JR四国

## こうでた！

問　次の経路による行程で旅客が乗車する場合について、該当する答を選択肢の中から1
　　つ選びなさい。（令和3年試験問題）

＜行程＞　注：JR北海道とJR東日本の境界駅は新青森駅である。

　　　　　　　　東北・北海道新幹線　　　　　　　東北本線　　　釜石線
新函館北斗駅 ------ （新青森駅）------ 盛岡駅 ---（花巻駅）---- 釜石駅
　　　　　　　　　　　　　　　　　　　　　　（幹線）　（地方交通線）

営業キロ452.7キロ
運賃計算キロ461.7キロ

新函館北斗駅から新青森駅までの営業キロは148.8キロ

　この行程において、大人1人が乗車するとき、普通旅客運賃の計算に関する次の記述の
うち、正しいものはどれか。

ア．運賃は、「452.7キロ」の距離による基準額に、「148.8キロ」の距離による加算額を合
　　計した額となる。
イ．運賃は、「461.7キロ」の距離による基準額に、「148.8キロ」の距離による加算額を合
　　計した額となる。
ウ．運賃は、452.7キロの距離による額となる。
エ．運賃は、461.7キロの距離による額となる。

答え　イ　新函館北斗駅から釜石駅までの運賃計算キロに新函館北斗駅から新青森駅まで
　　の営業キロを加算する。P120を参照。

# SECTION 2

# 2 JRの料金

**POINT**
①JRの料金といえば、特急・急行・グリーン・座席指定・寝台料金です。入場料金や手荷物料金も料金ですが、本書では省略します。
②料金は営業キロで算定し、換算キロや擬制キロは無関係です。
③料金には、普通列車より短時間で目的地に着く急行料金と、安心・こちよさなどに支払う付加サービス料金があります。
④料金には大人・小児が同額のものと小児半額のものがあります。

## 用語の意味

P.71の、乗車に必要な乗車券類の表をときどき見なおしながら、以下の解説をご覧ください。

①**急行料金**…特急料金は特別急行料金、急行料金は普通急行料金がそれぞれ正式な名称で、いずれも普通列車に対して特別な急行か、普通程度に急行かという意味です。以下特急料金、急行料金と略称します。

②**その他の料金（付加サービス料）**…グリーン料金（正式名は特別車両料金）、指定席料金（座席指定料金）、寝台料金、ライナー券・乗車整理券など、乗客の座席スペース（寝台）を保証するものです。

③**料金の小児割引**…急行料金（特急料金と急行料金）、指定席料金は大人料金の半額（10円未満の端数は切捨て）ですが、ほかの料金は大人・小児同額です。

④**特急列車と急行列車のちがい**…特急列車は全席座席指定、急行列車は全席自由席が基本の考えかたです。そこで特急料金には、指定されている座席の権利を放棄する自由席特急料金、急行料金には、座席料を別途付加して支払う指定席料金という制度が生まれ、定着しています。

## 特急料金（新幹線・在来線共通）

①**特急料金は乗車日によって異なる**…下表の例をご覧ください。

（小児半額）

| | 指　定　席 | | | 自由席を利用するときの特急料金 |
| | 繁忙期 | 通常期 | 閑散期 | |
|---|---|---|---|---|
| 新幹線の某区間 | 5,150円 | 4,950円 | 4,750円 | 4,420円 |
| 在来線の某区間 | 2,550円 | 2,350円 | 2,150円 | 1,820円 |

(注)右欄、自由席を利用するときの特急料金額は、繁忙期であっても閑散期であっても年間を通じて同じ金額です。

前ページに例示した表のポイントは、新幹線・在来線とも、特急料金は通常期を基準にして繁忙期は200円増、閑散期は200円引、自由席を利用するときの特急料金は年間を通して530円引です。新幹線・在来線ともに、特急料金には最繁忙期が指定されている場合があります。最繁忙期の場合は、400円増となります。グリーン車を利用するときは、530円引をした上で乗車日により400円増、200円増減とします。

②**新幹線の特急料金**…新幹線の特急料金は、時刻表のピンクのページに一覧表にして掲載してあります。新幹線の列車はすべて特急列車で、繁忙期、通常期、閑散期の特急料金の200円差、普通車自由席を利用するときの530円引、グリーン車を利用するときの特急料金の530円引（乗車日によって400円増、200円増減あり）は、在来線の特急料金とまったく同じです。

　ただし、在来線の特急料金は営業キロによるキロ制をとっていますが、新幹線の特急料金は区間ごとに定められています。同区間であれば同じ特急料金ですが、東海道・山陽新幹線の場合は注意してください。

　東海道・山陽新幹線の「のぞみ・みずほ」と「ひかり・こだま・さくら」では特急料金が異なり、「のぞみ・みずほ」の方が高く設定されています。しかし、それは普通車指定席やグリーン車利用の場合であり、普通車自由席の場合は異なります。「のぞみ・みずほ」の普通車自由席利用の場合は、通常期の特急料金の530円引きではなく、「ひかり・こだま・さくら」の自由席特急料金と同額の特定特急料金が定められています。

> 「のぞみ・みずほ」の自由席特急料金＝
> 「ひかり・こだま・さくら」の自由席特急料金

　「のぞみ・みずほ」と「ひかり・こだま・さくら」を乗り継ぐ場合は時刻表を参照。
※東北新幹線「はやぶさ・こまち」と「はやて・やまびこ・なすの」も同様。
　ただし、「はやぶさ・こまち・はやて」は全車指定席。

③**新幹線の一部区間、自由席を利用するときの特急料金**

[例] 東京 ──やまびこ指定席──→ 仙台 ──やまびこ自由席──→ 一ノ関

　　　　仙台では改札口を出ることなく、
　　　　同日に各停型のやまびこに乗り換える

　この場合、東京・一ノ関の指定席特急料金を適用します。もし東京・仙台指定料金、仙台・一ノ関自由席料金で購入すると、そのほうが高くなります。

④**在来線の特急料金**…在来線の特急料金はキロ制で、Ａ特急料金とＢ特急料金の２種類があります。Ａ特急が基本で、実際の試験でＢ特急の場合は表示がありますので、どの列車がＢ特急か覚える必要はありません。

| 特通急常料期金指定席 | 区分 | 51~100キロまで | 101~150キロまで | 301~400キロまで | 600キロまで | 601キロ以上 |
|---|---|---|---|---|---|---|
| | A特急料金 | 1,730円 | 2,390円 | 3,170円 | 3,490円 | 3,830円 |
| | B特急料金 | 1,480円 | 1,890円 | 2,730円 | —— | —— |

(注) JR北海道内の150キロまでのA特急料金は上表とは異なる。また、上表のB特急料金は、JR北海道、JR東日本、JR東海のもので、JR西日本、JR九州は多少異なる。四国内の特急はすべてA特急料金を適用。小児は半額。

●**急行料金**…急行料金は自由席が基本のため、座席指定を希望するときは指定席券を別に購入します。また、1年を通して一定の料金です。

# グリーン、寝台、指定席料金

①**グリーン料金**…正式には特別車両料金。

| グリーン料金 在来線の特急・急行用 | 100キロまで | 200キロまで | 400キロまで | 600キロまで | 800キロまで | 801キロ以上 |
|---|---|---|---|---|---|---|
| | 1,300円 | 2,800円 | 4,190円 | 5,400円 | 6,600円 | 7,790円 |

②**寝台料金**…寝台にはA寝台とB寝台の2種類があります。A寝台はB寝台よりランクが上で、寝台の中のグリーン車のようなものです。また、寝台料金は距離に関係なく同タイプであれば同額。小児も大人と同額です。

　寝台は1つの寝台で2人まで（大人2人を除く）利用できます。その場合の寝台料金は1台分です。

③**指定席料金**…正式には座席指定料金といい、急行列車、普通列車、快速列車の一部に設けられている座席を確保しておきたい旅行者のための料金で、小児は半額です。

# 乗継割引

　乗継割引とは、新幹線と在来線を乗り継ぐときに、特急料金・急行料金・急行列車の指定席料金が半額となる制度です。新幹線から在来線に乗り継ぐ場合は、当日のみとなりますが、その他は翌日の乗り継ぎでも可能です。小児旅客は大人旅客の割引料金がさらに半額になります。割引を適用したときに出る10円未満の端数は、その都度切り捨てます。

　　新幹線←→在来線……在来線の1列車の特急・指定席料金を半額にする。
　　　　　　　　　　　　小児はさらに半額。

## ●乗継割引の対象駅

次の各対象駅で新幹線と在来線を乗り継いだときは、乗継割引となります。

| 新 幹 線 | 対 象 駅 |
|---|---|
| 東海道新幹線 | 東京・品川・岡山・新山口以外のすべての駅 |
| 山陽新幹線 | 小倉・博多以外のすべての駅 |
| 東北新幹線 | 新青森 |
| 上越新幹線 | 長岡・新潟 |
| 北陸新幹線 | 長野、上越妙高、金沢 |
| 九州新幹線 | なし |

※新大阪－大阪間を普通（快速）列車に乗車した場合には、大阪でも乗継割引対象駅となる。

### こうでた！

問　旅客鉄道会社（ＪＲ）の乗継割引に関する次の記述は正しいか。（令和４年試験問題）
（注１）乗車に必要な乗車券類は、いずれも最初の列車の乗車前に全て同時に購入するものとする。
（注２）それぞれの列車の乗車区間内では途中下車しないものとする。
（注３）記載する金額は、記載の利用座席における大人の特急料金の額を示している。

新幹線「つるぎ」の特急料金に乗継割引が適用される。

富山駅 ━━━━━━━ 金沢駅 ━━━━━━━ 名古屋駅 ━━━━━━━ 豊橋駅
　　　新幹線「つるぎ」　　特急「しらさぎ」　　　　　新幹線「こだま」
　　　〈普通車自由席〉　　〈普通車指定席〉　　　　　〈普通車指定席〉
　　　　　1,870円　　　　　　　　　　　　　　　　　　990円

答え　誤り。乗継割引は、新幹線に接続する在来線特急「しらさぎ」に適用される。新幹線「つるぎ」には適用されない。

# SECTION 2

# 3 JR割引運賃の計算

**POINT**
①旅行業務とかかわりがあるのは、往復割引や団体割引、学生割引、周遊きっぷなどです。
②実際の試験では計算することはないとしても、その割引制度がどのようになっているかは旅行管理者試験受験者としては知っておきたいものです。

## 個人割引

### 1. 主な割引

**学生割引**

鉄道

営業キロ 101 キロ以上

| 運賃 | 20％引 |

**往復割引**

往路復路
ともに10％引

片道の営業キロ 601 キロ以上！

往路復路
ともに10％引

　学割適用旅客が601キロ以上の往復旅行をするときは大人普通旅客の往復割引（往・復とも1割引）からさらに2割引（学割と往復割引の重複適用）される。

## 2. 割引計算の基本

### 普通旅客運賃－割引額＝支払額

（割引運賃の端数処理）

※10円未満は切り捨て

〔例〕　片道旅客運賃　　割引額　　　　　支払額
$$8,340 \ - \ 1,668 = 6,672 \cdots 6,670円$$

割引率で算出すると

片道旅客運賃　（1－割引率）　支払額
$$8,340 \ \times \ 0.8 \ = 6,672 \cdots 6,670円$$

## 3. 片道601キロ以上を往復するときの割引

片道の運賃×（1－0.1）で算出した支払額

（10円未満切捨て）×2（往復分）

### ●個人の割引運賃のまとめ

| 種　類 | 割引となる条件 | 割引率 |
|---|---|---|
| 往復割引 | ①原則として、往路、復路を同一経路、同一区間で利用する。②片道の営業キロが600キロを超える期間を往復している。 | 往復それぞれ1割引き |
| 学生割引 | ①学生割引証を所持する学生・生徒である。②片道の営業キロが100キロを超える期間を往復している。 | 2割引き |
| 往復割引・学生割引 | 重複適用が可（JR営業規則76条第2項を参照） | 往復それぞれ1割引きが、2割引きとなる。 |

注：このほかに身体障がい者、知的障がい者割引がある（割引率は5割）。

### JR旅客営業規則

第76条（旅客運賃・料金割引の重複適用の禁止）

1　旅客は、旅客運賃・料金について2以上の割引条件に該当する場合であっても、同一の乗車券類について、重複して旅客運賃・料金の割引を請求することができない。

2　前項の規定にかかわらず、学生割引普通乗車券を購入する旅客は、第94条に規定する往復割引の普通旅客運賃に対して、第92条に規定する学生割引の適用を請求することができる。

●割引の種類

①社会貢献的なもの

学生割引、被救護者割引、身体障害者割引など

②サービスによるもの

往復割引、団体割引、周遊きっぷ、特別企画割引

●特別急行（特急）料金の割引

①指定席特急料金は普通車の場合、通常期を基準にして

・繁忙期―通常期に200円加算

・閑散期―通常期から200円引き

②次の場合は年間を通して通常期の指定席特急料金から530円引き

・グリーン車または寝台車を利用するときの特急料金

・自由席特急料金または立席特急料金

●割引の重複適用の禁止と例外

2つ以上の割引条件が重なっても、重複して割引をすることはありません。

ただし、例外として、学生割引と往復割引は重複させることができます。それは次のように算出します。

行きの運賃・帰りの運賃とも1割引した額からさらに2割引する。

（例）11,120円×（1－0.1）

＝10,000円*

10,000×（1－0.2）

＝8,000円*

8,000×2（往復）

＝16,000円

　　　*10円未満は切り捨て

SECTION
**2**

# 4 JR団体運賃・料金

**POINT**

①団体旅客というのは、8人以上の旅客が同じ経路や施設を利用するときに、団体としての運送を認められるものです。

②団体旅客には、「普通団体」「学生団体」「訪日観光団体」の種類があります。また、利用する列車によって「専用臨時列車利用の団体」や、「大口団体」「小口団体」などもあります。

## 団体運賃・料金の計算

### 1. 基本的な計算の仕方

 ×（1－割引率）　→　端数整理をする　×　　＝　団体旅客運賃

### 2. 団体割引率

| 団体の区分 | | 取扱期間 | 鉄道・航路 |
|---|---|---|---|
| 普通団体 | 一般の団体 | 第1期<br>第2期 | 1割引<br>1割5分引 |
| | 専用臨時列車利用の団体 | 第1期<br>第2期 | 5分引<br>1割引 |
| 学生団体 | 大人（中学生以上） | 通年 | 大人運賃の5割引 |
| | 小児（小学生以下） | 通年 | 小児運賃の3割引 |
| | 教職員・付添人*1 | 通年 | 大人運賃の3割引 |
| 訪日観光団体 | | 通年 | 1割5分引 |

※左記の割引率は運賃にのみ適用され、料金には適用されない。すなわち、料金の「団体割引」は存在せず、団体といえば運賃を割引する制度である。

\*1　旅行業者は、その学生団体100人につき1人の割合でこの割引率が適用される。
100人まで ……　1人が3割引
101〜200人 ……　2人が3割引
201〜300人 ……　3人が3割引

　普通団体の取扱期間は、1年を第1期、第2期と分け、その期間を基準として計算されます。第1期、第2期の期間は次の通りです。

◎**第1期**……12月21日〜1月10日、3月〜5月、7月〜8月、10月。

◎**第2期**……第1期以外の日。ただし、JRへの乗車船日が第1期と第2期にまたがるときは、全日程に第2期の割引を適用する。

\*第1期・第2期があるのは普通団体だけで、学生団体・訪日観光団体は通年同じ割引です。

## 3. 団体の無賃扱いについて

　普通団体と訪日観光団体については、団体構成人員によって"無賃"が適用されます。

| 人員構成 | 無賃扱い人数 |
|---|---|
| 31〜50人 | 1人分 |
| 51〜100人 | 2人分 |
| 101〜150人 | 3人分 |
| 151〜200人 | 4人分 |

（注1）旅行業者（添乗員）も団体構成人員に含める。
（注2）訪日観光団体は15〜50人で1人分が無賃となる。
（注3）201人以上は左表と同じく50人ごとに無賃扱いが1人増える。

## 4. 保証金と指定保証金

　大口団体や旅客車専用扱いの団体、グリーン車や寝台車を連結してもらうなど特別の手配をして運送する旅客には保証金が課せられ、指定券類を伴う小口団体には、指定保証金を必要とします。

| 保証金 | ・大口団体<br>・旅客車専用扱い<br>・特別の手配をする団体 | 運送引受時の団体旅客運賃の1割<br>（100円未満は100円単位に切り上げ） |
|---|---|---|
| 指定保証金 | 指定席利用の小口団体 | 申込み人員の9割に相当する人員に対し1人につき300円（9割の人員で1人未満の端数が出るときは切り捨てる） |

※小口団体で一部の人しか指定席を利用できないときは、その利用人員の9割。また、1人が2区間以上利用する場合も300円でよい。

保証金＝  －

運賃の1割相当額

指定保証金＝  ×

申込み人員の9割相当　　　300円

● 幼児の無賃扱い
　大人の団体旅客1人が同伴する幼児は1人無賃となります。ただし、大人の団体旅客が全員幼児を同伴するという極端なものは無賃として認められません。

● 団体の無賃扱い
　普通団体または訪日観光団体で、無賃扱いになる旅客は、特急料金や急行料金、寝台料金、グリーン料金、座席指定料金等料金も無料になります。

● 小児料金
　各種料金には小児のそれが半額になるものと大人と同額になるものとがあります。
①半額—特別急行料金、普通急行料金、指定席料金
②同額—特別車両料金（グリーン料金）、寝台料金

● JRの団体は8人から成立
JRの団体は8人で成立します。ただし、へき地学校の生徒・児童の場合は8人未満でも学生団体として扱います。

整理メモ　団体運賃の計算の基本は、団体旅客の1人分の普通運賃から割引額を差し引き、10円未満の端数を切り捨て、10円単位にした金額に団体の人数をかけること。無賃扱いも忘れないように！

# SECTION 2
# 5 JR払戻し・その他

**POINT**
①普通乗車券や指定券類は手数料を支払うことにより払戻しを受けることができます。
②有効期間の日数は、地方交通線区間でも、営業キロで算出します。
③特急または急行寝台券、特急または急行グリーン券など、2種類の料金を含む券を払い戻す場合、急行・特急料金には手数料はかかりません。

## 有効日数と払戻手数料

### 1. 普通乗車券の有効期間

有効日数は、営業キロ100キロごとに定められています。

営業キロ / 100キロまで
有効日数1日

営業キロ / 200キロまで
有効日数は2日

400キロまでは3日
600キロまでは4日
800キロまでは5日

200キロ増えるごとに1日ずつ有効日数が増えていきます。

ⓐ有効日数を算出するときはすべて営業キロに基づく。

幹線　地方交通線
営業キロ
営業キロで
有効日数を出す

ⓑ特定都区市内や山手線内発着の場合は、運賃算出と同様に有効日数も、東京駅または中心駅からのキロ数で算出。

中心駅
実際の営業キロ
中心駅からの営業キロで有効日数を算出

ⓒ往復乗車券の有効日数

| 片道乗車券の有効日数 | ×2 → | 往復乗車券の有効日数 |
|---|---|---|

ⓓ連続乗車券（運賃計算規則により、2枚の片道乗車券になるところを、乗客の便宜をはかって1枚で発行した乗車券）は、1枚ごとの合計日数が有効日数となる。

## 2. 運賃料金の払戻手数料

　乗車券類は、手数料を支払えば、払戻しを受けることができます。

| 乗車券の種類 | 払戻し条件 | 手数料 |
|---|---|---|
| 普通乗車券・回数券・定期券・団体乗車券・普通急行券・自由席特急券・特定特急券・自由席グリーン券 | 使用開始前で有効期間内 | 220円 |
| 立席特急券 | 発車時刻まで | |
| 指定席特急券・指定席グリーン券・寝台券・指定席券 | 乗車日の2日前まで | 340円 |
| | 前日から発車時刻まで（団体は2時間前まで） | 料金の30％（最低340円） |

〔例〕 普通乗車券8,860円、特急券2,780円、寝台券10,300円を乗車日の前日に払い戻すとき
・支払金額は8,860円＋2,780円＋10,300円
　　　　　　　　　＝21,940円
・払戻手数料は、普通乗車券220円、特急料金と寝台料金が組み合わさっているときは、寝台料金が対象となります。
〔計算式〕10,300円×0.3＝3,090円（手数料）
　　払戻し額は、21,940円－220円－3,090円
　　　　　　　　　＝18,630円

●乗車券を紛失したときの払戻し
　紛失したときは買いなおさなければなりません。その際、「再収受証明」を受けると、1年以内に紛失した乗車券を発見すれば、この証明書とともに請求することで、普通乗車券等の払戻手数料220円、指定席特急券等の払戻手数料330円を差し引いた残額の払戻しを受けることができます。

●普通乗車券の使用開始後の払戻し
　未使用区間（残存区間）が101キロ以上あり、その乗車券が有効期間内であれば乗車済み区間の運賃と払戻手数料220円を引いた残額が払戻しになります。旅行を中止した駅の精算窓口に申し出ます。

●列車遅延・運休の払戻し
①特急・急行列車が、到着時刻より2時間以上遅れた場合は、特急・急行料金の全額払戻しとなる。
②切符を購入済みで、列車が運休により旅行をとりやめる場合は、運賃・料金の全額が無手数料で払戻しとなる。

整理メモ　特急・急行券とグリーン券、寝台券、指定席券のように2種類の料金を払戻す場合は、特急料金や急行料金は手数料の対象とならない。

# SECTION 3

# 1 ホテルの宿泊料金計算

**POINT**

①宿泊料金の基本は、ホテルや旅館など宿泊施設によって相違があります。

②ホテルの基本宿泊料金は部屋代（ルーム・チャージ）のみ、旅館の場合は1泊2食付（夕食・朝食）が基本です。

③サービス料は通常、基本宿泊料金の10〜15%ですが、旅館では基本宿泊料金に含めるのが一般化しつつあります。

## 宿泊料金と税・サービス料

### 1. 基本宿泊料

宿泊の基本となる料金ですが、ホテルと旅館ではその基本内容が異なります。

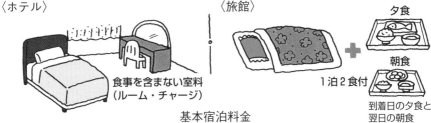

〈ホテル〉

食事を含まない室料
（ルーム・チャージ）

基本宿泊料金

〈旅館〉

1泊2食付

夕食

朝食

到着日の夕食と
翌日の朝食

### 2. サービス料（主としてホテルの場合）

奉仕料ですから、一般的には基本宿泊料金の10〜15%です。

$$\boxed{\text{基本宿泊料金}} \times \boxed{\text{サービス料率（0.1〜0.15）}} = \boxed{\text{サービス料}}$$

### 3. 追加料金（追加料金にもサービス料がかかる）

①**旅館**：基本宿泊料金で提供されないものの料金で、宴会、カラオケはもちろん、碁・将棋・麻雀などの貸出料も追加料金に該当します。

特別料理

カラオケ

郷土料理

お酒
ジュース

②**ホテル**：ルームサービスの飲み物や料理、レストランを利用したときの料金。宿泊者が宴会場（バンケットルーム）を借りてパーティを行うといった費用も追加料金にあたります。

## 4. 消費税

宿泊機関の利用や飲食などによる料金には、消費税が加算されます。

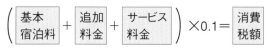

$$\left(\boxed{\substack{基本\\宿泊料}} + \boxed{\substack{追加\\料金}} + \boxed{\substack{サービス\\料金}}\right) \times 0.1 = \boxed{\substack{消費\\税額}}$$

## 5. 入湯税 (にゅうとうぜい)

温泉に限り市町村が課税しているものです。

標準額は全国的に1泊につき1人150円です。
（大人・小児同額）

## 6 立替金

旅館・ホテル側がタクシー代その他を一時立替払いしたときの料金や客室からの電話料などは、税金やサービス料とは関係なく、別途加算されます。

●東京都の宿泊税

東京都では平成14年7月から都内での宿泊料＋サービス料が1人1泊10,000〜14,999円の場合100円、15,000円以上の場合には200円の宿泊税を徴収し、観光施設の改善や補助など観光振興を目的とする法定外目的税が実施されています。

課税対象となる宿泊施設は、旅館またはホテルで、民宿やペンションは対象外です。

ホテルの場合、2人でツインルームなどに宿泊する場合は1人あたりの室料に換算して考えます。

その他、大阪府・京都市・金沢市も宿泊税を導入しています。

---

**整理メモ** MEMO　宿泊料金は、基本宿泊料金にサービス料、消費税、入湯税などが最終的に加算されて導き出される。

# 宿泊料金の計算について

## 1. 旅館の宿泊料金の計算

〈計算の基本〉

| 基本宿泊料 | + | 追加料金 | + | サービス料 | + | 消費税 | + | 入湯税、立替金など | = | 支払う宿泊料金 |
|---|---|---|---|---|---|---|---|---|---|---|

〔例〕 1泊2食付の基本料金が14,000円でサービス料が15%、さらに、カラオケ料金2,000円、入湯税150円のときの宿泊料金は？

基本宿泊料 ＝14,000円

追加料金 ＝2,000円

サービス料 ＝16,000円×0.15 ➡ 2,400円

↓ 加算すると

14,000円＋2,000円＋2,400円＝18,400円

18,400円

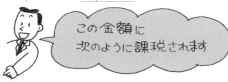

この金額に次のように課税されます

消費税 ＝18,400円×0.1 ➡ 1,840円

入湯税 ＝150円

以上算出したものを基本式にあてはめると

18,400円＋1,840円＋150円
→宿泊代は20,390円となります。

## 2. ホテルの宿泊料金計算

∽〈計算の基本〉∽∽∽∽∽∽∽∽∽∽

$$\boxed{\begin{array}{c}基本\\宿泊料\\(ルーム・チャージ)\end{array}} + \boxed{\begin{array}{c}追加\\料金\end{array}} + \boxed{\begin{array}{c}サービ\\ス料金\end{array}} + \boxed{消費税}$$

$$+ \boxed{\begin{array}{c}入湯税、立\\替金など\end{array}}$$

∽∽∽∽∽∽∽∽∽∽∽∽∽∽∽∽∽

〔例〕ルーム・チャージ、ツインルーム23,000
　　　円、サービス料10%、飲み物などのルー
　　　ムサービス料が3,500円のときの宿泊料金
　　　は？

$\boxed{基本宿泊料}$＝23,000円

$\boxed{サービス料}$＝$\begin{array}{c}(23,000＋3,500)\\×0.1→2,650円\end{array}$

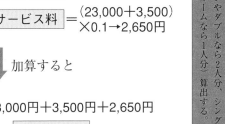

ホテルは部屋を単位にして（ツインやダブルなら2人分、シングルルームなら1人分）算出する。

▼ 加算すると

23,000円＋3,500円＋2,650円

$\boxed{29,150円}$

$\boxed{消費税}$＝29,150円×0.1→2,915円

※計算上、円未満の小数点が出るときは、四捨五入する
　のか、切り捨てるのかが指示してあるので、その指示
　に従うこと。本書では、四捨五入すると仮定しておく。

$\boxed{宿泊料金}$＝　29,150円　＋　2,915円
　　　　　　　　　　　　　　　　　（消費税）
$\begin{bmatrix}ルーム・チャージ＋ルーム\\サービス料＋サービス料\end{bmatrix}$

→$\boxed{32,065円}$→2人分の支払額

整理メモ

飲み物などの追加料金にもサービス料がつく。
消費税を算出するときに、ホテルでは1円未満は切り捨てるが、国家試験で
は四捨五入の指示が多い。

**Case Study**

（基本計算式）
　宿泊料金は、基本宿泊料プラ
ス、サービス料プラス、（　　　）
です。
　ⓐ物品税
　ⓑ利用税
　ⓒ消費税

　　　　　　　　　答―ⓒ

# SECTION 3

# 2 宿泊の取消し

**POINT**
①旅行者の都合で宿泊契約の全部または一部を解除するときは、定められた取消料（キャンセル料）を支払う必要があります。
②取消料は、旅館とホテルとで取消料率が異なります。
③また、団体旅行者については、予約人数によって、取消料が異なります。

## 宿泊の取消料

### 1. ホテルの取消料の例

| | 不泊 | 当日 | 前日 | 2日前～9日前 | 10日前～20日前 |
|---|---|---|---|---|---|
| 一般14名まで | 100% | 80% | 20% | —— | —— |
| 団体15～99名 | 100% | 80% | 20% | 10% | —— |
| 団体100名以上 | 100% | 100% | 80% | 20% | 10% |

### 2. 旅館の取消料の例

| | 不泊 | 当日 | 前日 | 2日前 | 3日前 | 5日前 | 6日前 | 7日前 | 8日前 | 14日前 | 15日前 | 30日前 |
|---|---|---|---|---|---|---|---|---|---|---|---|---|
| 1～14名まで | 50% | | 20% | | | —— | | | | | | |
| 15～30名まで | 50% | | | 20% | | | —— | | | | | |
| 31～100名（小口団体） | 70% | 50% | 20% | | | | | | 10% | | —— | |
| 101名以上（大口団体） | 70% | 50% | 25% | | | | | | 15% | | 10% | |

※ともに%は基本宿泊料に対する取消料の比率

## 3. 取消料の計算例

〔計算例１〕基本宿泊料9,000円（シングルルーム）のホテルを予約し、基本宿泊料だけすでにホテルのほうに払い込みをしていた。旅行者の都合により宿泊日の当日になって取消しをした場合の払戻額はいくらか。

（サービス料10%）

### 【計算式】

ホテル１名　当日の取消料率80%

| 取消料 | $9,000 \times 0.8 = 7,200$円 |

| 払戻額 | $9,000 - 7,200 = 1,800$円 |

〔計算例２〕大人２名が基本宿泊料12,000円、サービス料率10%の旅館を２泊予約していましたが、当日どうしても行けなくなってキャンセルを申し出た場合、取消料はいくらかかりますか。

### 【計算式】

旅館２名　当日の取消料率50%
　　　　　前日の取消料率20%

| １名あたりの取消料 | $12,000 \times 0.5 = 6,000$円 |
| | $12,000 \times 0.2 = 2,400$円 |
| | $6,000$円 $+ 2,400$円 $= 8,400$円 |

| 取消料総額 | 8,400円 |

●取消料

取消料はサービス料・消費税などを含めない基本宿泊料に対してかかります。

宿泊していないからサービスを受けていない、消費していないと考えればなぜ基本宿泊料のみに取消料がかかってくるかわかるはずです。

問題の中にサービス料10%と書かれていても取消料の計算のときには気にしないように…。

●違約金

・宿泊していない場合は、左記の〔計算例２〕のように違約金（取消料）がかかります。

・宿泊の場合で契約日数が短縮した場合（実際に宿泊している日がある）は、その短縮日数にかかわりなく、１日分（初日）の違約金がかかります。

・団体客（15名以上）の一部について契約の解除があった場合、宿泊の10日前（その日より後に申し込みを引き受けた場合には、その引き受けた日）における宿泊人数の10%（端数が出た場合には切り上げ）にあたる人数については、違約金はかかりません。

整理メモ　取消料は、ホテルや旅館宿泊日数、予約人数によって変わってくる。

# SECTION 4

# 1 フェリーの運賃・料金

**POINT**

①フェリーの旅客運賃は、特等・1等・2等などの等級区分と、大人、小児などの年齢区分があります。

②また、旅客1名につき2個までを限度とした受託手荷物運賃、自転車などの特殊手荷物運賃、自動車などを航送する自動車航送運賃などがあります。自動車航送運賃には運転手1名の2等運賃が含まれています。

③料金には、急行料金や寝台料金などがあります。

## フェリーの運賃と料金

**運賃の種類**

①**旅客運賃**…2等旅客運賃、1等旅客運賃、特等旅客運賃、定期旅客運賃、回数旅客運賃、団体旅客運賃

②**大人・小児運賃**

半額
6歳以上12歳未満と12歳以上の小学生

（小学生除く）

無料
1歳以上小学校入学前

大人に同伴されると大人1人につき1人無料

オギャーオギャー
1歳未満は無料

③**受託手荷物運賃**　　④**特殊手荷物運賃**　　⑤**小荷物運賃**

1名につき2個まで

自転車　　原動機付自転車

乳母車

〈一人車両〉

運賃は
10キログラム未満
10キログラム以上20キログラム以下
20キログラム以上30キログラム以下
に分かれる

3辺の和が2メートル以下
30キログラム以下

⑥**自動車航送運賃**

運転手1名

自動車およびその自動車の運転者（2等）の対価　➡　自動車航送運賃

# 乗船券の通用期間

## ①片道券（指定便除く）

| | |
|---|---|
| 100キロメートル未満 | 発売当日限り |
| 100〜200キロメートル未満 | 発売当日を含め2日 |
| 200〜400キロメートル未満 | 発売当日を含め4日 |
| 400キロメートル以上 | 発売当日を含め7日 |

## ②往復券

## ③延長

運行中止や旅客の疾病等で延長するときは、7日間を限度

## 〈運賃・料金の払戻手数料〉

### ①船便指定の乗船券の場合

| | |
|---|---|
| 発航日の7日前まで | 200円 |
| 発航日の前々日まで | 券面金額の1割<br>（200円に満たない<br>ときは200円） |
| 発航日の前日から<br>発航時刻まで | 券面金額の3割<br>（200円に満たない<br>ときは200円） |
| 発航時刻後 | 払戻しなし |

### ②船便の指定のない乗船券の場合

---

整理メモ

①団体割引は、同じ区間を同じ船便で旅行する15名以上の旅客に対して適用される。

②船便指定の乗船券は発航日の7日前まで、船便指定のない乗船券は通用期間の最終日までであれば、手数料200円で払戻しができる。

③割引は、重複して適用されない。また、算出するときに生じた10円未満の端数は、10円単位に切り上げる。

# SECTION 4

# 2貸切バスの運賃・料金

**POINT**

①貸切バスの運賃・料金は、北海道や東北、関東などの各地方運輸局ごとに事前に届け出ることとされています。

②貸切バスの運賃は、「時間制運賃」「キロ制運賃」「時間・キロ選択運賃」「行先別運賃」に分けることができます。

③貸切バスの料金には、「深夜早朝運行料金」や「特殊車両割増料金」「交替運転者配置料金」などがあります。

## 貸切バスの運賃・料金について

### 1. 車種の区分

大型車、中型車、小型車の3種類に分けられます。

大型車

車両全長：9メートル以上
または、旅客席数50以上

小型車

車両全長：7メートル以下
かつ、旅客席数29以下

大型車
小型車

以外

中型車

### 2. 運賃

運賃は、時間・キロ併用制運賃で、①時間制運賃と②キロ制運賃の額を合算します。

#### ①時間制運賃

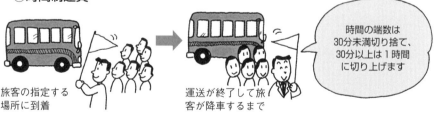

旅客の指定する
場所に到着

運送が終了して旅客が降車するまで

時間の端数は
30分未満切り捨て、
30分以上は1時間
に切り上げます

ア　出庫前及び帰庫後の点呼・点検時間として1時間ずつ合計2時間と、走行時間（出庫から帰庫までの拘束時間で、回送料金を含む）を合算した時間に1時間当たりの運賃額を乗じた額。

イ　2日以上にわたる運送で宿泊を伴う場
　　　合、宿泊場所到着後および宿泊場所出発
　　　前の1時間ずつを点呼・点検時間とする。
　　ウ　フェリーボート利用の航送にかかる時
　　　間（乗船してから下船するまでの時間）
　　　は8時間を上限として計算する。
②**キロ制運賃**…走行距離（出庫から帰庫ま
　　での距離で回送距離を含む）に1キロ当た
　　りの運賃額を乗じた額とする。
　　※回送とは、旅客の乗車地最寄りの車庫か
　　　ら当該乗車地までおよび乗客の降車地か
　　　らの車庫までをいう。

## 3. 運賃の割引

①身体障害者福祉法、知的障害者福祉法、児童
　福祉法の適用を受ける団体→3割引
②高校生以下の学生または幼稚園に通学する者
　の団体→2割引

2つ以上の条件
に該当するときは
割引率の高いほう を
適用します

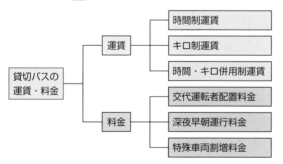

| 貸切バスの運賃・料金 | 運賃 | 時間制運賃 |
| | | キロ制運賃 |
| | | 時間・キロ併用制運賃 |
| | 料金 | 交代運転者配置料金 |
| | | 深夜早朝運行料金 |
| | | 特殊車両割増料金 |

整理メモ

①時間の端数は30分未満は切り捨て、30分以上1時間未満は1時間に切り
　上げ。
②キロの端数は、10キロ未満の端数を10キロに切り上げ、各キロ区分ごと
　に算出して合計を出す。

# 貸切バスの料金

## 1. 料金の種類

料金の種類には下記のようなものがあります。

### ①深夜早朝運行料金

22時以降翌朝5時までの間に点呼・点検時間、走行時間（回送時間を含む）が含まれた場合に適用する。

　※上記時間帯の該当時間に1時間当たりの時間制運賃及び交替運転者配置料金の合算額を乗じた額の2割増以内とする。

### ②特殊車両割増料金…運賃の2割以内の割増料金を適用する。

(1) 標準的な装備を超える特殊な設備のある車両

(2) 車両購入価格の定員1座席当たりの単価が、標準車両の定員1座席当たりの単価より70%以上高額である車両

### ③交替運転者配置料金…法令で、交替運転者の配置が義務付けられている場合と、交替運転者の配置について運送申込者と合意した場合に適用する。

　※運賃計算と同様の時間・距離（キロ）に料金額（時間制料金・キロ制料金）を乗じた額をいう。

### ④特殊車両割増料金…冷暖房やリクライニングシートといった標準的な装備を超える特殊な設備を有する車両、または特別に高額な車両に適用されて、運賃の5割以内の割増しとなります。

### ⑤その他運送に関連する経費…ガイド料、有料道路利用料、航送料、駐車料、乗務員の宿泊費等の諸経費は契約責任者の負担になります。

## 2. 消費税

貸切バスの運賃・料金は、外税方式です。ですから、運賃・料金の合計額に対して消費税を加算します。

〜〈計算の基本〉〜〜〜〜〜〜〜〜〜〜〜〜〜〜〜〜〜〜〜〜〜〜〜

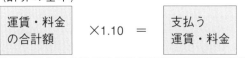

上記計算で求められた金額の1円未満の端数は、1円単位に四捨五入します。

## 3. 契約の成立時期と違約料（取消料）

　運送契約は、運送申込書の提出と運賃・料金の２割以上が支払われて乗車券が交付されたときに成立します。残額は、配車の前日までに支払わなければなりません。

　違約料（取消料）は、以下のように定められています。

<table>
<tr><td colspan="2">取消日時</td><td>取消料</td></tr>
<tr><td rowspan="3">取消しの場合</td><td>配車日の14日前〜<br>8日前まで</td><td>所定運賃・料金の<br>20％</td></tr>
<tr><td>配車日の7日前〜<br>配車日時の24時間前<br>まで</td><td>所定運賃・料金の<br>30％</td></tr>
<tr><td>配車日時の24時間前<br>以降</td><td>所定運賃・料金の<br>50％</td></tr>
<tr><td>減車の場合</td><td>予約車両数の20％以<br>上の車両が減少した<br>とき</td><td>減少した車両につ<br>き上記の区分によ<br>る取消料</td></tr>
</table>

※ちょうど20％の減車のときでも違約料がかかります。また、契約時の台数をもとに違約料を算出するので、段階的に減車しても、20％を計算する基数は変わりません。

●点呼点検時間
　出庫前、帰庫後の点呼・点検にかかる時間のこと。

●走行時間
　出庫から帰庫までの回送時間を含む拘束時間のこと。

●出庫・帰庫
　バス（車両及び運転者）が営業所から出発すること。営業所に帰ること。

●回送時間
　乗車地（降車地）の最寄りの営業所から、旅客の乗車地（降車地）までの走行時間のこと。この距離が回送距離である。

整理メモ

①運賃と料金には消費税10％がかかる。消費税を含む金額を算出したときに、１円未満の端数は、１円単位に四捨五入する。
②回送距離の１キロ未満は１キロに切り上げる。

# SECTION 5

# 1 企画業務

**POINT**

①旅行業務は、企画、手配、集客、契約、発券、添乗、精算、アフターサービスの業務から成り立っています。中でも、旅行の商品化に取り組む企画業務は、他の業務を左右する重要なものです。

②旅行を商品化するためには、世の中の動きやトレンド、旅行客が欲しているものを把握することが必要です。そのため、調査や予測も必要不可欠な業務になっています。

## 企画業務について

### 1. 調査分析と予測

企画業務ではまず調査分析をし、顧客確保のための予測を立てます。その過程は次の通りです。

### 2. 商品化の基本要素

旅行を商品化するためには、以下のような要素を検討しなければなりません。

## 3. 旅行日程の作成

| |
|---|
| 期日 |
| コース |
| 時刻 |
| 乗り物 |
| 宿泊 |
| 食事 |
| 見学・参加施設 |

注意する点は次の通りです。

- ・人数と日程、快適性、安全性、能率性
- ・予算が合うかどうかなどの見積書との関連
- ・季節や出発日による列車のダイヤ、利用施設の休日など
- ・顧客のみならず同業他社との兼ね合いも考慮

## 4. 見積書の作成

旅行の日程に基づき、運賃・料金等を書面化します。

① 航空機や鉄道など乗り物の運賃・料金。

② ホテルや旅館等の宿泊料金。サービス料、消費税、入湯税などの料金も含む。

③ 各食事の料金とビールなどの飲み物料金。

④ 神社、仏閣、博物館などの拝観・入場料金。

⑤ 郷土芸能やアトラクション・宴会等の料金。

⑥ 通信費、取扱い料金、添乗費などの経費。

⑦ その他、土産物や荷物預かり料、有料道路などの料金も考慮。

⑧ 主催旅行の場合は、商品化のための見積りとして、広告宣伝費をはじめとする経費も考慮。

作成'年月日
見積有効期限
注意事項も
忘れずに！！

※団体割引料金等も確認しておきます。

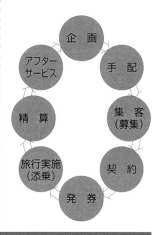

整理メモ

旅行計画の企画では、旅行者の満足だけでなく、旅行業者の利益も考えなければならない。そのため、観光白書や自社の顧客管理などのデータで調査・分析し、予測することが重要。

# SECTION 5

# 2 受注型企画旅行契約と旅行相談契約

**POINT**
①受注型企画旅行契約は企画旅行契約の１つですが、募集型企画旅行契約と異なり、「旅行者から依頼されて」旅行業者が企画し実施するものです。
②受注型企画旅行契約においては旅行業者は旅行者から依頼されたら「企画書面」を交付します。
③旅行相談契約は相談に対して旅行業務取扱料金を収受するものをいいます。

## 受注型企画旅行契約

受注型企画旅行契約は「旅行者の依頼により」という点がポイントになりますので募集型企画旅行契約と次の点で異なります。

### 1. まず旅行の形態を把握しよう

```
                  募集型企画旅行
        企画旅行
旅行                受注型企画旅行
        手配旅行
```

### 2. 契約の流れは次の通り

募集型企画旅行契約

パンフレット等で募集 → 契約書面 → 確定書面（最終案内）
　　　　　　　　　　　申し込み　　　　　　　　　　　　　　　　旅行実施

受注型企画旅行契約

旅行者の依頼 → 企画書面 → 契約書面 → 確定書面（最終案内）
　　　　　　　　　　　申し込み

### 3.受注型企画旅行契約では

企画書面（受注型企画旅行契約にのみ）が交付されます。企画書面とはいわゆる行程表（コース表）・旅行代金見積書のこと

### 4.異なる点を比較してみると

| | 募集型企画旅行契約 | 受注型企画旅行契約 |
|---|---|---|
| 定義 | 旅行者の募集のため旅行業者が企画（旅行の行程等の計画）を作成 | 旅行者に依頼されて旅行業者が企画（旅行の行程等の計画）計画を作成 |
| 企画書面 | なし | 旅行者の依頼により作成・交付 |
| 電話等による予約 | 通信手段による予約を受け付ける | |
| 契約締結の拒否 | ①　性別年齢等の参加条件を満たしていないと契約を拒否 ②　募集予定数に達したとき | 本来旅行者に依頼されるものなのでこの項目はない |
| 契約書面上の記載事項 | | 企画料金の金額を明示する場合がある |

| 契約内容の変更 | 旅行者からの契約内容の変更は認められない | 契約内容を変更するよう求めることができる。旅行業者は可能な限りこれに応ずる |
|---|---|---|
| 旅行業者の旅行開始前の解除権 | ① 性別年齢等の参加条件を満たしていないと契約を解除<br>② 最少催行人員に満たない場合は契約を解除することがある(いわゆるツアーキャンセル) | 左記の条件はない |
| 契約成立の特則 | なし | 申込金の支払いを受けることなく契約を成立させることがある。契約の成立は書面を交付したとき |
| 取消料 | 別表 | 別表<br>ただし表中にも有るように企画書面・契約書面に企画料金を明示した場合は取消料が発生する日前でも企画料金は収受可能 |

# 旅行相談契約

ZOOMUP

「旅行相談契約」とは、相談に対して旅行業務取扱料金を収受して旅行者の委託により、次の業務を行うことを引き受ける契約をいいます。

①旅行者が旅行の計画を作成するために必要な助言

②旅行の計画の作成

③旅行に必要な経費の見積り

④旅行地および運送・宿泊機関等に関する情報提供

⑤その他旅行に必要な助言および情報提供

●旅行相談は有料か?

旅行相談は有料で行うことは、旅行業法第2条に明記してありますが、それを約款で正式に認知したのが、旅行相談契約の部です。ただし旅行業者代理業者はこれを行うことはできません。旅行相談を無料で行うことは差し支えありません。

旅行相談契約の成立は、所定事項を記入した申込書を提出し、旅行業者が受理したときとします。申込金は不要。電話等による旅行相談契約の申込みを受け付けることもあります。この場合は旅行業者が契約の締結を承諾したときに契約成立とします。

旅行者は上記①〜⑤の旅行相談業務に対して、旅行業者が定める期日までに、その旅行業者所定の相談料金を支払わねばなりません。

なお旅行業者は、故意または過失により、旅行者に損害を与えたときは賠償の責に任じます。ただし損害発生の翌日から起算して6カ月以内に通知があったときに限ります。

また、旅行相談契約は、運送・宿泊等が実際に手配可能であることを保証するものではありません。したがって、満員や満席等で旅行サービスの提供を受ける契約が締結できなかったとしても、旅行業者はその責任を負うものではありません。

整理メモ

①契約書面…契約成立後、すみやかに提出する書面で、旅行日程、委託内容等を記したもの。

②企画書面…旅行者の依頼により提出する書面で、旅行日程・サービスの内容・旅行代金等について記したもの。

# SECTION 5

# 3募集広告の実務

**POINT**
①集客業務において重要な役割を担うのが募集広告です。
②募集広告は、チラシ、新聞広告、パンフレットが代表的なもので、旅行業法により最小限の表示事項が決められています。
③また、募集による契約の際には、取引条件の説明と一定の事項を明記した契約書面を取り交わすことが決められています。
④サービス内容など誇大広告はしてはいけません。

## 募集広告について

### 1. 広告の表示事項

下記の事項は必ず明記しなければなりません。

①企画旅行業者の氏名または名称、住所、登録番号、所属する旅行業協会名。ただし、協会のマークは任意。

②旅行業者代理業者や受託旅行業者の名称を広告に記載するときは、企画旅行業者の氏名または名称の文字や活字を大きくして、企画旅行業者がはっきりわかるように表記すること。

③旅行の目的地、日程。

④旅行者が提供を受けることができる運送・宿泊機関または食事のサービスの内容。

⑤旅行代金の額。出発日により、旅行代金の額が異なるときは、少なくとも旅行代金の最低額と最高額を表示すること。

⑥旅程管理業務を行う者（添乗員）の同行の有無。

⑦最少催行人員。

⑧取引条件の説明を行う旨。

⑨取引条件の説明として使用する書面には、さらに下記の事項。

  a. 企画旅行業者の名称、住所、登録番号

  b. 旅行業者代理業者や受託旅行業者が取り扱う場合は、それらの名称、住所、登録番号

  c. 取扱営業所の名称、所在地、旅行業務取扱管理者の氏名

  d. 外務員が説明する場合はその外務員の氏名

  e. 旅行者から依頼があれば、旅行業務取扱管理者が説明する旨

## 2. 広告表示上の注意点

①企画者は旅行業者のみとして、旅行業者に費用を全額支払うこととする。
②費用や責任は、イベントと旅行で分ける。

※旅行業務についての広告では、下記のような誇大広告が禁止されています。

①実際よりも品質が著しく優れているとの記載

②旅行地の景観や観光などで、実際はできないのにできるかのごとく書くこと

③現地の乗り物は、旅行者が負担しなければならないのに、「乗り放題」などと書くこと

④補償をしないのに「補償」と書くこと

⑤業界第1位などと表示すること

整理メモ　広告には、最低限の必要事項の記載が決められている。しかし、「超豪華」「超一流」などの表示は、「不当表示防止法」で禁止されている。

# SECTION 5

# 4 契約業務

**POINT**

①契約業務とは、旅行の申込みを受け付け、旅行者と旅行契約を締結する業務です。

②契約には、募集型企画旅行契約、受注型企画旅行契約、手配旅行契約、旅行相談契約の4種類があります。

③契約を締結するときには、契約の種類別に定められた条項を旅行者に説明し、締結後には契約書面などを旅行者に交付します。

## 契約業務について

### 1. 契約の種類と業務の流れ

①企画(募集型・受注型)旅行契約
　旅行業者の定める旅行日程に従って、運送・宿泊機関などのサービスを旅行者が受けられるように手配することを引き受ける契約のことです。

②手配旅行契約
　旅行者の委託によって、運送・宿泊機関などの手配を旅行業者が引き受けるときの契約です。

③旅行相談契約
　旅行者の求めに応じて、有料で旅行日程の作成や旅行代金の計算を引き受ける契約のことです。

　旅行契約を結ぶときは、契約の種別によって取引条件を説明します。

　契約成立後、旅行相談契約を除き、契約書面または乗車船券類等を旅行者に交付します。

## 2. 書面の交付

　企画旅行契約と手配旅行契約成立後には、定められた事項を記載した契約書面または乗車券類を旅行者に交付します（29ページ参照）。

　契約後トラブルが起こらないために文書にして書面を交付します。

●旅行相談契約の成立要項
①旅行相談の申込書を提出してもらう。
②その申込書を旅行業者が受理したときに契約が成立する。
③電話相談は旅行業者が承諾したときに契約成立とする。
④相談料金は旅行業者が定める期日までに支払ってもらう。

●渡航手続代行契約
　海外旅行を取り扱う旅行業者では、企画旅行契約、手配旅行契約、旅行相談契約の他に、渡航手続代行契約が関係します。

①手配旅行契約においては、特則があって書面による特約があれば、申込金の受理がなくても手配旅行契約を成立させることができる。
②旅行相談を有料で行うときには、書面を交付して契約を成立させる。

# SECTION 5

# 5 保険制度

**POINT**

①保険には、国内旅行傷害保険や旅行業者費用保険、旅行特別補償保険、旅行業者職業賠償責任保険などがあります。
②各々の種類によって支払われる保険金の額は変わってきます。
③旅行者の故意によるものや自殺、犯罪行為、闘争行為などによる事故は、保険金の支払いの対象となりません。

## 保険の知識について

### 1. 国内旅行傷害保険

　家を出てから帰宅するまでの旅行中に、バスの転落や旅館の火災など、急激かつ偶然な外来の事故によって生じた傷害を補償するものです。

　保険金の種類と支払額は次の通りです。

| 種類 | 保険金が支払われる場合 | 支払われる保険金 |
|---|---|---|
| 死亡保険 | 偶然な事故によるケガが原因で、事故の日から180日以内に死亡した場合 | 死亡・後遺障害保険金額の全額が支払われる |
| 後遺障害保険金 | 偶然な事故によるケガが原因で、事故の日から180日以内に身体に後遺障害が残った場合 | 後遺障害の程度に応じて、死亡・後遺障害保険金額の3～100％が支払われる |
| 入院保険金 | 偶然な事故によるケガが原因で、病院または診療所に入院し、平常の生活ができなくなった場合 | 事故の日から180日以内の入院日数1日につき、入院保険金日額が支払われる |
| 通院保険金 | 偶然な事故によるケガが原因で、入院によらないで医師の治療を受けた場合 | 事故の日から180日以内の通院日数に対して、90日を限度として1日につき通院保険金日額が支払われる |

　※国内旅行傷害保険金が支払われないのは、次のケース──旅行者の故意、自殺・犯罪・闘争行為。無資格運転、酒酔運転、頸部症候群（ムチ打ち症）・腰痛などで他覚症状のないもの、山岳登はん、ハンググライダー、スカイダイビングなどの危険な運動（ただしこれら危険な運動は割増保険料を払うと補償が受けられる）、靴ずれ・凍傷など旅行者の過失または、準備不足とみなされるもの。

## 2. 旅行業者費用保険

　企画・手配旅行に参加した旅行者が、旅行中に事故に遭ったときに旅行業者が負担した費用に対して支払われるものです。

### ①見舞費用保険金

　　@弔慰金　旅行者が死亡した
　　　　　　　場合
　　⑥見舞金　旅行者が傷害を負
　　　　　　　い、不法な支配を
　　　　　　　受けた場合

### ②救援者費用保険金

　旅行者の親族が看護や捜査、救助などの目的で現地に行く場合

### ③業者費用保険金

　旅行業者が事故処理のため現地に行く場合

### ④臨時費用保険金

　　②および③が支払われる場合

## 3. 旅行特別補償保険

　企画旅行に参加した旅行者が、急激かつ偶然な外来の事故によって身体に傷害を受けたときに、旅行業者が旅行業約款に基づいて補償金や入院見舞金を支払う場合、旅行業者に支払われるものです。

　この保険には、@死亡補償保険金、⑥後遺障害補償金、⑥入院見舞金、@通院見舞金、@携行品損害補償保険金、があります。

## 4. 旅行業者職業賠償責任保険

　旅行業者が法律上の損害賠償責任を負った場合に保険金が支払われるものです。

● 旅行業者費用保険が支払われるときは？

① 急激かつ偶然な外来の事故によって旅行者が身体に傷害を被り、その直接の結果として傷害の日から180日以内に死亡、または通算して7日以上入院したとき

② 急性中毒にかかり、その直接の結果として被害の日から180日以内に死亡、または通算して7日以上入院したとき

③ 急激かつ偶然の外来の事故により、遭難してから48時間を経過してもその旅行者が発見されないとき

④ ハイジャックや誘拐などによって身体に不法な支配を受け、行動の自由を妨げられたとき

● 国内旅行特別補償保険の支払額は？

@ 死亡補償保険金…事故の日から180日以内に死亡した場合、1名あたり1,500万円

⑥ 後遺障害補償金…事故の日から180日以内に事故による後遺障害を生じた場合、障害の度合いによって1,500万円の3～100%

⑥ 入院見舞金…事故よって医師の治療を受けた場合、入院期間によって2万～20万円

@ 通院見舞金… 1万～5万円

@ 携行品損害補償保険金…身の回り品に損害を被った場合、旅行者1名につき15万円を限度に支払われる

# SECTION 5

# 6 応急手当について

## 応急手当の知識

### 1. 急病人等に対するチェック項目

　旅行中に出た急病人の応急手当は、添乗業務の1つです。応急手当に関して、以下のことに気を配らなければなりません。

(1)呼吸は？　　(2)脈拍は？　　(3)意識は？

①混濁状態：意識がはっきりしないが、耳元で大声で呼ぶと目を開けたり反応します

②半昏睡状態：体は動くが意識はなし

③昏睡状態：耳元で大声で呼んでも、つねっても反応を示さず、意識がない状態

(4)瞳孔は？　　(5)手足が動く？　　(6)顔、唇、爪床などが暗紫色のときは、チアノーゼの状態で危険

### 2. ショックのときの症状と手当

**症状**…①顔色が蒼白　②額に冷や汗をかく　③とても衰弱・疲労している　④脈が弱く速い

**手当**…①頭部を低くして仰向けに寝かせ、毛布などで保温　　②大出血や窒息が同時にあるときには、まず、止血や人工呼吸を行う　　③医師のところへは、できるだけ静かに運ぶ

## 3. 傷の手当

添乗員は、止血などの基本を身につけていなければなりません。

### ●出血がひどいとき

ⓐ直接圧迫法　傷の上にハンカチなどを当て、直接、出血している箇所を圧迫して止血する方法です。

ⓑ間接圧迫法　傷口よりも心臓に近い動脈を圧迫して止血する方法です。

## 4. 人工呼吸

呼吸が停止、または呼吸量が少ないときには人工呼吸を行います。その方法は次の通りです。

### ①呼気蘇生法

患者の口や鼻から息を直接肺に吹き込んで蘇生させます。

### ②用手式人工呼吸法

呼気蘇生法が、顔の傷などにより不可能なときに行うもので、仰向けとうつ伏せの方法があります。

## 5. 火傷の応急手当

・体表面の20％以下の火傷の場合

　　冷水で15分以上冷やし、消毒ガーゼを当てて病院へ。

・体表面の20％以上の火傷の場合

　　保温してすぐ病院へ運びます。

## 6. 骨折の応急手当

骨折した手足が動かないように、板や傘、雑誌などで固定します。

●意識不明の応急手当

①患者をゆさぶらない。

②仰向けに寝かせて静かに運搬。

③顔色が赤く脈が強いときはやや上体を起こし、頭や心臓部を冷やし、衣服をゆるめて安静にさせる。

④顔色が蒼いときは、ショックの手当（仰向けに寝かせ、頭を低く、脚部を高くする、コートや毛布で保温するなど）をする。

⑤呼吸が止まっているときは人工呼吸を行う。

⑥口や耳から出血など患者の外部の状態も確認。

※上記のような意識不明状態は、頭部外傷や脳卒中、てんかん、一酸化炭素中毒などで引き起こされます。

---

整理メモ　事故発生時は、迅速かつ冷静に対処し、応急手当を行います。その際、患者をむやみに動かしたりしないこと。救急車の手配も速やかに。

# SECTION 5

# 7 旅行中に事故が発生したら

**POINT**

①万が一、事故が発生した場合は、その場での応急処置、安全確保をするとともに、医師や警察官への緊急連絡を行います。

②また、上記を行った後には、本社などへの業務連絡をし、指示や応援を受けます。

③この業務連絡を受けた旅行業者は、速やかに連絡態勢をとって事故に対処するとともに、今後の対応を検討します。

## 緊急事故時の処理

### 1. 緊急事故対策の流れ

旅行中に事故が発生したら、以下の順序で速やかに対処しなければなりません。

①応急処置　　　　②安全の確保　　　　③緊急連絡

④業務連絡　　　⑤記録

死亡した場合は、最寄りの警察に連絡。本社の指示に従って丁重な処置を行う

※盗難、遺失物があったときは、以下のように対処します。

①被害届・調書の作成

②遺失物のときは、発生現場を調べ、業務連絡

③添乗員自身が事故に遭った場合は、応援を頼む

## 2. 旅行業者の連絡体制

①事故の連絡を受けたら事故対策本部を置きます。また、各担当の責任者は連絡経路に従って各方面に連絡。添乗員にも指示を与えます。

②担当責任者は、旅行者の家族に事故の模様を連絡し、今後の対策についても打合せをします。

③事故の模様を全国旅行業協会（全旅協）支部に連絡し、事故発生地の全旅協支部の協力を依頼。場合によっては、今後の対策等についても相談します。

④総括責任者は、事故対策本部の指揮をとり、慎重で的確、かつ迅速な指示をします。場合によっては、事故現場にも会社としての対策本部を設置するかどうかも指示します。

●全旅協支部の連絡体制

　旅行業者から事故の連絡を受けたときは、全旅協本部に連絡し、事故発生地の全旅協支部の協力を依頼します。

　また、各都道府県観光主管課長に事故の模様を報告し、指示をあおぎます。

●全旅協本部の連絡体制

　協力依頼の連絡を受けると、その内容に基づいて事故発生地の全旅協支部に協力依頼します。

　また、事故の報告を受けた後、観光庁に報告し、指示をあおぎます。場合によっては、報道関係にも連絡して事故内容の統一を図ります。

---

**整理メモ** 緊急事故が発生したときは、冷静、迅速、的確に対処できるように、旅行業者、全旅協支部、全旅協本部においても、連絡体制が速やかにとられる。

# SECTION 5

## 8アフターサービス

①アフターサービスは、次の旅行商品の計画や生産に結びつく重要な業務です。
②主な業務内容には、事故や苦情などの解決すべき問題の処理、旅行の効果測定、顧客管理書類の記録と保管があります。
③終了した旅行に対して長所と短所を把握し、問題点を補正して次の旅行の企画・達成につなげます。

## アフターサービスについて

### 1. 苦情処理と情報収集

旅行終了後に、アフターサービス業務の１つとして、苦情処理と顧客などからの情報収集を行います。

#### ①苦情処理

旅行者からの意見や感想を聴取して、運送機関や宿泊機関などに対する苦情などがあれば誠意をもって解決します。

#### ②情報収集

旅行者から旅行の良かったところ（長所）、改善すべき点（短所）を聞くとともに、旅先での情報や、今後どのような旅行を望んでいるかの情報を得ます。

情報収集であるとともに旅行の効果も確かめる

顧客管理書類の記録と保管

→ **新しい旅の商品化**

## 2. 旅行終了後に発生の問題処理

　帰宅途中に旅行者が事故に遭うなど、旅行終了後に起こった問題についても対処する必要があります。

上記の場合は、直接旅行業者の責任ではないが、心遣いをするほうが望ましい

　旅行終了後の問題としては、旅行行程で旅行者が潜伏性の感染症に感染し、旅行後数日経ってから発病するケースもあります。この場合は、旅行に参加した他の旅行者や家族、添乗員も感染している恐れがあり、処置等については保健所の指示に従います。また、感染経路や責任の所在なども調査して明らかにしなければなりません。

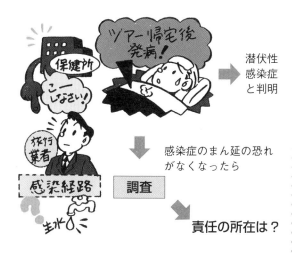

潜伏性感染症と判明

感染症のまん延の恐れがなくなったら

責任の所在は？

●忘れ物の処理
　旅行客が旅先で忘れた物について、旅行終了後にも旅行者の手元に戻らない場合は、再度手配します。
　終了後に旅行客が申し出てきた忘れ物についても、忘れた場所に連絡をとり、旅行者の手元に届くように手配します。

●記念写真の処理
　旅先で旅行者へのサービスとして撮った記念写真で、旅行終了後に各旅行者へ郵送する場合は、その手配を行います。また、その際、未払いの記念写真代金の請求等も行います。

# SECTION 5

# 9 緊急事故への対処

**POINT**

①事故はいつ発生するかわかりません。それには添乗員はもちろん、その旅行業者の全社員がいつでも的確に対処できることが必須の要件です。

②国内旅行管理者試験でもそろそろ取りあげられるかもしれない題材ですので、本書では、その要旨を全国旅行業協会のマニュアルをもとにして以下に示します。

## 緊急事故等における処理と連絡体制（例）

緊急事故等における処理・連絡体制（例）

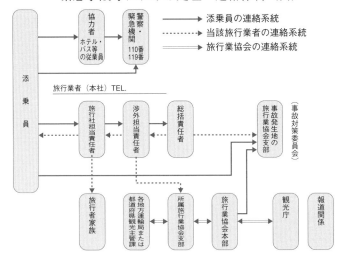

| 連　絡　先 | 氏　　名 | 平日のTEL | 夜間休日等のTEL・FAX |
|---|---|---|---|
| | | | |
| | | | |
| | | | |
| | | | |
| | | | |

### ①添乗員自身の連絡体制

・添乗員は、事故現場で適切な第一次的処置を施す。

・添乗員が負傷した場合には、協力者を求め連絡および処置を依頼する。

・添乗員は、最寄りの警察あるいは緊急機関に連絡をする。

・添乗員は、自社に連絡し指示を仰ぐとともに、事故発生地の旅行業協会支部の協力を要請する。

## ②旅行業者の連絡体制

・旅行業者は、添乗員から事故の連絡を受けたなら、社内に事故対策本部を設置し、各担当責任者がそれぞれの経路にしたがって連絡する。同時に、添乗員に対して的確な指示を与える。

・旅行者担当責任者は、事故の模様を旅行者の家族に連絡するとともに、今後の対策について打ち合わせる。また、必要に応じて現地までの交通機関等の手配を行う。

・渉外担当責任者は、事故の模様を所属する旅行業協会支部に連絡をし、事故発生地の旅行業協会支部に協力を依頼する。必要に応じて旅行業協会支部とその後の対策について打ち合わせる。

・総括責任者は、社内の事故対策本部長を務めるとともに、各処理にあたっては、慎重かつ迅速に的確な指示をくだす。必要に応じて、事故現場に社内としての対策本部を設置するか否かの指令をする。

## ③所属する旅行業協会支部の連絡体制

・旅行業協会支部は、旅行業者から事故の連絡を受けたなら、即刻旅行業協会本部に連絡をし、事故発生地の旅行業協会支部の協力を旅行業協会本部に依頼する。旅行業協会本部に連絡がとれない場合は事故発生地の旅行業協会支部に協力依頼する。

・旅行業協会支部は、旅行業協会本部に連絡するとともに、各都道府県観光主管課長に事故の模様を報告し、必要に応じて指示を仰ぐ。

## ④旅行業協会本部の連絡体制

・旅行業協会本部は、所属する旅行業協会支部からの協力依頼の連絡にもとづいて、事故発生地の旅行業協会支部に協力依頼をする。

・旅行業協会本部は、所属する旅行業協会支部からの事故の報告により観光庁に報告するとともに指示を仰ぐ。必要に応じて報道関係にも連絡をし、事故内容の統一を行う。

## ⑤事故発生地の旅行業協会支部の連絡体制

・旅行業協会支部から事故の連絡があれば、ただちに旅行業協会支部の事故対策委員を招集し、事故現場に急行するとともに添乗員に協力し、旅行業協会としての対策本部を設置し、各連絡および処理にあたる。

# SECTION 6
# 1 航空機の時刻表

**POINT**
①旅行の日程を組むときに、航空機の時刻表を素早く読み取ることが求められます。そのために、航空会社の略号も知っておくとなにかと好都合です。
②ジェット機就航路線が設置されている航空機も略号で表されています。

## 航空機の時刻表

### 1. 時刻表の見方

時刻表は、略号で表されていますので、それを把握する必要があります。

| 大阪(伊丹)———札幌(新千歳) | | | | 通常期31,500円　多客期33,300円 | | | | |
|---|---|---|---|---|---|---|---|---|
| 会社名 | 便名 | 機種 | 伊丹発 | 札幌着 | 会社名 | 便名 | 機種 | 札幌発→伊丹着 |
| *SKY* | 101 | B6 | 815 → 1000 | | *SKY* | 102 | B6 | 1040 → 1235 |
| *JAL* | 571 | B73 | 820 → 1005 | | *JAL* | 574 | B73 | 1250 → 1445 |
| *ANA* | 771 | B7 | 830 → 1015 | | *ANA* | 778 | B6 | 1535 → 1730 |
| *ANA* | 779 | B6 | 1305 → 1450 | | *SKY* | 104 | B6 | 1540 → 1735 |
| *SKY* | 103 | B6 | 1315 → 1500 | | *ANA* | 780 | B7 | 1715 → 1910 |
| *JAL* | 557 | B73 | 1540 → 1725 | | *JAL* | 578 | B73 | 1830 → 2025 |

JTB時刻表より抜粋

〈航空会社使用機種〉　　Ⓙ＝ジェット機　Ⓟ＝プロペラ機

〔日本航空〕*JAL*
744 ＝B747－400　(定員568名)　Ⓙ
SR ＝B－747　(定員533～563名)　Ⓙ
B7 ＝B777－200　(定員389名)　Ⓙ
B73＝B777－300　(定員470名)　Ⓙ
D10＝DC－10　(定員318名)　Ⓙ
B6 ＝B－767　(定員232～270名)　Ⓙ
B34＝B737－400　(定員150～167名)　Ⓙ
M11＝MD11　(定員300名)　Ⓙ

〔全日空〕*ANA*
744 ＝B747－400　(定員569名)　Ⓙ
SR ＝B－747SR　(定員528名)　Ⓙ
B7 ＝B777－200　(定員376～379名)　Ⓙ
B73＝B777－300　(定員477名)　Ⓙ
B6 ＝B－767　(定員234～272名)　Ⓙ
321＝A321　(定員191名)　Ⓙ
A32＝A320　(定員166名)　Ⓙ

〔スカイマークエアラインズ〕*SKY*
B6 ＝B－767　(定員309名)　Ⓙ

JTB時刻表より抜粋

主な航空会社の略号は次の通りです。
●日本航空　　　　　　　　JAL(JL)
●全日本空輸・全日空ANA(NH)
●日本トランス
　オーシャン航空　　　　JTA(NU)
●エア・ドゥ(北海道国際航空)　ADO(HD)
●スカイマークエアラインズ　SKY(BC)

## 2. 空港・都市コード（抜粋）

△はコードも覚えましょう。 は複数の空港のある都市コードです。

〈北海道地区〉

| | | | | | |
|---|---|---|---|---|---|
| △ | 札幌 | SPK | △ | オホーツク紋別 | MBE |
| △ | 千歳 | CTS | △ | 根室中標津 | SHB |
| ・ | 丘珠 | OKD | △ | 函館 | HKD |
| △ | 釧路 | KUH | △ | 旭川 | AKJ |

| | | |
|---|---|---|
| △ | とかち帯広 | OBO |
| △ | 稚内 | WKJ |
| △ | 女満別 | MMB |

〈東北・関東地区〉

| | | | | | | | | |
|---|---|---|---|---|---|---|---|---|
| △ | 青森 | AOJ | △ | 羽田 | HND | △ | 福島 | FKS |
| △ | 秋田 | AXT | △ | 成田 | NRT | △ | 茨城 | IBR |
| △ | 大館能代 | ONJ | △ | 三沢 | MSJ | ・ | 大島 | OIM |
| △ | 仙台 | SDJ | △ | 花巻 | HNA | ・ | 三宅島 | MYE |
| △ | 東京 | TYO | △ | 山形 | GAJ | △ | 八丈島 | HAC |

〈中部・近畿地区〉

| | | | | | | | | |
|---|---|---|---|---|---|---|---|---|
| △ | 新潟 | KIJ | △ | 松本 | MMJ | △ | 神戸 | UKB |
| △ | 小松 | KMQ | △ | 南紀白浜 | SHM | △ | 関西国際 | KIX |
| ・ | 能登 | NTQ | △ | 大阪 | OSA | △ | 名古屋 | NGO |
| △ | 富山 | TOY | △ | 伊丹 | ITM | ・ | 富士山静岡 | FSZ |

〈中国・四国地区〉

| | | | | | | | | |
|---|---|---|---|---|---|---|---|---|
| △ | 岡山 | OKJ | △ | 松山 | MYJ | △ | 高松 | TAK |
| △ | 山口宇部 | UBJ | △ | 広島 | HIJ | △ | 高知(高知龍馬) | KCZ |
| △ | 米子 | YGJ | △ | 鳥取 | TTJ | △ | 岩国錦帯橋 | IWK |
| ・ | 隠岐 | OKI | △ | 萩・石見 | IWJ | | | |
| △ | 徳島 | TKS | △ | 出雲 | IZO | | | |

〈九州・南西諸島地区〉

| | | | | | | | | |
|---|---|---|---|---|---|---|---|---|
| △ | 福岡 | FUK | △ | 熊本 | KMJ | ・ | 沖永良部島 | OKE |
| △ | 北九州 | KKJ | △ | 長崎 | NGS | ・ | 与論島 | RNJ |
| △ | 佐賀 | HSG | ・ | 種子島 | TNE | △ | 沖縄(那覇) | OKA |
| △ | 大分 | OIT | ・ | 屋久島 | KUM | △ | 宮古島 | MMY |
| △ | 宮崎 | KMI | ・ | 奄美大島 | ASJ | △ | 石垣島 | ISG |
| △ | 鹿児島 | KOJ | ・ | 徳之島 | TKN | | | |

# 旅行・観光事象の基礎知識

　実務の出題の約半分を占める観光事象・観光知識は、それぞれが持っている知識に個人差がありますので、その学習法について一概にはいえません。しかし、この分野に自信がない場合は、かなり学習が必要です。

　出題される対象は、山・川・渓谷・湖沼・岬・海岸・温泉・洞窟といった自然環境から、神社・仏閣・遊園地・公園・名園・城郭といった人工的な観光対象、美術館・博物館・記念館のように文化的・歴史的なことがら、さらに祭り・民謡・伝統芸能、あるいは陶器などの焼きもの……、ひとことで表現すると、何が出題されるかわからない、そして一夜漬けや即効が期待できない分野なのです。

　したがって毎日20分でも30分でもいいですから、休むことなく毎日毎日知識の集積を繰り返してください。そうすると3カ月もすれば、かなりの効果を実感することができます。

## 都道府県別旅行事象一覧

①面積（全国順位）　②都道府県庁所在地　③都道府県花／木／鳥
④都道府県内の主要都市　⑤都道府県名の由来

### ✳ 北海道

①約83,424km²（1）　②札幌市　③ハマナス／エゾマツ／タンチョウ　④札幌市、旭川市、函館市、釧路市、帯広市　⑤松浦武四郎が東海道、南海道、西海道に対応して、北海道と命名した。

●自然観光資源／大雪山＝ヒグマやナキウサギなど珍しい動物が生息する北海道の屋根。層雲峡＝約150mの柱状節理の絶壁や奇岩怪石、瀑布が続く。洞爺湖＝日本第三のカルデラ湖で、南岸に有珠山や昭和新山などのスポットがある。洞爺湖有珠山ジオパークは、日本初のジオパーク。阿寒湖＝特別天然記念物のマリモで有名。知床半島＝原生林が生い茂る秘境。世界自然遺産。礼文島＝高山植物が多数見られ、海も美しい。釧路湿原。摩周湖。霧多布湿原。●史跡・歴史的建造物／五稜郭跡（函館市）＝日本初の西洋式城郭。小樽運河・倉庫群（小樽市）。松前城（松前町）。●文化・レジャー施設／北海道開拓の村（札幌市）。アイヌ民族博物館（白老町）。●伝統工芸品・特産品／木彫り熊（道内一円）＝1924年徳川義親が創造した郷土玩具。スイートコーン、タマネギ、サケ（全道）。十勝ワイン（池田町）。夕張メロン（夕張市）。●祭り／札幌雪まつり（札幌市、2月）。オホーツク流氷まつり（網走市、2月）。アイヌ古式舞踊＝ユネスコ無形文化遺産。●温泉／温根湯（北見市）。川湯（弟子屈町）。定山渓（札幌市）。ニセコ温泉郷（倶知安町、蘭越町）。登別（登別市）。湯の川（函館市）。豊富温泉（豊富町）。●文学の舞台／倉本聰「北の国から」（富良野市）。三浦綾子「氷点」（旭川市）。本庄陸男「石狩川」（当別町）。有島武郎「生まれ出づる悩み」（岩内町）。村上春樹「羊をめぐる冒険」（美深町が舞台とされる）。

# 青森県

①約9,646㎢（8）　②青森市　③リンゴ／ヒバ／ハクチョウ　④青森市、八戸市、弘前市　⑤青森港への近くに青々とした松の森があったことにちなむ。

●自然観光資源／十和田湖＝秋田県境にある二重式カルデラ湖で水深は全国3位、ヒメマスが名産。奥入瀬渓流＝十和田湖から流れ出る奥入瀬川の源流部には、大小の滝や屏風岩や天狗岩などの奇岩が続き、渓谷美に富む。種差海岸＝海岸北端の蕪島は、天然記念物・ウミネコの繁殖地。恐山＝下北半島にある円錐状火山と外輪山の総称で、霊場としても名高い。夏泊半島＝陸奥湾に突出する半島で、オオハクチョウの越冬地としても知られる浅所海岸などもある。竜飛崎＝北海道を望む津軽半島の突端。白神山地＝ブナの木で有名。ユネスコの世界自然遺産。八甲田山。●史跡・歴史的建造物／亀ヶ岡遺跡（つがる市）＝縄文後期の代表的遺跡の1つ。岩木山神社（弘前市）＝"奥の日光"と称される華麗な社殿。弘前城（弘前市）＝東北唯一の現存3層天守閣を持つ。三内丸山遺跡は日本最大級の縄文遺跡。●文化・レジャー施設／棟方志功記念館（青森市）。●伝統工芸品・特産品／津軽塗（弘前市）。ヒメマス（十和田湖）。リンゴ（津軽平野）。●祭り／青森ねぶた（青森市、8月）＝東北三大祭りの1つ。弘前ねぷた（弘前市、8月）。恐山大祭（むつ市、7月）。●温泉／薬研（むつ市）。浅虫（青森市）。酸ヶ湯（青森市）。蔦（十和田市）。碇ヶ関（平川市）。大鰐（大鰐町）。●文学の舞台／太宰治「津軽」（外ヶ浜町）。太宰治「思い出」（青森市浅虫温泉）。石坂洋次郎「若い人」（弘前市）。井上靖「海峡」（津軽海峡）。

# 岩手県

①約15,275㎢（2）　②盛岡市　③キリ／ナンブアカマツ／キジ　④盛岡市、北上市、花巻市　⑤岩手山の溶岩流を「岩出」と表現したことによる。

●自然観光資源／陸中海岸＝断崖絶壁の北山崎、奇勝浄土ヶ浜、オオミズナギドリの繁殖地三貫島、断崖・洞窟の碁石海岸などの景勝が続く180㎞におよぶ代表的リアス式海岸。三陸復興国立公園の一部。厳美渓＝北上川の支流磐井川の上流に開けた滝、瀬、奇岩などが続く名勝地。猊鼻渓＝北上川の支流砂鉄川にある長さ4㎞ほどの渓谷。龍泉洞＝「日本三大鍾乳洞」の1つ。八幡平＝岩手、秋田両県にまたがる高原。●史跡・歴史的建造物／盛岡城跡（盛岡市）＝「不来方（こずかた）城」が別名。中尊寺（平泉町）＝奥州藤原3代のミイラがある金色堂など、平安期の美術工芸の宝庫。ユネスコの世界文化遺産。橋野高炉跡（釜石市）は、明治日本の産業革命遺産（世界文化遺産）。南部曲り家（遠野市）。毛越寺（平泉町）。●文化・レジャー施設／宮沢賢治記念館（花巻市）。小岩井農場（雫石町、滝沢市）。石川啄木記念館（盛岡市）。●伝統工芸品・特産品／南部鉄器（盛岡市）。南部せんべい、わんこそば（盛岡市）。小岩井バター、牛乳（小岩井農場）。前沢牛（奥州市）。ホヤ（三陸地方）。●祭り／チャグチャグ馬ッコ（滝沢市、盛岡市、6月）。遠野まつり（遠野市、9月）。早池峰神楽（花巻市）＝ユネスコ無形文化遺産。●温泉／繋（盛岡市）。夏油（北上市）。南花巻温泉郷（花巻市）。鉛（花巻市）。●文学の舞台／宮沢賢治「風の又三郎」（花巻市）。柳田国男「遠野物語」（遠野市）。石川啄木「雲は天才である」（盛岡市）。

## 宮城県 ✿

①約7,282k㎡（16）　②仙台市　③ミヤギノハギ／ケヤキ／ガン　④仙台市、石巻市、古川市　⑤多賀城を大君の宮の城である国府と呼んだことから起こる。

●自然観光資源／松島＝230余の島々が浮かぶ松島湾の景勝地で、日本三景の1つ。金華山＝野生の本州シカが生息する霊島。栗駒山＝コニーデ型休火山。鳴子峡＝大谷川にある峡谷。伊豆沼・内沼＝1985年にわが国で2番目のラムサール条約登録地に指定されている低湿地で、日本に飛来するガンやハクチョウの多くがここで越冬する。秋保大滝。蔵王山。●史跡・歴史的建造物／仙台城跡（仙台市）＝別名青葉城と呼ばれる仙台市のシンボル。多賀城跡（多賀城市）＝奈良時代の遺跡で、日本三大史跡の1つ。瑞巌寺（松島町）＝伊達政宗が再建した同家の菩提寺。塩竈神社（塩竈市）。瑞鳳殿＝伊達正宗の廟（仙台市）。●文化・レジャー施設／仙台うみの杜水族館（仙台市）。●伝統工芸品・特産品／こけし（県内一円）。笹かまぼこ（石巻市）。松島カキ（松島湾）。ササニシキ（仙台平野）。●祭り／仙台七夕まつり（仙台市、8月）＝東北三大祭りの1つで、色とりどりの吹き流しや人形などの仕掛けものが豪華。秋保の田植踊（仙台市）＝ユネスコ無形文化遺産。●温泉／鳴子温泉郷（大崎市）＝こけしで有名な温泉地。栗駒温泉郷（栗原市）。秋保（仙台市）。作並（仙台市）。鬼首（大崎市）。青根（川崎町）。鎌先（白石市）。●文学の舞台／土井晩翠「荒城の月」（仙台市）。島崎藤村「若菜集」（仙台市）。山本周五郎「樅ノ木は残った」（柴田町）。井上ひさし「青葉繁れる」（仙台市）。

◆◆◆◆◆◆◆◆◆◆◆◆◆◆◆◆◆◆◆◆◆◆◆◆◆◆◆◆◆◆◆◆◆◆◆◆◆

## 秋田県 ♪

①約11,637k㎡（6）　②秋田市　③フキノトウ／アキタスギ／ヤマドリ　④秋田市、大館市、能代市　⑤低湿地のことを方言で"アクタ"といい、これが転訛して"アキタ"となる。

●自然観光資源／白神山地＝青森と秋田にまたがるユネスコ世界自然遺産。ブナの原生林で有名。田沢湖＝標高249mの高原上にある二重式カルデラ湖で、水深423mは日本最深。男鹿半島＝日本海に突出する絶壁と断層海岸の半島で、全山芝生の寒風山が有名。抱返渓谷＝雄物川の支流玉川の上流にある渓谷。十和田湖＝青森県との県境にある二重式カルデラ湖。発荷峠＝眼下に十和田湖を一望できる展望台（鹿角市）。八幡平＝秋田、岩手両県にまたがる動植物が豊かに生息する高原地帯。駒ヶ岳。●史跡・歴史的建造物／角館武家屋敷（仙北市）＝武家屋敷などが残る小京都の名に相応しい佐竹藩支藩の城下町。赤田大仏（由利本荘市）＝日本三大観音の1つで、曹洞宗の古刹長谷寺の大仏殿。千秋公園（秋田市）＝佐竹藩の久保田城跡。金沢柵跡（横手市）。●文化・レジャー施設／あきた芸術村（仙北市）。●伝統工芸品・特産品／秋田こまち（県内一円）。稲庭うどん（湯沢市）。ヒメマス（十和田湖）。●祭り／竿灯まつり（秋田市、8月）＝東北三大祭りの1つ。横手かまくら（横手市、2月）。なまはげ（男鹿市、12月31日他）。大日堂舞楽（鹿角市）＝ユネスコ無形文化遺産。●温泉／乳頭温泉郷（仙北市）。秋田八幡平温泉郷（鹿角市）。男鹿（男鹿市）。泥湯（湯沢市）。●文学の舞台／高井有一「北の河」（仙北市）。高井有一「夜明けの土地」（八郎潟）。石坂洋次郎「山と川のある町」（横手市）。

## ▲▲ 山形県

①約9,323km²（9）　②山形市　③ベニバナ／サクランボ／オシドリ　④山形市、酒田市、鶴岡市　⑤山の方角をしめす地名で、山の方、山の手の意味から名付けられた。

●自然観光資源／鳥海山＝コニーデ型の複合火山で、群生する高山植物と日本海に影を落とした「影鳥海」の美観など。羽黒山＝修験者の聖地出羽三山の中心地で、参道の杉並木はみごと。月山＝珍しいアスピーテ型の火山。湯殿山＝正式な名称は仙人岳で、湯殿山は湯殿山神社の神体である温泉と巨岩を信仰の対象とした名称。蔵王山＝スキーと樹氷で世界的にも有名。朝日岳＝ツキノワグマの生息地。最上峡＝白糸の滝など大小48の滝や急流舟下りが有名。●史跡・歴史的建造物／立石寺（山形市）＝1050段の石段でも有名な、山寺の名称で親しまれる国指定重要文化財。上杉神社（米沢市）。山居倉庫（酒田市）＝土蔵造りの庄内米の米蔵が並ぶ国指定史跡。致道館＝旧庄内藩の学校（鶴岡市）。●文化・レジャー施設／山形美術館（山形市）＝与謝蕪村「奥の細道図屏風」、高橋由一「鮭図」など。本間美術館＝富豪本間家の別荘を美術館として開放（酒田市）。蔵王スキー場（山形市）。●伝統工芸品・特産品／こけし（県内一円）。天童将棋駒（天童市）。サクランボ（寒河江市）。雛とべに花の里（河北町）。●祭り／蔵王樹氷まつり（蔵王スキー場、2月）。花笠まつり（山形市、8月）。●温泉／銀山（尾花沢市）。温海（鶴岡市）。上山（上山市）。湯野浜（鶴岡市）。蔵王（山形市）。白布（米沢市）。●文学の舞台／戸川幸夫「高安犬物語」（高畠町）。森敦「月山」（月山）。横光利一「旅愁」（鶴岡市）。

## ◇ 福島県

①約13,784km²（3）　②福島市　③ネモトシャクナゲ／ケヤキ／キビタキ　④いわき市、郡山市、福島市、会津若松市　⑤「深しま」あるいは「不毛しま」が語源。「泥深く、水害にかかりやすい」の意味。

●自然観光資源／磐梯高原＝裏磐梯ともいい、五色沼や桧原湖など美しい火山湖が点在し、カンバ類が繁茂する。磐梯山＝コニーデ型の美しい火山。猪苗代湖＝せき止め湖のため酸性度が高く、生息する生物は少ないが、冬になると約500羽のハクチョウが飛来する。あぶくま洞＝竪穴と横穴が交錯する立体的な構造の鍾乳洞。安達太良山＝高村光太郎の「智恵子抄」で有名なコニーデ型の休火山。夏井川渓谷＝いわき耶馬渓の名をもつ夏井川中流部の渓谷。●史跡・歴史的建造物／若松城（会津若松市）＝白虎隊の活躍で有名な名城で、別名は「鶴が城」。円蔵寺（柳津町）＝本尊の福満虚空蔵尊は、日本三大虚空蔵尊の1つ。蔵のまち（喜多方市）。大内宿＝会津西街道の宿場町でネギソバが有名。勿来関跡。●文化・レジャー施設／スパリゾートハワイアンズ（いわき市）。野口英世記念館（猪苗代町）。●伝統工芸品・特産品／赤べこ（会津地方）。三春駒（三春町）。ラーメン（喜多方市、白河市）。葉たばこ（田村市）。薄皮饅頭（郡山市）。●祭り／相馬野馬追（南相馬市、7月）。福島わらじまつり（福島市、8月）。郡山うねめまつり（郡山市、8月）。●温泉／飯坂（福島市）。高湯（福島市）。土湯（福島市）。岳（二本松市）。東山（会津若松市）。熱塩（喜多方市）。ぬるゆ（福島市）。●文学の舞台／中山義秀「碑」（須賀川市）。渡辺淳一「遠き落日」（猪苗代町）。三島由紀夫「沈める滝」（奥只見ダム）。

# 茨城県

①約6,097㎢(24)　②水戸市　③バラ／ウメ／ヒバリ　④水戸市、日立市、つくば市、土浦市、ひたちなか市　⑤「茨で城を築いて賊を討った」という地方伝説から命名された。

●自然観光資源／筑波山＝万葉の昔から多くの歌にも詠まれる霊山。八溝山＝ダケカンバの群生、シャクナゲの群落がある。霞ヶ浦＝面積は琵琶湖に次ぐ国内第2位の淡水湖。北浦＝ワカサギ漁の帆引網が名物。袋田ノ滝＝滝水が4段になって落下することから「四度の滝」とも呼ばれる日本三大瀑布の1つ。奥久慈渓谷＝久慈川上流の渓谷で、袋田ノ滝など。涸沼＝淡水性ニシンの生息地。「関東平野に抱かれた山と湖」がテーマの「筑波山地域ジオパーク」。●史跡・歴史的建造物／偕楽園(水戸市)＝日本三名園の一つで、梅の名所。弘道館(水戸市)＝1841年に開校した水戸藩校で、現在は公園になっている。鹿島神宮(鹿嶋市)＝常陸国一の宮で、古来武神として信仰されてきた故社で、全国にある鹿島神社の総本社。笠間稲荷神社(笠間市)。●文化・レジャー施設／茨城県近代美術館(水戸市)＝郷土出身の横山大観のコレクションは充実。阿字ヶ浦海水浴場(ひたちなか市)。茨城県立カシマサッカースタジアム(鹿嶋市)。●伝統工芸品・特産品／結城紬(結城市)。あんこう(水戸周辺)。納豆(水戸市)。レンコン(土浦市)。ワカサギ(霞ヶ浦)。筑波みかげ石(桜川市)。●祭り／水戸梅まつり(水戸市、2月～3月)。日立風流物(日立市)＝ユネスコ無形文化遺産。●温泉／袋田(大子町)。●文学の舞台／長塚節「土」(常総市)。新田次郎「ある日の高い煙突」(日立市)。

◆◆◆◆◆◆◆◆◆◆◆◆◆◆◆◆◆◆◆◆◆◆◆◆◆◆◆◆◆◆◆◆◆◆◆◆◆◆◆◆◆

# 栃木県

①約6,408㎢(20)　②宇都宮市　③ヤシオツツジ／トチノキ／オオルリ　④宇都宮市、足利市、小山市　⑤トチノキの生い茂った土地の意味から名付けられた。

●自然観光資源／日光＝コニーデ型成層火山の男体山、標高1269mにある高山湖の中禅寺湖、日本三大名瀑の華厳滝など。奥日光＝日光国立公園のうち、中禅寺湖以西の地域を指し、戦場ヶ原や湯ノ湖、竜頭の滝など。霧降高原＝滝や沢が多く、ニッコウキスゲの大群落もある。竜王峡＝鬼怒川上流部の豪快な渓谷。那須高原＝那須岳南東麓に広がる高原。●史跡・歴史的建造物／東照宮(日光市)＝徳川家康を祀る絢爛豪華な建造物。二荒山神社(日光市)＝日光最古の現存建物で、山岳信仰の聖地。輪王寺(日光市)＝天台宗の総本山。これら日光の社寺は世界文化遺産に登録されている。大谷磨崖仏(宇都宮市)＝大谷寺本堂内の大谷岩壁に刻まれた磨崖仏。足利学校跡(足利市)。●文化・レジャー施設／足尾銅山(日光市)。日光江戸村(日光市)。東武ワールドスクウェア(日光市)。那須どうぶつ王国(那須町)。那須ハイランドパーク(那須町)。●伝統工芸品・特産品／日光彫(日光市)。益子焼(益子町)。大谷石細工(宇都宮市)。日光ゆば(日光市)。かんぴょう(壬生町)。ラーメン(佐野市)。●祭り／東照宮春季例大祭(日光市、5月)。●温泉／鬼怒川(日光市)。奥鬼怒(日光市)。那須湯本(那須町)。塩原温泉郷(那須塩原市)。川治(日光市)。日光湯元(日光市)。●文学の舞台／山本有三「路傍の石」(栃木市)。山本有三「女の一生」(日光市)。夏目漱石「坑夫」(日光市)。立松和平「遠雷」(宇都宮市)。

# 群馬県

①約6,362k㎡(21)　②前橋市　③レンゲツツジ／クロマツ／ヤマドリ　④前橋市、高崎市、太田市、桐生市、伊勢崎市　⑤昔から渡来人が多く、"呉人の住む土地"の"クレマ"が転じて"グンマ"になった。

●自然観光資源／尾瀬＝群馬、福島、新潟にまたがる尾瀬沼と尾瀬ヶ原を中心の景勝地で、わが国最大の高山湿原地帯。赤城山＝冬のからっ風"赤城おろし"のコニーデ型複式休火山。榛名山＝中央火口丘には榛名富士山と火口原湖榛名湖、東には伊香保温泉、西には榛名神社。妙義山＝奇岩怪石が連なり、日本三大奇勝の１つ。吾妻峡。谷川岳。武尊山。湯釜＝白根山頂にある世界有数の強酸性火口湖。●史跡・歴史的建造物／岩宿遺跡（みどり市）＝先土器文化の遺跡。多胡碑（高崎市）＝日本三古碑の１つ。茂林寺（館林市）＝分福茶釜のある寺。富岡製糸場、田島弥平旧宅、高山社跡、荒船風穴からなる絹産業遺跡（富岡市）は、世界文化遺産である。●文化・レジャー施設／群馬県立近代美術館（高崎市）。竹久夢二伊香保記念館（渋川市）。ロックハート城（高山村）。渋川スカイランドパーク（渋川市）。群馬サファリパーク（富岡市）。●伝統工芸品・特産品／福だるま（高崎市）。下仁田コンニャク（下仁田町）。高原キャベツ、レタス（嬬恋村）。●祭り／少林寺だるま市（高崎市、１月）。●温泉／草津（草津町）＝"湯もみ"で有名、「治らぬ者はいない」といわれる名湯。水上（みなかみ町）。四万（中之条町）。老神（沼田市）。万座（嬬恋村）。伊香保（渋川市）。猿ヶ京（みなかみ町）。●文学の舞台／徳富蘆花「不如帰」（渋川市）。志賀直哉「焚火」（赤城山）。森村誠一「人間の証明」（霧積温泉）。

◆◆◆◆◆◆◆◆◆◆◆◆◆◆◆◆◆◆◆◆◆◆◆◆◆◆

# 埼玉県

①約3,798k㎡(39)　②さいたま市　③サクラソウ／ケヤキ／シラコバト　④さいたま市、川口市、所沢市、川越市　⑤多摩に入るとき、上州を通るのが順序のため「さき多摩」と呼ばれたことによる。

●自然観光資源／長瀞＝岩畳と呼ばれる岩石段丘が見られる荒川沿いの約４kmの景勝地で、舟下りも楽しめる。三峰山＝山頂に三峰神社を祀る山岳信仰の霊場。狭山湖＝春には湖畔の花見客でにぎわう。田島ヶ原＝荒川河川敷４万㎡の地域で、サクラソウの自生地。●史跡・歴史的建造物／埼玉古墳群・さきたま風土記の丘（行田市）＝関東最大の古墳群で、さきたま資料館を併設。吉見百穴（吉見町）＝凝灰岩の岩肌全面に219個の横穴墓が現存し、一部にはヒカリゴケも見られる。平林寺（新座市）＝境内のクヌギやコナラの雑木は、天然記念物指定。氷川神社（さいたま市）＝武蔵国一の宮として知られる古社。喜多院（川越市）。●文化・レジャー施設／県立近代美術館（さいたま市）。鉄道博物館（さいたま市）。さいたまスーパーアリーナ（さいたま市）。所沢航空記念公園（所沢市）。さきたま資料館（行田市）。西武園ゆうえんち（所沢市）。東武動物公園（宮代町）。ところざわサクラタウン（所沢市）。●伝統工芸品・特産品／行田たび（行田市）。盆栽（さいたま市）。岩槻人形（さいたま市）。狭山茶（狭山市）。深谷ネギ（深谷市）。●祭り／秩父夜祭り（秩父市、12月）。川越まつり（川越市、10月）。●温泉／奥秩父温泉郷（秩父市）。●文学の舞台／田山花袋「田舎教師」（羽生市）。早船ちよ「キューポラのある街」（川口市）。深沢七郎「盆栽老人とその周辺」（菖蒲町）。西野辰吉「秩父困民党」（秩父市）。

## ★ 千葉県

①約5,157㎢(28)　②千葉市　③ナノハナ／マキ／ホオジロ　④千葉市、船橋市、松戸市、市川市、柏市　⑤茅(ちがや)が多いため「茅場」と呼ばれ、千葉の好字が当てられたという。

●自然観光資源／九十九里浜＝太平洋に面した弓形に弧を描いた66kmの砂浜海岸。犬吠埼＝太平洋に突出する銚子半島先端の岬で、日本初の回転式灯台がある。谷津干潟＝多くの水鳥が生息するラムサール条約登録湿地。水郷＝利根川下流の低湿地帯の総称。養老渓谷＝養老川上流の景勝地。春は、いすみ鉄道沿線の菜の花が美しい。清澄山。麻綿原高原。房総フラワーライン。地獄のぞき(鋸南町)＝日本寺境内の断崖絶壁から足下100mの石切場をのぞきこむスリルと、東京湾を望む絶景。●史跡・歴史的建造物／成田山新勝寺(成田市)＝真言宗智山派の大本山で成田不動の名で親しまれる。香取神宮(香取市)＝武神として信仰され、スポーツ必勝祈願の参拝が多い。誕生寺(鴨川市)＝日蓮上人の誕生地として建立された日蓮宗の総本山。加曽利貝塚(千葉市)＝縄文期の貝塚としては国内最大規模を誇る。●文化・レジャー施設／東京ディズニーランド(浦安市)。東京ディズニーシー(浦安市)。マザー牧場(富津市)。鴨川シーワールド(鴨川市)。●伝統工芸品・特産品／大漁旗(銚子市)。房州うちわ(館山市)。醤油(野田市)。落花生(下総台地)。房州ビワ(南房総市)。生花(南房一帯)。●祭り／成田山祇園会(成田市、7月)。●温泉／白子(白子町)。曽呂(鴨川市)。●文学の舞台／伊藤左千夫「野菊の墓」(松戸市下矢切)。山本周五郎「青べか物語」(浦安市)。永井荷風「問わずがたり」(市川市)。

## ◆ 東京都

①約2,194㎢(45)　②新宿区　③ソメイヨシノ／イチョウ／ユリカモメ　④特別区部(23区)、八王子市、町田市、府中市、調布市　⑤1869年の遷都の際、京都に対して東の都「東京」と命名された。

●自然観光資源／高尾山＝一帯は鳥獣保護区に指定されている。日原鍾乳洞＝規模では関東一。伊豆大島＝複式成層火山の三原山がある火山島。八丈島＝伊豆七島最南端の島で、東京に一番近い亜熱帯。小笠原群島＝東京の南東950kmの二十数島の群島で世界自然遺産。●史跡・歴史的建造物／江戸城跡(千代田区)＝徳川15代の居城。ニコライ堂(千代田区)。浅草寺(台東区)。寛永寺(台東区)。増上寺(港区)。浜離宮恩賜庭園(中央区)。大国魂神社(府中市)。●文化・レジャー施設／東京国立博物館(台東区)＝国内最古の美術博物館。国立西洋美術館(台東区)＝ロダン「考える人」など展示。ル・コルビュジエの建築作品として世界文化遺産。国立国会図書館(千代田区)＝わが国唯一の国立図書館。東京タワー(港区)＝高さ333m。東京スカイツリー(墨田区)＝高さ634mは電波塔として世界一。国立科学博物館(台東区)。国立劇場(千代田区)＝2023年10月から建て替え。葛西臨海水族館(江戸川区)。東京ドーム(文京区)。●伝統工芸品・特産品／江戸千代紙(台東区)。江戸小紋(新宿区)。浅草海苔(台東区)。佃煮(中央区)。つばき油、あしたば(大島町)。クサヤ(新島村)。●祭り／三社祭り(台東区、5月)。隅田川花火大会(隅田川、7月)。酉の市(台東区、11月)。●温泉／網代(あきる野市)。●文学の舞台／樋口一葉「たけくらべ」(台東区)。二葉亭四迷「浮雲」(文京区)。田山花袋「蒲団」(新宿区)。

## 神奈川県

①約2,416km²(43)　②横浜市　③ヤマユリ／イチョウ／カモメ　④横浜市、川崎市、相模原市、横須賀市、藤沢市　⑤横浜に流れる上無(かな)川、つまり鉄錆の流れる金川に由来する。

●自然観光資源／湘南海岸＝相模湾の北岸でサーファーの聖地。仙石原高原＝もとは湖であった火口原で奥箱根とも呼ぶ。芦ノ湖＝カルデラ型の火口原湖。丹沢山＝神奈川の屋根。中津渓谷＝"関東の耶馬渓"と呼ばれる景勝地。相模湖＝北相の嵐山と呼ばれる新緑と紅葉が有名。城ヶ島。大山。●史跡・歴史的建造物／鶴岡八幡宮(鎌倉市)＝源頼朝が源氏の守護神として建立。建長寺(鎌倉市)＝鎌倉五山第一の古刹。円覚寺(鎌倉市)＝舎利殿と梵鐘は国宝。鎌倉大仏(鎌倉市)＝高徳院の境内に露坐する像高約11.39mの阿弥陀如来像で、国宝。日本三大仏。川崎大師(川崎市)。寒川神社(寒川町)。小田原城(小田原市)。箱根関所跡(箱根町)。●文化・レジャー施設／みなとみらい21(横浜市)。横浜ランドマークタワー(横浜市)。山下公園(横浜市)。横浜中華街(横浜市)。三渓園(横浜市)。横浜・八景島シーパラダイス(横浜市)。彫刻の森美術館(箱根町)。●伝統工芸品・特産品／鎌倉彫(鎌倉市)。小田原提灯(小田原市)。箱根寄木細工(箱根町)。シューマイ(横浜市)。鎌倉ハム(鎌倉市)。かまぼこ(小田原市)。●祭り／平塚七夕まつり(平塚市、7月)。チャッキラコ(三浦市、小正月)＝ユネスコ無形文化遺産。●温泉／箱根温泉郷(箱根町)。湯河原(湯河原町)。鶴巻(秦野市)。●文学の舞台／佐藤春夫「田園の憂鬱」(横浜市)。三島由紀夫「午後の曳航」(横浜市)。石原慎太郎「太陽の季節」(葉山町)。

## 新潟県

①約12,584km²(5)　②新潟市　③チューリップ／ユキツバキ／トキ　④新潟市、長岡市、上越市　⑤信濃川河口の浜村と寄居嶋の間に新しくできた河跡湖を新潟と呼んだことによる。

●自然観光資源／清津峡＝50～70mの柱状節理の絶壁が続く、信濃川上流のV字谷。日本三大峡谷。阿賀野川ライン＝阿賀野川中流部の豊かな水量と渓谷美の連続。舟下りがある。笹川流れ＝北の耶馬渓とたたえられる県北部の日本海岸景勝地。親不知＝飛騨山脈がそのまま海に落ち込む、古くからの難所。佐渡島＝日本海最大の島。瓢湖＝オオハクチョウの渡来地として有名。粟島＝日本海上に浮かぶ丘陵性の島。妙高山。●史跡・歴史的建造物／彌彦神社(弥彦村)＝越後一の宮とあがめられる古社。春日山城跡(上越市)。真野御陵(佐渡市)。佐渡金山遺跡(佐渡市)。新発田城(新発田市)。●文化・レジャー施設／新潟市美術館(新潟市)＝ボナール「浴室の裸婦」、レジェ「読書」など。苗場スキー場(湯沢町)。妙高杉ノ原スキー場(妙高市)。ゴールデン佐渡(佐渡市)。信濃川ウォーターシャトル(新潟市)＝信濃川河口のみなとぴあから新潟ふるさと村をつなぐ水上バス。●伝統工芸品・特産品／小千谷縮(小千谷市)。コシヒカリ(新潟平野)。錦鯉(長岡市)。●祭り／十日町雪まつり(十日町市、2月)。長岡まつり(長岡市、8月)。●温泉／越後湯沢(湯沢町)。赤倉(妙高市)。六日町(南魚沼市)。岩室(新潟市)。栃尾又(魚沼市)。瀬波(村上市)。荒川峡温泉郷(関川村)。●文学の舞台／川端康成「雪国」(湯沢町)。水上勉「越後つついし親不知」(糸魚川市)。「安寿と厨子王丸」(童話)。

## 富山県

①約4,247k㎡(33)　②富山市　③チューリップ／タテヤマスギ／ライチョウ　④富山市、高岡市、氷見市　⑤山の外側にある地の意味で、古くは外山(とやま)。のちに富山の佳字が用いられた。

●自然観光資源／立山＝北アルプス・立山連峰の主峰の鐘状火山で、日本三名山の1つに数えられる信仰の山でもある。黒部峡谷＝谷壁の高さは数百mにもおよび、日本一の深さといわれる黒部川上流部の峡谷。美女平＝立山山麓に広がる溶岩台地の高原で、立山黒部アルペンルートの中継ポイント。庄川峡＝庄川中流の小牧ダム(ダムとして初の国有形文化財)と祖山ダム間の約15km連なる渓谷。有峰湖。●史跡・歴史的建造物／高岡大仏(高岡市)＝奈良、鎌倉にならぶ日本三大仏の1つ。朝日貝塚(氷見市)＝わが国における新石器時代炉跡の発見第1号としても有名。五箇山合掌造り(五箇山地方・世界文化遺産)＝南砺市の旧平村の相倉集落、

旧上平村の菅沼集落など、切妻造りで茅葺きの巨大建物群。富山城(富山市)。倶利伽羅古戦場(小矢部市、津幡町)。瑞龍寺(高岡市)＝曹洞宗の名刹。仏殿・法堂・山門は国宝に指定。●文化・レジャー施設／魚津水族館(魚津市)＝世界各地の珍魚など約330種1万点を展示している。水中トンネルがある。●伝統工芸品・特産品／ホタルイカ(魚津市)。チューリップ(砺波平野)。●祭り／高岡御車山祭り(高岡市、5月)。利賀フェスティバル(南砺市、8月頃)。おわら風の盆(富山市、9月)。●温泉／宇奈月(黒部市)＝黒部峡谷への観光基地。黒部峡谷温泉郷(黒部市)。●文学の舞台／宮本輝「螢川」(富山市)。吉村昭「高熱隧道」(黒部峡谷)。

◆◆◆◆◆◆◆◆◆◆◆◆◆◆◆◆◆◆◆◆◆◆◆◆◆◆◆◆◆

## 石川県

①約4,186k㎡(35)　②金沢市　③クロユリ／アテ／イヌワシ　④金沢市、小松市、加賀市　⑤犀川や比楽川の洪水で、多数の石が押し流されてくることから生じた地名。

●自然観光資源／白山＝日本三名(霊)山として信仰の対象になっている、山容も優美な楯状火山。能登外浦海岸＝能登金剛、折戸海岸、曾々木海岸など海食崖の荒涼とした風景が印象的な能登半島西・北海岸の総称。九十九湾＝能登半島東岸のリアス式湾。能登島＝七尾湾に浮かぶ島で、マツタケで有名。内灘砂丘＝日本海で河北潟に挟まれた砂丘。●史跡・歴史的建造物／金沢城跡(金沢市)＝加賀百万石前田氏14代の居城で、石川門と三十間長屋は重要文化財。兼六園(金沢市)＝池泉回遊式の美しい庭園で、日本三名園の1つ。那谷寺(小松市)＝真言宗の古刹で、秋は紅葉の名所。妙成寺(羽咋市)＝日蓮宗の北陸本山で、北陸随一の大伽

藍を誇る。気多大社(羽咋市)。妙立寺(金沢市)＝いくつもの仕掛けや隠し部屋があることから忍者寺と呼ばれる。●文化・レジャー施設／石川近代文学館(金沢市)。金沢21世紀美術館(金沢市)。のとじま水族館(七尾市)。●伝統工芸品・特産品／加賀友禅(金沢市)。九谷焼(加賀市)。輪島塗(輪島市)。甘エビ(日本海沿岸)。●祭り／奥能登のあえのこと(輪島市他)＝ユネスコ無形文化遺産。●温泉／和倉(七尾市)＝能登最大の海岸温泉。山代(加賀市)。山中(加賀市)。片山津(加賀市)。粟津(小松市)。湯涌(金沢市)。●文学の舞台／室生犀星「性に目覚める頃」(金沢市)。泉鏡花「義血侠血」(金沢市)。松本清張「ゼロの焦点」(志賀町赤住海岸)。

# 福井県

①約4,190㎢(34)　②福井市　③スイセン／マツ／ツグミ　④福井市、越前市、敦賀市　⑤古くからこの地にあった名井「福ノ井」の名をとって命名された。

●自然観光資源／東尋坊＝海蝕によって研ぎ澄まされた高さ50mほどの安山岩が、海岸沿いに直立してそびえる世界有数の柱状節理。越前岬＝東尋坊にも匹敵する奇岩の数々。気比の松原＝日本三大松原の１つ。九頭竜峡＝九頭竜川上流に位置する奥越高原を南北に２分する美しい渓谷。三方五湖＝若狭海岸にある海や山、湖が一体になった景勝地。●史跡・歴史的建造物／一乗谷朝倉氏遺跡(福井市)＝朝倉氏５代の居城の遺跡。丸岡城(坂井市)＝現存天守閣としては最古の建築様式を持つ平山城で国の重要文化財。永平寺(永平寺町)＝曹洞宗の大本山で、7つのお堂は七堂伽藍と呼ばれる。氣比神宮(敦賀市)。●文化・レジャー施設／福井県立美術館(福井市)。越前陶芸村(越前町)。一乗谷朝倉氏遺跡博物館(福井市)。東尋坊タワー(坂井市)＝海抜100mの展望台から望む、東尋坊や雄島、白山連峰や能登半島は絶景。越前松島水族館(坂井市)。●伝統工芸品・特産品／越前焼(越前町)。若狭塗(小浜市)。めがねフレーム(鯖江市)。越前ガニ、越前ウニ(越前海岸)。●祭り／三国祭り(坂井市、5月)＝北陸三大祭りの1つ。●温泉／芦原(あわら市)＝東尋坊、永平寺などの観光拠点。敦賀トンネル(敦賀市)。鳩ヶ湯(大野市)。●文学の舞台／水上勉「越前竹人形」(越前市)。中野重治「梨の花」(坂井市)。芥川龍之介「芋粥」(敦賀市)。

◆◆◆◆◆◆◆◆◆◆◆◆◆◆◆◆◆◆◆◆◆◆◆◆◆◆◆◆◆◆◆◆◆◆◆◆◆◆◆◆◆◆◆◆◆

# 山梨県

①約4,465㎢(32)　②甲府市　③フジザクラ／カエデ／ウグイス　④甲府市、富士吉田市、大月市　⑤山または山の「山成す」が転訛して名付けられた。

●自然観光資源／富士山＝日本を代表する名山、山梨側から特に"裏富士"とも呼ぶ。ユネスコの世界文化遺産。富士五湖＝古くは２つの湖だったが、富士山の溶岩流で分断された５つの湖(山中湖、河口湖、西湖、精進湖、本栖湖)。青木ヶ原＝富士山北西麓一帯の溶岩流台地で、樹海と呼ばれる広大な原生林が覆い、鳴沢氷穴など溶岩洞窟も見られる。御岳昇仙峡＝川の両岸に切り立った崖や奇峰が見られる甲府市北部の景勝地。西沢渓谷＝七ッ釜五段の滝は冬には高さ100mの氷柱を作る。金峰山。大菩薩峠。清里高原。●史跡・歴史的建造物／武田神社(甲府市)＝武田信玄を祀る。恵林寺(甲州市)＝武田氏の菩提寺。猿橋(大月市)＝橋脚のない跳ね橋で、日本三奇橋の１つ。久遠寺(身延町)。●文化・レジャー施設／山梨県立美術館(甲府市)＝『種をまく人』など、ミレーのコレクションで有名。山梨宝石博物館(富士河口湖町)＝宝石専門博物館としてはわが国唯一。富士急ハイランド(富士吉田市)。●伝統工芸品・特産品／甲府印伝(甲府市)。ぶどう、ワイン(甲州市)。もも(笛吹市)。●祭り／信玄公祭り(甲府市、例年は4月)。吉田の火祭り(富士吉田市、8月)。●温泉／下部(身延町)＝信玄の隠し湯。石和(笛吹市)。湯村(甲府市)。●文学の舞台／太宰治「富嶽百景」(御坂峠)。中里介山「大菩薩峠」(大菩薩峠)。深沢七郎「楢山節考」(笛吹市)。山本周五郎「山彦乙女」(韮崎市)。

# 長野県

①約13,561㎢（4）　②長野市　③リンドウ／シラカバ／ライチョウ　④長野市、松本市、上田市　⑤長野盆地の地形が、細長くのびた裾野であったことから、長野と呼ばれた。

●自然観光資源／上高地＝梓川、大正池など北アルプスの景勝地。白馬岳＝長さ2km、幅100mの大雪渓がある。槍ヶ岳＝日本のマッターホルン。穂高岳＝万年雪もある、わが国の近代登山発祥地。乗鞍岳＝珍しい高山植物やライチョウが見られる。御嶽山＝日本三霊山の1つ。浅間山＝三重式コニーデ型活火山。美ヶ原高原。霧ヶ峰。天竜峡。寝覚の床。●史跡・歴史的建造物／諏訪大社（諏訪市、下諏訪町、茅野市）。松本城（松本市）。妻籠宿（南木曽町）。懐古園（小諸市）。善光寺（長野市）。戸隠神社（長野市）。旧開智学校（松本市）。碌山美術館（安曇野市）。●文化・レジャー施設／茶臼山動物園（長野市）。地獄谷野猿公苑（山ノ内町）。日本スキー博物館（野沢温泉村）。●伝統工芸品・特産品／信州リンゴ、信州そば（長野市）。野沢菜（野沢温泉村）。光学用レンズ（辰野町）。安曇野ワサビ（安曇野市）。●祭り／御柱祭（諏訪市、下諏訪町、茅野市）＝諏訪大社の神木を更新するために、7年に1度（寅と申の年）の奇祭。ウェストン祭（上高地、6月）。●温泉／上諏訪（諏訪市）。別所（上田市）。鹿教湯（上田市）。白骨（松本市）。野沢（野沢温泉村）。昼神（阿智村）。大町温泉郷（大町市）。渋（山ノ内町）。地獄谷（山ノ内町）。湯田中（山ノ内町）。●文学の舞台／島崎藤村「破戒」（飯山市）。山本茂実「あゝ野麦峠」（野麦峠）。芥川龍之介「河童」（上高地）。堀辰雄「美しい村」（軽井沢町）。

◆◆◆◆◆◆◆◆◆◆◆◆◆◆◆◆◆◆◆◆◆◆◆◆◆◆◆◆◆

# 岐阜県

①約10,621㎢（7）　②岐阜市　③レンゲソウ／イチイ／ライチョウ　④岐阜市、大垣市、各務原市　⑤織田信長が命名。中国で岐山を都としていた武王が天下統一した故事にちなむ。

●自然観光資源／養老の滝＝滝水が酒になったという養老孝子・源丞内の伝説で有名な高さ30mの滝。恵那峡＝木曽川中流部の景勝地。日本ライン＝木曽川の美濃太田から犬山までの峡谷で、ラフティングが人気。根尾谷断層＝特別天然記念物に指定された大断層。宇津江四十八滝。平湯大滝。●史跡・歴史的建造物／高山の町家（高山市）＝古い家並みが残る、飛騨の小京都。白川郷合掌造り（白川村・世界文化遺産）＝独特の建築物の合掌造りが100棟以上も残されており、集落は史跡指定を受けている。大仏殿（岐阜市）＝別名「籠大仏」とも呼ばれる正法寺にある日本最大の乾漆仏。岐阜城（岐阜市）。関ヶ原古戦場（関ヶ原町）。●文化・レジャー施設／岐阜県美術館（岐阜市）＝「沼の花」などルドン作品が有名。飛騨民俗村（高山市）。●伝統工芸品・特産品／美濃焼（多治見市）。一位一刀彫、春慶塗（高山市）。美濃焼タイル（多治見市）。重要無形文化財「本美濃紙」は、「手漉和紙」としてユネスコ無形文化遺産。●祭り／春の高山祭（高山市、4月）＝高山祭のひとつの山王祭のことで、動く陽明門と呼ばれる屋台が出回る。秋の高山祭（10月）は、櫻山八幡宮の例祭。●温泉／下呂（下呂市）＝日本三名泉の1つ。新穂高（高山市）。平湯（高山市）。●文学の舞台／島崎藤村「夜明け前」（中津川市）。泉鏡花「高野聖」（天生峠）。井上靖「氷壁」（新穂高温泉）。森田草平「輪廻」（岐阜市）。

# 静岡県

① 約7,777km²(13)　② 静岡市　③ ツツジ／モクセイ／サンコウチョウ
④ 浜松市、静岡市、沼津市　⑤ 維新後、駿府の近くにある賤機(しずはた)山(通称賤ケ丘)の名にちなみ静岡と改称された。

●自然観光資源／富士山＝静岡側から見た富士は一般的に"表富士"と呼ばれる。ユネスコ世界文化遺産。三保松原(みほのまつばら)＝駿河湾に沿って続く5kmほどの白砂青松の浜、日本三大松原の1つ。ユネスコ世界文化遺産。寸又峡(すまた)＝南アルプスに刻まれた深い渓谷で、原生林や無数の滝が見どころ。温泉や吊り橋などもある。浜名湖＝かつては遠淡海と呼ばれる淡水湖だったが、現在は海とつながった面積65km²の汽水湖。ウナギなどの養殖が盛ん。天城峠。河津七滝(かわづななだる)(河津町)。日本平(にほんだいら)(静岡市)。●史跡・歴史的建造物／登呂遺跡(とろ)(静岡市)＝後期弥生文化の遺跡で、竪穴式住居や高床式穀倉を復元。富士山本宮浅間大社(ほんぐうせんげんたいしゃ)(富士宮市)。久能山東照宮(くのうざん)(静岡市)。韮山反射炉(伊豆の国市)は、明治日本の産業革命遺産(世界文化遺産)。●文化・レジャー施設／池田20世紀美術館(伊東市)。ベルナール・ビュフェ美術館(長泉町)。富士サファリパーク(裾野市)。●伝統工芸品・特産品／駿河竹千筋細工(静岡市)。静岡ミカン(県内一円)。駿河茶(牧ノ原台地)。静岡ワサビ(伊豆市)。蒲焼き、楽器(浜松市)。サクラエビ(静岡市)。●祭り／黒船祭り(下田市、5月)。●温泉／熱海(あたたみ)(熱海市)。伊東(伊東市)。熱川(あたがわ)(東伊豆町)。伊豆長岡(伊豆の国市)。修善寺(しゅぜんじ)(伊豆市)。湯ヶ島(伊豆市)。下賀茂(南伊豆町)。舘山寺(かんざんじ)(浜松市)。●文学の舞台／川端康成「伊豆の踊子」(湯ヶ島温泉)。尾崎紅葉「金色夜叉」(熱海市)。井上靖「しろばんば」(湯ヶ島温泉)。

# 愛知県

① 約5,173km²(27)　② 名古屋市　③ カキツバタ／ハナノキ／コノハズク
④ 名古屋市、豊橋市、豊田市、岡崎市、春日井市　⑤ もとは「あゆち」と呼んだが、これは水田の湧水の意味。

●自然観光資源／伊良湖岬(いらござき)＝渥美半島の先端にあるハマユウの自生地。鳳来寺山(ほうらいじさん)＝コノハズク(ブッポウソウ)の啼き声で知られる。葦毛湿原(いもう)＝食虫植物をはじめ、湿原性植物の宝庫。香嵐渓(こうらん)＝東海地方随一の紅葉の名所。●史跡・歴史的建造物／熱田神宮(あつた)(名古屋市)＝三種の神器の1つ、草薙神剣(くさなぎのみつるぎ)を祀る。犬山城(犬山市)＝現存する天守閣の中では最古の様式で、国宝に指定。名古屋城(名古屋市)＝金の鯱鉾(しゃちほこ)。足助宿場町(あすけ)(豊田市)＝三州街道の宿場町で、江戸期の建物が並ぶ。豊川稲荷(豊川市)＝日本三大稲荷の1つ。岡崎城(岡崎市)。●文化・レジャー施設／明治村(犬山市)＝明治時代の建築物を移築・展示した野外博物館。徳川美術館(名古屋市)＝「源氏物語絵巻」など国宝9点。愛知県陶磁美術館(瀬戸市)。東山動植物園(名古屋市)。トヨタ産業技術記念館(名古屋市)。南知多ビーチランド＆南知多おもちゃ王国(美浜町)。リトルワールド(犬山市)。ジブリパーク(長久手市)。●伝統工芸品・特産品／瀬戸焼(瀬戸市)＝"せともの"の名を生んだ焼き物。常滑焼(常滑市)(とこなめ)。七宝焼(しっぽう)(七宝町)。電照菊(田原市)。きしめん、ういろう、名古屋コーチン(名古屋市)。アムスメロン(豊橋市)。盆栽(稲沢市)。●祭り／国府宮はだか祭り(こうのみや)(稲沢市、旧暦1月13日)＝尾張大国霊神社で行われる日本三大奇祭の一つ。●温泉／湯谷(ゆや)(新城市)。●文学の舞台／尾崎士郎「人生劇場」(吉良町)。新美南吉「ごんぎつね」(半田市)。

## 三重県

①約5,774k㎡(25)　②津市　③ハナショウブ／ジングウスギ／シロチドリ　④四日市市、鈴鹿市、津市、松阪市、伊勢市　⑤ミは朝鮮語の神を意味し、へは辺。「神の鎮座する地」の意味が起源という。

●自然観光資源／二見浦＝伊勢湾に面した景勝地で、伊勢神宮のみそぎ場。英虞湾＝真珠や海苔の養殖でも知られるリアス式海岸の島半島南端の湾。赤目四十八滝＝赤目峡谷に点在する滝の総称。忍者修行の里として修行体験が有名(名張市)。大台ヶ原＝大台ヶ山を中心とした高原で、年間降水量3,500mm。●史跡・歴史的建造物／亀山宿、関宿、坂下宿(亀山市関町)＝関宿は国の重要伝統的建造物群保存地区に指定。上野城(伊賀市)。伊勢神宮(伊勢市)。●文化・レジャー施設／鳥羽水族館(鳥羽市)＝世界最初の大型円形水槽や海底トンネル式水槽など、全国でも有数の水族館。志摩スペイン村(志摩市)＝スペインの自然景観と街並みを再現したテーマパーク。鈴鹿サーキット(鈴鹿市)＝国内初の国際レーシングコース。三重県立美術館(津市)。神宮徴古館・農業館(伊勢市)。伊勢忍者キングダム(伊勢市)＝原寸大の安土城を中心に時代情緒のある街並みと、忍者アクションや花魁ショーなどの時代劇。●伝統工芸品・特産品／ハマグリ(桑名市)。牛肉(松阪市)。ろうそく(亀山市)。伊勢エビ(鳥羽市)。牡蠣(志摩市)。真珠養殖(志摩市)。●祭り／ゲーター祭り(鳥羽市神島、元日)。●温泉／長島(桑名市)。湯の山(菰野町)。榊原(津市)。●文学の舞台／三島由紀夫「潮騒」(鳥羽市神島)。坂口安吾「桜の森の満開の下」(鈴鹿峠)。梶井基次郎「城のある町にて」(松阪市)。

◆◆◆◆◆◆◆◆◆◆◆◆◆◆◆◆◆◆◆◆◆◆◆◆◆◆◆◆◆◆◆◆◆◆◆◆◆◆◆◆◆

## 滋賀県

①約4,017k㎡(38)　②大津市　③シャクナゲ／モミジ／カイツブリ　④大津市、彦根市、草津市　⑤シカやスカと同じ意味で、「砂州あるいは低湿地」を指す言葉にちなむ。

●自然観光資源／琵琶湖＝日本最大の淡水湖、湖中には竹生島、多景島などの景勝地あり。余呉湖＝天女の羽衣や龍神・菊石姫の伝説の伝わる島。伊吹山＝琵琶湖の眺望の良さで知られる。高山植物でも有名。比叡山＝天台宗総本山延暦寺が立つ。●史跡・歴史的建造物／彦根城(彦根市)＝井伊30万石の居城で、三階三層の天守閣は国宝。石山寺(大津市)＝本堂内の「源氏の間」は紫式部が源氏物語を起筆した場所。三井寺(大津市)＝別名園城寺、文化財が多く、「三井の晩鐘」は日本三梵鐘の1つ。日吉大社(大津市)＝日吉造りの東西の本宮本殿は国宝に指定されている。延暦寺(大津市)＝最澄により開山された天台宗の総本山。●文化・レジャー施設／近江神宮時計館宝物館(大津市)＝時の祖神とされる天智天皇を祀る近江神宮境内にある博物館。滋賀県立美術館(大津市)。長浜楽市(長浜市)。甲賀の里忍術村(甲賀市)。伊吹山スキー場(米原市)。滋賀農業公園ブルーメの丘(日野町)＝中世ドイツの都市や農村風景をイメージした広大なテーマパーク。●伝統工芸品・特産品／信楽焼(甲賀市)。大津絵絵馬(大津市)。彦根仏壇(彦根市)。近江牛肉(近江八幡市)。●祭り／左義長祭(近江八幡市、3月)。大津(日吉大社)山王祭(大津市、4月)。●温泉／雄琴(大津市)。●文学の舞台／舟橋聖一「花の生涯」(彦根市)。谷崎潤一郎「盲目物語」(湖北町)。水上勉「湖の琴」(余呉湖)。

## 京都府

①約4,612㎢(31) ②京都市 ③シダレザクラ／キタヤマスギ／オオミズナギドリ ④京都市、宇治市、舞鶴市 ⑤京は「高台」の意味を持ち、のち高台上にある宮殿を指す言葉になった。

●自然観光資源／天橋立＝白浜青松の景勝で、日本三景の１つ。保津峡＝保津川下り。嵐山。愛宕山。●史跡・歴史的建造物／京都の文化財は世界文化遺産。金閣寺＝北山文化の中心、正式名は鹿苑寺。銀閣寺＝東山文化を代表、正式名は慈照寺。下鴨神社＝五穀豊穣の神、本殿・社殿などが国宝。三千院＝本堂往生極楽院に阿弥陀三尊。八坂神社＝祇園社の総社。桂離宮＝回遊式の庭園。教王護国寺(東寺)＝平安以降の文化財多数。広隆寺＝国宝第１号の弥勒菩薩の半跏思惟像。上賀茂神社。北野天満宮。京都御所。寂光院。鞍馬寺。平安神宮。南禅寺。二条城。清水寺。知恩院。三十三間堂。仁和寺。大覚寺。伏見稲荷大社(以上京都市)。平等院(宇治市)＝鳳凰堂に阿弥陀如来坐像。岩清水八幡宮(八幡市)。●文化・レジャー施設／京都国立近代美術館、京都市京セラ美術館(京都市)。東映太秦映画村(京都市)。●伝統工芸品・特産品／京人形、京扇子、湯葉、千枚漬、七宝焼(京都市)。宇治茶(宇治田原町)。●祭り／葵祭(京都市、5月)。大文字五山送り火(京都市、8月16日)。鞍馬の火祭(京都市、10月)。京都祇園祭の山鉾(京都市)＝ユネスコ無形文化遺産。時代祭(平安神宮、京都市、10月)。●温泉／木津(京丹後市)。嵐山(京都市)。由良浜(宮津市)。●文学の舞台／芥川龍之介「羅生門」(京都市南区羅生門)。川端康成「古都」(京都市北区北山)。森鷗外「山椒太夫」(宮津市石浦)。

## 大阪府

①約1,905㎢(46) ②大阪市 ③サクラソウ、ウメ／イチョウ／モズ ④大阪市、堺市、東大阪市、豊中市、枚方市 ⑤小坂(おさか)、つまり小さな坂の意から、あるいは湿地である大州処(おおすか)から転訛。

●自然観光資源／箕面大滝＝箕面川にかかる高さ33mの滝で、紅葉が見事。葛城高原＝葛城山を中心の高原で四季折々の美しい風景。生駒山＝奈良県境に位置し、生駒山上遊園地がある。●史跡・歴史的建造物／大阪城(大阪市)＝豊臣秀吉により築城され大阪夏の陣で全焼、現在の城は1931年に再建された鉄筋コンクリート造り。難波宮跡(大阪市)＝大化改新後に造営された国内最古の大規模宮殿跡。仁徳天皇陵(堺市)＝世界三大墳墓の１つ。四天王寺(大阪市)＝聖徳太子が創建された日本仏法初の官寺。住吉大社(大阪市)＝全国の住吉神社の総本山で、摂津一之宮。今宮戎神社(大阪市)。●文化・レジャー施設／通天閣(大阪市)＝大阪のシンボル的存在のタワー。天保山ハーバービレッジ(大阪市)＝水族館「海遊館」などで有名な新興エリア。造幣博物館(大阪市)。ユニバーサル・スタジオ・ジャパン(大阪市)。国立民俗学博物館(吹田市)。国立国際美術館(吹田市)。ひらかたパーク(枚方市)。●伝統工芸品・特産品／カーペット(堺市)。つまようじ(河内長野市)。●祭り／十日戎(大阪市、1月)。天神祭(大阪市、6月～7月)。岸和田だんじり祭り(岸和田市、9月～10月)。●温泉／天見(河内長野市)。箕面(箕面市)。山中渓(阪南市)。●文学の舞台／織田作之助「夫婦善哉」(大阪市中央区法善寺横町)。谷崎潤一郎「春琴抄」(大阪市中央区道修町)。宮本輝「泥の河」(大阪市北区中之島)。

## 兵庫県

①約8,401km²(12) ②神戸市 ③ノジギク／クスノキ／コウノトリ ④神戸市、尼崎市、姫路市、西宮市、明石市 ⑤兵庫とは武器庫のこと。天智天皇のころ、唐と新羅に対して備えた武器庫があった。

●自然観光資源／六甲山＝"一千万ドルの夜景"で有名。スノーパークなど豊富な施設がある。玄武洞＝玄武岩による洞穴状の絶壁。須磨浦＝ヨットハーバー、水族館などがある風光明媚な海岸線。竹田城跡＝標高353mの山頂に築かれた山城で、「天空の城」と呼ばれる。●史跡・歴史的建造物／姫路城(姫路市)＝別称「白鷺城」の名を持つ白漆喰総塗籠造りの優美な城、世界文化遺産に登録されている。西宮神社(西宮市)。五色塚古墳(神戸市)＝築造当時の姿に復元された全国でも珍しい古墳。北野異人館街(神戸市)。湊川神社(神戸市)。円教寺(姫路市)。●文化・レジャー施設／兵庫県立美術館(神戸市)。日本玩具博物館(姫路市)。道の駅神戸フルーツ・フラワーパーク大沢(神戸市)＝7万本の美しい花々、遊園地、ホテル、プールなど年中楽しめる。キッザニア甲子園(西宮市)。●伝統工芸品・特産品／丹波立杭焼(丹波篠山市)。出石焼(豊岡市)。●祭り／神戸まつり(神戸市、5月)。灘のけんかまつり(姫路市、10月)。淡路島まつり(洲本市、8月)。赤穂義士祭(赤穂市、12月14日)。●温泉／有馬(神戸市)＝『日本書紀』にも登場する名湯。湯村(新温泉町)＝TVドラマ「夢千代日記」で有名に。城崎(豊岡市)。●文学の舞台／石川達三「蒼氓」(神戸市医師会准看護学校)。志賀直哉「城の崎にて」(豊岡市城崎温泉)。野坂昭如「火垂るの墓」(西宮市満池谷)。阿久悠「瀬戸内少年野球団」(洲本市)。

## 奈良県

①約3,691km²(40) ②奈良市 ③ナラヤエザクラ／スギ／コマドリ ④奈良市、橿原市、生駒市 ⑤朝鮮語の「クンナラ＝国の都の意味」に起源を持つ。

●自然観光資源／大和三山＝万葉の歌にも詠まれた畝傍山、香久山、耳成山の総称。若草山＝全山芝の丘陵地。生駒山。吉野山。大峰山。●史跡・歴史的建造物／奈良の文化財は世界文化遺産。興福寺(奈良市)＝東金堂、五重塔、三重塔など国宝多数。東大寺(奈良市)＝毘盧遮那仏坐像(奈良の大仏)、南大門、金堂などを擁する。唐招提寺(奈良市)＝鑑真和上坐像など。薬師寺(奈良市)＝薬師三尊像、吉祥天女画像など。法隆寺(斑鳩町)＝聖徳太子の創建、金堂や五重塔などは現存する世界最古の木造建築として世界遺産。春日大社(奈良市)。平城宮跡(奈良市)。藤ノ木古墳(斑鳩町)。高松塚古墳(明日香村)。石舞台古墳(明日香村)。●文化・レジャー施設／奈良国立博物館(奈良市)＝秋に正倉院展を開催。興福寺国宝館(奈良市)。法隆寺大宝蔵院(斑鳩町)。●伝統工芸品・特産品／鹿玩具(奈良市)。高山茶筅(生駒市)。金魚(大和郡山市)。三輪そうめん(桜井市)。吉野葛(吉野町)。●祭り／若草山焼き(奈良市、1月)。お水取り(修二会、東大寺二月堂、3月)。鹿の角きり(奈良市、10月)。春日若宮おん祭り(奈良市、12月)。題目立(八柱神社、10月)＝ユネスコ無形文化遺産。●温泉／十津川(十津川村)。湯泉地(十津川村)。入之波(川上村)。●文学の舞台／井上靖「天平の甍」(奈良市)。住井すゑ「橋のない川」(田原本町)。内田康夫「天河伝説殺人事件」(天川村、天河大辨財天社)。

## ❾ 和歌山県

①約4,724km²(30)　②和歌山市　③ウメ／ウバメガシ／メジロ　④和歌山市、田辺市、海南市　⑤旧城下の岡山と山部赤人の歌で有名な若の浦が併さり若山となり、のちに転訛。

●自然観光資源／潮岬＝本州最南端で、40m以上の台地が海に落ち込む海食崖。那智滝＝落差133mは日本一で、日本三名瀑の1つ。瀞峡＝和歌山、奈良、三重の3県にまたがって流れる熊野川の峡谷。高野山＝真言宗総本山の金剛峯寺がある。和歌の浦＝波静かな片男波半島や鷹ノ巣洞窟、奇岩・断崖が続く奥新和歌の浦など。●史跡・歴史的建造物／紀伊山地の霊場と参詣道＝ユネスコ世界文化遺産。金剛峯寺(高野町)＝弘法大師によって建立された真言宗の総本山。道成寺(日高川町)＝本尊の千手観音立像は33年に1度開扉される国宝、安珍・清姫の伝説も有名。熊野本宮大社(田辺市)＝熊野那智大社、新宮の熊野速玉大社を含めた熊野三山の中心。和歌山城(和歌山市)＝紀州徳川家の居城で、別名「虎伏竹垣城」。●文化・レジャー施設／くじらの博物館(太地町)、串本海中公園(串本町)。南方熊楠記念館(白浜町)。●伝統工芸品・特産品／紀州彫(和歌山市)。紀州ミカン(有田市)。備長炭(田辺市)。南紀梅ぼし(みなべ町)。●祭り／御燈祭(新宮市神倉神社、2月)。那智の火祭り(那智勝浦町熊野那智大社、7月)。熊野速玉大祭(新宮市熊野速玉大社、10月)。●温泉／竜神(田辺市)。白浜(白浜町)。勝浦(那智勝浦町)。川湯(田辺市)。湯の峰(田辺市)。渡瀬(田辺市)。●文学の舞台／有吉佐和子「紀ノ川」(和歌山市)。津本陽「深重の海」(太地町)。C.W.ニコル「勇魚」(太地町)。

◆◆◆◆◆◆◆◆◆◆◆◆◆◆◆◆◆◆◆◆◆◆◆◆◆◆◆◆

## ⓺ 鳥取県

①約3,507km²(41)　②鳥取市　③ニジュッセイキナシノハナ／ダイセンキャラボク／オシドリ　④鳥取市、米子市、倉吉市　⑤鳥取部(ととりべ)という鳥を取ることを職業とする民が住んでいたことによる。

●自然観光資源／鳥取砂丘＝東西16km、南北2km、標高約60mにもおよぶ日本最大の砂丘。大山＝出雲富士、伯耆富士とも呼ばれ、山腹はブナの原生林、山頂付近は天然記念物のダイセンキャラボクの林が広がるトロイデ型火山。浦富海岸＝山陰松島の名で知られる景勝地で、見どころは竜神洞など。因幡の白兎伝説の舞台でもある。弓ヶ浜＝中海を外海から分かつ大砂州で、白砂青松が連なる風景。●史跡・歴史的建造物／鳥取城跡(鳥取市)＝久松城とも呼ばれ、秀吉の兵糧攻めで知られる城。三佛寺(三朝町)＝奈良時代役小角が開いたという修験道の古刹、奥の院は国宝。大山寺(大山町)＝戦国時代は多くの僧兵を誇った天台宗の古寺。●文化・レジャー施設／米子市美術館(米子市)＝山陰初の公立美術館として開設。水木しげる記念館(境港市)。境港駅前から記念館は水木しげるロード。●伝統工芸品・特産品／因州和紙(鳥取市)。若桜ダイコン(若桜町)。鳥取スイカ(北栄町)。二十世紀ナシ(県内一円)。●祭り／流しびな(鳥取市、旧暦3月3日)。三朝温泉花湯まつり(三朝町、5月)。米子がいな祭(米子市、8月)。鳥取しゃんしゃん祭(鳥取市、8月)。●温泉／三朝(三朝町)＝世界屈指のラドン含有量。岩井(岩美町)。皆生(米子市)。関金(倉吉市)。浜村(鳥取市)。●文学の舞台／志賀直哉「暗夜行路」(大山)。生田春月「相寄る魂」(米子市皆生温泉)。

## 島根県

①約6,707㎢(19) ②松江市 ③ボタン／クロマツ／ハクチョウ ④松江市、出雲市、益田市 ⑤「シマ」も「ネ」も岩礁という意味。島根半島の岩の多い様子から命名された。

●自然観光資源／宍道湖＝面積は日本7位、水質は淡水と海水の混ざった汽水湖。日御碕＝島根半島西端の岬で、突端には日本一の高さ44mの出雲日御碕灯台が立つ。三瓶山＝トロイデ型の火山で、春または秋に見られる雲海が名物。隠岐の島＝80km沖合に浮かぶ火山性の島々の総称で、島後の白島海岸や浄土ヶ浦、島前の国賀海岸などが見どころ。●史跡・歴史的建造物／松江城(松江市)＝典型的な平山城で、大入母屋に望楼を組み上げた天守(国宝)は全国でも有数の規模を誇る。八雲立つ風土記の丘(松江市)＝神話時代の古墳群や神社建築の総称。石見銀山遺跡＝16世紀からの銀の産出地で、ユネスコ世界文化遺産。出雲大社(出雲市)＝大

国主命を祀る縁結びの神。津和野殿町(津和野町)＝藩校養老館跡など多くの史跡と古い街並み。●文化・レジャー施設／足立美術館(安来市)＝横山大観と日本庭園で有名な美術館。出雲大社宝物殿(出雲市)。●伝統工芸品・特産品／八雲塗(松江市)。出雲めのう細工(松江市)。シジミ(宍道湖)。出雲そば(出雲地方)。●祭り／隠岐の牛突き(隠岐島)＝年数回の本場所の他、専用ドームで定期的に開催。佐陀神能(松江市)＝ユネスコ無形文化遺産。●温泉／松江(松江市)。玉造(松江市)。三瓶(大田市)。温泉津(大田市)。●文学の舞台／松本清張「砂の器」(奥出雲町)。島崎藤村「山陰土産」(松江市)。森鷗外「ヰタ・セクスアリス」(津和野町)。

◆◆◆◆◆◆◆◆◆◆◆◆◆◆◆◆◆◆◆◆◆◆◆◆◆◆◆◆◆◆◆◆◆◆

## 岡山県

①約7,115㎢(17) ②岡山市 ③モモ／アカマツ／キジ ④岡山市、倉敷市、津山市 ⑤旭川の土砂が海を埋め、かつての島が平野に点在する岡になったという話しから。

●自然観光資源／鷲羽山＝鷲が羽を広げた姿に似ている山容、展望台からの瀬戸内海の眺めが美しい。神庭ノ滝＝旭川支流の神庭川にかかる中国地方随一の名瀑。蒜山高原＝トロイデ型火山の蒜山の南麓に広がる高原で、西の軽井沢とも呼ばれる。満奇洞(新見市)＝与謝野晶子が『奇に満ちた洞』と詠んだ。一年中15度前後の天然クーラー。●史跡・歴史的建造物／後楽園(岡山市)＝典型的な林泉回遊式庭園で、日本三名園の1つ。吉備津神社(岡山市)＝国宝である本殿は、荘厳な比翼入母屋造りで知られる。倉敷美観地区(倉敷市)＝運河である倉敷川沿いに江戸時代の蔵や古い家並みを残す。岡山城(岡山市)＝安土城を模したといわれる城郭建築

の名作。別名は烏城。旧閑谷学校＝岡山藩主池田光政が設立した学校。●文化・レジャー施設／大原美術館(倉敷市)＝印象派から現代画まで幅広く収集、エル・グレコ「受胎告知」やルノワール「泉による女」など。夢二郷土美術館(岡山市)。ブラジリアンパーク鷲羽山ハイランド(倉敷市)。●伝統工芸品・特産品／備前焼(備前市)。マスカット(岡山市)。オリーブ(瀬戸内市)。●祭り／西大寺会陽(岡山市、2月)。おかやま桃太郎まつり(岡山市、夏8月、秋11月)。●温泉／湯郷(美作市)。奥津(鏡野町)。湯原(真庭市)。あわくら(西粟倉村)。●文学の舞台／正宗白鳥「入江のほとり」(備前市)。横溝正史「悪魔の手毬唄」。

# 広島県

①約8,479km²(11) ②広島市 ③モミジ／モミジ／アビ ④広島市、福山市、呉市 ⑤太田川河口の三角州の名称で、毛利開城の際に広島と命名された。

●自然観光資源／宮島＝自然景観と朱塗りの社殿が対象美を極める風光明媚な島、日本三景の1つ。鞆の浦＝鯛網漁で知られる海浜景勝地で、宮城道雄の名曲「春の海」の構想舞台。仙酔島＝全島松におおわれ、南岸は五色岩などの奇岩洞窟などの景勝に富む。帝釈峡＝石灰岩台地を帝釈川が浸食して作り上げた渓谷美。三段峡＝原生林の間の石英斑岩や花崗岩が太田川支流の柴木川によって浸食されてできた名勝。しまなみ海道＝広島(尾道)と愛媛(今治)を結ぶ海上ルート。●史跡・歴史的建造物／原爆ドーム(広島市)＝上空約600mで原爆が炸裂した、かつての産業奨励館。ユネスコ世界文化遺産。厳島神社(廿日市市)＝宮島にあり、海中に立つ朱塗りの大鳥居が有名。ユネスコ世界文化遺産。●文化・レジャー施設／ひろしま美術館(広島市)＝ピカソ「酒場の二人の女」、ゴッホ「ドービニーの庭」、セザンヌ「曲がった木」など。広島平和記念資料館(広島市)。●伝統工芸品・特産品／熊野筆(熊野町)。イグサ(福山市)。広島マツタケ(西条盆地)。広島牡蠣(広島市)。●祭り／厳島神社鎮火祭(廿日市市、12月31日)。壬生の花田植(北広島町)＝ユネスコ無形文化遺産。ひろしまフラワーフェスティバル(広島市、5月)。●温泉／湯来(広島市)。●文学の舞台／井伏鱒二「黒い雨」(広島市、三次市)。原民喜「夏の花」(広島市)。林芙美子「放浪記」(尾道市)。志賀直哉「暗夜行路」(尾道市)。

# 山口県

①約6,112km²(23) ②山口市 ③ナツミカンノハナ／アカマツ／ナベヅル ④下関市、宇部市、山口市、防府市、岩国市 ⑤安武郡の奥山への入り口にあるため、つけられた名称。

●自然観光資源／秋吉台＝石灰岩台地で日本最大のカルスト地形。秋芳洞＝洞内の総延長11.2km(観光コースは約1km)、最大幅150mを超える日本有数の鍾乳洞。長門峡＝奇岩、絶壁、甌穴、滝がみられる約12kmの渓谷。青海島＝洞門や石柱など変化に富んだ海岸風景が続く海上のアルプス、天然記念物の源氏ボタル発生地としても有名。●史跡・歴史的建造物／錦帯橋(岩国市)＝錦川に架けられたアーチ状の5連の木製太鼓橋で、日本三奇橋の1つ。萩城下町(萩市)＝武家屋敷や、なまこ壁の土蔵が残る。松下村塾＝吉田松陰の私塾(萩市)。萩反射炉、萩城下町、松下村塾(いずれも萩市)などは、明治日本の産業革命遺産(世界文化遺産)。防府天満宮(防府市)＝日本最古の天満宮。赤間神宮(下関市)＝平家滅亡の際、壇ノ浦で入水した安徳天皇を祀る。巌流島＝下関港沖の周囲約1.6kmの無人島。宮本武蔵と佐々木小次郎が決闘。●文化・レジャー施設／下関市立美術館(下関市)。金子みすゞ記念館(長門市)。●伝統工芸品・特産品／萩焼(萩市)。ナツミカン(萩市)。フグ(下関市)。●祭り／しものせき海峡まつり(下関市、5月)。山口祇園祭(山口市、7月)。●温泉／長門湯本(長門市)＝初夏の源氏ボタルが有名。俵山(長門市)。川棚(下関市)。湯田(山口市)。●文学の舞台／宇野千代「おはん」(岩国市)。嘉村礒多「業苦」(山口市)。林芙美子「放浪記」(下関市)。国木田独歩「河霧」(岩国市)。

## 徳島県

①約4,147㎢（36）　②徳島市　③スダチノハナ／ヤマモモ／シラサギ　④徳島市、鳴門市、阿南市　⑤徳島は吉野川の三角州が島状に開けた町。これに美称の徳を冠し、徳島となった。

●自然観光資源／祖谷渓＝祖谷川による浸食谷が20kmにおよぶ。高さ50〜300mの断崖絶壁が続く渓谷。大歩危・小歩危＝険山を横切る吉野川が構成する奇岩怪石の連なる渓谷、大歩危からは川下りも出る。鳴門海峡＝大毛島孫崎と淡路島の端門崎との間の海峡、直径20〜200mの豪快な渦潮で名高く、淡路島の福良港からは観潮船が出港。阿波の土柱＝吉野川上流の北岸。讃岐山脈南麓にあり、巨大な石の柱が林立。剣山＝石槌山に次ぐ四国第2の高峰。●史跡・歴史的建造物／かずら橋（三好市西祖谷山村）＝祖谷渓の上流にある野生のシラクチカズラで編んだ長さ45m、幅2mの吊り橋、日本三奇橋の1つ。徳島城跡（徳島市）＝細川頼之が築城、

その後、峰須賀氏の居城となり、石垣や礎石、庭園などが残る。阿波十郎兵衛屋敷跡（徳島市）＝人形浄瑠璃で有名な板東十郎兵衛の屋敷跡、人形資料を展示。忌部神社（徳島市）＝天日鷲命を祀る四国一の宮。●文化・レジャー施設／徳島県立近代美術館（徳島市）＝ピカソ「ドラ・マールの肖像」など。大塚国際美術館（鳴門市）＝陶板名画美術館。●伝統工芸品・特産品／阿波しじら織（徳島市）。阿波和紙（吉野川市）。大谷焼（鳴門市）。すだち（神山町）。ゆず（那賀町）。●祭り／阿波踊り（徳島市、8月）。●温泉／祖谷（三好市）。大歩危（三好市）。宍喰（海陽町）。●文学の舞台／井伏鱒二「田甚古村」（徳島市）。宇野千代「人形師天狗屋久吉」（徳島市）。

◆◆◆◆◆◆◆◆◆◆◆◆◆◆◆◆◆◆◆◆◆◆◆◆◆◆◆◆◆◆◆◆◆◆◆◆◆◆◆◆

## 香川県

①約1,877㎢（47）　②高松市　③オリーブ／オリーブ／ホトトギス　④高松市、丸亀市、坂出市　⑤香東（こうとう）川の名に由来すると伝えられ、上流には樺（かば）川の地名があり、香木伝説にも残る。

●自然観光資源／屋島＝瀬戸内海に突き出した溶岩台地の半島で、東麓に源平の古戦場がある。五色台＝瀬戸内海に突き出した標高400mの溶岩台地で、白峰、青峰、黄ノ峰、黒峰、赤峰からなる。満濃池＝日本最大級の農業用ため池。女木島＝かつては海賊の根拠地で鬼ヶ島の名もあり、現在では桃太郎伝説と結び付けられ観光地化。寒霞渓＝浸食作用で奇岩塊が露出する小豆島屈指の景勝地で、紅葉の美しさには定評がある。●史跡・歴史的建造物／栗林公園（高松市）＝旧高松藩主の別邸で、松と池と築山が見事な池泉回遊式の名園。金刀比羅宮（琴平町）＝農業・殖産・医薬・海上守護神。丸亀城（丸亀市）＝「扇の勾配」と呼ばれる石垣の

美しい名城。善通寺＝弘法大師空海誕生の地（善通寺市）。●文化・レジャー施設／金刀比羅宮博物館（琴平町）＝十一面観音立像や円山応挙の襖絵など貴重な文化財や美術品を収蔵展示。金丸座＝日本に現存する最古の劇場（琴平町）。地中美術館＝安藤忠雄がアートの島に設計（直島）。●伝統工芸品・特産品／讃岐漆器（高松市）。丸亀うちわ（丸亀市）。さぬきうどん（県内一円）。鯉のぼり（坂出市）。そうめん、オリーブ（小豆島）。醤油（県内一円）。●祭り／金刀比羅宮例大祭（琴平町、10月）。●温泉／塩江（高松市）。●文学の舞台／壺井栄「二十四の瞳」（小豆島町）。菊池寛「父帰る」（高松市）。芦原すなお「青春デンデケデケデケ」（観音寺市）。

## 愛媛県

①約5,676㎢(26)　②松山市　③ミカンノハナ／マツ／コマドリ　④松山市、新居浜市、今治市、宇和島市　⑤『古事記』国生みの一文から命名。"えひめ"とは織物の巧みな女性の意味。

●自然観光資源／石鎚山＝西日本の最高峰で、7合目から上では霧氷が見られる。面河渓＝大原生林に覆われた断崖が続く渓谷。佐田岬＝四国最西端で、亜熱帯性常緑高木アコウが自生する風光明媚な岬。しまなみ海道＝愛媛の今治と広島の尾道を結ぶ海上ルートで、大三島には大山祇神社がある(今治市)。●史跡・歴史的建造物／石手寺(松山市)＝行基の創建による古寺で、二王門は国宝に、本堂や三重塔、金楼、護摩堂などは重要文化財に指定されている。松山城(松山市)＝日本三大平山城の1つで勝山城とも呼ばれ、天守は全国でも珍しい総木造。宇和島城(宇和島市)＝現存天守でも優美な三重三層の天守閣。大洲商人町(大洲市)＝伊予の小京都。天赦園(宇和島市)＝宇和島藩主の隠居所として改修された池泉回遊式庭園。旧開明学校(宇和島)＝珍しい擬洋風木造の小学校校舎。内子座(内子町)。●文化・レジャー施設／子規記念博物館(松山市)。●伝統工芸品・特産品／砥部焼(砥部町)。タオル(今治市)。ネーブル、はっさく、いよかん(芸予諸島)。伊予ビワ(伊予市)。内子和ろうそく(内子町)。温州みかん(八幡浜市)。養殖真珠(宇和海)。●祭り／西条まつり(西条市、10月)。●温泉／道後(松山市)＝「伊予国風土記」に記された日本最古とされる名湯。奥道後(松山市)。鈍川(今治市)。●文学の舞台／夏目漱石「坊っちゃん」(松山市)。大江健三郎「飼育」(内子町)。

◆◆◆◆◆◆◆◆◆◆◆◆◆◆◆◆◆◆◆◆◆◆◆◆◆◆◆◆◆◆◆◆

## 高知県

①約7,103㎢(18)　②高知市　③ヤマモモ／ヤナセスギ／ヤイロチョウ　④高知市、南国市、四万十市　⑤鏡川と江ノ口川に挟まれていたために「河内」となり、のちに高知となる。

●自然観光資源／室戸岬＝浸食の激しいハンレイ岩が奇岩・岩窟を形成、冬季も温暖で亜熱帯植物が繁茂。世界ジオパークに指定。足摺岬＝四国最南端、花崗岩の隆起海岸で突端は高さ70mの断崖。龍河洞＝三大鍾乳洞の1つ。桂浜＝青松が連なり広大な太平洋に臨む。五色の浜、秋の観月や坂本竜馬の銅像が立つことでも知られる。四万十川＝自然のままを残す最後の清流としても名高い。四国カルスト。中村＝四万十川下流にある町で「土佐の小京都」と呼ばれる(四万十)。●史跡・歴史的建造物／高知城(高知市)＝山内一豊が創建した南海の名城。竹林寺(高知市)＝行基が創建した古寺で、室町様式を取り入れた庭園と多くの重要文化財が見どころ。はりまや橋＝「よさこい節」に唄われた橋(高知市)。●文化・レジャー施設／牧野植物園(高知市)＝世界的な植物学者・牧野富太郎の業績を顕彰して開設された。牧野文庫や化石のコレクションが見もの。竜串海中公園(土佐清水市)＝シコロサンゴの宝庫で、亜熱帯魚も見られる。●伝統工芸品・特産品／古代塗(高知市)。土佐和紙(いの町、土佐市)。カツオのたたき(県内一円)。ちりめんじゃこ(高知市)。サンゴ細工(宿毛市)。●祭り／よさこい祭り(高知市、8月)。●温泉／若宮(香美市)。猪野沢(香美市)。●文学の舞台／田宮虎彦「足摺岬」(足摺岬)。司馬遼太郎「竜馬がゆく」(高知市)。宮尾登美子「櫂」(高知市)。

## 福岡県

①約4,987㎢(29)　②福岡市　③ウメ／ツツジ／ウグイス　④福岡市、北九州市。久留米市、大牟田市　⑤1601年黒田長政の築城により、黒田氏の発祥地である備前福岡の名を移した。

●自然観光資源／平尾台＝標高350〜600mの石灰岩台地にピナクルやドリーネ、地下には鍾乳洞が点在する。志賀島＝玄界灘に突き出た陸続きの島で、金印「漢委奴国王」が発見された場所。芥屋の大門＝糸島半島北西の海食洞。英彦山。柳川＝「どんこ舟」で巡る川下りで有名な水郷の町。●史跡・歴史的建造物／筥崎宮(福岡市)＝蒙古襲来時の神風で知られる、日本三大八幡の1つ。香椎宮(福岡市)＝「香椎造り」と呼ばれる特異な建築様式。宗像大社(宗像市)＝沖ノ島の沖津宮は"海の正倉院"と呼ばれる。世界文化遺産。門司港＝明治・大正期の建物が門司港レトロとして人気がある(北九州市)。元寇防塁(福岡市)。太宰府天満宮(太宰府市)。官営八幡製鐵所関連施設(北九州市、中間市)は、明治日本の産業革命遺産(世界文化遺産)。●文化・レジャー施設／福岡PayPayドーム(福岡市)。松本清張記念館(北九州市)、北原白秋記念館(柳川)。●伝統工芸品・特産品／博多人形(福岡市)。久留米絣(久留米市)。辛子明太子(福岡市)。八女茶(八女市)。大川たんす(大川市)。●祭り／博多どんたく港まつり(福岡市、5月)。博多祇園山笠(福岡市、7月)。小倉祇園太鼓(北九州市、7月)。●温泉／原鶴(朝倉市)。二日市(筑紫野市)。●文学の舞台／檀一雄「リツ子・その愛」(福岡市小田浜)。岩下俊作「無法松の一生」(北九州市小倉北区)。森鷗外「鶏」(北九州市小倉北区)。五木寛之「青春の門」(田川市)。

## 佐賀県

①約2,440㎢(42)　②佐賀市　③クスノハナ／クスノキ／カササギ　④佐賀市、唐津市、伊万里市　⑤縦横に水路が走る水辺の町。水辺の砂地を指す「スガ」が「サガ」に転訛。

●自然観光資源／虹ノ松原＝4.5kmにわたり100万本のクロマツが続く、日本三大松原の1つ。七ツ釜＝玄海の荒波に洗われかまど様の7つの海食洞ができた池、遊覧船による洞内巡りがハイライト。背振山＝空海、最澄、円仁、円珍が渡唐の際、登り祈願したという背振山地の最高峰、冬季は霧氷が見られる。黒髪山＝肥前耶馬渓と呼ばれる奇岩怪石の連なる、最強の低山と呼ばれる山。●史跡・歴史的建造物／吉野ヶ里遺跡(神埼市、吉野ヶ里町)＝弥生時代のすべての時期の遺構・遺跡群で、国内最大級の環濠集落や墳丘墓、かめ棺などが出土。名護屋城跡(唐津市)＝秀吉朝鮮出兵の際の前線基地。祐徳稲荷神社(鹿島市)＝日本三大稲荷の1つ。唐津城(唐津市)＝虹の松原を対岸に見る岬の平山城。三重津海軍所跡(佐賀市)は、明治日本の産業革命遺産(世界文化遺産)。●文化・レジャー施設／有田陶磁美術館(有田町)＝唐津、伊万里、柿右衛門、色鍋島など肥前を中心とした陶磁器を数多く展示。佐賀県立博物館(佐賀市)。忍者村肥前夢街道(嬉野市)。●伝統工芸品・特産品／有田焼(有田町)＝伊万里港から積み出したことから、伊万里焼ともいう。佐賀錦(佐賀市)。唐津焼(唐津市)。伊万里梨(伊万里市)。●祭り／唐津くんち(唐津市、11月)。●温泉／嬉野(嬉野市)＝「肥前風土記」にも記された古湯。古湯(佐賀市)。武雄(武雄市)。●文学の舞台／下村湖人「次郎物語」(神埼市)。

# 長崎県

①約4,131km²(37) ②長崎市 ③ウンゼンツツジ／ヒノキ、ツバキ／オシドリ ④長崎市、佐世保市、諫早市 ⑤長崎甚左衛門という商人が、この地に港を開いたことに由来する。

●自然観光資源／雲仙岳＝ミヤマキリシマなどの植物群落や紅葉、冬の霧氷などが名物だが、1990年〜1995年まで主峰の普賢岳が約200年ぶりに噴火(平成の大噴火)した。九十九島＝大小208の島々が連なる。福江島＝五島列島最大の島。壱岐島。対馬。平戸島＝日本で初めて西洋貿易が行われた。●史跡・歴史的建造物／グラバー園(長崎市)＝市内の洋館を移築した観光地。出島和蘭商館跡(長崎市)＝日本初の外国人居留地。浦上天主堂(長崎市)＝東洋一のロマネスク様式の教会。大浦天主堂(長崎市)＝わが国最古の教会で国宝。島原城(島原市)＝2024年に築城400年を迎える。原城跡(南島原市)＝島原の乱の舞台。長崎の教会群とキリスト教関連遺産は世界文化遺産。平和祈念像(長崎市)。軍艦島(端島)＝旧三菱炭坑と集合住宅の廃墟。小菅修船場跡、旧グラバー住宅、高島炭坑、端島炭鉱、三菱長崎造船所関連施設(いずれも長崎市)は、明治日本の産業革命遺産(世界文化遺産)。●文化・レジャー施設／ハウステンボス(佐世保市)。●伝統工芸品・特産品／長崎ビードロ(長崎市)。べっこう細工(長崎市)。からすみ、カステラ(長崎市)。諫早柿(諫早市)。マダイ(福江島)。寒ブリ(対馬)。●祭り／長崎くんち(長崎市、10月)。精霊流し(長崎市、8月)。●温泉／雲仙(雲仙市)。小浜(雲仙市)。●文学の舞台／遠藤周作「沈黙」(長崎市)。佐多稲子「樹影」(長崎市)。堀田善衛「海鳴りの底から」(南島原市南有馬町原城)。

◆◆◆◆◆◆◆◆◆◆◆◆◆◆◆◆◆◆◆◆◆◆◆◆◆◆◆◆◆◆◆

# 熊本県

①約7,409km²(15) ②熊本市 ③リンドウ／クスノキ／ヒバリ ④熊本市、八代市、荒尾市 ⑤クマは「高麗(コマ)」、つまり高麗人のこと。モトは本拠地の意味。

●自然観光資源／阿蘇山＝二重式火山の総称で、世界最大のカルデラを持つ。草千里＝阿蘇五峰の1つ烏帽子岳の北麓の草原で、牛が放牧されている牧歌的な風景が広がる。天草松島＝大矢野島と上島の間に連なる約20の島々の総称。球磨川＝急流を舟で下る「球磨川下り」が有名な日本三大急流の1つ。球泉洞(球磨村)。菊池渓谷。●史跡・歴史的建造物／熊本城(熊本市)＝築城の名手加藤清正による日本三大名城の1つ。水前寺公園(熊本市)＝藩主細川忠利が改山した水前寺を改造、東海道五十三次を模した桃山式の回遊式庭園。阿蘇神社(阿蘇市)＝かつての肥後一の宮。通潤橋(山都町)＝五老ヶ滝川に造られた通水橋(アーチ型の石橋)。天草五橋＝九州本土(三角)と天草の松島を結んだ5つの橋。三池炭鉱の万田坑と専用鉄道敷跡(荒尾市)は、明治日本の産業革命遺産(世界文化遺産)。●文化・レジャー施設／夏目漱石記念館(熊本市)。阿蘇ファームランド(南阿蘇村)。●伝統工芸品・特産品／山鹿灯籠(山鹿市)。天草更紗(天草市)。九州ラーメン(熊本市)。球磨焼酎(人吉市)。●祭り／阿蘇の火祭り(阿蘇市)＝阿蘇各地で2月〜5月に様々なイベントが行われる。●温泉／阿蘇内牧(阿蘇市)。杖立(小国町)。黒川(南小国町)。湯の児(水俣市)。山鹿(山鹿市)。日奈久(八代市)。●文学の舞台／森鷗外「阿部一族」(熊本市)。夏目漱石「草枕」(玉名市小天温泉)。徳冨蘆花「思出の記」(菊池市)。

## ⊕ 大分県

①約6,341㎢(22)　②大分市　③ブンゴウメ／ブンゴウメ／メジロ　④大分市、別府市、中津市　⑤大分平野は古くから水田が開けた土地。広大な水田を指す「大き田」から「大分」へ。

●自然観光資源／耶馬渓＝溶岩台地が山国川によって侵食されてできた渓谷で、青の洞門がみどころ。国東半島＝奈良時代に独自の仏教文化が栄えた神仏の郷。別府温泉地獄＝海、血の池、龍巻、白池、鬼石坊主、鬼山、かまどの"地獄"と呼ばれる大源泉の集まり。祖母山＝原生林に貴重なニホンカモシカ(特別天然記念物)が生息。九重山＝日本最南のコケモモの群落がある。飯田高原＝九重山北麓の草原状の高原で、日本有数のワインディングロード「やまなみハイウェイ」が走る。風連鍾乳洞。●史跡・歴史的建造物／臼杵石仏(臼杵市)＝凝灰岩の壁面に刻まれた国宝の石仏群。宇佐神宮(宇佐市)。富貴寺(豊後高田市)。熊野磨崖仏(豊後高田市)。岡城跡(竹田市)。●文化・レジャー施設／高崎山自然動物園(大分市)。大分マリーンパレス水族館うみたまご(大分市)＝セイウチ・トドなどのパフォーマンスが見られるスタンドは別府湾を一望できる。城島高原パーク(別府市)＝日本初の木製コースターがある。●伝統工芸品・特産品／別府竹細工(別府市)。キウイフルーツ(国東半島)。白ネギ(豊後高田市)。サンクイーンミカン(津久見市)。ユズ(宇佐市)。●祭り／姫島盆踊り(姫島村、8月)。●温泉／湯布院(由布市)。別府(別府市)。天ヶ瀬(日田市)。湯平(由布市)。別府温泉郷(別府市)。●文学の舞台／菊池寛「恩讐の彼方に」(中津市青ノ洞門)。

◆◆◆◆◆◆◆◆◆◆◆◆◆◆◆◆◆◆◆◆◆◆◆◆◆◆◆◆◆◆◆

## ⚎ 宮崎県

①約7,734㎢(14)　②宮崎市　③ハマユウ／フェニックス、ヤマザクラ、オビスギ／コシジロヤマドリ　④宮崎市、都城市、延岡市　⑤かつては原野が広がり、原野の意味の「ミヤ」の先の意味から宮崎となった。

●自然観光資源／青島＝山幸彦の伝説で知られる小島で、岩が幾重にも重なる「鬼の洗濯板」と呼ばれる岩床と亜熱帯植物性群落で名高い。高千穂峡＝80mを超える赤みを帯びた安山岩の柱状節理が連なるV字谷で、特に真名井ノ滝の景観は圧巻。都井岬＝日向灘に突き出した岬で、天然記念物の野生馬"御崎馬"が繁殖している。生駒高原＝100万本のコスモスの大群落と日本で最もよく星が見える地として有名。霧島山＝宮崎、鹿児島県にまたがる連山で、最高峰は韓国岳。登山口にえびの高原がある。●史跡・歴史的建造物／西都原古墳群(西都市)＝319基の大小さまざまな古墳が点在。鵜戸神宮(日南市)＝洞窟の中に鎮座する朱塗りの神殿。宮崎神宮(宮崎市)＝古くは神武天皇宮と呼ばれ、朝廷や幕府の絶大な崇敬を受けた。飫肥城下町(日南市)。●文化・レジャー施設／フェニックス・シーガイア・リゾート(宮崎市)＝ホテル、温泉、スパ、ゴルフ場などのリゾート施設。若山牧水記念館(日向市)。●伝統工芸品・特産品／蛤碁石(日向市)。そば焼酎(五ヶ瀬町)。都城鯉(都城市)。葉タバコ(国富町)。トビウオ(日南市、串間市)。日向ナツミカン(宮崎平野)。●祭り／牛越祭(えびの市、7月)。●温泉／えびの高原(えびの市)。蓮太郎(高原町)。●文学の舞台／宮崎地平「日向」(宮崎市)。

## 鹿児島県

①約9,186km²(10) ②鹿児島市 ③ミヤマキリシマ／カイコウズ、クスノキ／ルリカケス ④鹿児島市、鹿屋市、薩摩川内市 ⑤鹿児島は桜島の古い呼び名。「カゴ」は崖の意味で四方に崖を持つことから命名。

●自然観光資源／霧島山＝宮崎県にまたがる円錐状火山群の総称で、山頂付近にはミヤマキリシマの大群落が存在。桜島＝度重なる噴火で大隅半島と地続きになった鹿児島のシンボル。屋久島＝洋上アルプスとも呼ばれ、樹齢3000年を超える屋久杉が繁茂、世界遺産登録地。宮之浦岳＝九州の最高峰で、山腹には樹齢7200年の縄文杉が育つ。開聞岳。池田湖。奄美大島。吹上浜。長崎鼻。佐多岬。種子島。与論島。●史跡・歴史的建造物／城山(鹿児島市)＝山麓の鶴丸城と共に西南戦争で西郷隆盛終焉の地として名高い。知覧特攻平和会館(知覧)。霧島神宮(霧島市)。鶴丸城跡(鹿児島市)。旧集成館(反射炉跡、機械工場、旧鹿児島紡績所技師館)、寺山炭窯跡、関吉の疎水溝(いずれも鹿児島市)は、明治日本の産業革命遺産(世界文化遺産)。●文化・レジャー施設／宇宙科学資料館(肝付町)。仙巌園＝島津藩主の別邸(鹿児島市)。尚古集成館(鹿児島市)。●伝統工芸品・特産品／苗代川焼(日置市)。大島紬(奄美大島)。サツマイモ(県下一円)。黒砂糖(奄美大島)。●祭り／おはら祭り(鹿児島市、11月)。徳之島の闘牛(徳之島)＝季節毎に大会が行われている。甑島のトシドン(薩摩川内市、12月31日)＝ユネスコ無形文化遺産。●温泉／霧島温泉郷(霧島市)。新川渓谷温泉郷(霧島市)。古里温泉郷(鹿児島市)。●文学の舞台／梅崎春生「幻化」(南さつま市)。阿川弘之「雲の墓標」(出水市)。直木三十五「南国太平記」(鹿児島市)。

## 沖縄県

①約2,282km²(44) ②那覇市 ③デイゴ／リュウキュウマツ／ノグチゲラ ④那覇市、沖縄市、浦添市 ⑤「大きなナハ(漁場)」とも「端の島」ともいわれている。

●自然観光資源／万座毛＝隆起サンゴの断崖。玉泉洞＝全長5kmの大鍾乳洞。久米島＝奥武島の畳石が有名。石垣島＝八重山諸島の主島で宮良殿内(士族の屋敷)と白保海岸のサンゴ群が有名。竹富島＝"星砂の浜"の島。西表島＝全島の90%がジャングル、イリオモテヤマネコなど珍獣が生息。与那国島＝日本最西端の国境の島。八重干瀬＝春秋の大潮で宮古島の北方に3時間ほど現れる幻の島。●史跡・歴史的建造物／今帰仁城跡(今帰仁村)＝14世紀に栄えた北山王朝の居城跡。首里城(那覇市)＝琉球王朝の居城で、今帰仁城跡と首里城跡はユネスコ世界文化遺産。2019年焼失し、復元工事中。守礼門(那覇市)＝旧首里城の第2門。ひめゆりの塔(糸満市)＝沖縄戦の女子挺身隊の悲劇を伝える碑。摩文仁ノ丘(糸満市)＝沖縄戦最大の激戦地。金城町石畳道(那覇市)。●文化・レジャー施設／琉球村(恩納村)。沖縄県平和祈念資料館(糸満市)。国営沖縄記念公園(本部町)。ブセナ海中公園(名護市)。東南植物楽園(沖縄市)。琉球村(恩納村)。●伝統工芸品・特産品／紅型(那覇市)。久米島紬(久米島町)。パイナップル、サトウキビ(県内一円)。モズク海苔(那覇市)。泡盛(沖縄本島)。黒真珠(石垣市)。●祭り／沖縄全島エイサーまつり(沖縄市、8月)。組踊＝ユネスコ無形文化遺産。●温泉／山田(恩納村)。●文学の舞台／東峰夫「オキナワの少年」(沖縄市)。

# 国立公園一覧 ①都道府県名 ②制定年月日 ③特徴

【国立公園】…自然保護や国民の保健休養教育に供用するために国が設定した自然公園の一種。わが国では1931年に国立公園法が制定され、1957年に自然公園法へ改正された。2023年2月現在、国立公園は、全国34カ所・面積約219万haに達している。

| | |
|---|---|
| 利尻礼文サロベツ<br>（りしりれぶん） | ①北海道 ②1974.9.20 ③コニーデ型火山景観を有する利尻、礼文の二島と稚咲内海岸の砂丘、サロベツ原野の泥炭地一帯。園内にはリシリヒナゲシやレブンアツモリソウなどの固有植物、コモチカナヘビやリシリコマなどの固有動物が生息。 |
| 知床<br>（しれとこ） | ①北海道 ②1964.6.1 ③ラウス岳、硫黄山、知床岳などの火山連峰とイワオベツ等海食断崖の原始的半島景観。ほとんどの山が寒性針葉樹林におおわれ、北海道全体の3分の1に生息するヒグマ、オジロワシ、ウミツバメ、トド、アザラシなど。 |
| 阿寒摩周<br>（あかんましゅう） | ①北海道 ②1934.12.4 ③雄阿寒岳と雌阿寒岳の複式火山、かつて透明度世界一を誇った摩周湖、世界的な規模を持つ屈斜路カルデラなど、火山と森と湖の公園。阿寒湖は特別天然記念物マリモの生育地として知られ、ヒグマ、和琴ミンミンゼミなどが生息。 |
| 釧路湿原<br>（くしろしつげん） | ①北海道 ②1987.7.31 ③ラムサール条約登録地になっている日本最大の湿地の国立公園。特別天然記念物のタンチョウをはじめ、キタサンショウウオやエゾカオジロトンボ、イイジマルリボシヤンマ、イトウなど貴重な野生生物の宝庫である。 |
| 大雪山<br>（だいせつざん） | ①北海道 ②1934.12.4 ③北海道のほぼ中央に位置するわが国最大の国立公園。北海道の最高峰・旭岳をはじめ、2000m級の北海道の屋根には色とりどりの高山植物が繁茂。然別湖周辺では、氷河時代の生き残りといわれるナキウサギが生息。 |
| 支笏洞爺<br>（しこつとうや） | ①北海道 ②1949.5.16 ③支笏、洞爺の二大カルデラ湖を中心に、樽前山（たるまえ）や有珠山、昭和新山など、さまざまな火山地形と今なお続く火山活動、温泉現象が見られる。動植物は天然記念物の羊蹄山（ようてい）高山植物のほか、ハクチョウやヒメマスなど。 |
| 十和田八幡平<br>（とわだはちまんたい） | ①青森、秋田、岩手 ②1936.2.1 ③二重式カルデラ湖である美しい十和田湖が中心。さらには楯状火山の八幡平、円錐火山の岩手山、八甲田など火山性の高原など。モリアオガエルやヒメマスなどが生息。後生掛（ごしょうがけ）、玉川、藤七など温泉も点在。 |
| 三陸復興<br>（さんりくふっこう） | ①青森、岩手、宮城 ②1955.5.2 ③2013年に改名。典型的なリアス式海岸が見られる延長220kmの海岸公園。北山崎の大断崖、浄土ヶ浜の海食景観、美しい円礫の碁石海岸など、まさに海のアルプス。三貫島はオオミズナギドリ、日出島はコシジロウミツバメの繁殖地。 |
| 磐梯朝日<br>（ばんだいあさひ） | ①山形、福島、新潟 ②1950.9.5 ③爆裂式火山の磐梯山と、桧原湖（ひばら）、秋元湖、五色沼、小野川湖など大小数百の火山性堰止め湖沼群が中心。朝日岳から三面、飯豊山麓（いいで）はブナやカエデなど広葉樹におおわれ、ツキノワグマや特別天然記念物のカモシカが生息。 |

| | |
|---|---|
| 日光<br>にっこう | ①栃木、群馬、福島　②1934.12.4　③那須火山帯に属する山岳地。華厳の滝、中禅寺湖、戦場ヶ原などの奥日光、鬼怒川、塩原の渓谷や那須岳山麓の高原など変化に富んだ景色と自然に恵まれ、東照宮などの数々の歴史的建造物も有名。 |
| 尾瀬<br>おぜ | ①福島、栃木、群馬、新潟　②2007.8.30　③日本最大の山岳湿原である尾瀬ヶ原、只見川の源流にあたる尾瀬沼と、その周囲に位置する至仏山、燧ヶ岳、会津駒ヶ岳の日本百名山のほか、田代山、帝釈山などからなる。 |
| 秩父多摩甲斐<br>ちちぶたまかい | ①埼玉、東京、山梨、長野　②1950.7.10　③御岳山（秩父古生層山地）、雲取山（大滝中生層）、金峰山（花崗岩山地）など水成岩の山地を主体とした国立公園。イノシシ、シカ、カモシカ、ブッポウソウなども生息。 |
| 小笠原<br>おがさわら | ①東京　②1972.10.16　③島嶼景観、海食景観が見られる亜熱帯地域の火山列島。亜熱帯性海岸植物が植生し、オガサワラトントンボやメグロ、オガサワラツツジ、シマホザキランなど絶滅の恐れのある野生生物も生存。 |
| 富士箱根伊豆<br>ふじはこねいず | ①静岡、山梨、神奈川、東京　②1936.2.1　③富士山のコニーデ景観、箱根の複式カルデラ、富士五湖の火山性湖沼、伊豆半島の火山群、伊豆七島。ヤマネ、イノシシ、コウモリ、島部にはオオミズナギドリ等の海鳥も分布。 |
| 南アルプス<br>みなみ | ①山梨、静岡、長野　②1964.6.1　③日本最高の構造山地。南アルプスは甲斐駒山系、わが国第二峰の北岳、間ノ岳、農鳥岳の白根山系、赤石山系の総称。氷食地形の1つであるカールが見られ、仙丈ヶ岳は特に有名。 |
| 上信越高原<br>じょうしんえつ | ①群馬、新潟、長野　②1949.9.7　③浅間、白根、焼山など円錐活火山群と火山性高原、構造山地のアルプス景観。カモシカ、サル、鳴禽類、高山蝶が生息し、苗場山には高層湿原植物の群落などが見られる。 |
| 妙高戸隠連山<br>みょうこうとがくしれんざん | ①長野、新潟　②2015.3.27　③妙高山、飯縄山などの火山と、戸隠山、雨飾山などの非火山が連なり、多様な山々が密集している。堰止湖である野尻湖は、ナウマン象の化石の発掘でも有名。 |
| 中部山岳<br>ちゅうぶさんがく | ①新潟、富山、長野、岐阜　②1934.12.4　③アルプス景観と渓谷美を中心の山岳公園。特に火山性堰止め原の上高地、黒部渓谷などが見どころ。カモシカ、ライチョウ、白馬連山の高山植物はともに特別天然記念物。 |
| 白山<br>はくさん | ①富山、石川、福井、岐阜　②1962.11.12　③日本三名山の1つに数えられてきた白山が中心。山麓はブナやミズナラが繁茂し、高山地帯は30数種類におよぶ「ハクサン」と名のついた貴重な高山植物の群落が見られる。 |
| 伊勢志摩<br>いせしま | ①三重　②1946.11.20　③隆起と沈降を繰り返した末の壮年期侵食丘陵の海食台地景観。英虞湾や的矢湾には典型的なリアス式海岸。ハマユウなど暖地性植物が自生し、シダ群落が分布。その他、イセエビ、真珠など。 |
| 吉野熊野<br>よしのくまの | ①奈良、三重、和歌山　②1936.2.1　③水成岩の秘境と峡谷の公園。約1500mの隆起準平原である大台ヶ原や大杉谷は、ブナやトウヒの原始林が残る秘境。瀞峡、那智滝、鬼ヶ城の海食洞窟群、陸繋島の潮岬など。 |
| 山陰海岸<br>さんいんかいがん | ①鳥取、兵庫、京都　②1936.7.15　③網野海岸から鳥取砂丘まで延長75kmにおよぶ海岸公園。柱状・板状節理が織りなす袖断崖、洞門・洞窟などの海食景観も密集している。ズワイガニが生息、砂浜植物が自生。 |

| | |
|---|---|
| 瀬戸内海<br>（せ と ない かい） | ①兵庫、和歌山、岡山、広島、山口、徳島、香川、愛媛、福岡、大分　②1934.3.16　③大小300もの島が散在する世界的な内海多島海公園。弥山原始林、生島樹林、峨眉山樹林、鳴門根上り松などすべて天然記念物。 |
| 大山隠岐<br>（だいせん お き） | ①鳥取、島根、岡山　②1936.2.1　③大山から蒜山（ひるぜん）までの山岳地帯、海岸多島海景観である隠岐諸島、島根半島の海岸部、三瓶山（さんべさん）一帯の4つの地域。ダイセンキャラボクは特別天然記念物。高山蝶やウミネコが生息。 |
| 足摺宇和海<br>（あしずり う わ かい） | ①高知、愛媛　②1972.11.10　③愛媛側の沈降海岸は出入りが多く、高知側の足摺岬周辺では河岸段丘や岬先端部、沖ノ島の豪快な花崗岩断崖が見事。黒潮系の優れた海中景観も魅力。シコロサンゴなどが生息する。 |
| 西海<br>（さいかい） | ①長崎　②1955.3.16　③九十九（くじゅうく）島、平戸（ひらど）島、五島列島などを包含。大小400の島々が繰り広げる外海多島海景観。また福江島の鬼岳（おにだけ）や小値賀島では、火山性の砕屑丘の特異な風景が見られる。アオウミガメ、シカなど。 |
| 雲仙天草<br>（うんぜんあまくさ） | ①長崎、熊本、鹿児島　②1934.3.16　③雲仙岳は鐘状円錐複式火山で、断層運動のため複雑な地形美を見せる。高原、湖沼、地獄現象に加え、シロドウダン、イヌツゲ、ミヤマキリシマの群落、切支丹の遺跡など。 |
| 阿蘇くじゅう<br>（あ そ） | ①熊本、大分　②1934.12.4　③世界最大の複式火山景観。阿蘇は中央火口丘の中岳、根子岳などを包み込む典型的大カルデラを持ち、噴煙をあげる中岳、鐘状火山の久住山、雄大な外輪山の大草原美など。 |
| 霧島錦江湾<br>（きりしまきんこうわん） | ①②2011年3月16日に旧・霧島屋久国立公園から、霧島地域と錦江湾地域（くものうら）からなる霧島錦江湾国立公園（宮崎県、鹿児島県）と、屋久島及び口永良部島からなる屋久島国立公園（鹿児島県）に分離された。 |
| 屋久島<br>（や くしま） | ③霧島山には火口が約15、火口湖が約10存在し、特異な火山景観を呈する。爆発と降灰を繰り返す桜島の山腹では各年代の溶岩流等が見られる。屋久島は、標高1,000m超の山岳地で、特異な生態系が形成されている。 |
| 奄美群島<br>（あまみ） | ①鹿児島　②2017.3.7　③固有・希少動植物が集中して分布する亜熱帯照葉樹林の生態系、隆起段丘、鍾乳洞やカルスト地形、サンゴ礁景観、人と自然の関わりを示す文化景観を有する。 |
| やんばる | ①沖縄　②2016.9.15　③ヤンバルクイナなど多種多様な固有動物及び希少動植物が生息・生育し、石灰岩の海食崖やカルスト地形、マングローブ林など多様な自然環境を有し、国内最大級の亜熱帯照葉樹林が広がる。 |
| 慶良間諸島<br>（けらま） | ①沖縄　②2014.3.5　③座間味島（ざまみ）、渡嘉敷島（とかしき）をはじめとする慶間諸島および周囲のサンゴ礁を含む海域。透明度の高い優れた景観に、多様なサンゴが高密度に生息している。ザトウクジラの繁殖海域でもある。 |
| 西表石垣<br>（いりおもていしがき） | ①沖縄　②1972.5.15　③亜熱帯原生林におおわれた西表島（いりおもて）をはじめ、黒島、竹富島などの珊瑚礁の八重山（やえやま）海域。西表島ではイリオモテヤマネコのほか、特別天然記念物のカンムリワシ、セマルハコガメなど。 |

## 国定公園一覧 （①都道府県名　②制定年月日　③特徴など）

【国定公園】…自然公園法によって定められた自然公園の一種で、国立公園に準ずる優れた自然の風景地。2023年2月現在、国定公園は全国58カ所が指定され、面積にして約149万ha。

| | |
|---|---|
| 厚岸霧多布昆布森<br>（あっけしきりたっぷ こん ぶ もり） | ①北海道　②2021.3.30　③海食崖が連続した岩石海岸や別寒辺牛湿原、霧多布湿原などの広大な湿原景観。トウキョウトガリネズミ、エゾユキウサギ、ヒグマ、エゾシカなどが生息。湿原植物群落、水生植物群落など。 |

| | |
|---|---|
| しょかんべつ て うりやぎしり<br>**暑寒別手売焼尻** | ①北海道　②1990.8.1　③暑寒別岳の火山景観と海食崖の海岸景観。雨竜沼はわが国有数の山地型湿原。天然記念物の天売島海鳥繁殖地。高山植物群落、イチイの自然林、ウミガラス（オロロン鳥）。 |
| あばしり<br>**網走** | ①北海道　②1958.7.1　③日本最北端の海跡湖沼群。砂丘と原生花園。流氷。能取湖などの塩性湿原にはアッケシソウの大群落がある。アザラシ、ウミネコ、ウミツバメなど生息、オオハクチョウが飛来。 |
| しゃこたん お たるかいがん<br>**ニセコ積丹小樽海岸** | ①北海道　②1963.7.24　③神仙沼の高層湿原。ニセコアンヌプリから雷電山にかけての火山景観。積丹岬、神威岬などの海岸美。高山植物が豊富で、フサスギナが代表的植物。積丹半島等の海中景観。 |
| ひだかさんみゃくえりも<br>**日高山脈襟裳** | ①北海道　②1981.10.1　③褶曲山脈上の氷蝕地形、幌尻岳などのカール等高山景観。襟裳岬などの海蝕崖の海岸景観。ヒダカミネヤナギ、カムイビランジなど高山植物の固有種。ヒグマ、エゾシカ、ナキウサギ。 |
| おおぬま<br>**大沼** | ①北海道　②1958.7.1　③活火山である駒ヶ岳のほか、火山性堰止湖の大沼・小沼・蓴菜沼など北海道における内的山水美。ブナ、ヤチハンノキ、ミズナラ、ニレ、ナナカマドなどが自生。 |
| しもきたはんとう<br>**下北半島** | ①青森　②1968.7.22　③恐山カルデラ、宇曽利山湖など複式火山地形。焼山崎など海蝕断崖。ヒバ、ブナ混交林主体の森林景観。ツキノワグマ、カモシカのほか、ニホンザルは生息の北限。 |
| つがる<br>**津軽** | ①青森　②1975.3.31　③海岸段丘の竜飛崎、美しい山容の成層火山の岩木山、砂丘地形の七里長浜など、見どころは多い。ブナ林を背後に控える白神山地は世界の自然遺産にも選ばれている。 |
| はやちね<br>**早池峰** | ①岩手　②1982.6.10　③早地峰山一帯は風化侵食に強い蛇紋岩や超塩基性岩体、花崗岩体の地形。めずらしい高山植物群落の宝庫であり、ブナやチシマザサ群落も見られる。ツキノワグマ、ニホンカモシカなども生息。 |
| くりこま<br>**栗駒** | ①岩手、宮城、秋田、山形　②1968.7.22　③焼石岳と栗駒岳を中心とした温泉と渓谷美の素朴な山岳公園。ナラ、シデ、カエデ等の落葉広葉樹林が広がり、ニホンカモシカ、ツキノワグマ、ニホンザルが生息。 |
| ざおう<br>**蔵王** | ①宮城、山形　②1963.8.8　③蔵王は各種火山地形を網羅する火山群峰。山寺や二口峡谷は集塊岩・凝灰岩などの風化侵食地形を形成。冬はアオモリトドマツの樹氷が付き、自然の雪像が林立する。 |
| おが<br>**男鹿** | ①秋田　②1973.5.15　③海食段丘を含む火山群と楯状円錐型火山（コニトロイデ）景観。本陸とは別に隆起生成した島が砂州によって本陸と結ばれてできた半島。ヤブツバキの自生北限。 |
| ちょうかい<br>**鳥海** | ①秋田、山形　②1963.7.24　③鳥海山は東西2つの円錐火山の複合。象潟は隆起と火山噴出物による特異な景観を持つ。ブナ林、高山植物群落。飛島、御積島はウミネコの繁殖地としても知られる。 |
| えちご さんざんただみ<br>**越後三山只見** | ①福島、新潟　②1973.5.15　③発達した典型的V字谷。鳥海火山群に属する浅草岳、守門岳周辺は広大な原生林におおわれる。公園一帯にニホンカモシカ、ツキノワグマなど大型哺乳類、イヌワシが生息。原始性を残した公園。 |
| すいごうつくば<br>**水郷筑波** | ①茨城、千葉　②1959.3.3　②霞ヶ浦をはじめとする海跡湖や浮島景観など日本の代表的水郷風景。湖岸や河岸にはヤマメ、マコモ、ガマ等の水性植物群落が見られ、湖中には淡水魚類やワカサギが生息。 |
| みょうぎ あらふねさく こうげん<br>**妙義荒船佐久高原** | ①群馬、長野　②1969.4.10　③柱状・板状節理の続く妙義山塊と荒船山の山稜部（溶岩台地）を中心とした山岳高原。一帯はコナラ、ミズナラ、カエデなど落葉広葉樹林が広がり、奇岩怪石と紅葉の取り合わせは見もの。 |
| みなみぼうそう<br>**南房総** | ①千葉　②1958.8.1　③白砂青松、冬も温暖な白砂青松の海浜公園。砂浜ばかりでなく、おせんころがしに代表される断層崖も見られる。ハマボッス、ハマユウなどが自生し、春先の一面の菜の花畑も有名。 |
| めいじ もりたかお<br>**明治の森高尾** | ①東京　②1967.12.11　③高尾山を含む山稜を主体とした構造山地にモミ、カシ、アカマツ、ブナ等の温帯および暖帯性自然林が繁茂。野鳥やムササビ、昆虫類も多く生息し、都心近郊の貴重な自然。 |
| たんざわおおやま<br>**丹沢大山** | ①神奈川　②1965.3.25　③蛭ヶ岳（ひるがだけ）、丹沢山、塔ヶ岳などの構造山地群峰が中心。関東大震災で断層が崩れ、岩場が多く、沢登りが登山の主体。ニホンカモシカ、サル、イノシシのほか、ツキノワグマもいる。 |
| さど やひこねやま<br>**佐渡弥彦米山** | ①新潟　②1950.7.27　③わが国最大の島。大佐渡、小佐渡、弥彦などの断層隆起山塊と、外海府、浦浜などの海食崖。絶滅したトキの最後の生息地。オオハクチョウ、サドマイマイ、シャクナゲなどの動植物。 |

| | |
|---|---|
| 能登半島<br>（の　と　はんとう） | ①石川、富山　②1968.5.1　③日本海最大の半島で、猿山岬などの隆起海岸、九十九湾や穴水湾の沈降したリアス式海岸地形、海中景観などの自然が見られる。アカマツ、クロマツが自生し、ツグミ、サギなどが生息する。 |
| 越前加賀海岸<br>（えちぜん　か　が　かいがん） | ①石川、福井　②1968.5.1　③延長108kmにおよぶ海岸に、東尋坊の柱状節理の断崖、越前岬の海食崖、三里浜の海岸砂丘など見事な景観が続く。クロマツの砂防林、タブノキ、ヤブニッケイなどが自生し、冬のスイセンは名物。 |
| 若狭湾<br>（わか　さ　わん） | ①福井、京都　②1955.6.1　③延長65kmにおよぶ断層による樹枝状海岸に、天橋立のような砂嘴の典型や三方五湖などの沈水湖沼群の他、さまざまな海食美が見られる。クロマツ、カクレミノなど生育。 |
| 八ヶ岳中信高原<br>（やつ　が　たけちゅうしんこうげん） | ①長野、山梨　②1964.6.1　③八ヶ岳などの火山連邦、美ヶ原や霧ヶ峰といった火山性台地の山岳公園。ヤツガタケトウヒ、ヒメマツハダ、ヒメバラモミほか。ニホンカモシカ、ニホンザルなどが生息。 |
| 中央アルプス<br>（ちゅうおう） | ①長野　②2021.3.27　③非火山性連峰の氷河地形や貴重な高山植生等を有する。ニホンカモシカ、ヤマネ、オコジョ、ライチョウなどが生息。ヒメウスユキソウ、コナラやミズナラ等の広葉樹、ヒノキ、ツガ等の針葉樹など。 |
| 天竜奥三河<br>（てんりゅうおく　み　かわ） | ①静岡、愛知、長野　②1969.1.10　③天竜川とその支流の渓谷、茶臼山を中心とする山岳地帯。中央構造線の東縁にあたり、地殻変動や火山活動による複雑な地形地質。コノハズク（ブッポウソウ）の生息地。 |
| 揖斐関ヶ原養老<br>（い　び　せき　が　はらようろう） | ①岐阜　②1970.12.28　③揖斐川、関ヶ原古戦場、養老山一帯の東海自然歩道沿道の公園。ハイライトは、揖斐峡と関ヶ原古戦場跡。ニホンカモシカ、ニホンジカなどが生息。ブナ、ミズナラ、クリ、トチ、ツバキ、シイ、カシなど。 |
| 飛騨木曽川<br>（ひ　だ　き　そ　がわ） | ①岐阜、愛知　②1964.3.3　③河川美およびその利用を主体とする公園。飛騨川、木曽川それぞれの渓谷美と、合流地点より下流の日本ラインは壮観。スギ、ヒノキ。ニホンカモシカ、ツキノワグマ、ニホンザルなどが生息。 |
| 愛知高原<br>（あい　ち　こうげん） | ①愛知　②1970.12.28　③段戸山、猿投山、道樹山など隆起山地の準平原。神越渓谷・香嵐渓などの渓谷美。植生はアカマツの林を主体にコナラなどの落葉広葉樹、モミ、ツガなどの照葉樹林の混生。ニホンイノシシなどが生息。 |
| 三河湾<br>（み　かわわん） | ①愛知　②1958.4.10　③三河湾を囲む知多半島、渥美半島の海岸線の景勝地。内海多島景観と海食崖。伊良湖岬などは温暖な気候に恵まれ、ハマユウ、ハマボウなど暖地性海浜植物群落が見られる。カワウ、タカ類が生息。 |
| 鈴鹿<br>（すず　か） | ①三重、滋賀　②1968.7.22　③鈴鹿山脈は伊勢湾水系と琵琶湖水系を東西に分ける連峰。地質的には秩父古生層に属する砂岩・凝灰岩が主体で、御池岳などではカルスト地形も見られる。ホンシャクナゲ。ニホンカモシカ。 |
| 室生赤目青山<br>（むろ　う　あかめ　あおやま） | ①三重、奈良　②1970.12.28　③大洞、倶留尊山など室生火山群。青山高原、高見山の隆起準平原。赤目谷は安山岩の柱状節理が群立、赤目四十八滝で知られる。アセビ、イヌツゲ、ツツジなどが自生。ニホンカモシカ、ニホンジカ。 |
| 琵琶湖<br>（び　わ　こ） | ①滋賀、京都　②1950.7.24　③近江八景として知られる景勝地。断層陥没湖であり、日本最大の淡水湖。琵琶湖の風景として欠かせない湖畔のヨシ群落は、水質浄化など生態系にも深く係わる。ホンモロコ、ニゴロブナ等固有淡水魚類。 |
| 丹後天橋立大江山<br>（たんごあまのはしだておおえやま） | ①京都　②2007.8.3　③日本三景の1つである天橋立や伊根の舟屋群、鳴き砂の琴引浜などがある。内陸部の世屋高原には近畿有数のブナ林が広がっている。雲海の名所である大江山は鬼伝説で知られている。ツキノワグマなど。 |
| 京都丹波高原<br>（きょう　と　たん　ば　こうげん） | ①京都　②2016.3.25　③二大河川が織りなす自然と歴史・文化が一体となった文化的里山景観。ニホンカモシカ、ヤマネ、オオタカ等が生息。ブナ、ミズナラ等の原生林のほか、ヤチスギラン、モウセンゴケ等湿地性植物も存在。 |
| 明治の森箕面<br>（めい　じ　もりのお） | ①大阪　②1967.12.11　③暖帯性天然林が繁茂する、箕面川・勝尾寺川などの河川により開析された構造山地。シイ、カエデ、カシなど紅葉の名所。野生動物も多く、ニホンザルは天然記念物に指定。明治百年記念公園である。 |
| 金剛生駒紀泉<br>（こんごういこまきせん） | ①大阪、奈良、和歌山　②1958.4.10　③生駒山地から金剛山地にかけての屏風状に連なる断層により形成された山々。四条畷、千早城など奈良朝・南北朝時代の史跡が多い。大阪府唯一の自然ブナ林がある。ニホンイノシシなど。 |
| 氷ノ山後山那岐山<br>（ひょうのせんうしろやまなぎさん） | ①兵庫、鳥取、岡山　②1969.4.10　③氷ノ山を主峰と標高1000～1300mの山岳が連なる。ブナの自然林が広く分布し、その中でツキノワグマ、イヌワシなども生息する。シオジ、キャラボク。ニホンザル、野鳥など。 |
| 大和青垣<br>（やまとあおがき） | ①奈良　②1970.12.28　③大和高原西部の山辺の道周辺と、歴史にも登場する三輪山、巻向山、高円山など青垣山一帯の丘陵地。断層崖からなる丘陵にはカシ、シイなどの照葉樹林が多く残る。ニホンイノシシ、ノウサギなど。 |

| | |
|---|---|
| <ruby>高<rt>こう</rt></ruby><ruby>野<rt>や</rt></ruby><ruby>龍<rt>りゅう</rt></ruby><ruby>神<rt>じん</rt></ruby><br>高野龍神 | ①和歌山、奈良　②1967.3.23　③山岳仏教の聖地・高野山から白口峰、護摩壇山を経て日高川の源流に続く。周辺にはスギ林、コウヤマキ保護林、ブナやミズナラの自然林が広く分布。ニホンザル、ニホンカモシカなど。 |
| <ruby>比<rt>ひ</rt></ruby><ruby>婆<rt>ば</rt></ruby><ruby>道<rt>どう</rt></ruby><ruby>後<rt>ご</rt></ruby><ruby>帝<rt>たい</rt></ruby><ruby>釈<rt>しゃく</rt></ruby><br>比婆道後帝釈 | ①広島、鳥取、島根　②1963.7.24　③隆起平原地形の比婆山、吾妻山、道後山。カルスト地形を縦走する帝釈峡は、中国地方を代表する景勝地。比婆山のブナ林。特別天然記念物のオオサンショウウオの生息。 |
| <ruby>西<rt>にし</rt></ruby><ruby>中<rt>ちゅう</rt></ruby><ruby>国<rt>ごく</rt></ruby><ruby>山<rt>さん</rt></ruby><ruby>地<rt>ち</rt></ruby><br>西中国山地 | ①広島、島根、山口　②1969.1.10　③多くは山頂が丸みを帯びた隆起準平原の山々だが、川が滝や早瀬をつくり、三段峡、匹見峡、深山峡など景勝地に見られる。ウラジロガシを主とする常緑紅葉樹林。 |
| <ruby>北<rt>きた</rt></ruby><ruby>長<rt>なが</rt></ruby><ruby>門<rt>と</rt></ruby><ruby>海<rt>かい</rt></ruby><ruby>岸<rt>がん</rt></ruby><br>北長門海岸 | ①山口　②1955.11.1　③火山活動と地殻変動、さらに海食作用が加わってできた景観。変化に富んだ奇岩怪石の青海島、高山の磁石石。須佐湾のホルンフェルス景観などが見どころ。 |
| <ruby>秋<rt>あき</rt></ruby><ruby>吉<rt>よし</rt></ruby><ruby>台<rt>だい</rt></ruby><br>秋吉台 | ①山口　②1955.11.1　③台地上はカレン（石灰岩柱）の群やドリーネ（椀状の窪地）などが見られる典型的カルスト地形。地下には日本最大の鍾乳洞窟がある秋芳洞があり、巨大な石筍などが見られる。 |
| <ruby>剣<rt>つるぎ</rt></ruby><ruby>山<rt>さん</rt></ruby><br>剣山 | ①徳島、高知　②1964.3.3　③石槌に次ぐ四国の高峰・剣山を中心とする構造山地一帯。祖谷川や吉野川が岩肌を削り造った祖谷渓、大歩危、小歩危など奇勝と渓谷美。シコクシラベなどの植物群。ニホンカモシカなど。 |
| <ruby>室<rt>むろ</rt></ruby><ruby>戸<rt>と</rt></ruby><ruby>阿<rt>あ</rt></ruby><ruby>南<rt>なん</rt></ruby><ruby>海<rt>かい</rt></ruby><ruby>岸<rt>がん</rt></ruby><br>室戸阿南海岸 | ①徳島、高知　②1964.6.1　③橘湾はリアス式海岸の多島海、それ以南は海蝕崖や海蝕洞が連なる断層海岸、室戸岬は海岸段丘。亜熱帯植物の景観。日和佐海岸はアオウミガメの産卵地として有名。 |
| <ruby>石<rt>いし</rt></ruby><ruby>鎚<rt>づち</rt></ruby><br>石鎚 | ①愛媛、高知　②1955.11.1　③石鎚山は四国の最高峰にして修験道の霊地。山腹にはブナ林、上部はシコクシラベやダケカンバ、山頂は高山植物が見られる。面河渓は花崗岩の奇岩怪石で有名な渓谷。 |
| <ruby>北<rt>きた</rt></ruby><ruby>九<rt>きゅう</rt></ruby><ruby>州<rt>しゅう</rt></ruby><br>北九州 | ①福岡　②1972.10.16　③北九州市の背後をなす構造山地と台地。特にカルスト地形の平尾台が有名で、多数の石灰岩柱が集まるカルレンフェルト、椀状の窪地のドリーネとウバーレ、地下には鍾乳洞もある。 |
| <ruby>玄<rt>げん</rt></ruby><ruby>海<rt>かい</rt></ruby><br>玄海 | ①福岡、佐賀、長崎　②1956.6.1　③北九州市の遠見ノ鼻から長崎県の鷹島までの玄界灘の海岸線一帯。海の中道でつながった志賀島、クロマツ林が見ごとな虹ノ松原、巨大な柱状節理に圧倒される七ツ釜など。 |
| <ruby>耶<rt>や</rt></ruby><ruby>馬<rt>ば</rt></ruby><ruby>日<rt>ひ</rt></ruby><ruby>田<rt>た</rt></ruby><ruby>英<rt>ひ</rt></ruby><ruby>彦<rt>こ</rt></ruby><ruby>山<rt>さん</rt></ruby><br>耶馬日田英彦山 | ①福岡、大分、熊本　②1950.7.29　③新日本三景にも数えられる耶馬渓を中心に、修験場である英彦山、典型的な二重式メーサ（卓上台地）の万年山、水郷風景の日田など。アユ、ブッポウソウ、ホトトギス。 |
| <ruby>壱<rt>い</rt></ruby><ruby>岐<rt>き</rt></ruby><ruby>対<rt>つ</rt></ruby><ruby>馬<rt>しま</rt></ruby><br>壱岐対馬 | ①長崎　②1968.7.22　③平坦な溶岩台地からなる壱岐は、変化ある海岸線と海蝕洞が見もの。対馬は、かつて大陸と地続きだったことを証明する学問上貴重なツシマヤマネコなどが生息。 |
| <ruby>九<rt>きゅう</rt></ruby><ruby>州<rt>しゅう</rt></ruby><ruby>中<rt>ちゅう</rt></ruby><ruby>央<rt>おう</rt></ruby><ruby>山<rt>さん</rt></ruby><ruby>地<rt>ち</rt></ruby><br>九州中央山地 | ①熊本、宮崎　②1982.5.15　③国見岳、市房山などの山々と球磨川、耳川の源流部。一帯にはブナ、ミズナラなどの原生林が広がる。五木五家荘や椎葉など歴史的文化遺跡。ニホンカモシカ、ニホンコキクガシラコウモリなど。 |
| <ruby>日<rt>にっ</rt></ruby><ruby>豊<rt>ぽう</rt></ruby><ruby>海<rt>かい</rt></ruby><ruby>岸<rt>がん</rt></ruby><br>日豊海岸 | ①大分、宮崎　②1974.2.15　③九州山地が沈水してできた屈曲の激しいリアス式海岸。入り江は小島が散在する多島海景観。黒潮の影響で冬も温暖なため、アコウ、ビロウなど亜熱帯性植物が自生する。 |
| <ruby>祖<rt>そ</rt></ruby><ruby>母<rt>ぼ</rt></ruby><ruby>傾<rt>かたむき</rt></ruby><br>祖母傾 | ①大分、宮崎　②1965.3.25　③祖母山、傾山など九州本島最高の構造山地一帯。山腹にはモミ、ツガなどの針葉樹や落葉広葉樹の原生林が広がる。五ヶ瀬川上流には見ごとな柱状節理の高千穂峡がある。 |
| <ruby>日<rt>にち</rt></ruby><ruby>南<rt>なん</rt></ruby><ruby>海<rt>かい</rt></ruby><ruby>岸<rt>がん</rt></ruby><br>日南海岸 | ①宮崎、鹿児島　②1955.6.1　③宮崎県青島から鹿児島県志布志までの海岸公園。青島付近の「鬼の洗濯板」と呼ばれる波蝕棚、ビロウやソテツの自生林、都井岬の野生の"岬馬"、幸島の野猿（ニホンザル）など。 |
| <ruby>甑<rt>こしき</rt></ruby><ruby>島<rt>しま</rt></ruby><br>甑島 | ①鹿児島　②2015.3.25　③海食崖の連なり、潟湖群、リアス海岸等が太古の地球を感じさせ、多種多様な化石がみられる。チュウサギ、クロツラヘラサギなどが生息し、国内最大級のハマナツメの群落も存在。 |
| <ruby>沖<rt>おき</rt></ruby><ruby>縄<rt>なわ</rt></ruby><ruby>海<rt>かい</rt></ruby><ruby>岸<rt>がん</rt></ruby><br>沖縄海岸 | ①沖縄　②1972.5.15　③万座毛や恩納海岸など沖縄本島西海岸の景勝地と、与那覇岳、慶良間列島の海岸部。与那覇岳には貴重なノグチゲラやヤンバルクイナなどが生息。サンゴ礁、亜熱帯林など。 |
| <ruby>沖<rt>おき</rt></ruby><ruby>縄<rt>なわ</rt></ruby><ruby>戦<rt>せん</rt></ruby><ruby>跡<rt>せき</rt></ruby><br>沖縄戦跡 | ①沖縄　②1972.5.15　③沖縄本土復帰の日に指定。摩文仁の丘付近、ひめゆりの塔など沖縄本島南端部の戦跡と、亜熱帯林や隆起サンゴ礁といった海岸部の自然景観。 |

## 海域公園一覧 （①所在地　②制定年月日　③所属公園　④指定地点数　⑤特徴）

【海域公園】…1962年の第一回世界国立公園会議で勧告され、1970年に自然公園法により立法化。2023年3月時点で日本国内では129地区（国立公園内100地区、国定公園内29地区）が指定されている。2010年に海中公園から名称変更された。（以下の表は抜粋）

| | |
|---|---|
| 礼文島西海岸<br>（れぶんとうにしかいがん） | ①北海道礼文町　②2021.10.29　③利尻礼文サロベツ国立公園　④1カ所　⑤礼文島トド島地先の海域、利尻島の南浜湿原、礼文島のトンナイ川流域等。 |
| 利尻島ポンモシリ<br>（りしりとう） | ①北海道利尻富士町　②2021.10.29　③利尻礼文サロベツ国立公園　④1カ所　⑤海食崖と利尻山の一体となった景観を眺望できる。 |
| 積丹半島<br>（しゃこたんはんとう） | ①北海道積丹町　②1972.10.16　③ニセコ積丹小樽海岸国定公園　④3カ所　⑤黄金岬や女郎子岩など変化に富んだ海岸線と対馬海流の影響を受けた温帯域の生物。 |
| 小樽海岸<br>（おたるかいがん） | ①北海道小樽市　②1972.10.16　③ニセコ積丹小樽海岸国定公園　④3カ所　⑤水族館や展望台、自然探勝路などを完備した親しみやすい公園。 |
| 仏ヶ浦<br>（ほとけがうら） | ①青森県佐井村　②1975.12.11　③下北半島国定公園　④1カ所　⑤青白色の奇岩が神仏のように群立。「飢餓海峡」の舞台としても知られる。 |
| 鯛島<br>（たいじま） | ①青森県むつ市　②1975.12.11　③下北半島国定公園　④1カ所　⑤海底の岩面の美しく、その名は鯛が海から踊り出た形に似ているところから命名。 |
| 気仙沼<br>（けせんぬま） | ①宮城県気仙沼市、唐桑町　②1971.1.22　③陸中海岸国立公園　④3カ所　⑤起伏に富む海底にはホンダワラ類の海藻群落、カイメン類や貝類の着生が見られる。 |
| 勝浦<br>（かつうら） | ①千葉県勝浦市　②1974.6.7　③南房総国定公園　④1カ所　⑤寒流と暖流が合流する潮目にあたり、豊富な種類の魚が集まる。サンゴ生息の北限。 |
| 三宅島<br>（みやけじま） | ①東京都三宅村　②1994.11.7　③富士箱根伊豆国立公園　④2カ所　⑤富賀浜は沖縄を思わせるテーブルサンゴ、釜ノ尻は海ガメが見られる。 |
| 父島宮之浜・釣浜、母島椰子浜など<br>（ちちじままやのはま・つりはま、ははじまやしはま） | ①東京都小笠原村　②2009.11.12　③小笠原国立公園　④14カ所　⑤周辺サンゴ礁にはブダイなど大型熱帯魚が群遊。南島はわが国唯一の沈水カルスト。 |
| 外海府<br>（そとかいふ） | ①新潟県佐渡市　②1971.1.22　③佐渡弥彦米山国定公園　④2カ所　⑤佐渡島北端の二ツ亀付近。海底は玄武岩からなる変化に富んだ地形になっている。 |
| 相川<br>（あいかわ） | ①新潟県佐渡市　②1971.1.22　③佐渡弥彦米山国定公園　④2カ所　⑤海底ではホンダワラ類の海藻林やウニ類・ニジギンポなど南方系の魚も観察できる。 |
| 小木<br>（おぎ） | ①新潟県佐渡市　②1971.1.22　③佐渡弥彦米山国定公園　④1カ所　⑤佐渡島の南端、新谷岬周辺の岩礁と洞窟などの海岸風景。遊覧船も出ている。 |
| 木ノ浦<br>（きのうら） | ①石川県珠洲市　②1971.1.22　③能登半島国定公園　④2カ所　⑤安山岩からなる出入りの多い海底地形で、国定公園特別保護区にもなっている。 |
| 内浦<br>（うちうら） | ①石川県能登町　②1971.1.22　③能登半島国定公園　④3カ所　⑤恋路海岸や九十九湾など、女性的な海岸風景が続く。 |
| 三方<br>（みかた） | ①福井県若狭町　②1971.1.22　③若狭湾国定公園　④4カ所　⑤海水の透明度が高く、緑藻類や紅藻類など色彩的に豊かな海底の様子が観察できる。 |
| 熊野灘古座・荒船、王子ヶ浜・三輪崎など<br>（くまのなだこざ・あらふね、おうじがはま・みわざき） | ①三重県新宮市、串本町、那智勝浦町など　②2015.9.24　③吉野熊野国立公園　④4カ所　⑤海岸部周辺には、温暖な気候により亜熱帯植物も分布している。 |
| 串本<br>（くしもと） | ①和歌山県串本町　②2015.9.24　③吉野熊野国立公園　④1カ所　⑤テーブルサンゴ、イボサンゴ、ノウサンゴなどが豊富に群生。 |
| 五色浜<br>（ごしきはま） | ①京都府京丹後市　②1990.4.6　③山陰海岸国立公園　④1カ所　⑤岩礁の上には有節石灰藻類やクロメ。エビアマモなどが繁茂。魚も多い。 |

| | |
|---|---|
| 豊岡<br>(とよおか) | ①兵庫県豊岡市　②1971.1.22　③山陰海岸国立公園　④1カ所　⑤日本海の荒波にもまれた岩礁海岸。日和山遊園からグラスボードが就航。 |
| 竹野<br>(たけの) | ①兵庫県豊岡市　②1971.1.22　③山陰海岸国立公園　④1カ所　⑤大浦一帯。メバル、クロダイなどの好漁場でもある。 |
| 浜坂<br>(はまさか) | ①兵庫県新温泉町　②1971.1.22　③山陰海岸国立公園　④2カ所　⑤海岸線は出入りの多いリアス式、海食洞や洞門などが続く。 |
| 浦富海岸<br>(うらどめかいがん) | ①鳥取県岩美町　②1971.1.22　③山陰海岸国立公園　④1カ所　⑤15kmにもおよぶリアス式の海岸美と、海底では花崗岩の変化に富んだ地形が展開。 |
| 島根半島<br>(しまねはんとう) | ①島根県出雲市　②1972.10.16　③大山隠岐国立公園　④1カ所　⑤別名日御碕海中公園。アオサやミルが草原状に繁茂し、魚類や無脊椎動物の宝庫。 |
| 浄土ヶ浦<br>(じょうどがうら) | ①島根県隠岐の島町　②1975.12.11　③大山隠岐国立公園　④2カ所　⑤浄土ヶ浦海岸の岩礁が多い海岸風景と美しい海中景観が魅力。 |
| 代<br>(しろ) | ①島根県隠岐の島町　②1975.12.11　③大山隠岐国立公園　④1カ所　⑤ローソク岩などの岩礁。海中も起伏に富んだ地形で、ヨレモクの海藻林が広がる。 |
| 国賀<br>(くにが) | ①島根県西ノ島町　②1975.12.11　③大山隠岐国立公園　④1カ所　⑤断崖がそそり立つ国賀海岸一帯の海中。水深7～8mの海底に転石や岩礁が発達。 |
| 海士<br>(あま) | ①島根県海士町　②1997.9.18　③大山隠岐国立公園　④1カ所　⑤ホンダワラ類を主体の海藻林と豊富な魚類がある。スキューバダイビングのスポット。 |
| 須佐湾<br>(すさわん) | ①山口県萩市　②1997.9.18　③北長門海岸国定公園　④1カ所　⑤高さ約50mの海浸断崖「ホルンフェルス」があり、魚や生物の種類も豊富。 |
| 阿波大島<br>(あわおおしま) | ①徳島県牟岐町　②1971.1.22　③室戸阿南海岸国定公園　④3カ所　⑤牟岐港沖にある無人島周辺の海域。牟岐湾から探勝用の船が運航。 |
| 阿波竹ヶ島<br>(あわたけしま) | ①徳島県穴喰町　②1972.10.16　③室戸阿南海岸国定公園　④2カ所　⑤ハナヤサイサンゴやシコロサンゴが群生する海底景観。磯魚の群遊も見られる。 |
| 竜串<br>(たつくし) | ①高知県土佐清水町　②1972.11.10　③足摺宇和海国立公園　④4カ所　⑤石サンゴ類が多く生育。見残湾内のシコロサンゴの巨大な群体が有名。 |
| 樫西<br>(かしにし) | ①高知県大月町　②1972.11.10　③足摺宇和海国立公園　④2カ所　⑤海中の美しい景観は有名で、ダイビングスポットにもなっているほど。 |
| 勤崎<br>(つとめざき) | ①高知県大月町　②1995.8.21　③足摺宇和海国立公園　④1カ所　⑤高被度の卓状イシサンゴ類が発達しているほか、複雑な海底地形にはウミトサカなどが発達。 |
| 尻貝<br>(しりがい) | ①高知県大月町　②1995.8.21　③足摺宇和海国立公園　④1カ所　⑤高被度の卓状イシサンゴ類が発達し、ウミトサカなどのソフトコーラル類が発達。 |
| 沖ノ島<br>(おきのしま) | ①高知県宿毛市　②1972.11.10　③足摺宇和海国立公園　④5カ所　⑤海岸線には白岩岬、七ツ洞などの景勝地があり、磯釣りの穴場。 |
| 宇和海<br>(うわかい) | ①愛媛県愛南町　②1972.11.10　③足摺宇和海国立公園　④9カ所　⑤海底にはウミトサカ類や大型の石サンゴが群生。磯釣り、沖釣りのメッカ。 |
| 玄海<br>(げんかい) | ①佐賀県唐津市　②1970.7.1　③玄海国定公園　④5カ所　⑤リアス式海岸、玄武岩の柱状節理、海食洞、海食崖。アカサンゴなどが生息。 |
| 福江<br>(ふくえ) | ①長崎県五島市　②1972.10.16　③西海国立公園　④2カ所　⑤カワラサンゴなどの石サンゴ類が群生。ベラ類、スズメダイ類が群泳。 |
| 若松<br>(わかまつ) | ①長崎県新上五島町　②1972.10.16　③西海国立公園　④3カ所　⑤西海国立公園の中核となる若松瀬戸、14種類のサンゴ礁を海上タクシーから観賞。 |
| 壱岐辰ノ島<br>(いきたつしま) | ①長崎県壱岐市　②1978.6.16　③壱岐対馬国定公園　④1カ所　⑤海浜植物が多数繁茂し、全域が天然記念物の指定を受けている。 |

| | |
|---|---|
| 対馬神崎<br>（つしまこうざき） | ①長崎県対馬市　②1978.6.16　③壱岐対馬国定公園　④１カ所　⑤対馬の南端に突出した半島一帯。ウニ、ヒトデ、海藻類、熱帯魚など豊富に生息。 |
| 富岡<br>（とみおか） | ①熊本県苓北町　②1970.7.1　③雲仙天草国立公園　④２カ所　⑤熱帯系魚類や石サンゴ、海藻類が豊富。グラスボートで海底観察ができる。 |
| 天草<br>（あまくさ） | ①熊本県天草市　②1970.7.1　③雲仙天草国立公園　④１カ所　⑤天草西海岸の大ケ瀬・小ケ瀬は大小の岩礁からなる景勝地帯で、サンゴや海藻類が自生。 |
| 牛深<br>（うしぶか） | ①熊本県牛深市　②1970.7.1　③雲仙天草国立公園　④９カ所　⑤牛深港沖に浮かぶ法ケ島、築ノ島、鶴崎の周辺海域。サンゴ、海藻類が自生。 |
| 蒲江<br>（かまえ） | ①大分県佐伯市　②1974.2.15　③日豊海岸国定公園　④４カ所　⑤蒲江港沖の屋形島周辺。ウミガメの生息地として有名、他にサンゴ礁なども豊富。 |
| 南北浦<br>（みなみきたうら） | ①宮崎県延岡市、北浦町　②1974.2.15　③日豊海岸国定公園　④６カ所　⑤日豊海岸国定公園の中心の海岸。海食洞窟などの海岸美が展開。 |
| 日南<br>（にちなん） | ①宮崎県日南市、串間市、南郷町　②1970.7.1　③日南海岸国定公園　④６カ所　⑤岩礁地帯にウミトサカ類、ハナヤギ、イソバナが群生。小夫婦浦のテーブルサンゴ。 |
| 桜島<br>（さくらじま） | ①鹿児島県鹿児島市　②1970.7.1　③霧島錦江湾国立公園　④２カ所　⑤桜島袴腰は大正溶岩流により造られた起状に富む海岸地形。ウミウチワの海藻景観。 |
| 佐多岬<br>（さたみさき） | ①鹿児島県南大隅町　②1970.7.1　③霧島錦江湾国立公園　④２カ所　⑤枇榔島を中心にサンゴ礁がテーブル状に広がり、色鮮やかな熱帯魚が群遊する。 |
| メガ崎<br>（めがさき） | ①鹿児島県屋久島町　②2012.3.16　③屋久島国立公園　④１カ所　⑤２つの火山島が結合した口永良部島は、特異な火山景観とエラブオオコウモリの生息地。 |
| 栗生<br>（くりお） | ①鹿児島県屋久島町　②2012.3.16　③屋久島国立公園　④３カ所　⑤浜には分布の北限とされるスナズル、ツキイゲが自生。サンゴ礁や熱帯魚が豊富。 |
| 笠利半島東海岸<br>（かさりはんとうひがしかいがん） | ①鹿児島県奄美市　②2017.3.7　③奄美群島国立公園　④１カ所　⑤白砂の浜、亜熱帯の緑、エメラルドグリーンの海。海中にはサンゴ礁が豊富に生息。 |
| 摺子崎<br>（すりこざき） | ①鹿児島県奄美市　②2017.3.7　③奄美群島国立公園　④１カ所　⑤カラフルなチョウチョウウオをはじめとする熱帯魚や海藻類が多く生息。 |
| 大島海峡<br>（おおしまかいきょう） | ①鹿児島県瀬戸内町　②2017.3.7　③奄美群島国立公園　④３カ所　⑤美しいサンゴと熱帯魚が豊富な加計呂麻島、請島、与路島などの周辺海域。 |
| 与論島礁湖、与論海岸<br>（よろんじましょうこ、よろんかいがん） | ①鹿児島県与論町　②2017.3.7　③奄美群島国立公園　④４カ所　⑤隆起サンゴ礁の島。赤崎、古崎、ミナタなどの海域は魚の種類も数も豊富に生息。 |
| 沖縄海岸<br>（おきなわかいがん） | ①沖縄県名護市、恩納村　②1972.5.15　③沖縄海岸国定公園　④１カ所　⑤名護湾南端の部瀬名岬には海中展望台があり、サンゴや熱帯魚の観察に適している。 |
| 慶良間諸島<br>（けらましょとう） | ①沖縄県渡嘉敷村、座間味村　②2014.3.5　③慶良間諸島国立公園　④１カ所　⑤サンゴ礁と熱帯魚の宝庫。ダイビングのメッカとしても有名。 |
| 竹富島シモビシ<br>（たけとみじま） | ①沖縄県竹富町　②1977.7.1　③西表国立公園　④１カ所　⑤タキドングチの南に位置し、見事なサンゴ礁でダイビングスポットとしても知られる。 |
| 黒島ウラビシ・キャングチ・仲本海岸<br>（くろしま　なかもとかいがん） | ①沖縄県竹富町　②1977.7.1　③西表国立公園　④１カ所　⑤黒島の東岸一帯。手つかずの自然が残る、サンゴや熱帯魚など海洋動植物の宝庫。 |
| 新城島マイビシ<br>（あらぐすくじま） | ①沖縄県竹富町　②1977.7.1　③西表国立公園　④１カ所　⑤新城島の北岸沖。ダイビングポイントや釣りの好適地。 |
| 平久保<br>（ひらくぼ） | ①沖縄県石垣市　②2007.8.1　③西表石垣国立公園　④１カ所　⑤枝状ミドリイシ類を主体としたサンゴ群集が形成され、熱帯性の魚類が豊富。 |
| 川平石崎<br>（かびらいしざき） | ①沖縄県石垣市　②2007.8.1　③西表石垣国立公園　④１カ所　⑤ダイビングスポットが有名。ミドリイシ類などの造礁サンゴ類が高被度で分布している。 |

| | |
|---|---|
| 米原<br>(よねはら) | ①沖縄県石垣市 ②2007.8.1 ③西表石垣国立公園 ④1カ所 ⑤多種混成型の<br>サンゴ群集が広がっている。自然観察が手軽に楽しめる。 |
| 白保<br>(しらほ) | ①沖縄県石垣市 ②2007.8.1 ③西表石垣国立公園 ④1カ所 ⑤北半球では最<br>大規模のアオサンゴの大群落がある。 |

## ●ラムサール条約の登録湿地（①都道府県名 ②制定年月日）

【ラムサール条約】…1971年にラムサール（イラン）で採択された湿地の環境保全と域内に生息する動植物や渡り鳥の保護・育成を目的とした条約。正式名称は「特に水鳥の生息地として国際的に重要な湿地に関する条約」。2023年3月時点で日本の53湿地が指定されている。（以下の一覧は抜粋）

釧路湿原 ①北海道 ②1980.6.17
クッチャロ湖 ①北海道 ②1989.7.6
ウトナイ湖 ①北海道 ②1991.12.12
霧多布湿原 ①北海道 ②1993.6.10
厚岸湖・別寒辺牛湿原 ①北海道 ②1993.6.10
宮島沼 ①北海道 ②2002.11.18
雨竜沼湿原 ①北海道 ②2005.11.8
サロベツ原野 ①北海道 ②2005.11.8
濤沸湖 ①北海道 ②2005.11.8
阿寒湖 ①北海道 ②2005.11.8
野付半島・野付湾 ①北海道 ②2005.11.8
風蓮湖・春国岱 ①北海道 ②2005.11.8
仏沼 ①青森県 ②2005.11.8
伊豆沼・内沼 ①宮城県 ②1985.9.13
蕪栗沼・周辺水田 ①宮城県 ②2005.11.8
奥日光の湿原 ①栃木県 ②2005.11.8
尾瀬 ①福島県・群馬県・新潟県 ②2005.11.8
佐潟 ①新潟県 ②1996.3.23
瓢湖 ①新潟県 ②2008.10.30

谷津干潟 ①千葉県 ②1993.6.10
片野鴨池 ①石川県 ②1993.6.10
三方五湖 ①福井県 ②2005.11.8
藤前干潟 ①愛知県 ②2002.11.18
琵琶湖 ①滋賀県 ②1993.6.10
串本沿岸海域 ①和歌山県 ②2005.11.8
中海 ①鳥取県・島根県 ②2005.11.8
宍道湖 ①島根県 ②2005.11.8
秋吉台地下水系 ①山口県 ②2005.11.8
くじゅう坊ガツル・タデ原湿原 ①大分県 ②2005.11.8
東よか干潟 ①佐賀県 ②2015.5.28
肥前鹿島干潟 ①鹿島市 ②2015.5.28
藺牟田池 ①鹿児島県 2005.11.8
屋久島永田浜 ①鹿児島県 ②2005.11.8
与那覇湾 ①沖縄県 ②2012.7.3
荒尾干潟 ①熊本県 ②2012.7.3
漫湖 ①沖縄県 ②1999.5.15
慶良間諸島海域 ①沖縄県 ②2005.11.8
名蔵アンパル ①沖縄県 ②2005.11.8

## ●世界遺産条約の登録地（★は自然遺産 ①都道府県名 ②登録年 ③特徴）

【世界遺産条約】…科学的な方法によって世界の文化遺産と自然遺産を永久に保護する体制の確立を目的とした国際条約。「世界の文化遺産および自然遺産の保護に関する条約」。

白神山地★①青森、秋田 ②1993 ③日本最大のブナの原生林。ニホンザル、ニホンカモシカ、クマゲラなどが生息。
法隆寺地域の仏教建造物 ①奈良 ②1993 ③金堂、五重塔、中門、回廊の一部は現存する世界最古の木造建築。
姫路城 ①兵庫 ②1993 ③5層6階の大天守と3つの小天守をはじめ、築城時の原形と建築美を残す。
屋久島★①鹿児島 ②1993 ③樹齢3000年の屋久杉（縄文杉）が繁茂する。
古都京都の文化財 ①京都、滋賀 ②1994 ③清水寺をはじめとする京都と滋賀県の代表的な歴史的建築17カ所を一括して登録。
白川郷、五箇山の合掌造り集落 ①岐阜、富山 1995 ③現存する合掌造りの建物は、大半が18世紀後期頃のもの。
原爆ドーム ①広島市 ②1996 ③1945（昭和20）年8月6日、人類史上はじめて原子爆弾の投下をうけたことを象徴する永久保存ドーム。
巌島神社（安芸の宮島） ①広島 ②1996 ③広島県西南部宮島町。仙台・松島、京都・天ノ橋立と並ぶ日本三景の1つ。平家一族にゆかりのある神社。
古都奈良の文化財 ①奈良 ②1998 ③東大寺、興

福寺、元興寺、春日大社、薬師寺、唐招堤寺、平城宮跡、春日山原始林。
日光の社寺 ①栃木 ②1999 ③二荒山神社（ふたらさん）、東照宮、輪王寺の二社一寺とその周辺山林地域。国宝・重要文化財103塔、424ヘクタール
琉球王朝の城（グスク）とその遺産群 ①沖縄 ②2000 ③首里城跡、今帰仁城跡、座喜味城跡、玉陵、識名園、中城城跡など。
紀伊山地の霊場と参詣道 ①三重、奈良、和歌山 ②2004 ③高野山、熊野三山など。
知床★①北海道 ②2005 ③海・山に多様な生態系。
石見銀山遺跡とその文化的景観 ①島根県 ②2007 ③鉱山跡、鉱山町、港と港町、街道など。
平泉－仏国土（浄土）を表す建築・庭園及び考古学的遺跡群 ①岩手 ②2011 ③平安時代末期に奥州藤原氏が栄えた時代の寺院や遺跡群（中尊寺・毛越寺・観自在王院跡・無量光院跡・金鶏山）。
小笠原諸島★①東京 ②2011 ③聟島列島、父島列島、母島列島、火山（硫黄）列島（北硫黄島、南硫黄島、西之島及び父島、母島と周辺の海域）。
富士山－信仰の対象と芸術の源泉 ①山梨、静岡 ②2013 ③富士五湖、忍野八海、白糸の滝、三保の松原など。
富岡製糸場と絹産業遺産群 ①群馬 ②2014 ③富

岡製糸場、田島弥平旧宅、高山社跡、荒船風穴からなる絹産業遺跡群。

**明治日本の産業革命遺産** ①福岡、佐賀、長崎、熊本、鹿児島、山口、岩手、静岡 ②2015 ③萩及び韮山反射炉、松下村塾、旧集成館、端島炭坑など、製鉄・鉄鋼、造船、石炭産業の23資産。

**ル・コルビュジエの建築作品** ①東京都 ②2016 ③日本の国立西洋美術館を含む7か国の17資産

**「神宿る島」宗像・沖ノ島と関連遺産群** ①福岡 ②2017 ③沖ノ島、宗像大社沖津宮遥拝所、宗像大社中津宮、新原奴山古墳群など

**長崎と天草地方の潜伏キリシタン関連遺産** ①長崎・熊本 ②2018 ③原城跡、平戸の聖地と集落、天草の崎津集落、黒島の集落、大浦天主堂など

**百舌鳥・古市古墳群** ①大阪府（堺、藤井寺、羽曳野） ②2019 ③仁徳天皇陵古墳などの大規模な前方後円墳と周辺の中小古墳群、全49基

**奄美大島、徳之島、沖縄島北部及び西表島★** ①鹿児島・沖縄 ②2021 ③世界的にも希少な亜熱帯の森に、数多くの固有種が生息する生物多様性。

**北海道・北東北の縄文遺跡群** ①北海道・青森・岩手・秋田 ②2021 ③1万年以上にわたり採集・漁労・狩猟により定住した人々の生活と精神文化を伝える17の遺跡。

# ●日本名数地名一覧

| | | | |
|---|---|---|---|
| 日本三景 | 松島（宮城）、天橋立（京都）、厳島（広島） | 三大祭 | 山王祭（東京・日枝神社）、祇園祭（京都・八坂神社）、天神祭（大阪・天満宮） |
| 新日本三景 | 大沼（北海道）、三保松原（静岡）、耶馬渓（大分） | 江戸三大祭り | 神田祭、山王祭、三社祭 |
| 三名山 | 富士山（静岡、山梨）、白山（石川、岐阜）、立山（富山） | 京都三大祭り | 祇園祭、時代祭、葵祭 |
| 三名瀑 | 華厳滝（栃木）、袋田滝（茨城）、那智滝（和歌山） | 東北三大祭り | 秋田竿灯、青森ねぶた、仙台七夕 |
| 三大河 | 利根川（坂東太郎）、吉野川（四国三郎）、筑後川（筑紫次郎） | 北陸三大祭り | 高岡御車山祭（富山）、青柏祭（石川）、三国祭（福井） |
| 三急流 | 富士川（山梨、静岡）、最上川（山形）、球磨川（熊本） | 三社 | ①伊勢神宮（三重）、石清水八幡宮（京都）、賀茂神社（京都） ②伊勢神宮（三重）、石清水八幡宮（京都）、春日大社（奈良） |
| 三清流 | 柿田川（静岡）、長良川（岐阜）、四万十川（高知） | | |
| 三大鍾乳洞 | 竜泉洞（岩手）、秋芳洞（山口）、竜河洞（高知） | 三大稲荷 | 豊川稲荷（愛知）、伏見稲荷（京都）、祐徳稲荷（佐賀） |
| 三大渓谷 | 清津峡（新潟）、黒部峡谷（富山）、大杉峡谷（三重） | 三大観音 | 赤坂の大仏（秋田）、鎌倉長谷観音（神奈川）、桜井長谷観音（奈良） |
| 三大渓 | 猊鼻渓（岩手）、嵯峨渓（宮城）、耶馬渓（大分） | 三大霊場 | 恐山（青森）、比叡山（京都、滋賀）、高野山（和歌山） |
| 三大秘境 | 五箇山（富山）、祖谷（徳島）、五家荘（熊本） | 三名泉 | 草津温泉（群馬）、下呂温泉（岐阜）、有馬温泉（兵庫） |
| 三奇勝 | 妙義山（群馬）、寒霞渓（香川）、耶馬峡（大分） | 三古湯 | 道後温泉（愛媛）、有馬温泉（兵庫）、白浜温泉（和歌山） |
| 三大松島 | 松島（宮城）、九十九島（長崎）、天草松島（熊本） | 三大美人湯 | 川中温泉（群馬）、竜神温泉（和歌山）、湯ノ川温泉（島根） |
| 三大松原 | ①三保松原（静岡）、舞子松原（兵庫）虹ノ松原（佐賀） ②三保松原（静岡）、気比の松原（福井）、虹ノ松原（佐賀） | 三大夜景 | 函館（北海道）、神戸（兵庫）、長崎（長崎） |
| | | 三大そば | ワンコそば（岩手）、戸隠そば（長野）、出雲そば（島根） |
| 三大潮流 | 津軽海峡（青森）、鳴門海峡（徳島、兵庫）、伊良湖水道（三重） | 三大うどん | さぬきうどん（香川）、上州うどん（群馬）、稲庭うどん（秋田） |
| 三大湖 | 琵琶湖（滋賀）、霞ヶ浦（茨城）、サロマ湖（北海道） | 三方五湖 | 三方湖、水月湖、菅湖、日向湖、久々子湖 |
| 三大美林 | 秋田スギ、青森ヒバ、木曽ヒノキ | 五街道 | 東海道、中仙道、日光街道、甲州街道、奥州街道 |
| 三名園 | 偕楽園（茨城）、兼六園（石川）、後楽園（岡山） | 五畿 | 山城、大和、摂津、和泉、河内 |
| 三名城 | 名古屋城（愛知）、姫路城（兵庫）、熊本城（熊本） | 五山 | 大文字山、水源地山、大黒天山、西賀茂山、大北山（いずれも京都） |
| 三名鐘 | 園城寺（滋賀）、平等院（京都）、神護寺（京都） | 北信五岳 | 戸隠山、飯縄山、黒姫山、斑尾山（以上長野）、妙高山（新潟） |
| 三名橋 | 日本橋（東京）、錦帯橋（山口）、眼鏡橋（長崎） | 京都五山 | 天竜寺、南禅寺、建仁寺、東福寺、万寿寺 |
| 三奇橋 | ①猿橋（山梨）、錦帯橋（山口）、かずら橋（徳島） ②猿橋（山梨）、錦帯橋（山口）、愛本橋（富山） | 箱根七湯 | 湯本、塔ノ沢、宮ノ下、堂ヶ島、底倉、芦ノ湖、木賀（いずれも神奈川） |
| 三大ダム | 奥只見ダム（福島、新潟）、黒部ダム（富山）、御母衣ダム（岐阜） | 南都七大寺 | 興福寺、東大寺、薬師寺、法隆寺、元興寺、大安寺、西大寺（いずれも奈良） |

# 全国の美術館・博物館一覧

全国の公立・私立の主な美術館・博物館をまとめたものである。

●北海道

| 北海道 | ●美術館＝神田日勝記念美術館（鹿追町）、木田金次郎美術館（岩内町）、釧路市立美術館（釧路市）、北海道立釧路芸術館（釧路市）、市立小樽美術館（小樽市）、北一ヴェネツィア美術館（小樽市）、中原悌二郎記念 旭川市彫刻美術館（旭川市）、北海道立旭川美術館（旭川市）、北海道立帯広美術館（帯広市）、北海道立近代美術館・北海道立三岸好太郎美術館（札幌市）、札幌芸術の森美術館（札幌市）、本郷新記念札幌彫刻美術館（札幌市）、北海道立函館美術館（函館市）<br>●博物館＝北海道博物館（札幌市）、札幌市青少年科学館（札幌市）、苫小牧市科学センター（苫小牧市）、滝川市美術自然史館（滝川市）、旭川市博物館（旭川市）、釧路市こども遊学館（釧路市）、稚内市青少年科学館（稚内市） |
| :--- | :--- |

●東北

| 青森県 | ●美術館＝青森県立郷土館（青森市）、青森県立美術館（青森市）、国際芸術センター青森（青森市）、棟方志功記念館（青森市）、七戸町立鷹山宇一記念美術館（七戸町）、十和田市現代美術館（十和田市）<br>●博物館＝青森県立郷土館（青森市）、八戸市博物館（八戸市）、弘前市立博物館（弘前市） |
| :--- | :--- |
| 岩手県 | ●美術館＝岩手県立美術館（盛岡市）、深沢紅子野の花美術館（盛岡市）、岩手町立石神の丘美術館（岩手町）、萬鉄五郎記念美術館（花巻市）<br>●博物館＝岩手県立博物館（盛岡市）、盛岡市子ども科学館（盛岡市）、一関市博物館（一関市）、久慈琥珀博物館（久慈市）、陸前高田市立博物館（陸前高田市）、牛の博物館（奥州市） |
| 秋田県 | ●美術館＝秋田県立近代美術館（横手市）、秋田県立美術館（秋田市）、秋田市立千秋美術館（秋田市）<br>●博物館＝秋田県立博物館（秋田市）、秋田大学工学資源学部附属鉱業博物館（秋田市）、フェライト子ども科学館（にかほ市） |
| 宮城県 | ●美術館＝カメイ美術館（仙台市）、宮城県美術館（仙台市）、リアス・アーク美術館（気仙沼市）<br>●博物館＝仙台市科学館（仙台市）、仙台市天文台（仙台市）、石巻市博物館 |
| 山形県 | ●美術館＝酒田市美術館（酒田市）、土門拳記念館（酒田市）、本間美術館（酒田市）、致道博物館（鶴岡市）、鶴岡アートフォーラム（鶴岡市）、出羽桜美術館（天童市）、天童市美術館（天童市）、山形美術館（山形市）、東根市美術館<br>●博物館＝山形県立博物館（山形市） |
| 福島県 | ●美術館＝いわき市立美術館（いわき市）、郡山市立美術館（郡山市）、福島県立美術館（福島市）、諸橋近代美術館（北塩原村）、CCGA現代グラフィックアートセンター（須賀川市）、喜多方市美術館（喜多方市）<br>●博物館＝福島県立博物館（会津若松市）、ふくしま森の科学体験センター（ムシテックワールド）（須賀川市）、郡山市ふれあい科学館（郡山市）、磐梯山噴火記念館（北塩原村）、いわき市石炭・化石館（いわき市） |

## ●関東

| 茨城県 | ●美術館＝茨城県近代美術館（水戸市）、常陽藝文センター（水戸市）、水戸芸術館 現代美術センター（水戸市）、茨城県つくば美術館（つくば市）、茨城県天心記念五浦美術館（北茨城市）、茨城県陶芸美術館（笠間市）、笠間日動美術館（笠間市）、しもだて美術館（筑西市）<br>●博物館＝ツムラ漢方記念館（阿見町）、つくばエキスポセンター（つくば市）、産業技術総合研究所地質標本館（つくば市）、ミュージアムパーク茨城県自然博物館（坂東市）、日立シビックセンター科学館（日立市）、日立市郷土博物館（日立市） |
| --- | --- |
| 栃木県 | ●美術館＝足利市立美術館（足利市）、宇都宮美術館（宇都宮市）、栃木県立美術館（宇都宮市）、小山市立車屋美術館（小山市）、栃木市立美術館（栃木市）、鹿沼市立川上澄生美術館（鹿沼市）、小杉放菴記念日光美術館（日光市）、佐野市立吉澤記念美術館（佐野市）、那珂川町馬頭広重美術館（那珂川町）、那須高原藤城清治美術館（那須町）<br>●博物館＝栃木県立博物館（宇都宮市）、栃木県子ども総合科学館（宇都宮市）、木の葉化石園（那須塩原市）、那須野が原博物館（那須塩原市） |
| 群馬県 | ●美術館＝アーツ前橋（前橋市）、大川美術館（桐生市）、群馬県立近代美術館（高崎市）、高崎市美術館（高崎市）、高崎市タワー美術館（高崎市）、群馬県立館林美術館（館林市）、太田市美術館（太田市）、富弘美術館（みどり市）、原美術館ARC（渋川市）、富岡市立美術博物館・福沢一郎記念美術館（富岡市）<br>●博物館＝高崎市少年科学館（高崎市）、群馬県立自然史博物館（富岡市）、群馬県生涯学習センター少年科学館（前橋市）、群馬県ぐんま昆虫の森（桐生市）、鬼押出し浅間園・浅間火山博物館（長野原町） |
| 埼玉県 | ●美術館＝うらわ美術館（さいたま市）、埼玉県立近代美術館（さいたま市）、角川武蔵野ミュージアム（所沢市）、川口市立アートギャラリー・アトリエ（川口市）、川越市立美術館（川越市）、河鍋暁斎記念美術館（蕨市）、遠山記念館（川島町）<br>●博物館＝鉄道博物館（さいたま市）、川口市立科学館（川口市）、戸田市立郷土博物館（戸田市）、越谷市立児童館コスモス・ヒマワリ（越谷市）、越谷市科学技術体験センター（越谷市）、日本工業大学工業技術博物館（宮代町）、入間市博物館（入間市）、所沢航空発祥記念館（所沢市）、埼玉県立自然の博物館（長瀞町） |
| 千葉県 | ●美術館＝芳澤ガーデンギャラリー（市川市）、佐倉市立美術館（佐倉市）、DIC川村記念美術館（佐倉市）、城西国際大学水田美術館（東金市）、千葉県立美術館（千葉市）、千葉市美術館（千葉市）、茂木本家美術館（野田市）<br>●博物館＝千葉市科学館（千葉市）、千葉県立中央博物館（千葉市）、我孫子市鳥の博物館（我孫子市）、千葉県立現代産業科学館（市川市）、東金こども科学館（東金市） |
| 東京都 | ●美術館＝東京国立近代美術館（千代田区）、出光美術館（千代田区）、東京ステーションギャラリー（千代田区）、千秋文庫（千代田区）、三菱一号館美術館（千代田区）、根津美術館（港区）、松岡美術館（港区）、森美術館（港区）、東京都庭園美術館（港区）、大倉集古館（港区）、アド・ミュージ |

| | |
|---|---|
| | アム東京（港区）、国立新美術館（港区）、泉屋博古館分館（港区）、サントリー美術館（港区）、パナソニック 汐留美術館（港区）、畠山記念館（港区）、山種美術館（渋谷区）、太田記念美術館（渋谷区）、色彩美術館（渋谷区）、渋谷区立松濤美術館（渋谷区）、実践女子大学香雪記念資料館（渋谷区）、久米美術館（品川区）、O（オー）美術館（品川区）、原美術館（品川区）、静嘉堂文庫美術館（千代田区）、世田谷美術館（世田谷区）、五島美術館（世田谷区）、SOMPO美術館（新宿区）、東京オペラシティアートギャラリー（新宿区）、草間彌生美術館（新宿区）、台東区立朝倉彫塑館（台東区）、上野の森美術館（台東区）、国立西洋美術館（台東区）、目黒区美術館（目黒区）、現代彫刻美術館（目黒区）、前田育德會 尊經閣文庫（目黒区）、東京都写真美術館（目黒区）、東京都美術館（台東区）、日本民藝館（目黒区）、郷さくら美術館（目黒区）、大田区立龍子記念館（大田区）、ちひろ美術館・東京（練馬区）、練馬区立美術館（練馬区）、アーティゾン美術館（中央区）、ミュゼ浜口陽三・ヤマサコレクション（中央区）、東京都現代美術館（江東区）、中村研一記念 小金井市立はけの森美術館（小金井市）、武蔵野美術大学美術館（小平市）、小平市平櫛田中彫刻美術館（小平市）、調布市武者小路実篤記念館（調布市）、町田市立国際版画美術館（町田市）、西山美術館（町田市）、武蔵野市立吉祥寺美術館（武蔵野市）、多摩美術大学美術館（多摩市）、府中市美術館（府中市）、村内美術館（八王子市）、東京富士美術館（八王子市）、八王子市夢美術館（八王子市）、青梅市立美術館（青梅市）、府中市美術館（府中市）<br><br>●博物館＝郵政博物館（千代田区）、東京国立博物館（台東区）、国立科学博物館（台東区）、科学技術館（千代田区）、ＮＨＫ放送博物館（港区）、葛飾区郷土と天文の博物館（葛飾区）、東武博物館（墨田区）、地下鉄博物館（江戸川区）、ガスの科学館（江東区）、日本科学未来館（江東区）、船の科学館（品川区）、たばこと塩の博物館（墨田区）、目黒寄生虫館（目黒区）、東京消防庁消防防災資料センター消防博物館（新宿区）、サンシャイン水族館（豊島区）、板橋区立教育科学館（板橋区）、府中市郷土の森博物館（府中市）、東京農工大学科学博物館（小金井市）、多摩六都科学館（西東京市）、玉川大学教育博物館（町田市） |
| **神奈川県** | ●美術館＝神奈川県民ホールギャラリー（横浜市）、三溪園保勝会（横浜市）、シルク博物館（横浜市）、そごう美術館（横浜市）、横浜美術館（横浜市）、神奈川県立近代美術館葉山館（葉山町）、鎌倉市鏑木清方記念美術館（鎌倉市）、北鎌倉 葉祥明美術館（鎌倉市）、川崎市岡本太郎美術館（川崎市）、川崎市市民ミュージアム（川崎市）、茅ヶ崎市美術館（茅ヶ崎市）、彫刻の森美術館（箱根町）、箱根美術館（箱根町）、岡田美術館（箱根町）、ポーラ美術館（箱根町）、町立湯河原美術館（湯河原町）、光と緑の美術館（相模原市）、平塚市美術館（平塚市）、山口蓬春記念館（葉山町）、横須賀美術館（横須賀市）、江之浦測候所（小田原市）<br><br>●博物館＝東芝未来科学館（川崎市）、かわさき宙と緑の科学館（川崎市）、神奈川県立青少年センター（横浜市）、三菱みなとみらい技術館（横浜市）、馬の博物館（横浜市）、はまぎんこども宇宙科学館（横浜市）、横須賀市自然・人文博物館（横須賀市）、観音崎自然博物館（横須賀市）、神奈川県立 |

| | |
|---|---|
| | 生命の星・地球博物館（小田原市）、新江ノ島水族館（藤沢市）、平塚市博物館（平塚市） |
| 山梨県 | ●美術館＝河口湖美術館（富士河口湖町）、清春白樺美術館・光の美術館（北杜市）、平山郁夫シルクロード美術館（北杜市）、フジヤマミュージアム（富士吉田市）、南アルプス市立美術館（南アルプス市）、なかとみ現代工芸美術館（身延町）、山梨県立美術館（甲府市）、韮崎大村美術館（韮崎市）<br>●博物館＝山梨県立博物館（笛吹市）、山梨県立科学館（甲府市） |

●中部

| | |
|---|---|
| 新潟県 | ●美術館＝敦井美術館（新潟市）、新潟県立万代島美術館（新潟市）、新潟市曾津八一記念館（新潟市）、新潟市新津美術館（新潟市）、新潟市美術館（新潟市）、新潟県立近代美術館（長岡市）、小林古径記念美術館（上越市）<br>●博物館＝糸魚川市フォッサマグナミュージアム（糸魚川市）、上越科学館（上越市）、新潟県立自然科学館（新潟市）、北方文化博物館（新潟市）、佐渡博物館（佐渡市） |
| 富山県 | ●美術館＝富山市水墨美術館（富山市）、富山県民会館美術館（富山市）、富山県美術館（富山市）、富山市佐藤記念美術館（富山市）、高岡市美術館（高岡市）、砺波市美術館（砺波市）、富山市ガラス美術館（富山市）、南砺市立福光美術館<br>●博物館＝富山市郷土博物館（富山市）、北陸電力エネルギー科学館（富山市）、立山カルデラ砂防博物館（立山町）、立山博物館（立山町）、黒部市吉田科学館（黒部市）、富山市科学博物館（富山市） |
| 石川県 | ●美術館＝石川県七尾美術館（七尾市）、石川県能登島ガラス美術館（七尾市）、石川県立美術館（金沢市）、金沢21世紀美術館（金沢市）、小松市立宮本三郎美術館（小松市）<br>●博物館＝加賀本多博物館（金沢市）、のとじま水族館（七尾市） |
| 福井県 | ●美術館＝福井県立美術館（福井市）、福井市美術館（福井市）<br>●博物館＝福井県立恐竜博物館（勝山市）、福井県自然保護センター（大野市）、原子力の科学館　あっとほうむ（敦賀市）、福井市自然史博物館（福井市）、福井県児童科学館（坂井市） |
| 長野県 | ●美術館＝安曇野髙橋節郎記念美術館（安曇野市）、碌山美術館（安曇野市）、安曇野山岳美術館（安曇野市）、飯田市美術博物館（飯田市）、驥山館（長野市）、北野美術館（長野市）、水野美術館（長野市）、長野県立美術館（長野市）、佐久市川村吾蔵記念館（佐久市）、佐久市立近代美術館（佐久市）、信濃デッサン館（上田市）、上田市立美術館（上田市）、須坂版画美術館・平塚運一版画美術館（須坂市）、諏訪市原田泰治美術館（諏訪市）、諏訪市美術館（諏訪市）、サンリツ服部美術館（諏訪市）、茅野市美術館（茅野市）、松本市美術館（松本市）、辰野美術館（辰野町）、山ノ内町立志賀高原ロマン美術館（山ノ内町）、北アルプス展望美術館（池田町）、おぶせミュージアム・中島千波館（小布施町）、軽井沢ニューアートミュージアム（軽井沢町）、セゾン現代美術館（軽井沢町）、安曇野ちひろ美術館（松川村）<br>●博物館＝長野市立博物館（長野市）、佐久市子ども未来館（佐久市）、松本 |

| | |
|---|---|
| | 市科学博物館（松本市）、柏木博物館（茅野市）、飯田市美術博物館（飯田市）、大町エネルギー博物館（大町市）、阿南町化石館（阿南町）、大鹿村中央構造線博物館（大賀村） |
| 岐阜県 | ●美術館＝岐阜県現代陶芸美術館（多治見市）、岐阜県美術館（岐阜市）、中山道広重美術館（恵那市）、みのかも文化の森 美濃加茂市民ミュージアム（美濃加茂市）、ミュージアム中仙道（瑞浪市）、岐阜現代美術館（関市）<br>●博物館＝名和昆虫博物館（岐阜市）、岐阜市科学館（岐阜市）、岐阜天文台（岐阜市）、岐阜県博物館（関市）、内藤記念くすり博物館（各務原市）、大垣市スイトピアセンター学習館（大垣市）、光記念館（高山市）、中津川市鉱物博物館（中津川市）、瑞浪鉱物展示館（瑞浪市）、瑞浪市化石博物館（瑞浪市）、サイエンスワールド（瑞浪市）、博石館（中津川市） |
| 静岡県 | ●美術館＝池田20世紀美術館（伊東市）、伊豆ガラスと工芸美術館（伊東市）、ＭＯＡ美術館（熱海市）、掛川市二の丸美術館（掛川市）、資生堂アートハウス（掛川市）、芸術の森　ろう人形美術館（伊東市）、佐野美術館（三島市）、静岡県立美術館（静岡市）、静岡市東海道広重美術館（静岡市）、静岡市美術館（静岡市）、常葉美術館（菊川市）、浜松市秋野不矩美術館（浜松市）、浜松市美術館（浜松市）、平野美術館（浜松市）、上原美術館（下田市）、ベルナール・ビュフェ美術館（長泉町）、黄金崎クリスタルパーク（西伊豆町）<br>●博物館＝熱川バナナワニ園（東伊豆町）、奇石博物館（富士宮市）、国際文化交友会月光天文台（函南町）、富士川楽座（富士市）、静岡科学館 る・く・る（静岡市）、東海大学海洋科学博物館（静岡市）、駿府博物館（静岡市）、ディスカバリーパーク焼津天文科学館（焼津市）、浜松科学館（浜松市）、島田市博物館（島田市） |
| 愛知県 | ●美術館＝愛知県美術館（名古屋市）、ヤマザキマザック美術館（名古屋市）、徳川美術館（名古屋市）、名古屋市美術館（名古屋市）、古川美術館（名古屋市）、一宮市三岸節子記念美術館（一宮市）、稲沢市荻須記念美術館（稲沢市）、岡崎市美術博物館（岡崎市）、かみや美術館（半田市）、刈谷市美術館（刈谷市）、清須市はるひ美術館（清須市）、高浜市やきものの里かわら美術館（高浜市）、桜ヶ丘ミュージアム（豊川市）、豊田市美術館（豊田市）、豊橋市美術博物館（豊橋市）、文化フォーラム春日井（春日井市）、碧南市藤井達吉現代美術館（碧南市）、メナード美術館（小牧市）、愛知県陶磁美術館（瀬戸市）<br>●博物館＝鳳来寺山自然科学博物館（新城市）、豊橋市自然史博物館（豊橋市）、蒲郡情報ネットワークセンター・生命の海科学館（蒲郡市）、碧南海浜水族館・碧南市青少年海の科学館（碧南市）、トヨタ産業技術記念館（名古屋市）、名古屋市科学館（名古屋市）、南知多ビーチランド（美浜町）、トヨタ博物館（長久手市）、博物館明治村（犬山市） |

●近畿

| | |
|---|---|
| 三重県 | ●美術館＝パラミタミュージアム（菰野町）、三重県立美術館（津市）、サイトウミュージアム（松阪市）<br>●博物館＝三重県総合博物館（津市）、みえこどもの城（松阪市）、神宮徴古館農業館（伊勢市）、真珠博物館（鳥羽市）、鳥羽水族館（鳥羽市） |

| 滋賀県 | ●美術館＝滋賀県立美術館（大津市）<br>●博物館＝多賀町立博物館（多賀町）、滋賀県立琵琶湖博物館（草津市）、みなくち子どもの森（甲賀市）、滋賀サファリ博物館（甲賀市） |
|---|---|
| 京都府 | ●美術館＝何必館・京都現代美術館（京都市）、京都国立近代美術館（京都市）、京都市京セラ美術館（京都市）、泉屋博古館（京都市）、細見美術館（京都市）、寿恵更紗ミュージアム（向日市）<br>●博物館＝鞍馬山博物館（鞍馬山霊宝殿、京都市）、京都市青少年科学センター（京都市）、京都国立博物館（京都市）、京都文化博物館（京都市） |
| 大阪府 | ●美術館＝あべのハルカス美術館（大阪市）、大阪市立東洋陶磁美術館（大阪市）、大阪市立美術館（大阪市）、国立国際美術館（大阪市）、絹谷幸二天空美術館（大阪市）、逸翁美術館（池田市）、大阪芸術大学博物館（河南町）、堺アルフォンス・ミュシャ館（堺市）<br>●博物館＝大阪市立科学館（大阪市）、キッズプラザ大阪（大阪市）、大阪市立自然史博物館（大阪市）、東大阪市立児童文化スポーツセンター（東大阪市）、きしわだ自然資料館（岸和田市）、貝塚市立自然遊学館（貝塚市） |
| 兵庫県 | ●美術館＝芦屋市立美術博物館（芦屋市）、尼崎市総合文化センター（尼崎市）、伊丹市立美術館（伊丹市）、神戸市立小磯記念美術館（神戸市）、丹波市立植野記念美術館（丹波市）、西宮市大谷記念美術館（西宮市）、ＢＢプラザ美術館（神戸市）、姫路市立美術館（姫路市）、兵庫県立美術館（神戸市）、兵庫陶芸美術館（篠山市）<br>●博物館＝神戸海洋博物館（神戸市）、バンドー青少年科学館（神戸市）、神戸市立博物館（神戸市）、阪神・淡路大震災記念 人と防災未来センター（神戸市）、伊丹市昆虫館（伊丹市）、玄武洞ミュージアム（豊岡市）、兵庫県立人と自然の博物館（三田市）、姫路科学館（姫路市）、明石市立天文科学館（明石市）、兵庫県立西はりま天文台公園（佐用町） |
| 奈良県 | ●美術館＝入江泰吉記念奈良市写真美術館（奈良市）、奈良県立美術館（奈良市）、奈良市美術館（奈良市）、大和文華館（奈良市）、奈良県立万葉文化館（明日香村）<br>●博物館＝奈良国立博物館（奈良市）、橿原市立博物館（橿原市） |
| 和歌山県 | ●美術館＝串本応挙芦雪館（串本町）、田辺市立美術館（田辺市）、熊野古道なかへち美術館（田辺市）、和歌山県立近代美術館（和歌山市）<br>●博物館＝和歌山県立博物館（和歌山市）、和歌山市立博物館（和歌山市）、白浜エネルギーランド（白浜町）、太地町立くじらの博物館（太地町） |

●中国

| 鳥取県 | ●美術館＝米子市美術館（米子市）、鳥取民藝美術館（鳥取市）<br>●博物館＝倉吉博物館（倉吉市）、鳥取県立博物館（鳥取市）、さじアストロパーク（鳥取市） |
|---|---|
| 島根県 | ●美術館＝島根県立石見美術館（益田市）、島根県立美術館（松江市）、田部美術館（松江市）、浜田市世界こども美術館（浜田市）、浜田市立石正美術館（浜田市）、足立美術館（安来市）、安来市加納美術館（安来市）、今井美術館（江津市）<br>●博物館＝島根県立宍道湖自然館 ゴビウス（出雲市）、出雲科学館（出雲市）、島根県立三瓶自然館サメヒル（大田市）、日原天文台（津和野町） |

| 岡山県 | ●美術館＝岡山県立美術館（岡山市）、岡山市立オリエント美術館（岡山市）、林原美術館（岡山市）、夢二郷土美術館（岡山市）、笠岡市立竹喬美術館（笠岡市）、倉敷市立美術館（倉敷市）、大原美術館（倉敷市）、高梁市成羽美術館（高梁市）、新見美術館（新見市）、華鴒大塚美術館（井原市）、井原市立田中美術館（井原市）、やかげ郷土美術館（矢掛町）、勝央美術文学館（勝央町）、奈義町現代美術館（奈義町）<br>●博物館＝岡山県生涯学習センター（岡山市）、岡山県立博物館（岡山市）、日本化石資料館（岡山市）、つやま自然のふしぎ館（津山市）、倉敷市立自然史博物館（倉敷市）、倉敷昆虫館（倉敷市）、倉敷科学センター（倉敷市）、笠岡市立カブトガニ博物館（笠岡市）、岡山天文博物館（浅口市） |
|---|---|
| 広島県 | ●美術館＝広島県立美術館（広島市）、広島市現代美術館（広島市）、ひろしま美術館（広島市）、泉美術館（広島市）、ウッドワン美術館（廿日市市）、はつかいち美術ギャラリー（廿日市市）、海の見える杜美術館（廿日市市）、尾道市立美術館（尾道市）、平山郁夫美術館（尾道市）、呉市立美術館（呉市）、たけはら美術館（竹原市）、東広島市立美術館（東広島市）、ふくやま美術館（福山市）、ふくやま書道美術館（福山市）、奥田元宋・小由女美術館（三次市）<br>●博物館＝広島平和記念資料館（広島市）、広島市郷土資料館（広島市）、ふくやま草戸千軒ミュージアム（福山市）、ヌマジ交通ミュージアム（広島市）、呉市海事歴史科学館 大和ミュージアム（広島市）、耕三寺博物館（尾道市） |
| 山口県 | ●美術館＝下関市立美術館（下関市）、周南市美術博物館（周南市）、山口県立萩美術館・浦上記念館（萩市）、山口県立美術館（山口市）<br>●博物館＝防府市青少年科学館ソラール（防府市）、山口県立山口博物館（山口市）、美祢市立秋吉台科学博物館（美祢市）、美祢市歴史民俗資料館（美祢市） |

●四国

| 徳島県 | ●美術館＝徳島県立近代美術館（徳島市）、相生森林美術館（那賀町）、大塚国際美術館（鳴門市）<br>●博物館＝徳島県立博物館（徳島市）、あすたむらんど徳島子ども科学館（板野町） |
|---|---|
| 香川県 | ●美術館＝香川県立ミュージアム（高松市）、高松市美術館（高松市）、中津万象園・丸亀美術館（丸亀市）、丸亀市猪熊弦一郎現代美術館（丸亀市）、地中美術館（直島町）<br>●博物館＝ｅ－とぴあ・かがわ（高松市）、香川県立五色台少年自然センター（坂出市）、金刀比羅宮宝物館（琴平町） |
| 愛媛県 | ●美術館＝愛媛県美術館（松山市）、愛媛文華館（今治市）、高畠華宵大正ロマン館（東温市）、町立久万美術館（久万高原町）、新居浜市美術館（新居浜市）<br>●博物館＝坂の上の雲ミュージアム（松山市）、松山市立子規記念博物館（松山市）、愛媛県総合科学博物館（新居浜市） |
| 高知県 | ●美術館＝高知県立美術館（高知市）<br>●博物館＝高知県立坂本龍馬記念館（高知市）、高知県立歴史民俗資料館 |

| | |
|---|---|
| | （南国市）、高知みらい科学館（高知市）、龍河洞博物館（香美市）、佐川地質館（佐川町） |
| **●九州** | |
| **福岡県** | ●美術館＝久留米市美術館（久留米市）、北九州市立美術館（北九州市）、北九州市立美術館分館（北九州市）、北九州市漫画ミュージアム（北九州市）、九州産業大学美術館（福岡市）、福岡アジア美術館（福岡市）、福岡県立美術館（福岡市）、福岡市美術館（福岡市）、田川市美術館（田川市）<br>●博物館＝北九州市立児童文化科学館（北九州市）、北九州市立自然史・歴史博物館（北九州市）、北九州イノベーションギャラリー（北九州市）、福岡市科学館（福岡市）、福岡県青少年科学館（久留米市）、九州国立博物館（太宰府市） |
| **佐賀県** | ●美術館＝佐賀県立美術館（佐賀市）、佐賀大学美術館（佐賀市）、曳山展示場（唐津市）<br>●博物館＝佐賀県立博物館（佐賀市）、佐賀県立宇宙科学館（武雄市）、徴古館（佐賀市）、伊万里市陶器商家資料館（伊万里市） |
| **長崎県** | ●美術館＝長崎県美術館（長崎市）<br>●博物館＝長崎歴史文化博物館（長崎市）、雲仙岳災害記念館がまだすドーム（島原市）、日本二十六聖人記念館（長崎市）、長崎原爆資料館（長崎市）、シーボルト記念館（長崎市）、長崎伝統芸能館（長崎市） |
| **熊本県** | ●美術館＝熊本県立美術館（熊本市）、熊本市現代美術館（熊本市）、宇城市不知火美術館（宇城市）、坂本善三美術館（小国町）、つなぎ美術館（津奈木町）<br>●博物館＝熊本市立熊本博物館（熊本市）、御船町恐竜博物館（御船町）、天草市立御所浦白亜紀資料館（天草市）、阿蘇火山博物館（阿蘇市） |
| **大分県** | ●美術館＝大分県立美術館（大分市）、大分市美術館（大分市）、朝倉文夫記念館（豊後大野市）、二階堂美術館（日出町）<br>●博物館＝大分県立歴史博物館（宇佐市）、大分市歴史資料館（大分市） |
| **宮崎県** | ●美術館＝宮崎県立美術館（宮崎市）、都城市立美術館（都城市）<br>●博物館＝宮崎県総合博物館（宮崎市）、宮崎科学技術館（宮崎市）、宮崎大学農学部附属農業博物館（宮崎市） |
| **鹿児島県** | ●美術館＝鹿児島市立美術館（鹿児島市）、長島美術館（鹿児島市）、岩崎美術館（指宿市）、松下美術館（霧島市）、鹿児島県霧島アートの森（湧水町）、田中一村記念美術館（奄美市）<br>●博物館＝鹿児島市立科学館（鹿児島市）、屋久杉自然館（屋久島町）、出水市ツル博物館クレインパークいずみ（出水市） |
| **●沖縄** | |
| **沖縄県** | ●美術館＝沖縄県立美術館（那覇市）、浦添市美術館（浦添市）、佐喜眞美術館（宜野湾市）、読谷村立美術館（読谷村）<br>●博物館＝琉球大学資料館（西原町）、沖縄県立博物館（那覇市）、那覇市立壺屋焼物博物館（那覇市）、那覇市歴史博物館（那覇市）、那覇市立郷土博物館（那覇市）、ひめゆり平和祈念資料館（糸満市）、沖縄県平和祈念資料館（糸満市）、恩納村博物館（恩納村） |

問1　4泊5日の募集型企画旅行に参加中、旅行日程の途中3日目の昼ごろ、添乗員から「目的地が集中豪雨の被害に遭い旅行の継続が不可能となったので旅行を中止したい」旨の説明があり、参加者全員が納得して出発地に帰った。この場合、旅行代金の精算はどのようになるか。

（注）標準旅行業約款によるものとする。

ア．天災地変での契約解除であるから、旅行代金は一切返金されない。

イ．旅行代金のうち、いまだ旅行サービスの提供を受けていない分から、取消料、違約料その他の既に支払い、又はこれから支払わなければならない費用を旅行者の負担として差し引いて、契約書面に記載された旅行終了日の翌日から起算して30日以内に払戻しされる。

ウ．旅行終了後7日以内に払戻請求のあった旅行者に対してのみ、旅行代金のうち旅行サービス未受領分から諸費用を差し引いて払戻しされる。

エ．旅行代金のうち、取消料、違約料その他の既に支払い、又はこれから支払わなければならない費用は旅行業者の負担となり、いまだ旅行サービスを受けていない部分の旅行代金を旅行終了日の翌日から起算して30日以内に払戻しされる。

問2　国内企画旅行実施中における補償対象品の損害について、損害補償金の支払われるものはどれか。正しい答を1つ選び、その記号を記入しなさい。

ア．補償対象品の置き忘れ又は紛失

イ．地震、噴火又は津波による補償対象品の損害

ウ．3千円を超えない補償対象品

エ．5万円を超えるカメラの全損

問3　次の記述は、標準旅行業約款（募集型企画旅行契約の部）別紙特別補償規程について述べたものである。正しいものには○印を、誤っているものには×印を記入しなさい。

イ．国内旅行における死亡補償金は、旅行者1名につき1,500万円である。

ロ．入院見舞金の支払いを受けた旅行者が死亡した場合、支払われる死亡補償金は、入院見舞金を差し引いた額である。

ハ．旅行者が乗船していた船舶が遭難した場合、死亡したものと推定されるのは、遭難した日から30日を経過したときである。

ニ．旅行者が使用中のコンタクトレンズは、携帯品損害補償対象品にならない。

ホ．旅行者が携行する身の回り品の損害額が5,000円を超えない場合、損

害補償金は支払われない。

問4　宿泊に関する次の設問について、該当する答を、選択肢の中から１つ選びなさい。

(注)モデル宿泊約款によるものとする。

　　大人１人の宿泊料金が１泊２食21,000円（サービス料・税金込）の旅館の場合、同伴する小学生１人が、大人に準じる食事と寝具等の提供を受けたときの子供料金（サービス料・税金込）について正しいものはどれか。

ア．21,000円×0.3＝　6,300円

イ．21,000円×0.5＝10,500円

ウ．21,000円×0.7＝14,700円

エ．21,000円

問5　宿泊に関する次の記述のうち、正しいものを選択肢の中から１つ選びなさい。

(注)モデル宿泊約款によるものとする。

ア．基本宿泊料（室料）が12,000円、チェックアウトが午前10時と定められたホテルで、午後２時まで客室を延長使用したときの時間外追加料金は4,000円である。

イ．基本宿泊料（室料）が10,000円、サービス料込の宿泊料金が11,000円のシングルルームにおいて、違約金の対象となるのは、基本宿泊料の10,000円である。

ウ．基本宿泊料（１泊２食）が大人１人10,000円の旅館に、大人１人、大人に準じる食事と寝具の提供を受ける小学生１人、子供用食事と寝具の提供を受ける小学生１人が宿泊する場合の人数分の基本宿泊料の合計は18,000円である。なお、サービス料及び消費税等諸税の計算は行わないものとする。

エ．旅館に、宿泊日の10日前に50名で宿泊の予約をしていた団体客が、契約の一部を解除し宿泊当日に40名となった場合、旅館は10名分の違約金を収受する。

問6　次の記述のうち、正しいものには○印を、誤っているものには×印を記入しなさい。

⑴　旅行業法（以下「法」という）第12条の５（書面の交付）に規定する「サービスの提供を受ける権利を表示した書面」とは、航空券、乗車船券、宿泊券等をいう。

(2) 法第12条に規定する営業所に掲示すべき取扱料金は、旅行業者が旅行者から収受する料金と宿泊、運輸機関等から収受する手数料である。

(3) スーパー等が店頭に旅行用パンフレットを備えて、配布のみを行う行為は、旅行業務にあたらない。

(4) 第3種旅行業の登録を申請する者が、基準資産額が300万円未満である場合は、その登録は拒否される。

(5) 第1種旅行業者を所属旅行業者とする旅行業者代理業者の営業保証金の額は、1営業所につき3万円である。

(6) 旅行業協会が弁済業務保証金を供託する場合は、現金でなければならない。

(7) 企画旅行に同行して旅程管理業務を行う者のうち主任の者は、当該企画旅行を実施する旅行業者の役員又は従業員でなければならない。

(8) 旅程管理のための措置について、旅行地の他の旅行業者にこれを委託して行うことができる。

(9) 企画旅行の募集広告をする場合、旅程管理業務を行う者の同行の有無については、必ずしも記載する必要はない。

(10) 外務員がその取引において法に違反した場合は、当該旅行業者も処罰の対象となる。

問7　次の記述は、通学期に普通車指定席を利用した場合のJR特急料金の乗継割引について述べたものである。誤っているものを1つ選びなさい（すべて同一日に乗り継ぐものとする）。

ア．
敦賀駅 ------ サンダーバード ------ 新大阪駅 ------ ひかり ------ 岡山駅 ------ やくも ------ 松江駅
2,290円(特急料金)　　　　　　　　　　　　　　2,610円(特急料金)
※「サンダーバード」に乗継割引が適用され、「やくも」には乗継割引は適用されない。

イ．
新青森駅 ------ はやぶさ ------ 新函館北斗駅 ------ 北斗 ------ 札幌駅
※「北斗」に乗継割引が適用される。

ウ．
名古屋駅 ------ ひかり ------ 京都駅 ------ はるか ------ 関西空港駅
※「はるか」に乗継割引が適用される。

エ．
長野駅 ------ あさま ------ 上野駅 ------ スーパーひたち ------ 土浦駅
※「スーパーひたち」に乗継割引が適用される。

問8　次の記述は、JRの運賃・料金について述べたものである。正しいものを1つ選びなさい。

ア．小口団体旅行の申込受付は1年前から1カ月前までである。

イ．小児のグリーン料金は、大人の半額である。

ウ．大人29名、身体障害者（大人・個人割引）1名、介護者（大人・個人割引）1名の普通団体については、大人1名を無賃扱いとする。

エ．大人3名・小児4名のグループを団体旅客として取り扱う場合は、不足人員1名分の大人の団体旅客運賃・料金を収受する。

問9　旅客鉄道会社（JR）に関する以下の各設問について、該当する答を、選択肢の中からそれぞれ1つ選びなさい。

　　　小児1人が通常期に次の行程で旅行した。行程及び資料に基づき、以下の各設問について該当する答を、選択肢の中からそれぞれ1つ選びなさい。

(注)当日に乗り継ぐものとし、途中下車はしないものとする。なお、乗車券、特急券は旅行開始前に一括して購入するものとする。

〔行程〕

| | | こだま | | 伊那路 | |
|---|---|---|---|---|---|
| 茅ヶ崎駅 | ----------- 小田原駅 | ----------- 豊橋駅 | ----------- 飯田駅 |
| | 在来線普通車自由席 | 新幹線普通車指定席 | 在来線特急普通車指定席 |

〔資料〕

| 区　間 | 営業キロ | 賃率換算キロ |
|---|---|---|
| 茅ヶ崎駅〜小田原駅（幹線） | 25.3キロ | ― |
| 小田原駅〜豊橋駅（幹線） | 209.7キロ | ― |
| 豊橋駅〜飯田駅（地方交通線） | 129.3キロ | 142.2キロ |

**本州3社内幹線の普通運賃表**

| 営業キロ（運賃計算キロ） | 片道運賃 |
|---|---|
| 141〜160キロ | 2,640円 |
| 221〜240キロ | 4,070円 |
| 361〜380キロ | 6,380円 |

**料金表**

| 区　間 | 普通車指定席利用時の通常期の指定席特急料金 |
|---|---|
| 小田原駅〜豊橋駅（こだま） | 3,930円 |
| 豊橋駅〜飯田駅 | 2,390円 |

(1) 運賃の算出方法で正しいものはどれか。

ア．25.3キロ＋209.7キロ＝235.0キロ → 4,070円

　　142.2キロ → 2,640円

　　4,070円＋2,640円＝6,710円

　　6,710円÷2＝3,355円 → 3,350円

イ．25.3キロ＋209.7キロ＝235.0キロ → 4,070円

　　4,070円÷2＝2,035円 → 2,030円

　　142.2キロ → 2,640円

　　2,640円÷2＝1,320円

　　2,640円＋1,320円＝3,960円

ウ．25.3キロ＋209.7キロ＋129.3キロ＝364.3キロ → 6,380円

エ．25.3キロ＋209.7キロ＋142.2キロ＝377.2キロ → 6,380円

　　6,380円÷2＝3,190円

(2) 料金の算出方法で正しいものはどれか。

ア．3,930円＋2,390円＝6,320円

　　6,320円÷2＝3,160円

イ．2,390円÷2＝1,195円 → 1,190円

　　1,190円÷2＝595円 → 590円

　　3,930円÷2＝1,965円 → 1,960円

　　590円＋1,960円＝2,550円

ウ．2,390円÷2＝1,195円 → 1,200円

　　1,190円÷2＝595円 → 600円

　　3,930円÷2＝1,965円 → 1,970円

　　600円＋1,970円＝2,570円

**問10　次の場合の払戻し額について、設問ごとに語群より正しい答を１つ選び、その記号を記入しなさい。**

(1) 新幹線乗車券13,130円及び一葉化して発行された特急券7,770円、グリーン券7,440円について旅客１名が、自己の都合により列車出発日の２日前に一括して払戻しを請求した。この場合の払戻し額はいくらか。

(2) バス会社と貸切バス12台（１台の運賃・料金200,000円）の運送契約を行い、既に運賃・料金を支払った旅行業者が、配車日時の３日前に予約台数のうち３台を取り消した。この場合、３台に係る払戻し額はいくらか。

(3) 船便の指定された入鋏前の券面記載金額8,200円のフェリー乗船券を
　　所持する旅客（1名）が、病気のため乗船を取り止め乗船できないこと
　　を証明して、その代理人が発航日の前々日に払戻し請求を行った。この
　　場合の払戻し額はいくらか。

〔語群〕

| ア．　5,740円 | イ．　7,380円 | ウ．　8,000円 | エ．　8,200円 |
|---|---|---|---|
| オ．25,400円 | カ．28,010円 | キ．28,120円 | ク．27,780円 |
| ケ．39,740円 | コ．40,150円 | サ．42,740円 | シ．43,150円 |
| ス．300,000円 | セ．420,000円 | ソ．480,000円 | タ．600,000円 |

問11　次のJR券の取り扱いについて、各設問に該当する答を、それぞれの
　　選択肢の中から1つ選びなさい。

（注1）　このJR券の購入、変更、払いもどしは、JRの駅で指定券を発
　　　　売している時間内に行うものとする。

（注2）　このJR券は現金で購入したものとする。

（注3）　このJR券は1回も変更されていないものとする。

（注4）　設問（2）ア.は利用列車の変更とし、このJR券と同一区間を乗
　　　　車し、グリーン車を利用するものとする。

（注5）　設問（2）イ.を除き、本設問における変更、払いもどしは使用開
　　　　始前で有効期間内に行うものとする。

（注6）　設問（2）イ.を除き、本設問における変更、払いもどし、指定列
　　　　車の乗り遅れは旅客の都合によるものとする。

（1）　このJR券を3月18日に払いもどす場合の払いもどし手数料の額に関
　　する次の記述のうち、正しいものはどれか。

ア．乗車券の払いもどし手数料は不要、特急券の払いもどし手数料は不要、
　　グリーン券の払いもどし手数料は390円である。

イ．乗車券の払いもどし手数料は不要、特急券の払いもどし手数料は520

円、グリーン券の払いもどし手数料は不要である。

ウ．乗車券の払いもどし手数料は220円、特急券の払いもどし手数料は不要、グリーン券の払いもどし手数料は390円である。

エ．乗車券の払いもどし手数料は220円、特急券の払いもどし手数料は520円、グリーン券の払いもどし手数料は不要である。

⑵　このＪＲ券の取り扱いに関する次の記述のうち、誤っているものはどれか。

ア．この列車の小倉駅出発時刻までに、3月19日に出発する「のぞみ号」に変更する場合、「のぞみ号」と「さくら号」の特急料金の差額の支払いが必要である。

イ．この列車の小倉駅出発後、ＪＲ会社の都合により博多駅到着時刻が3月19日の午前10時10分となった。この場合、特急料金1,760円とグリーン料金1,300円の合計3,060円が返金される。

ウ．この列車に乗り遅れた場合、特急券及びグリーン券は無効となり払いもどしされない。

エ．この列車のグリーン券は2月19日の午前10時から発売する。

問12　次の場合において、設問の答として正しいものを語群から1つ選び、その記号を記入しなさい。

〔設問〕

⑴　ＪＲグループの乗車券5,170円（消費税を含む。以下同じ）及び一葉化して発行された急行券1,290円、指定席券530円について、旅行者（1名）が自己の都合により列車出発日の出発時刻までに一括して払戻しを請求した場合、この払戻しに係る手数料はいくらか。

〔語群〕ア．220円　　　　イ．340円　　　　ウ．560円　　　　エ．760円

⑵　バス会社と大型バス3台（1台の運賃・料金300,000円）の貸切契約を行い、既に運賃・料金を支払った旅行業者が配車日時の5日前に全車両を取り消した場合、取消料はいくらか。

〔語群〕ア．180,000円　　　イ．270,000円　　　ウ．360,000円　　　エ．450,000円

⑶　船便の指定された入鋏前の券面記載金額7,200円の乗船券について、旅行者（1名）が自己の都合によりフェリーの発航する日の3日前に払戻しを請求した場合、この払戻しに係る手数料はいくらか。

〔語群〕ア．200円　　　　イ．720円　　　　ウ．1,440円　　　　エ．2,160円

問13　大人1人が、次の行程を途中下車せずに日帰りで往復乗車する場合の運賃について、資料に基づき、正しいものを選びなさい。

（注1）　丹波口駅は京都市内に属する駅で、京都市内の中心駅は京都駅である。

（注2）　九州工大前駅は北九州市内に属する駅で、北九州市内の中心駅は小倉駅である。

（注3）　この行程におけるJR西日本とJR九州の境界駅は小倉駅である。

〔行程〕

丹波口駅 - - - - - - - - 京都駅 - - - - - - - - 小倉駅 - - - - - - - - 九州工大前駅
　　　　　山陰本線　　　　　　東海道・山陽新幹線　　　　鹿児島本線
　　　　営業キロ2.5キロ　　　営業キロ594.1キロ　　　　営業キロ4.3キロ
　　　　　　　　　　　　　（運賃計算キロ598.5キロ）

〔資料〕

本州3社内の幹線の普通運賃表（抜粋）

| 営業キロ（運賃計算キロ） | 片道運賃（基準額） |
|---|---|
| 581〜600キロ | 9,460円 |
| 601〜640キロ | 9,790円 |

※この表は、本州3社とJR北海道、JR四国、JR九州とにまたがって利用する場合は基準額表として使用する。

JR九州内の加算額表（抜粋）

| 境界駅からの営業キロ（運賃計算キロ) | 加算額 |
|---|---|
| 4〜6キロ | 20円 |

ア．（9,790円＋20円）×（1－0.1）＝8,829 → 端数整理 → 8,820円
　　8,820円× 2 ＝ 17,640円

イ．9,790円×（1－0.1）＝8,811 → 端数整理 → 8,810円
　　8,810円× 2 ＝ 17,620円

ウ．（9,460円＋20円）× 2 ＝ 18,960円

エ．9,460円× 2 ＝ 18,920円

問14　**JR乗車券の有効日数と往復割引について次の2つの設問に答えなさい。**

〔設問〕

(1)　普通乗車券の有効日数について誤っている記述はどれか。

ア．乗車途上で有効期間が満了しても、途中下車しなければ、その乗車券の最終着駅までそのままで乗車できる。

イ．往復乗車券、往復割引乗車券の有効日数は、片道乗車券の2倍の日数である。

ウ．地方交通線区間だけを乗車する場合でも、乗車券の有効日数は営業キロで算定する。

エ．営業キロが101〜200キロまでの普通乗車券の有効日数は、すべて有効日数2日である。

〔設問〕

(2) 往復割引乗車券について誤っている記述はどれか。

ア．往路と復路の経路が同一で、片道の営業キロが601キロ以上を往復乗車するときに認められる。

イ．幹線と地方交通線にまたがって乗車するときの往復割引は、運賃計算キロで片道601キロ以上あれば適用される。

ウ．学生割引旅客の往復割引は、往路の運賃・復路の運賃とも1割引した金額からさらに2割引が適用される（円単位の端数はそのつど端数整理により切り捨てた金額とする）。

エ．鉄道と航路にまたがる往復割引乗車券は、鉄道運賃と航路運賃を合計した金額から、往路・復路ともそれぞれ1割引し、円単位を端数整理した金額である。

問15 **高校生120人、教職員5人、旅行業者（添乗員）1人の学生団体が次の行程を旅行する場合、当該行程及び資料に基づき、団体乗車券を一葉で発売するときの団体旅客運賃の算出方法で、正しいものはどれか。**

〔行程〕

往路（第2期）
　　　　　　　　東海道本線
東京駅●--------------------●湯河原駅

復路（第1期）
　　　　　　　　東海道本線
小田原駅●--------------------●東京駅

〔資料〕

| 大人1人普通旅客運賃（片道） | 東京駅〜湯河原駅 | 1,690円 |
| | 小田原駅〜東京駅 | 1,520円 |

ア．$(1,690 + 1,520) \times (1 - 0.5) = 1,605 \rightarrow 1,600$円 ‥‥‥‥‥‥‥‥‥①

　　①$\times (120 - 3) = 187,200$円 ‥‥‥‥‥‥‥‥‥‥‥‥‥‥②

　　①$\times 6 = 9,600$円 ‥‥‥‥‥‥‥‥‥‥‥‥‥‥‥‥‥③

　　　　　　　　　　　　（②＋③）　合計　196,800円

イ．$(1,690 + 1,520) \times (1 - 0.5) = 1,605 \rightarrow 1,600$円 ‥‥‥‥‥‥‥‥‥①

$①×120 = 192,000円$ ································································ ②

$(1,690 + 1,520) × (1 - 0.15) = 2,728.5 → 2,720円$ ······················· ③

$③ × 6 = 16,320円$ ··················································· ④

$(② + ④)$　合計　208,320円

ウ．$(1,690 + 1,520) × (1 - 0.5) = 1,605 → 1,600円$ ···················· ①

$①×120 = 192,000円$ ················································· ②

$(1,690 + 1,520) × (1 - 0.3) = 2,247 → 2,240円$ ···················· ③

$③ × 6 = 13,440円$ ··················································· ④

$(② + ④)$　合計　205,440円

エ．$(1,690 + 1,520) × (1 - 0.5) = 1,605 → 1,600円$ ···················· ①

$①×120 = 192,000円$ ················································· ②

$1,690 × (1 - 0.15) = 1,436.5 → 1,430円$ ························· ③

$1,520 × (1 - 0.1) = 1,368 → 1,360円$ ····························· ④

$(③ + ④) × 6 = 16,740円$ ··········································· ⑤

$(② + ⑤)$　合計　208,740円

## 問16　次の場合の払戻し額を算出しなさい。

(1)　JR旅客鉄道株式会社の10月1日乗車の普通乗車券6,380円、特急券3,170円・グリーン券4,190円（特急券とグリーン券は1枚で発行されている）について、旅行者1人が自己の都合により、9月30日に払戻しを請求した。この場合の払戻し額はいくらか。

　　ア．9,630円　イ．11,320円　ウ．11,540円　エ．12,270円

(2)　基本宿泊料15,000円（手配旅行による宿泊予約）の旅館を2泊予約し、既に代金を支払っている旅行者2名が、宿泊初日の前日になって、2人とも自己の都合により、2泊分の予約を取り消した。この場合の払戻し額はいくらか。

　　ア．6,000円　イ．12,000円　ウ．48,000円　エ．54,000円

(3)　船便指定を受けた券面記載金額10,000円のフェリー乗船券を、旅行者1名が、自己の都合により、発航日の5日前に払戻しを請求した場合、船会社が収受する取消し又は払戻手数料はいくらか。

　　ア．200円　イ．1,000円　ウ．3,000円　エ．7,000円

(4)　バス会社と貸切バス10台（1台の運賃・料金200,000円）について、運送契約を締結し、既に運賃及び料金を支払っていた旅行業者が、都合により配車日時の6日前に3台の運送契約を解除した。この場合の払戻

し額はいくらか。

　　ア．180,000円　　イ．260,000円　　ウ．300,000円　　エ．420,000円

**問17　次の場合において、設問の答として正しいものを語群から1つ選び、その記号を解答欄に記入しなさい。**

⑴　標準旅行業約款（募集型企画旅行契約の部）によれば、添乗員が添乗サービスを提供する時間帯は、原則として8時から何時までか。

〔語群〕

　　ア．19時　　　　　イ．20時　　　　　ウ．21時　　　　　エ．22時

⑵　旅行会社は、企画旅行に参加する旅行者が、その企画旅行参加中に急激かつ偶然な外来の事故を被り、その直接の結果として、事故の日から180日以内に死亡した場合、旅行者1名につき、国内旅行においては何万円を死亡補償金として支払うか。

〔語群〕

　　ア．500万円　　　イ．1,000万円　　　ウ．1,500万円　　　エ．2,000万円

⑶　JR旅客鉄道会社の使用開始後の普通乗車券は、有効期間内で、かつ乗車しない区間の営業キロが何キロメートル以上あれば、払戻し可能か。

〔語群〕

　　ア．51km　　　　　イ．101km　　　　　ウ．151km　　　　　エ．201km

⑷　JR旅客鉄道会社の自由席特急料金割引(JR九州内を除く)で正しい記述はどれか。

　　ア．新幹線のぞみは320円引き。

　　イ．新幹線は530円引きであり、在来線は320円引き。

　　ウ．繁忙期は指定席特急料金の530円引き。

　　エ．年間を通して通常期指定席特急料金の530円引き。

**問18　特急料金の乗継割引に関する次の記述のうち、正しいものはどれか。なお、いずれも最初の列車の乗車日当日に乗り継ぐものとし、途中下車はしないものとする。また、記載した特急料金は通常期の無割引の指定席特急料金の額とする。**

ア．
　　　　　　　　　特急サンダーバード　　　　新幹線かがやき　　　　　　　新幹線のぞみ　　　　　特急ソニック
　　福井駅－－－－－－金沢駅－－－－－－東京駅－－－－－－小倉駅－－－－－－大分駅
　　※サンダーバード及びソニックに乗継割引が適用される。

イ．
　　　　　　　　　特急くろしお　　　　　　　新幹線さくら　　　　　　特急かもめ
　　和歌山駅－－－－－－－－新大阪駅－－－－－－－－－－新鳥栖駅－－－－－－－－長崎駅
　　　　　　　　特急料金1,450円　　　　　　　　　　　　　　　　特急料金1,700円
　　※かもめに乗継割引が適用される。

ウ.

特急やくも 　　　　　　新幹線のぞみ 　　　　　　　特急わかしお
出雲市駅------------岡山駅------------東京駅------------安房鴨川駅
※乗継割引が適用される列車はない。

エ.

特急つがる 　　　　　　　新幹線はやぶさ 　　　　　特急スーパー北斗
大館駅------------新青森駅------------新函館北斗駅--------洞爺駅
※つがる及びスーパー北斗に乗継割引が適用される。

## 問19 次の場合において、設問の答として正しいものを語群から1つ選び、その記号を解答欄に記入しなさい。

(1) あらかじめ旅行日程に含まれていない場合には、危険な運動として企画旅行契約における特別補償の対象とならないのはどれか。

〔語群〕

　ア．スカイダイビング　　　　　　イ．スキューバダイビング
　ウ．外洋におけるヨット操縦　　　エ．パラセール搭乗

(2) 契約していた貸切バスを配車日の3日前に取り消した場合、違約料は所定運賃・料金の何%か。

〔語群〕

　ア．20%　　　　イ．30%　　　　ウ．40%　　　　エ．50%

(3) 日本航空のスカイメイト運賃は、満12歳以上何歳未満の旅客に適用されるか。

〔語群〕

　ア．18歳　　　　イ．20歳　　　　ウ．22歳　　　　エ．26歳

(4) JR旅客鉄道会社の旅客営業規則によれば、B小口団体は、8名以上何名までの団体か。

〔語群〕

　ア．20名　　　　イ．30名　　　　ウ．40名　　　　エ．50名

(5) JR旅客鉄道会社の旅客営業規則によれば、団体乗車券は、運送引受後であって当該団体の始発駅出発日の何日（月）前から発売するか。

〔語群〕

　ア．21日前　　　　イ．1カ月前　　　　ウ．2カ月前　　　　エ．6カ月前

(6) モデル宿泊約款によれば、大人に準じる食事、寝具を提供したときの子供料金は、大人料金の何%か。

〔語群〕

　ア．50%　　　　イ．60%　　　　ウ．70%　　　　エ．80%

(7) 7月31日に始発駅を出発する新幹線の普通車指定席の発売日はいつか

らか？

〔語群〕

　ア．7月1日　　イ．6月30日　　ウ．5月30日　　エ．6月1日

問20　国内旅客運送約款（全日本空輸）に関する以下の各設問について、該当する答を、選択肢の中からそれぞれ1つ選びなさい。

⑴　次の記述のうち、誤っているものはどれか。

ア．旅客が紙片の航空券を紛失した場合は、旅客は、搭乗に際して、あらためて当該紛失航空券に係る搭乗区間の航空券の購入を必要とする。

イ．航空会社は、非常脱出時における援助者の確保のため、満18歳未満の旅客の非常口座席への着席を拒絶し、他の座席へ変更することができる。

ウ．旅客が航空機に搭乗する際には、旅客は、その搭乗に必要な手続のため、航空会社が指定する時刻までに指定する場所に到着しなければならない。また、指定する時刻に遅れた旅客に対し、航空会社は、その搭乗を拒絶することがある。

エ．航空会社は、旅客の死亡又は負傷その他の身体の障害の場合に発生する損害については、その損害の原因となった事故又は事件が航空機内で生じ又は乗降のための作業中に生じたものであるときは、賠償の責に任じる。

⑵　大人2人、12歳の小学生1人、5歳の幼稚園児1人及び座席を使用しない2歳児1人の計5人で、航空機を利用して旅行するとき、大人と小児の運賃の組合せのうち、正しいものはどれか。

ア．大人2人と小児3人分の運賃が必要

イ．大人2人と小児2人分の運賃が必要

ウ．大人3人と小児2人分の運賃が必要

エ．大人3人と小児1人分の運賃が必要

問21　Aさんは、旅行業者B社主催の、「往復C航空の新機種利用の沖縄5日間」というタイトルのツアーに申し込み、旅行代金150,000円を支払った。C航空の評判もよく、C航空が導入した新機種が話題となっており、それを利用するということなので楽しみにしていた。

　　　ところが、出発直前の3日前に届いた最終日程表では、帰路の利用航空便がC航空ではなく、D航空になっていた。原因はC航空のオーバーブッキングであるとのこと。出発直前の変更であったため、Aさんの都合もあり、キャンセルして他の旅行を選ぶことは不可能であったので、Aさんはしぶしぶこのツアーに参加をしたが、納得のゆく補償を求めている。

Aさんには、誰がどのような補償をするのか。

（注）標準旅行業約款によるものとする。

ア．オーバーブッキングは、C航空会社の責任であるので、C航空がAさんに変更補償金を支払う。

イ．Aさんは、C航空からD航空に変更になった時点で取消料無しに旅行契約を解除できたのに、旅行に参加したのだから、どこからも何の補償もされない。

ウ．旅程保証の規定に基づき「契約書面に記載した運送機関の会社名の変更」として、旅行代金の1％がB社からAさんに支払われる。

エ．旅程保証の規定に基づき「ツアータイトルの変更」として、旅行代金の2.5％がB社からAさんに支払われる。

問22　次の空港名と空港コードとの組合せのうち、誤っているものはどれか。

ア．函館空港＝HKD　　イ．小松空港＝KMQ　　ウ．岡山空港＝OKJ

エ．福岡空港＝FKU

問23　JALの予約変更ができる運賃の航空券1枚を購入した旅客が、出発前日に払い戻しを行った。この場合における払い戻しに関する手数料として正しいものはどれか。

ア．払戻手数料のみ必要

イ．取消手数料のみ必要

ウ．払戻手数料、取消手数料とも必要

エ．払戻手数料、取消手数料とも不要

問24　4月30日にJAL国内線の航空機を利用する場合、座席の予約は何日から受けつけるか。

ア．2月1日　　イ．2月28日（うるう年の場合は2月29日）

ウ．3月1日　　エ．4月1日

問25　次の空港について、空港コードとして正しいものはどれか。

①旭川空港

ア．AKW　　イ．ASK　　ウ．AKJ　　エ．AXT

②仙台空港

ア．SED　　イ．SDI　　ウ．SPK　　エ．SDJ

③能登空港

ア．NTJ　　イ．NTQ　　ウ．NTX　　エ．NGO

④松山空港

ア．MYJ　　イ．MMY　　ウ．MYE　　エ．MMJ

⑤宮崎空港

　　ア．ＫＯＪ　　　イ．ＫＭＪ　　　ウ．ＫＭＩ　　　エ．ＫＩＸ

**問26　貸切バスによる運送に関する次の記述のうち、誤っているものを選択肢の中から1つ選びなさい。**

（注）一般貸切旅客自動車運送事業標準運送約款によるものとする。

ア．「配車日が7月1日、1台10万円で契約した貸切バス1台」の運送契約を、契約責任者の都合で6月24日に解除した場合、バス会社は契約責任者に対し3万円の違約料を請求することができる。

イ．バス会社は、学校教育法による小学校に通学する者の団体で、当該小学校の責任者が引率し、かつ当該小学校の長が発行する証明書を提出したものにあっては、地方運輸局長に届け出たところにより運賃及び料金の割り引きを行う。

ウ．「配車日が7月1日午前8時、1台10万円で契約した貸切バス6台」の運送契約を、契約責任者の都合で6月30日午後5時に1台減車した場合、バス会社は契約責任者に対し違約料を請求することはできない。

エ．2日以上にわたる運送で乗務員の宿泊費が必要な場合は、バス会社は契約責任者に対し当該宿泊費を請求することができる。

**問27　貸切バスによる下記行程の運賃に関する次の設問について、該当する答を、選択肢の中から1つ選びなさい。**

|  | 出庫<br>9：00 | 配車場所<br>9：30 |  | 終着地<br>15：30 | 帰庫<br>15：45 |

| 点呼・点検時間 | 回送時間 | 実車時間 | 回送時間 | 点呼・点検時間 |
|---|---|---|---|---|
| 1時間 | 30分 | 6時間 | 15分 | 1時間 |

| 回送距離 | 走行距離 | 回送距離 |
|---|---|---|
| 20km | 200km | 15km |

大型バス　時間制運賃（1時間あたり）7,000円
大型バス　キロ制運賃（1kmあたり）　170円

①時間制運賃の算出方法として正しいものを選びなさい。

ア．走行時間6時間

　　7,000円×6時間＝42,000円

イ．走行時間6時間＋点呼・点検時間2時間＝8時間

　　7,000円×8時間＝56,000円

ウ．走行時間6時間＋点呼・点検時間2時間＋回送時間45分

　　＝8時間45分 → 30分以上は1時間に切り上げのため、9時間

$7,000円 \times 9時間 = 63,000円$

②キロ制運賃の算出方法として正しいものを選びなさい。

ア．走行距離200km

$170円 \times 200km = 34,000円$

イ．走行距離200km ＋ 回送距離20km ＋ 15km

$= 235km \rightarrow 10km未満は10kmに切り上げのため、240km$

$170円 \times 240km = 40,800円$

ウ．走行距離200km ＋ 回送距離20km ＋ 15km

$= 235km \rightarrow 10km未満は切り捨てのため、230km$

$170円 \times 230km = 39,100円$

問28　大人２人、７歳と５歳の小児各１人の計４人の家族が乗用車１台で、フェリーの２等船室を利用する場合の運賃の算出方法で正しいものはどれか。（注）フェリー標準運送約款によるものとする。５歳の小児は座席は占有しない。

《資料》大人１人あたりの２等旅客運賃　　　2,070円

　　　　小児１人あたりの２等旅客運賃　　　1,040円

　　　　自動車航送運賃　　　　　　　　　 15,000円

ア．$（2,070 \times 2） ＋ （1,040 \times 2） ＋ 15,000 = 21,220円$

イ．$（2,070 \times 2） ＋ （1,040 \times 1） ＋ 15,000 = 20,180円$

ウ．$（2,070 \times 1） ＋ （1,040 \times 2） ＋ 15,000 = 19,150円$

エ．$（2,070 \times 1） ＋ （1,040 \times 1） ＋ 15,000 = 18,110円$

問29　フェリーによる運送に関する次の設問について、該当する答を、選択肢の中から１つ選びなさい。

（注）　海上運送法第９条第３項の規定に基づく標準運送約款によるものとする。また、年齢は乗船日現在とし、団体旅客の扱いは適用しない。

　　　　大人15人、小学生10人、大人に同伴される４歳の小児３人、運転手２人がバス１台でフェリーの１等指定制座席を利用する場合の運賃の合計額を求める計算式のうち、正しいものはどれか。なお、運転手２人を含め、全員が１等指定制座席を１人で利用するものとする。

〔資料〕

１等指定制座席の旅客運賃：大人１人につき4,000円、小児１人につき
2,000円

２等旅客運賃：大人１人につき3,000円、小児１人につき1,500円

自動車航送運賃：20,000円

ア．｛4,000円×（15人＋1人）｝＋（2,000円×10人）＋｛（4,000円−3,000円）×
　　1人｝＋20,000円

イ．（4,000円×15人）＋｛2,000円×（10人＋3人）｝＋｛（4,000円−3,000円）×
　　2人｝＋20,000円

ウ．（4,000円×15人）＋（2,000円×10人）＋｛（4,000円−3,000円）×2人｝＋
　　20,000円

エ．｛4,000円×（15人＋1人）｝＋｛2,000円×（10人＋3人）｝＋｛（4,000円−
　　3,000円）×1人｝＋20,000円

問30　**次の①～④に該当する峡谷・渓谷名を語群から1つずつ選びなさい。**

⑴　［　①　］は阿蘇山の溶岩流が五ヶ瀬川によって侵食されてできあがった
　　渓谷であり、柱状節理の断崖が約7kmにわたってそそり立ち、付近に
　　は真名井の滝がある。

⑵　［　②　］は熊野川支流の北山川の渓谷で、和歌山、奈良、三重の3県に
　　またがり深淵かつ柱状節理の絶壁と水のよどみが絶妙な美を醸し出し
　　ている。

⑶　［　③　］は石鎚山南麓に位置し、そそり立つ奇岩、絶壁が様々な彩りを
　　もつ渓谷であり、紅葉の名勝としても知られる。

⑷　［　④　］は石狩川の上流部にある我が国屈指の大峡谷であり、上流には
　　大函、小函の景勝地が連なる。

〔語　群〕
ア．層雲峡　　イ．祖谷渓　　ウ．厳美渓　　エ．瀞峡　　オ．面河渓
カ．高千穂峡　キ．定山渓　　ク．帝釈峡

問31　**都道府県名とそこに所在する半島名の組合せのうち、誤っているも
　　のを1つ選びなさい。**

ア．北海道＝知床半島　　イ．秋田県＝牡鹿半島
ウ．石川県＝能登半島　　エ．鹿児島県＝大隅半島

問32　**以下の⑴～⑷の各都道府県に所在しない温泉をそれぞれの語群から
　　1つ選びなさい。**

⑴　北海道
〔語　群〕ア．川湯温泉　　イ．定山渓温泉　　ウ．浅虫温泉　　エ．豊富温
　　泉

⑵　群馬県
〔語　群〕ア．伊香保温泉　　イ．湯西川温泉　　ウ．四万温泉　　エ．草津温泉

⑶　和歌山県

〔語　群〕ア．湯の峰温泉　イ．勝浦温泉　　ウ．白浜温泉　エ．西浦温泉

(4)　大分県

〔語　群〕ア．内牧温泉　　イ．由布院温泉　ウ．鉄輪温泉　エ．日田温泉

問33　以下の①〜⑩の温泉地が所在する都道府県名を語群からそれぞれ1つ
　　　選びなさい。

①三朝温泉　②芦原温泉　③温根湯温泉　④湯田中温泉　⑤菊池温泉
⑥寸又峡温泉　⑦瀬波温泉　⑧奥津温泉　⑨大鰐温泉　⑩龍神温泉

〔語　群〕
ア．北海道　イ．青森県　ウ．岩手県　　エ．栃木県　オ．神奈川県
カ．新潟県　キ．長野県　ク．石川県　　ケ．福井県　コ．岐阜県
サ．静岡県　シ．兵庫県　ス．和歌山県　セ．鳥取県　ソ．島根県
タ．岡山県　チ．広島県　ツ．熊本県　　テ．大分県　ト．鹿児島県

問34　以下の各設問について、それぞれの選択肢の中から答を1つ選びなさい。

(1)　世界自然遺産「白神山地」は2つの都道府県にまたがって登録されて
　　いるが、その組合せとして正しいものはどれか。
　　ア．青森県・秋田県　　　　　　イ．青森県・岩手県
　　ウ．秋田県・岩手県　　　　　　エ．秋田県・山形県

(2)　ふるさとの名を冠した富士について、一般名称と所在する都道府県の
　　組合せのうち、誤っているものはどれか。
　　ア．蝦夷富士　—　羊蹄山　　—　北海道
　　イ．讃岐富士　—　飯野山　　—　香川県
　　ウ．南部富士　—　岩木山　　—　岩手県
　　エ．伯耆富士　—　大山　　　—　鳥取県

(3)　日本六古窯の1つに数えられ、一般には狸の置物が有名で、滋賀県を
　　代表する陶磁器は次のどれか。
　　ア．瀬戸焼　　イ．常滑焼　　ウ．越前焼　　エ．信楽焼

(4)　阿蘇山の溶岩流と五ヶ瀬川の浸食によって形成された高千穂峡にある
　　滝で、日本の滝百選にも選定されたのは次のどれか。
　　ア．那智の滝　　イ．白糸の滝　　ウ．真名井の滝　　エ．吹割の滝

(5)　日本百名城の1つであり、天守閣が国宝に指定されている井伊家の居
　　城で、世界遺産暫定リストにも記載されているのは次のどれか。
　　ア．彦根城　　イ．大阪城　　ウ．松山城　　エ．広島城

(6)　武田信玄の陣中食とも伝えられる甲府盆地を中心とした地域で作られ
　　る郷土料理で、野菜と手打ち麺を味噌仕立てで煮込んだものは次のどれか。

ア．けんちん汁　イ．のっぺい汁　ウ．ほうとう　エ．三平汁

(7)　青森県にある日本最大級の縄文集落遺跡で、竪穴住居跡、掘立柱建物跡などが発掘されている国指定の特別史跡は次のどれか。

ア．三内丸山遺跡　イ．岩宿遺跡　ウ．登呂遺跡　エ．斎場御嶽

**問35**　次の温泉地の組合せのうち、すべてが同じ都道府県にないものを1つ選びなさい。

ア．花巻温泉－繁温泉－志戸平温泉

イ．山中温泉－粟津温泉－芦原温泉

ウ．浜村温泉－皆生温泉－三朝温泉

エ．黒川温泉－菊池温泉－山鹿温泉

**問36**　次の記述に該当するものを語群からそれぞれ1つ選びなさい。

(1)　毛利輝元により慶長9年（1604年）に築城された城であり、指月山の麓に位置しその山名をとって、別称「指月城」と呼ばれていた。現在は本丸跡の一部が指月公園となっており、桜の名所としても有名である。

〔語群〕

ア．岡山城　イ．広島城　ウ．松江城　エ．萩城

(2)　松尾芭蕉が『奥の細道』で詠んだ「閑かさや岩にしみいる蝉の声」の俳句で知られ、俗に「山寺」と呼ばれている。

〔語群〕

ア．立石寺　イ．毛越寺　ウ．瑞巌寺　エ．中尊寺

(3)　大分県に所在し、全国の八幡宮の総本宮であり、社殿は「八幡造」と呼ばれる建築様式の代表的な建造物で国宝建造物に指定されている。「けんか祭り」の別名でも知られる「夏越大祭」が有名である。

〔語群〕

ア．鵜戸神宮　イ．宇佐神宮　ウ．霧島神宮　エ．英彦山神宮

(4)　島根県安来市に所在し、四季折々の美をあらわす日本庭園と横山大観をはじめとする近代日本画と陶芸等のコレクションで知られている。

〔語群〕

ア．大原美術館　イ．本間美術館　ウ．足立美術館　エ．碌山美術館

**問37**　次の記述のうち、[ ① ]～[ ④ ]に該当する正しい答をそれぞれの語群から1つ選びなさい。

(1)　京都市内の金閣寺から嵐山への道すじに大小15の石を配した枯山水の石庭として世界的にも知られている[ ① ]がある。

〔語群〕ア．西芳寺　イ．仁和寺　ウ．天龍寺　エ．龍安寺

(2) 断崖絶壁をいっきにかけ落ちる滝そのものが飛瀧神社というご神体になっている那智の滝は〔 ② 〕にある。

〔語群〕ア．三重県　イ．奈良県　ウ．和歌山県　エ．京都府

(3) 〔 ③ 〕は、特産品の樺細工があり、武家屋敷と黒板塀の続く町並みで「みちのくの小京都」と呼ばれている。

〔語群〕ア．遠野　イ．角館　ウ．米沢　エ．弘前

(4) 歌舞伎の題目である「勧進帳」の舞台として知られる〔 ④ 〕の関所跡は、石川県小松市西部の日本海沿岸に位置する。

〔語群〕ア．勿来　イ．安宅　ウ．逢坂　エ．白河

**問38　次の庭園に関する記述について誤っているものを１つ選びなさい。**

ア．『偕楽園』は、徳川斉昭によって造られた「民と偕に楽しむ」の意味から名付けられた庭園であり、「梅まつり」が有名である。又、園内には好文亭がある。

イ．『仙巌園』は、島津光久の代に別邸として構えたのが始まりであり、錦江湾を池に、桜島を築山に見立てた雄大な庭園である。別名「磯庭園」とも呼ばれる。

ウ．『後楽園』は、松平定信が六つのすぐれた景観、「六勝」を備えていることから命名したことでも知られる回遊林泉式庭園であり、四季それぞれに美しい園内には成巽閣がある。

エ．『栗林公園』は、高松藩の歴代藩主が歳月をかけてつくりあげた様式の北庭と日本式の南庭とに分かれる回遊式庭園であり、園内には掬月亭がある。

**問39　次の祭り・行事の開催月について、それぞれ該当する月を下記の語群の中から１つ選びなさい。**

| （祭り・行事） | （開催月） | （都道府県） |
|---|---|---|
| (1) 竿灯まつり | | 秋田県 |
| (2) 黒船祭 | | 静岡県 |
| (3) 京都祇園祭 | | 京都府 |
| (4) おはら祭 | | 鹿児島県 |

〔語群〕

ア．1月　イ．2月　ウ．3月　エ．4月　オ．5月
カ．6月　キ．7月　ク．8月　ケ．9月　コ．10月
サ．11月　シ．12月

**問40　観光地に関する次の各設問に答えなさい。**

〔設問〕

(1)　次の国立公園の区域内にある観光資源及び温泉地の組合せのうち、正しいものはどれか。

　　ア．支笏洞爺国立公園 ― 羊蹄山 ― ニセコ温泉

　　イ．大山隠岐国立公園 ― 日御碕 ― 城崎温泉

　　ウ．十和田八幡平国立公園 ― 八甲田山 ― 乳頭温泉

　　エ．日光国立公園 ― 戦場ヶ原 ― 水上温泉

〔設問〕

(2)　次の温泉地の組合せのうち、すべて同一都道府県にあるものはどれか。

　　ア．秋保温泉 ― 作並温泉 ― 須川温泉

　　イ．浅間温泉 ― 鹿教湯温泉 ― 湯田中温泉

　　ウ．伊香保温泉 ― 草津温泉 ― 昼神温泉

　　エ．黒川温泉 ― 別府温泉 ― 由布院温泉

**問41　次の祭・行事について、(1)〜(4)のそれぞれの期間に開催されないものを、語群からそれぞれ1つ選びなさい。**

(1)　1月〜3月

〔語群〕

　　ア．野沢温泉道祖神火祭り（長野県）　　イ．西大寺会陽（岡山県）

　　ウ．筥崎宮玉せせり（福岡県）

　　エ．沖縄全島エイサーまつり（沖縄県）

(2)　4月〜6月

〔語群〕

　　ア．チャグチャグ馬コ（岩手県）　　イ．花笠まつり（山形県）

　　ウ．三社祭（東京都）　　　　　　　　エ．金沢百万石まつり（石川県）

(3)　7月〜9月

〔語群〕

　　ア．相馬野馬追（福島県）　　　　　イ．越中八尾おわら風の盆（富山県）

　　ウ．お水取り（奈良県）　　　　　　エ．津和野の鷺舞（島根県）

(4)　10月〜12月

〔語群〕

　　ア．秩父夜まつり（埼玉県）　　　　イ．時代まつり（京都府）

　　ウ．吉田の火祭り（山梨県）　　　　エ．唐津くんち（佐賀県）

**問42　次の(1)〜(5)の項目と都道府県との組合せについて、誤っているものを1つ選びなさい。**

(1) 郷土料理
　　ア．しょっつる－秋田県　　イ．ばらずし－奈良県
　　ウ．朴葉味噌－岐阜県　　　エ．皿鉢料理－高知県
(2) 陶磁器
　　ア．赤膚焼－奈良県　　　　イ．出石焼－兵庫県
　　ウ．常滑焼－愛知県　　　　エ．小鹿田焼－熊本県
(3) 漆器
　　ア．秀衡塗－岩手県　　　　イ．春慶塗－岐阜県
　　ウ．輪島塗－石川県　　　　エ．大内塗－広島県
(4) 名産品
　　ア．西陣織－京都府　　　　イ．伊予絣－愛媛県
　　ウ．結城紬－茨城県　　　　エ．黄八丈－鹿児島県
(5) 記念館・博物館
　　ア．野口英世記念館－福島県　イ．南方熊楠記念館－三重県
　　ウ．子規記念博物館－愛媛県　エ．吉川英治記念館－東京都

**問43　次の記述について、該当する山岳を、下記の語群からそれぞれ1つ選びなさい。**

(1) 関東地方東部にあるこの山は、西側に位置する男体山と東側に位置する女体山からなる。毎年2月～3月にかけて開催される「梅まつり」期間中には、ガマの油売り口上、甘酒、梅茶のサービスなどがあり、多くの観光客が訪れる。

(2) 薩摩半島南端に位置するこの山は、霧島屋久国立公園内に所在し、別名「薩摩富士」とも呼ばれている。近くには池田湖、長崎鼻などの観光地がある。

(3) 東京都の西部にあり、山中に真言宗の寺院があるこの山は、ミシュランの旅行ガイドで日光、富士山と同じ最高の「3つ星」観光地にランクされたことで近年数多くの観光客が訪れている。

(4) 滋賀県と岐阜県の県境にある滋賀県最高峰のこの山は、わが国初の国定公園として指定された琵琶湖国定公園内に所在し、晴れた時には頂上から眼下に琵琶湖を望むことができる。古くから霊峰とされ山頂には日本武尊の像がある。

(5) 北海道東部にあるこの山は、屈斜路湖や摩周湖などと同じ国立公園内に所在し、マリモが生息することで有名な湖から望むことができる。

〔語群〕

ア．赤城山　　イ．雌阿寒岳　　ウ．比叡山　　エ．天城山

オ．伊吹山　　カ．開聞岳　　キ．新燃岳　　ク．斜里岳

ケ．高尾山　　コ．筑波山

問44　次の①～④の温泉名はJRの駅名となっているものである。各駅のある路線名を下記の語群からそれぞれ１つ選びなさい。

①和倉温泉　②武雄温泉　③湯谷温泉　④大鰐温泉

〔語群〕

ア．山陽本線　　イ．中央本線　　ウ．佐世保線　　エ．東北本線

オ．奥羽本線　　カ．七尾線　　キ．鹿児島本線　　ク．山陰本線

ケ．高山本線　　コ．陸羽東線　　サ．肥薩線　　シ．北陸本線

ス．飯山線　　セ．飯田線　　ソ．山口線

問45　「特に水鳥の生息地として国際的に重要な湿地に関する条約（ラムサール条約）」の条約湿地に関する以下の設問について、〔　　〕に該当する答を下記の語群からそれぞれ１つ選びなさい。

⑴　北海道東部にある〔　　〕は、日本で最も大きな湿原で、我が国第１号の条約湿地として登録された。

⑵　宮城県北部にある〔　　〕は、水生植物が繁茂する淡水湖で、ガンカモ類等の越冬地となっている。

⑶　日本最大の淡水湖で、湖の北部に竹生島があることでも知られている〔　　〕は、コハクチョウ・ヒシクイ等の重要な越冬地にもなっている。

〔語群〕

ア．伊豆沼・内沼　　イ．猪苗代湖　　ウ．浜名湖

エ．霧多布湿原　　オ．釧路湿原　　カ．琵琶湖

問46　次に掲げる国立公園地区内にある山岳名を下記語群Ⅰから、又、それぞれの山岳と同じ都道府県にある温泉地名を下記語群Ⅱから選び、その記号で答えなさい。

⑴　白山国立公園　　　　　　　　⑵　阿蘇くじゅう国立公園

⑶　磐梯朝日国立公園　　　　　　⑷　上信越高原国立公園

⑸　中部山岳国立公園　　　　　　⑹　大雪山国立公園

⑺　大山隠岐国立公園　　　　　　⑻　霧島錦江湾国立公園

⑼　十和田八幡平国立公園　　　　⑽　富士箱根伊豆国立公園

〔語群Ⅰ〕

ア．八甲田山　　イ．富士山　　ウ．大山　　エ．高千穂峰

オ．旭岳　　カ．谷川岳　　キ．安達太良山　　ク．立山

ケ．久住山　　　コ．釈迦岳

〔語群Ⅱ〕

A．酸ケ湯温泉　B．水上温泉　C．宇奈月温泉　D．えびの高原温泉

E．片山津温泉　F．東山温泉　G．下部温泉　　H．日田温泉

I．層雲峡温泉　J．皆生温泉

問47　次の温泉地と同じ道府県内にある観光地を語群Ⅰから、又、その道府
県を語群Ⅱから選び、その記号で答えなさい。

(1)　湯ノ花温泉　　(2)　秋保温泉　　(3)　石和温泉　　(4)　下呂温泉

(5)　老神温泉　　(6)　湯田温泉　　(7)　豊富温泉　　(8)　鈍川温泉

(9)　宇奈月温泉　　⑩　嬉野温泉

〔語群Ⅰ〕

A．青海島　　B．昇仙峡　　C．面河渓　　D．金華山

E．天橋立　　F．虹ノ松原　　G．恵那峡　　H．大沼

I．立山　　J．白根山

〔語群Ⅱ〕

ア．北海道　　イ．宮城県　　ウ．群馬県　　エ．山梨県

オ．岐阜県　　カ．富山県　　キ．京都府　　ク．山口県

ケ．愛媛県　　コ．佐賀県

問48　次の各行程で、前後に最も近い観光地をそれぞれ１つ選んで □□□
を埋め、モデルコースを完成させなさい。

(1)　長崎駅 ― 平和祈念像 ― □□□ ― 大浦天主堂 ― グラバー園 ― 長
崎駅

ア．大濠公園　　イ．水前寺公園　　ウ．くじゅう花公園

エ．稲佐山公園

(2)　会津若松駅 ― 会津武家屋敷 ― 鶴ヶ城 ― 塔のへつり ― □□□ ―
芦ノ牧温泉

ア．妻籠宿　　イ．大内宿　　ウ．馬籠宿　　エ．関宿

(3)　道後温泉 ― □□□ ― 松山城 ― 坂の上の雲ミュージアム ― 松山市駅

ア．北原白秋記念館　　イ．壺井栄文学館　　ウ．南方熊楠記念館

エ．子規記念博物館

(4)　米原駅 ― □□□ ― 西明寺 ― 近江八幡散策 ― 大津駅

ア．犬山城　　イ．姫路城　　ウ．彦根城　　エ．二条城

(5)　定山渓温泉 ― 札幌市内 ― 支笏湖 ― □□□ ― 洞爺湖温泉

ア．大雪山　　イ．昭和新山　　ウ．渡島駒ヶ岳　　エ．羅臼岳

問49 次の言葉（地名や固有名詞）は、いわゆる難読とみなされるものである。それぞれひらがなの読み方を解答欄に記しなさい。なお配列は九州から四国、中国、近畿……、北海道へと並べた。

①対馬　　②諫早　　③豊後竹田　　④国東半島　　⑤坂出　　　⑥室戸岬
⑦石鎚山　⑧益田　　⑨長門市　　　⑩小郡　　　　⑪蒜山高原　⑫厳島神社
⑬備中高梁　⑭宍道湖　⑮皆生温泉　⑯相生　　⑰城崎温泉　⑱尾鷲
⑲四条畷　⑳歃傍　　㉑山科　　　㉒米原　　㉓敦賀　　　㉔芦原温泉
㉕瑞浪　　㉖動橋　　㉗舳倉島　　㉘各務原　　㉙上松　　　㉚安曇沓掛
㉛糸魚川　㉜鹿教湯　㉝福生　　　㉞真鶴　　　㉟新発田　　㊱常陸太田
㊲五十里湖　㊳余目　　㊴寒河江　㊵秋保温泉　㊶弘前　　　㊷渡島半島
㊸積丹半島　㊹長万部　㊺木古内　㊻稚内　　　㊼厚岸湾　　㊽名寄
㊾留萌　　㊿襟裳岬

## 解答と解説

◆◆◆◆◆◆◆◆◆◆◆◆◆◆◆◆◆◆◆◆◆◆◆◆◆◆◆◆◆◆◆◆◆◆◆◆◆◆◆◆◆◆◆◆◆

問1　イ　ア・ウ・エは誤り。
問2　エ　ア・イ・ウは免責事項であるから、損害補償金の支払われるのはエ。
問3　イ　○　特別補償規程第6条より。国内旅行の死亡補償金は1,500万円である（海外旅行の場合は2,500万円）。
　　　ロ　×　特別補償規程第8条第4項より。入院見舞金と死亡補償金を重ねて支払うべき場合には、その合計額を支払う。
　　　ハ　○　特別補償規程第11条より。
　　　ニ　○　特別補償規程第18条第2項第6号より。
　　　ホ　×　特別補償規程第19条第3項より。損害補償金は、旅行者1名について1回の事故につき3,000円を超えない場合は支払われない。
問4　ウ　大人に準じる食事と寝具等の子供料金（サービス料・税金込）は70%
問5　イ　正しい。
　　　ア　超過6時間までは室料金の2分の1の超過料金が徴収される。
　　　ウ　大人に準じる食事と寝具の小学生1人は大人の宿泊料の70%、7000円
　　　　　子供用食事と寝具は、小学生1人は大人の宿泊料の50%、5000円
　　　　　10000円＋7000円＋5000円＝22000円
　　　エ　団体客（15名以上）の一部について契約の解除があった場合、宿泊の10日前における宿泊人数の10%（端数は切り上げ）にあたる人数については違約金は徴収されないので残りの5名分の違約料が徴収される。
問6　(1)　○　本問の通り（旅行業法施行要領―以下、施行要領と略する―第10〔取引条件の説明、旅行書面および広告〕第4項）。

(2) ✕ 取扱料金の掲示は、旅行業者が旅行者から収受する料金のみである（施行要領第8〔旅行業務の取扱いの料金〕第1項第1号）。

(3) ○ 本問の通り（施行要領第2（登録）第2項第3号）。

(4) ○ 本問の通り（旅行業法—以下法と略する—第6条第1項第8号、施行規則第3条）。

(5) ✕ 営業保証金は当該旅行業者の年間取引額による（法第8条）。
　　　第1種旅行業7,000万円以上
　　　第2種旅行業1,100万円以上
　　　第3種旅行業300万円以上
　　　地域限定旅行業100万円以上

(6) ✕ 弁済業務保証金の供託は、現金のほか、国債証券、地方債証券等をもってこれに充てることができる（法第22条の8、第8条第6項）。

(7) ✕ 主任の者は、法に定める要件を満たしているが、特に職制上の身分、地位は問われていない（法第12条の11第1項）。

(8) ○ 本問の通り（施行要領第13〔旅程管理〕第1項）。

(9) ✕ 旅程管理業務を行う者の同行の有無については、必ず記載する（契約規則13条第5号）。

(10) ○ 本問の通り（法第31条）。

問7　エ　北陸新幹線と在来線の乗継ぎで乗継割引が適用できる駅は長野駅・上越妙高駅・金沢駅のみ。

問8　ウ　ア　9カ月前から14日前　イ　同額

問9　(1)　エ　幹線と地方交通線利用のため運賃計算キロ（幹線の営業キロ＋地方交通線の換算キロ）を使用。小児半額。10円未満切り捨て。

　　　(2)　イ　普通車指定席のため、シーズンを確認（通常期）、新幹線と在来線の特急・急行との乗継割引が適用されため「特急伊那路号」の特急料金が半額。小児なのでさらに半額。10円未満は切り捨て。

問10　(1)　ク　この場合は13,130円の乗車券に220円、7,440円のグリーン券に340円の手数料がかかる。
　　　　　　　13,130－220＋7,440－340＋7,770＝27,780円

　　　(2)　セ　配車3日前に予約台数の20％以上の車両を取り消すときの違約料は1台につき30％。
　　　　　　　200,000円×0.3×3台＝180,000円
　　　　　　　600,000円－180,000円＝420,000円

　　　(3)　ウ　フェリー標準運送約款・旅客運送の部、第17条第1項第3号および同条第2項第1号により、船会社は200円を払戻手数料として収受する。払戻額……8,200－200＝8,000円

問11　(1)　ア、イ、エ　✕　乗車券部分の手数料は220円、グリーン券部分の手数料は30％の390円となる。払いもどし手数料は、乗車券とグリーン券・寝台券・指定席券の部分にだけかかり、特急券部分について

はかからない。P131「整理メモ」を参照。

　ウ　○　正しい。上記記述を参照。

(2)　イ　博多駅に7時56分着の予定が2時間14分遅れとなったことから特急・急行料金の全額が払戻し対象（手数料は不要）となる。グリーン料金は払戻し対象とはならない。ア、ウ、エは正しい。P131「整理メモ」を参照。

問12　(1)　ウ　560円

乗車券　　　220円

急行券　　　　0円

指定席券　340円

指定券類の払戻最低額は340円

(2)　イ　270,000円

5日前の取消料30％

300,000円×0.3＝90,000円×3台＝270,000円

(3)　イ　720円

3日前の取消料10％　7,200円×0.1＝720円

問13　エ　（注1）から、丹波口駅は京都市内に属する駅であり、中心駅は京都駅である。（注2）から、九州工大前駅は北九州市内に属する駅であり、中心駅は小倉駅である。中心駅の京都駅〜中心駅の小倉駅間の営業キロが200キロを超えているため、特定都区市内の特例を適用して、運賃は京都駅〜小倉駅間で計算する。

　京都駅〜小倉駅間の営業キロが600キロを超えていないため、往復割引の適用は不可となる。運賃計算キロ598.5キロをもとに、本州3社内の幹線の普通運賃表から、片道運賃は9,460円である。

　小倉駅は境界駅だが、京都駅〜小倉駅間で運賃を求めるため、加算額は不要。

　往復乗車しているため、片道運賃は9,460円×2＝18,920円となる。

問14　(1)　エ　東京、大阪、福岡の各近郊区間内の普通乗車券は、営業キロが100キロを超えても有効日数は発売当日のみであるから、101〜200キロまでの普通乗車券の有効日数はすべて2日とはいえない。

　アは「途中下車」つまり途中の駅の改札をいったん出るという意味を知っておいてほしい。ちなみにこういう旅行形態は継続乗車という。

(2)　イ　往復割引は、幹線・地方交通線のまたがり乗車であっても、その適用は営業キロによる。地方交通線に定められている換算キロ・擬制キロは、「運賃計算のみ」に用いるキロ制であると理解しておくとよい。

　料金計算、乗車券の有効日数などについては、すべて営業キロで算定する。

問15　ウ　学生団体には通年割引率を適用して、無賃扱いはない。高校生は
全行程の大人運賃の5割引、教職員・旅行業者は、全行程の大人運
賃の3割引となる。

問16　(1)　エ　普通乗車券には220円の払戻手数料、特急券・グリーン券には指定
券であるグリーン券に払戻手数料がかかる。同じく特急券・寝台券
の場合には寝台券に払戻手数料がかかる。
普通乗車券：6,380－220＝6,160円
グリーン券：4,190×0.3＝1,257→1,250円
4,190－1,250＝2,940円
払　戻　額：6,160＋2,940＋3,170＝12,270円

　　　(2)　エ　宿泊初日の前日の取り消しなので20％の取消料がかかる。取消
料は1泊目だけで2泊目以降はかからない。
15,000×0.2×2＝6,000円　60,000－6,000＝54,000円

　　　(3)　イ　5日前の取り消しなので、払戻手数料は券面に記載されている金
額の1割である。
10,000×0.1＝1,000円

　　　(4)　エ　予約台数が10台で減車が3台だから、20％以上の減車となり取消
料がかかる。
取消料は6日前なので30％。　200,000×0.3×3＝180,000円
600,000－180,000＝420,000円

問17　(1)　イ　(2)　ウ　(3)　イ　(4)　エ

問18　ウ　アは小倉駅での乗継割引は対象外。イは九州新幹線との乗継割引
は無し。エは、新青森駅も新函館北斗駅も乗継割引対象駅だが、割
引は1回のため、どちらかのみとなる。

問19　(1)　ア　(2)　イ　(3)　エ　(4)　イ　(5)　イ　(6)　ウ　(7)　ア　　JRの指定
席券の発売日は列車が始発駅を出発する日の1カ月前の10時から。
ただし、対応日がない場合は翌月1日。

問20　(1)　イ　非常口座席への着席制限の対象となるのは、①満15歳未満の者、
②身体上、健康上またはその他の理由によって、非常脱出時におけ
る援助に支障がある者、③航空会社の示す脱出手順または会社係員
の指示を理解できない者、④脱出援助を実施することに同意しない
者となっている。満18歳未満ではない。

　　　(2)　エ　大人運賃は12歳以上、小児運賃は3歳以上。座席を占有しない
3歳未満は大人1人につき1人まで無賃。

問21　エ

問22　エ　FUK

問23　ア

問24　イ　2月28日または29日
個人による座席の予約は、搭乗日の2カ月前の同一日から受け付ける。

同一日がない場合、以下のようになる。

A　搭乗日が 1 月31日　11月30日から
B　搭乗日が 4 月29日　 2 月28日から（うるう年は 2 月29日）
C　搭乗日が 4 月30日　 2 月28日から（うるう年は 2 月29日）
D　搭乗日が 8 月31日　 6 月30日から

問25　① ウ　② エ　③ イ　④ ア　⑤ ウ

問26　イ　学校教育法による小学校に通学する者の団体で、当該小学校の責任者が引率し、かつ当該小学校の長が発行する証明書を提出したものにあっては、地方運輸局長に届け出たところにより運賃のみ割り引きを行う。

問27　①　ウ　走行時間には回送時間と点呼・点検時間1時間ずつ（合計2時間）を含め、30分以上は1時間に切り上げる。

　　　②　イ　走行距離には回送距離を含め10km未満は10kmに切り上げる。

問28　エ　自動車航送運賃には大人 1 人分の 2 等運賃を含む。小児運賃は 6 歳以上の小学生からかかる。

問29　エ　自動車航送運賃には運転者 1 名分の 2 等運賃が含まれている。今回は 1 等利用のため、1 等の運賃と 2 等の運賃との差額が必要。
　　　4000円－3000円＝1000円。また、小児も含めて全員が 1 等指定制座席の利用のため、4 歳の小児も小児運賃が必要。

問30　(1)　カ　真名井（まない）の滝で有名。宮崎県。

　　　(2)　エ　どろきょう。別称「瀞八丁」。川下りなども楽しめる。

　　　(3)　オ　おもごけい、と読む。愛媛県。石鎚山は西日本最高峰。

　　　(4)　ア　柱状節理の絶壁が圧巻。大函・小函がキーワード。北海道。
　　　　　　　イの祖谷（いや）渓は徳島県の吉野川上流、ウの厳美渓は岩手県南部、キの定山渓温泉は「札幌の奥座敷」と呼ばれている。クの帝釈峡は広島県北東部にあり、中国地方随一の峡谷美を誇る。

問31　イ　秋田県にあるのは男鹿半島。入道崎、寒風山などで有名。牡鹿半島は宮城県東部に突出している半島で、金華山が有名。

問32　(1)　ウ　浅虫温泉は青森県。アの川湯温泉は屈斜路湖付近、エの豊富温泉は日本最北の温泉地。

　　　(2)　イ　湯西川温泉は栃木県。平家落人の隠れ里伝説で有名。アの伊香保温泉は徳冨蘆花の「不如帰」で有名。エの草津温泉は日本三名泉の 1 つ。日本三名泉は草津（群馬県）、下呂（岐阜県）、有馬（兵庫県）。

　　　(3)　エ　西浦温泉は愛知県。

　　　(4)　ア　内牧温泉は熊本県。ウの鉄輪（かんなわ）温泉は別府温泉の一部。

問33　①　セ　みささおんせん、と読む。ラジウム含有量日本一。

　　　②　ケ　あわらおんせん、と読む。東尋坊などへの観光拠点。北陸温泉郷のひとつ。

　　　③　ア　おんねゆおんせん、と読む。北見地方。

　　　④　キ　志賀高原の西側に位置し、湯田中渋温泉郷の 1 つ。長野県北東部。

⑥　サ　すまたきょうおんせん。大井川鉄道のSL列車で有名。

⑦　カ　せなみおんせん、と読む。

⑧　タ　美作（みまさか）三湯の１つ。「足踏み洗濯」で有名。

　　　※美作三湯：奥津、湯郷、湯原（すべて岡山県）

⑨　イ　おおわにおんせん、と読む。「リンゴ風呂」で有名。

⑩　ス　弘法大師が開湯したといわれる美人の湯として有名。和歌山県中
　　　　部、奈良県との県境に近い。

問34　(1)　ア

　　　(2)　ウ　岩木山は津軽富士、青森県。

　　　(3)　エ　アとイは愛知県、ウは福井県。

　　　(4)　ウ　アは和歌山県、イは静岡県又は長野県（両県にある）、エは群馬県。

　　　(5)　ア

　　　(6)　ウ

　　　(7)　ア　イは群馬県、ウは静岡県、エは沖縄県。

問35　　　イ　山中温泉、粟津温泉は石川県、芦原温泉は福井県。その他、アは
　　　　　　岩手県、ウは鳥取県、エは熊本県。

問36　(1)　エ　アの岡山城は別名「烏城」、イの広島城は別名「鯉城」、ウの松江
　　　　　　城は別名「千鳥城」とも呼ばれている。

　　　(2)　ア　イの毛越寺とエの中尊寺は共に岩手県南部にある藤原家ゆかりの
　　　　　　寺で、2011年に世界遺産登録。特に中尊寺は金色堂（国宝）で有
　　　　　　名。ウの瑞巌寺は宮城県の松島にあり、伊達家の菩提寺である。

　　　(3)　イ　大分県の国東半島にある。アの鵜戸神宮は宮崎県。

　　　(4)　ウ　横山大観と日本庭園といえば足立美術館。アの大原美術館は岡山
　　　　　　県倉敷市にあるわが国有数の美術館。イの本間美術館は山形県酒田
　　　　　　市。エの碌山美術館は長野県穂高町。

問37　(1)　エ　石庭といえば龍安寺。この問題の選択肢はすべて「古都京都の文
　　　　　　化財」として世界遺産に登録されている。アの西芳寺は通称「苔寺」
　　　　　　と呼ばれ、イの仁和寺は「御室の桜」で有名。

　　　(2)　ウ　日本三名瀑の１つ。那智の滝のそばにあるのは青岸渡寺。日本三
　　　　　　名瀑：那智の滝（和歌山県）、華厳の滝（栃木県）、袋田の滝（茨城
　　　　　　県）。

　　　(3)　イ　角館は武家屋敷の枝垂桜でも有名である。

　　　(4)　イ　〔あたか〕のせき、と読む。アの勿来（なこそ）の関は福島県。

問38　　　ウ　この記述は、金沢の兼六園である。後楽園（岡山県）は、池田綱
　　　　　　政によって造られた庭園。兼六園、後楽園も日本三名園の１つ。

問39　(1)　ク　秋田市で８月に行われる竿燈（かんとう）まつりは、宝暦年間に
　　　　　　はその原型ができていた。

　　　(2)　オ　1854年のペリー提督来航を記念して５月に下田で行われる。

(3) キ　祇園祭は全国各地にあるが、総本社である京都八坂神社のものが
　　　　　基本となっている。動く美術館ともいわれる山鉾巡行で有名。

(4) サ　11月に「おはら節」などで練り踊る「総踊り」を中心のおはら
　　　　　祭は鹿児島市制60周年を記念して昭和24年にはじまる。

問40 (1)　ウ

ア　ニセコ温泉は支笏洞爺国立公園には属していない。
イ　城崎温泉は兵庫県であり、山陰海岸国立公園に属している。
エ　水上温泉は日光国立公園には属していない。

(2) イ　すべて長野県である。

ア　秋保温泉、作並温泉は宮城県。須川温泉は秋田県。
ウ　伊香保温泉、草津温泉は群馬県。昼神温泉は長野県。
エ　黒川温泉は熊本県。別府温泉、由布院温泉は大分県。

問41 (1)　エ　8月。アは1月、イは2月、ウは1月。

(2) イ　8月。アは6月、ウは5月、エは6月。

(3) ウ　3月。アは7月、イは9月、エは7月。

(4) ウ　8月。アは12月、イは10月、エは11月。

問42 (1)　イ　ばらずしは岡山県。奈良県で有名なものは柿の葉ずし。

(2) エ　おんたやき、と読む。大分県。

(3) エ　山口県。

(4) エ　東京都（八丈島）。

(5) イ　和歌山県。

問43 (1)　コ　(2)　カ　(3)　ケ　(4)　オ　(5)　イ

問44 ①　カ　金沢（石川県）～和倉温泉（石川県）を運行している。

②　ウ　肥前山口（佐賀県）～佐世保（長崎県）を運行している。

③　セ　豊橋（愛知県）～天竜峡（長野県）を運行している。

④　オ　福島（福島県）～青森（青森県）を運行している。

問45 (1)　オ　(2)　ア　(3)　カ

問46 ①　白山国立公園　　　　　　コ　釈迦岳　　　E　片山津温泉

②　阿蘇くじゅう国立公園　ケ　久住山　　　H　日田温泉

③　磐梯朝日国立公園　　　キ　安達太良山　F　東山温泉

④　上信越高原国立公園　　カ　谷川岳　　　B　水上温泉

⑤　中部山岳国立公園　　　ク　立山　　　　C　宇奈月温泉

⑥　大雪山国立公園　　　　オ　旭岳　　　　I　層雲峡温泉

⑦　大山隠岐国立公園　　　ウ　大山　　　　J　皆生温泉

⑧　霧島錦江湾国立公園　　エ　高千穂峰　　D　えびの高原温泉

⑨　十和田八幡平国立公園　ア　八甲田山　　A　酸ヶ湯温泉

⑩　富士箱根伊豆国立公園　イ　富士山　　　G　下部温泉

問47 ①　湯ノ花温泉　　E　天橋立　　　　キ　京都府

②　秋保温泉　　　D　金華山　　　　イ　宮城県

| | | | | | | |
|---|---|---|---|---|---|---|
| ③ | 石和温泉 | B | 昇仙峡 | エ | 山梨県 |
| ④ | 下呂温泉 | G | 恵那峡 | オ | 岐阜県 |
| ⑤ | 老神温泉 | J | 白根山 | ウ | 群馬県 |
| ⑥ | 湯田温泉 | A | 青海島 | ク | 山口県 |
| ⑦ | 豊富温泉 | H | 大沼 | ア | 北海道 |
| ⑧ | 鈍川温泉 | C | 面河渓 | ケ | 愛媛県 |
| ⑨ | 宇奈月温泉 | I | 立山 | カ | 富山県 |
| ⑩ | 嬉野温泉 | F | 虹ノ松原 | コ | 佐賀県 |

問48 (1) エ　アは福岡県、イは熊本県、ウは大分県。

　　 (2) イ　アとウは岐阜県、エは三重県。

　　 (3) エ　アは福岡県、イは香川県、ウは和歌山県。

　　 (4) ウ　アは愛知県、イは兵庫県、エは京都府。

　　 (5) イ　選択肢はすべて北海道だが、ア、ウ、エは場所が離れている。

問49
① つしま
② いさはや
③ ぶんごたけだ
④ くにさきはんとう
⑤ さかいで
⑥ むろとみさき
⑦ いしづちやま
⑧ ますだ
⑨ ながとし
⑩ おごおり
⑪ ひるぜんこうげん
⑫ いつくしまじんじゃ
⑬ びっちゅうたかはし
⑭ しんじこ
⑮ かいけおんせん
⑯ あいおい
⑰ きのさきおんせん
⑱ おわせ
⑲ しじょうなわて
⑳ うねび
㉑ やましな
㉒ まいばら
㉓ つるが
㉔ あわらおんせん
㉕ みずなみ
㉖ いぶりばし
㉗ へくらじま
㉘ かかみがはら
㉙ あげまつ
㉚ あずみくつかけ
㉛ いといがわ
㉜ かけゆ
㉝ ふっさ
㉞ まなづる
㉟ しばた
㊱ ひたちおおた
㊲ いかりこ
㊳ あまるめ
㊴ さがえ
㊵ あきうおんせん
㊶ ひろさき
㊷ おしまはんとう
㊸ しゃこたんはんとう
㊹ おしゃまんべ
㊺ きこない
㊻ わっかない
㊼ あっけしわん
㊽ なよろ
㊾ るもい（JR北海道の駅名は留萌と書く）
㊿ えりもみさき

# 旅行業法 （抜粋）

令和4年6月17日施行（改正：令和4年法律第68号）

**第1条（目的）**
　この法律は、旅行業等を営む者について登録制度を実施し、あわせて旅行業等を営む者の業務の適正な運営を確保するとともに、その組織する団体の適正な活動を促進することにより、旅行業務に関する取引の公正の維持、旅行の安全の確保及び旅行者の利便の増進を図ることを目的とする

**第2条（定義）**
1　この法律で「旅行業」とは、報酬を得て、次に掲げる行為を行う事業（専ら運送サービスを提供する者のため、旅行者に対する運送サービスの提供について、代理して契約を締結する行為を行うものを除く。）をいう。

一　旅行の目的地及び日程、旅行者が提供を受けることができる運送又は宿泊のサービス（以下「運送等サービス」という。）の内容並びに旅行者が支払うべき対価に関する事項を定めた旅行に関する計画を、旅行者の募集のためにあらかじめ、又は旅行者からの依頼により作成するとともに、当該計画に定める運送等サービスを旅行者に確実に提供するために必要と見込まれる運送等サービスの提供に係る契約を、自己の計算において、運送等サービスを提供する者との間で締結する行為

二　前号に掲げる行為に付随して、運送及び宿泊のサービス以外の旅行に関するサービス（以下「運送等関連サービス」という。）を旅行者に確実に提供するために必要と見込まれる運送等関連サービスの提供に係る契約を、自己の計算において、運送等関連サービスを提供する者との間で締結する行為

三　旅行者のため、運送等サービスの提供を受けることについて、代理して契約を締結し、媒介をし、又は取次ぎをする行為

四　運送等サービスを提供する者のため、旅行者に対する運送等サービスの提供について、代理して契約を締結し、又は媒介をする行為

五　他人の経営する運送機関又は宿泊施設を利用して、旅行者に対して運送等サービスを提供する行為

六　前三号に掲げる行為に付随して、旅行者のため、運送等関連サービスの提供を受けることについて、代理して契約を締結し、媒介をし、又は取次ぎをする行為

七　第三号から第五号までに掲げる行為に付随して、運送等関連サービスを提供する者のため、旅行者に対する運送等関連サービスの提供について、代理して契約を締結し、又は媒介をする行為

八　第一号及び第三号から第五号までに掲げる行為に付随して、旅行者の案内、旅券の受給のための行政庁等に対する手続の代行その他旅行者の便宜となるサービスを提供する行為

九　旅行に関する相談に応ずる行為

2　この法律で「旅行業者代理業」とは、報酬を得て、旅行業を営む者のため前項第一号から第八号までに掲げる行為について代理して契約を締結する行為を行う事業をいう。

3　この法律で「旅行業務」とは、旅行業を営む者が取り扱う第1項各号に掲げる行為（第14条の2第1項の規定により他の旅行業者を代理して企画旅行契約を締結する行為及び第34条第1項の規定により行う第6項に規定する行為を含む。）又は旅行業者代理業を営む者が取り扱う前項に規定する代理して契約を締結する行為をいう。

4　この法律で「企画旅行契約」とは、第1項第一号、第二号及び第八号（同項第一号に係る部分に限る。）に掲げる旅行業務の取扱いに関し、旅行業を営む者が旅行者と締結する契約をいう。

5　この法律で「手配旅行契約」とは、第1項第三号、第四号、第六号（同項第三号及び第四号に係る部分に限る。）、第七号（同項第三号及び第四号に係る部分に限る。）及び第八号（同項第三号及び第四号に係る部分に限る。）に掲げる旅行業務の取扱いに関し、旅行業を営む者が旅行者と締結する契約をいう。

6　この法律で「旅行サービス手配業」とは、報酬を得て、旅行業を営む者（外国の法令に準拠して外国において旅行業を営む者を含む。）のため、旅行者に対する運送等サービス又は運送等関連サービスの提供について、これらのサービスを提供する者との間で、代理して契約を締結し、媒介をし、又は取次ぎをする行為（取引の公正、旅行の安全及び旅行者の利便の確保に支障を及ぼすおそれがないものとして国土交通省令で定めるものを除く。）を行う事業をいう。

7　この法律で「旅行サービス手配業務」とは、旅行サービス手配業を営む者が取り扱う前項に規定する行為をいう。

第3条（登録）
　旅行業又は旅行業者代理業を営もうとする者は、観光庁長官の行う登録を受けなければならない。
第4条（登録の申請）
1　前条の登録を受けようとする者は、次に掲げる事項を記載した申請書を観光庁長官に提出しなければ
　ならない。
一　氏名又は商号若しくは名称及び住所並びに法人にあっては、その代表者の氏名
二　主たる営業所及びその他の営業所の名称及び所在地
三　旅行業を営もうとする者にあっては、企画旅行（第2条第1項第一号に掲げる行為を行うことにより
　実施する旅行をいう。以下同じ。）を参加する旅行者の募集をすることにより実施するものであるかどう
　かその他の旅行業務に関する取引の実情を勘案して国土交通省令で定める業務の範囲の別
四　旅行業を営もうとする者にあっては、旅行業者代理業を営む者に旅行業務を取り扱わせるときは、そ
　の者の氏名又は名称及び住所並びに当該旅行業務を取り扱う営業所の名称及び所在地
五　旅行業者代理業を営もうとする者にあっては、その代理する旅行業を営む者の氏名又は名称及び住所
2　申請書には、事業の計画その他の国土交通省令で定める事項を記載した書類を添付しなければならな
　い。
第5条（登録の実施）
1　観光庁長官は、前条の規定による登録の申請があった場合においては、次条第1項の規定により登録
　を拒否する場合を除くほか、次に掲げる事項を旅行業者登録簿又は旅行業者代理業者登録簿に登録しな
　ければならない。
一　前条第1項各号に掲げる事項
二　登録年月日及び登録番号
2　観光庁長官は、前項の規定による登録をした場合においては、遅滞なく、その旨を登録の申請者に通
　知しなければならない。
第6条（登録の拒否）
1　観光庁長官は、登録の申請者が次の各号のいずれかに該当する場合には、その登録を拒否しなければ
　ならない。
一　第19条の規定により旅行業若しくは旅行業者代理業の登録を取り消され、又は第37条の規定により旅
　行サービス手配業の登録を取り消され、その取消しの日から5年を経過していない者（当該登録を取り
　消された者が法人である場合においては、当該取消しに係る聴聞の期日及び場所の公示の日前60日以内
　に当該法人の役員であった者で、当該取消しの日から5年を経過していないものを含む。）
二　禁錮以上の刑に処せられ、又はこの法律の規定に違反して罰金の刑に処せられ、その執行を終わり、
　又は執行を受けることがなくなった日から五年を経過していない者
三　暴力団員等（暴力団員による不当な行為の防止等に関する法律第2条第六号に規定する暴力団員又は
　同号に規定する暴力団員でなくなった日から五年を経過しない者をいう。第八号において同じ。）
四　申請前5年以内に旅行業務又は旅行サービス手配業務に関し不正な行為をした者
五　営業に関し成年者と同一の行為能力を有しない未成年者でその法定代理人が前各号又は第七号のいず
　れかに該当するもの
六　成年被後見人若しくは被保佐人又は破産手続開始の決定を受けて復権を得ない者
七　法人であって、その役員のうちに第一号から第四号まで又は前号のいずれかに該当する者があるもの
八　暴力団員等がその事業活動を支配する者
九　営業所ごとに第11条の2の規定による旅行業務取扱管理者を確実に選任すると認められない者
十　旅行業を営もうとする者であって、当該事業を遂行するために必要と認められる第4条第1項第三号
　の業務の範囲の別ごとに国土交通省令で定める基準に適合する財産的基礎を有しないもの
十一　旅行業者代理業を営もうとする者であって、その代理する旅行業を営む者が二以上であるもの
2　観光庁長官は、前項の規定による登録の拒否をした場合においては、遅滞なく、理由を付して、その
　旨を申請者に通知しなければならない。
第6条の2（登録の有効期間）
　旅行業の登録の有効期間は、登録の日から起算して5年とする。
（中略）
第7条（営業保証金の供託）
1　旅行業者は、営業保証金を供託しなければならない。

2　旅行業者は、営業保証金の供託をしたときは、供託物受入れの記載のある供託書の写しを添付して、その旨を観光庁長官に届け出なければならない。

3　旅行業者は、前項の届出をした後でなければ、その事業を開始してはならない。

4　観光庁長官は、旅行業の登録をした場合において、登録の通知を受けた日から14日以内に旅行業者が第２項の届出をしないときは、その定める７日以上の期間内にその届出をすべき旨の催告をしなければならない。

5　観光庁長官は、前項の催告をした場合において、同項の規定により定めた期間内に旅行業者が第２項の届出をしないときは、当該旅行業の登録を取り消すことができる。

第8条（営業保証金の額等）

1　旅行業者が供託すべき営業保証金の額は、当該旅行業者の前事業年度における旅行業務に関する旅行者との取引の額（当該旅行業者が第３条の登録を受けた事業年度に営業保証金を供託する場合その他の国土交通省令で定める場合にあっては、国土交通省令で定める額）に応じ、第４条第１項第三号の業務の範囲の別ごとに、旅行業務に関する旅行者との取引の実情及び旅行業務に関する取引における旅行者の保護の必要性を考慮して国土交通省令で定めるところにより算定した額とする。

2　旅行業者は、前項の国土交通省令の改正があった場合において、その施行の際に供託している営業保証金の額が当該国土交通省令の改正により供託すべきこととなる営業保証金の額に不足することとなるときは、その不足額を追加して供託しなければならない。

3　前条第２項、第４項及び第５項の規定は、前項の規定により営業保証金を供託する場合に準用する。この場合において、同条第４項中「旅行業の登録をした場合において、登録の通知を受けた日から14日以内」とあるのは、「次条第１項の国土交通省令の改正があった場合において、その施行の日から３箇月以内（その施行の日から３箇月を経過する日がその施行の日の属する事業年度の前事業年度の終了の日の翌日から100日を経過する日前である場合にあっては、当該100日を経過する日まで）」と読み替える。

4　旅行業者は、第１項の国土交通省令の改正があった場合において、その施行の際に供託している営業保証金の額が当該国土交通省令の改正により供託すべきこととなる営業保証金の額を超えることとなるときは、その超える額の営業保証金を取り戻すことができる。

5　前項の規定による営業保証金の取戻しに関し必要な事項は、法務省令・国土交通省令で定める。

6　営業保証金は、国土交通省令で定めるところにより、国債証券、地方債証券その他の国土交通省令で定める有価証券（社債、株式等の振替に関する法律第278条第１項に規定する振替債を含む。）をもって、これに充てることができる。

7　営業保証金の供託は、旅行業者の主たる営業所の最寄りの供託所にしなければならない。

（中略）

第11条の2（旅行業務取扱管理者の選任）

1　旅行業者又は旅行業者代理業者（以下「旅行業者等」という。）は、営業所ごとに、一人以上の第６項の規定に適合する旅行業務取扱管理者を選任して、当該営業所における旅行業務に関し、その取引に係る取引条件の明確性、旅行に関するサービス（運送等サービス及び運送等関連サービスをいう。以下同じ。）の提供の確実性その他取引の公正、旅行の安全及び旅行者の利便を確保するため必要な国土交通省令で定める事項についての管理及び監督に関する事務を行わせなければならない。

2　旅行業者等は、その営業所の旅行業務取扱管理者として選任した者の全てが第６条第１項第一号から第六号までのいずれかに該当し、又は選任した者の全てが欠けるに至ったときは、新たに旅行業務取扱管理者を選任するまでの間は、その営業所において旅行業務に関する契約を締結してはならない。

3　第１項の規定は、旅行業務を取り扱う者が一人である営業所についても適用があるものとする。

4　旅行業務取扱管理者は、他の営業所の旅行業務取扱管理者となることができない。

5　第１項の規定により旅行業務取扱管理者を選任しなければならない営業所が複数ある場合において、当該複数の営業所が近接しているときとして国土交通省令で定めるときは、旅行業務取扱管理者は、前項の規定にかかわらず、その複数の営業所を通じて一人で足りる。ただし、当該旅行業務取扱管理者の事務負担が過重なものとなる場合その他の当該複数の営業所における旅行業務の適切な運営が確保されないおそれがある場合として国土交通省令で定める場合は、この限りでない。

6　旅行業務取扱管理者は、第６条第１項第一号から第六号までのいずれにも該当しない者で、次に掲げるものでなければならない。

一　本邦内の旅行のうち営業所の所在する市町村の区域その他の国土交通省令で定める地域内のもののみについて旅行業務を取り扱う営業所にあっては、次条の規定による総合旅行業務取扱管理者試験、国内

旅行業務取扱管理者試験又は地域限定旅行業務取扱管理者試験（当該営業所の所在する地域に係るものに限る。）に合格した者

二　本邦内の旅行のみについて旅行業務を取り扱う営業所（前号の営業所を除く。）にあっては、次条の規定による総合旅行業務取扱管理者試験又は国内旅行業務取扱管理者試験に合格した者

三　前二号の営業所以外の営業所にあっては、次条の規定による総合旅行業務取扱管理者試験に合格した者

7　旅行業者等は、旅行業務取扱管理者について、3年以上5年以内において国土交通省令で定める期間ごとに、旅行業務に関する法令、旅程管理その他の旅行業務取扱管理者の職務に関し必要な知識及び能力の向上を図るため、第41条第2項に規定する旅行業協会が実施する研修を受けさせなければならない。

8　観光庁長官は、旅行業者等が前項の規定を遵守していないと認めるときは、その者に対し、期限を定めて、必要な措置をとるべきことを勧告することができる。

9　観光庁長官は、前項の規定による勧告を受けた者がその勧告に従わないときは、その者に対し、期限を定めて、その勧告に係る措置をとるべきことを命ずることができる。

10　旅行業者等は、第7項に定めるもののほか、旅行業務取扱管理者について、苦情の解決に関する講習を受講させることその他の旅行業務取扱管理者の職務に関し必要な知識及び能力の向上を図るための措置を講ずるよう努めなければならない。

（中略）

第12条（料金の掲示）

1　旅行業者は、事業の開始前に、旅行者から収受する旅行業務の取扱いの料金（企画旅行に係るものを除く。）を定め、これをその営業所において旅行者に見やすいように掲示しなければならない。これを変更するときも、同様とする。

2　前項の料金は、国土交通省令で定める基準に従って定められたものでなければならない。

3　旅行業者代理業者は、その営業所において、所属旅行業者が第1項の規定により定めた料金を旅行者に見やすいように掲示しなければならない。

（中略）

第12条の4（取引条件の説明）

1　旅行業者等は、旅行者と企画旅行契約、手配旅行契約その他旅行業務に関し契約を締結しようとするときは、旅行者が依頼しようとする旅行業務の内容を確認した上、国土交通省令・内閣府令で定めるところにより、その取引の条件について旅行者に説明しなければならない。

2　旅行業者等は、前項の規定による説明をするときは、国土交通省令・内閣府令で定める場合を除き、旅行者に対し、旅行者が提供を受けることができる旅行に関するサービスの内容、旅行者が旅行業者等に支払うべき対価に関する事項、旅行業務取扱管理者の氏名、通訳案内士法第2条第1項に規定する全国通訳案内士（以下単に「全国通訳案内士」という。）又は同条第2項に規定する地域通訳案内士（以下単に「地域通訳案内士」という。）の同行の有無その他の国土交通省令・内閣府令で定める事項を記載した書面を交付しなければならない。

3　旅行業者等は、前項の規定による書面の交付に代えて、政令で定めるところにより、旅行者の承諾を得て、当該書面に記載すべき事項を電子情報処理組織を使用する方法その他の情報通信の技術を利用する方法であって国土交通省令・内閣府令で定めるものにより提供することができる。この場合において、当該旅行業者等は、当該書面を交付したものとみなす。

第12条の5（書面の交付）

1　旅行業者等は、旅行者と企画旅行契約、手配旅行契約その他旅行業務に関し契約を締結したときは、国土交通省令・内閣府令で定める場合を除き、遅滞なく、旅行者に対し、当該提供すべき旅行に関するサービスの内容、旅行者が旅行業者等に支払うべき対価に関する事項、旅行業務取扱管理者の氏名、全国通訳案内士若しくは地域通訳案内士の同行の有無その他の国土交通省令・内閣府令で定める事項を記載した書面又は当該旅行に関するサービスの提供を受ける権利を表示した書面を交付しなければならない。

2　旅行業者等は、前項の規定により書面を交付する措置に代えて、政令で定めるところにより、旅行者の承諾を得て、同項の国土交通省令・内閣府令で定める事項を通知する措置又は当該旅行に関するサービスの提供を受ける権利を取得させる措置であって国土交通省令・内閣府令で定めるものを電子情報処理組織を使用する方法その他の情報通信の技術を利用する方法であって国土交通省令・内閣府令で定めるものにより講ずることができる。この場合において、当該旅行業者等は、当該書面を交付したものと

みなす。

3　旅行業者等は、旅行業務に関し取引をする者（旅行者を除く。以下この条において同じ。）と旅行業務に関し契約を締結したときは、国土交通省令で定める場合を除き、遅滞なく、当該取引をする者に対し、旅行者に提供すべき旅行に関するサービスの内容その他の国土交通省令で定める事項を記載した書面を交付しなければならない。

4　旅行業者等は、前項の規定により書面を交付する措置に代えて、政令で定めるところにより、旅行業務に関し取引をする者の承諾を得て、同項の国土交通省令で定める事項を通知する措置であって国土交通省令で定めるものを電子情報処理組織を使用する方法その他の情報通信の技術を利用する方法であって国土交通省令で定めるものにより講ずることができる。この場合において、当該旅行業者等は、当該書面を交付したものとみなす。

第12条の5の2（旅行業務取扱管理者の証明書の提示）
旅行業務取扱管理者は、旅行者から請求があったときは、国土交通省令で定める様式による証明書を提示しなければならない。

第12条の6（外務員の証明書携帯等）
1　旅行業者等は、勧誘員、販売員、外交員その他いかなる名称を有する者であるかを問わず、その役員又は使用人のうち、その営業所以外の場所でその旅行業者等のために旅行業務について取引を行う者（以下「外務員」という。）に、国土交通省令で定める様式による証明書を携帯させなければ、その者を外務員としての業務に従事させてはならない。

2　外務員は、その業務を行なうときは、前項の証明書を提示しなければならない。

3　外務員は、その所属する旅行業者等に代わって、旅行者との旅行業務に関する取引についての一切の裁判外の行為を行う権限を有するものとみなす。ただし、旅行者が悪意であったときは、この限りでない。

第12条の7（企画旅行の広告）
旅行業者等は、企画旅行に参加する旅行者を募集するため広告をするときは、国土交通省令・内閣府令で定めるところにより、当該企画旅行を実施する旅行業者の氏名又は名称、旅行の目的地及び日程、旅行者が提供を受けることができる運送等サービスの内容、旅行者が旅行業者等に支払うべき対価に関する事項、第12条の10の国土交通省令で定める措置を講ずるために必要な業務を行う者の同行の有無その他の国土交通省令・内閣府令で定める事項を表示してしなければならない。

第12条の8（誇大広告の禁止）
旅行業者等は、旅行業務について広告をするときは、広告された旅行に関するサービスの内容その他の国土交通省令・内閣府令で定める事項について、著しく事実に相違する表示をし、又は実際のものよりも著しく優良であり、若しくは有利であると人を誤認させるような表示をしてはならない。

第12条の9（標識の掲示）
1　旅行業者等は、営業所において、旅行業と旅行業者代理業との別及び第11条の2第6項各号に規定する営業所の別に応じ国土交通省令で定める様式の標識を、公衆に見やすいように掲示しなければならない。

2　旅行業者等以外の者は、前項の標識又はこれに類似する標識を掲示してはならない。

第12条の10（企画旅行の円滑な実施のための措置）
旅行業者は、企画旅行を実施する場合においては、旅行者に対する運送等サービスの確実な提供、旅行に関する計画の変更を必要とする事由が生じた場合における代替サービスの手配その他の当該企画旅行の円滑な実施を確保するため国土交通省令で定める措置を講じなければならない。

第12条の11（旅程管理業務を行う者）
1　企画旅行に参加する旅行者に同行して、前条の国土交通省令で定める措置を講ずるために必要な業務（以下「旅程管理業務」という。）を行う者として旅行業者によって選任される者のうち主任の者は、第6条第1項第一号から第六号までのいずれにも該当しない者であって、次条から第12条の14までの規定により観光庁長官の登録を受けた者（以下この節において「登録研修機関」という。）が実施する旅程管理業務に関する研修（以下「旅程管理研修」という。）の課程を修了し、かつ、旅行の目的地を勘案して国土交通省令で定める旅程管理業務に関する実務の経験を有するものでなければならない。

2　前項の登録に関し必要な事項は、国土交通省令で定める。
（中略）

　　　　　　　　　　　旅行業法（抜粋）

第13条（禁止行為）
1　旅行業者等は、次に掲げる行為をしてはならない。
一　第十二条第1項又は第3項の規定により掲示した料金を超えて料金を収受する行為
二　旅行業務に関し取引をする者に対し、その取引に関する重要な事項について、故意に事実を告げず、又は不実のことを告げる行為
2　旅行業者等は、旅行業務に関し取引をした者に対し、その取引によって生じた債務の履行を不当に遅延する行為をしてはならない。
3　旅行業者等又はその代理人、使用人その他の従業者は、その取り扱う旅行業務に関連して次に掲げる行為を行ってはならない。
一　旅行者に対し、旅行地において施行されている法令に違反する行為を行うことをあっせんし、又はその行為を行うことに関し便宜を供与すること。
二　旅行者に対し、旅行地において施行されている法令に違反するサービスの提供を受けることをあっせんし、又はその提供を受けることに関し便宜を供与すること。
三　前二号のあっせん又は便宜の供与を行う旨の広告をし、又はこれに類する広告をすること。
四　前三号に掲げるもののほか、旅行者の保護に欠け、又は旅行業の信用を失墜させるものとして国土交通省令で定める行為
第14条（名義利用等の禁止）
1　旅行業者等は、その名義を他人に旅行業又は旅行業者代理業のため利用させてはならない。
2　旅行業者等は、営業の貸渡しその他いかなる方法をもつてするかを問わず、旅行業又は旅行業者代理業を他人にその名において経営させてはならない。
（中略）
第18条の3（業務改善命令）
1　観光庁長官は、旅行業者等の業務の運営に関し、取引の公正、旅行の安全又は旅行者の利便を害する事実があると認めるときは、当該旅行業者等に対し、次に掲げる措置をとるべきことを命ずることができる。
一　旅行業務取扱管理者を解任すること。
二　旅行業務の取扱いの料金又は企画旅行に関し旅行者から収受する対価を変更すること。
三　旅行業約款を変更すること。
四　企画旅行に係る第十二条の十の国土交通省令で定める措置を確実に実施すること。
五　旅行者に生じた損害を賠償するために必要な金額を担保することができる保険契約を締結すること。
六　前各号に掲げるもののほか、業務の運営の改善に必要な措置をとること。
（中略）
第42条（業務）
　旅行業協会は、次に掲げる業務をこの章に定めるところにより適正かつ確実に実施しなければならない。
一　旅行者及び旅行に関するサービスを提供する者からの旅行業者等又は旅行サービス手配業者の取り扱った旅行業務又は旅行サービス手配業務に対する苦情の解決
二　旅行業務又は旅行サービス手配業務の取扱いに従事する者に対する研修
三　旅行業務に関し社員である旅行業者又は当該旅行業者を所属旅行業者とする旅行業者代理業者と取引をした旅行者に対しその取引によって生じた債権に関し弁済をする業務（以下「弁済業務」という。）
四　旅行業務又は旅行サービス手配業務の適切な運営を確保するための旅行業者等又は旅行サービス手配業者に対する指導
五　旅行業務及び旅行サービス手配業務に関する取引の公正の確保又は旅行業、旅行業者代理業及び旅行サービス手配業の健全な発達を図るための調査、研究及び広報
（以下略）

# 標準旅行業約款

## 第一章 総 則

### 第1条（適用範囲）

1 当社が旅行者との間で締結する募集型企画旅行に関する契約（以下「募集型企画旅行契約」といいます。）は、この約款の定めるところによります。この約款に定めのない事項については、法令又は一般に確立された慣習によります。

2 当社が法令に反せず、かつ、旅行者の不利にならない範囲で書面により特約を結んだときは、前項の規定にかかわらず、その特約が優先します。

### 第2条（用語の定義）

1 この約款で「募集型企画旅行」とは、当社が、旅行者の募集のためにあらかじめ、旅行の目的地及び日程、旅行者が提供を受けることができる運送又は宿泊のサービスの内容並びに旅行者が当社に支払うべき旅行代金の額を定めた旅行に関する計画を作成し、これにより実施する旅行をいいます。

2 この約款で「国内旅行」とは、本邦内のみの旅行をいい、「海外旅行」とは、国内旅行以外の旅行をいいます。

3 この部で「通信契約」とは、当社が、当社又は当社の募集型企画旅行を当社を代理して販売する会社が提携するクレジットカード会社（以下「提携会社」といいます。）のカード会員との間で電話、郵便、ファクシミリ、インターネットその他の通信手段による申込みを受けて締結する募集型企画旅行契約であって、当社が旅行者に対して有する募集型企画旅行契約に基づく旅行代金等に係る債権又は債務を、当該債権又は債務が履行されるべき日以降に別に定める提携会社のカード会員規約に従って決済することについて、旅行者があらかじめ承諾し、かつ当該募集型企画旅行契約の旅行代金等を第12条第2項、第16条第1項後段、第19条第2項に定める方法により支払うことを内容とする募集型企画旅行契約をいいます。

4 この部で「電子承諾通知」とは、契約の申込みに対する承諾の通知であって、情報通信の技術を利用する方法のうち当社又は当社の募集型企画旅行を当社を代理して販売する会社が使用する電子計算機、ファクシミリ装置、テレックス又は電話機（以下「電子計算機等」といいます。）と旅行者が使用する電子計算機等とを接続する電気通信回線を通じて送信する方法により行うものをいいます。

5 この約款で「カード利用日」とは、旅行者又は当社が募集型企画旅行契約に基づく旅行代金等の支払又は払戻債務を履行すべき日をいいます。

### 第3条（旅行契約の内容）

当社は、募集型企画旅行契約において、旅行者が当社の定める旅行日程に従って、運送・宿泊機 関等の提供する運送、宿泊その他の旅行に関するサービス（以下「旅行サービス」といいます。）の提供を受けることができるように、手配し、旅程を管理することを引き受けます。

### 第4条（手配代行者）

当社は、募集型企画旅行契約の履行に当たって、手配の全部又は一部を本邦内又は本邦外の他の旅行業者、手配を業として行う者その他の補助者に代行させることがあります。

## 第二章 契約の締結

### 第5条（契約の申込み）

1 当社に募集型企画旅行契約の申込みをしようとする旅行者は、当社所定の申込書（以下「申込書」 といいます。）に所定の事項を記入の上、当社が別に定める金額の申込金とともに、当社に提出しなければなりません。

2 当社に通信契約の申込みをしようとする旅行者は、前項の規定にかかわらず、申込みをしようとする

募集型企画旅行の名称、旅行開始日、会員番号その他の事項（以下次条において「会員番号等」といいます。）を当社に通知しなければなりません。

3　第一項の申込金は、旅行代金又は取消料若しくは違約料の一部として取り扱います。

4　募集型企画旅行の参加に際し、特別な配慮を必要とする旅行者は、契約の申込時に申し出てください。このとき、当社は可能な範囲内でこれに応じます。

5　前項の申出に基づき、当社が旅行者のために講じた特別な措置に要する費用は、旅行者の負担とします。

第6条（電話等による予約）

1　当社は、電話、郵便、ファクシミリその他の通信手段による募集型企画旅行契約の予約を受け付けます。この場合、予約の時点では契約は成立しておらず、旅行者は、当社が予約の承諾の旨を通知した後、当社が定める期間内に、前条第1項又は第2項の定めるところにより、当社に申込書と申込金を 提出又は会員番号等を通知しなければなりません。

2　前項の定めるところにより申込書と申込金の提出があったとき又は会員番号等の通知があったときは、募集型企画旅行契約の締結の順位は、当該予約の受付の順位によることとなります。

3　旅行者が第1項の期間内に申込金を提出しない場合又は会員番号等を通知しない場合は、当社は、予約がなかったものとして取り扱います。

第7条（契約締結の拒否）

　当社は、次に掲げる場合において、募集型企画旅行契約の締結に応じないことがあります。

一　当社があらかじめ明示した性別、年齢、資格、技能その他の参加旅行者の条件を満たしていないとき。

二　応募旅行者数が募集予定数に達したとき。

三　旅行者が他の旅行者に迷惑を及ぼし、又は団体行動の円滑な実施を妨げるおそれがあるとき。

四　通信契約を締結しようとする場合であって、旅行者の有するクレジットカードが無効である等、旅行者が旅行代金等に係る債務の一部又は全部を提携会社のカード会員規約に従って決済できないとき。

五　旅行者が、暴力団員、暴力団準構成員、暴力団関係者、暴力団関係企業又は総会屋等その他の反社会的勢力であると認められるとき。

六　旅行者が、当社に対して暴力的な要求行為、不当な要求行為、取引に関して脅迫的な言動若しくは暴力を用いる行為又はこれらに準ずる行為を行ったとき。

七　旅行者が、風説を流布し、偽計を用い若しくは威力を用いて当社の信用を毀損し若しくは当社の業務を妨害する行為又はこれらに準ずる行為を行ったとき。

八　その他当社の業務上の都合があるとき。

第8条（契約の成立時期）

1　募集型企画旅行契約は、当社が契約の締結を承諾し、第5条第1項の申込金を受理した時に成立するものとします。

2　通信契約は、前項の規定にかかわらず、当社が契約の締結を承諾する旨の通知を発した時に成立するものとします。ただし、当該契約において電子承諾通知を発する場合は、当該通知が旅行者に到達した時に成立するものとします。

第9条（契約書面の交付）

1　当社は、前条の定める契約の成立後速やかに、旅行者に、旅行日程、旅行サービスの内容、旅行代金その他の旅行条件及び当社の責任に関する事項を記載した書面（以下「契約書面」といいます。）を交付します。

2　当社が募集型企画旅行契約により手配し旅程を管理する義務を負う旅行サービスの範囲は、前項の契約書面に記載するところによります。

第10条（確定書面）

1　前条第1項の契約書面において、確定された旅行日程、運送若しくは宿泊機関の名称を記載できない場合には、当該契約書面において利用予定の宿泊機関及び表示上重要な運送機関の名称を限定して列挙した上で、当該契約書面交付後、旅行開始日の前日（旅行開始日の前日から起算してさかのぼって7日

目に当たる日以降に募集型企画旅行契約の申込みがなされた場合にあっては、旅行開始日）までの当該契約書面に定める日までに、これらの確定状況を記載した書面（以下「確定書面」といいます。）を交付します。

2　前項の場合において、手配状況の確認を希望する旅行者から問い合わせがあったときは、確定書面の交付前であっても、当社は迅速かつ適切にこれに回答します。

3　第１項の確定書面を交付した場合には、前条第２項の規定により当社が手配し旅程を管理する義務を負う旅行サービスの範囲は、当該確定書面に記載するところに特定されます。

第11条（情報通信の技術を利用する方法）

1　当社は、あらかじめ旅行者の承諾を得て、募集型企画旅行契約を締結しようとするときに旅行者に交付する旅行日程、旅行サービスの内容、旅行代金その他の旅行条件及び当社の責任に関する事項を記載した書面、契約書面又は確定書面の交付に代えて、情報通信の技術を利用する方法により当該書 面に記載すべき事項（以下この条において「記載事項」といいます。）を提供したときは、旅行者の使用する通信機器に備えられたファイルに記載事項が記録されたことを確認します。

2　前項の場合において、旅行者の使用に係る通信機器に記載事項を記録するためのファイルが備えられていないときは、当社の使用する通信機器に備えられたファイル（専ら当該旅行者の用に供するものに限ります。）に記載事項を記録し、旅行者が記載事項を閲覧したことを確認します。

第12条（旅行代金）

1　旅行者は、旅行開始日までの契約書面に記載する期日までに、当社に対し、契約書面に記載する金額の旅行代金を支払わなければなりません。

2　通信契約を締結したときは、当社は、提携会社のカードにより所定の伝票への旅行者の署名なくして契約書面に記載する金額の旅行代金の支払いを受けます。また、カード利用日は旅行契約成立日とします。

## 第三章　契約の変更

第13条（契約内容の変更）

　当社は、天災地変、戦乱、暴動、運送・宿泊機関等の旅行サービス提供の中止、官公署の命令、当初の運行計画によらない運送サービスの提供その他の当社の関与し得ない事由が生じた場合において、旅行の安全かつ円滑な実施を図るためやむを得ないときは、旅行者にあらかじめ速やかに当該事由が関与し得ないものである理由及び当該事由との因果関係を説明して、旅行日程、旅行サービスの内容その他の募集型企画旅行契約の内容（以下「契約内容」といいます。）を変更することがあります。ただし、緊急の場合において、やむを得ないときは、変更後に説明します。

第14条（旅行代金の額の変更）

1　募集型企画旅行を実施するに当たり利用する運送機関について適用を受ける運賃・料金（以下この条において「適用運賃・料金」といいます。）が、著しい経済情勢の変化等により、募集型企画旅行の募集の際に明示した時点において有効なものとして公示されている適用運賃・料金に比べて、通常想定される程度を大幅に超えて増額又は減額される場合においては、当社は、その増額又は減額される金額の範囲内で旅行代金の額を増加し、又は減少することができます。

2　当社は、前項の定めるところにより旅行代金を増額するときは、旅行開始日の前日から起算してさかのぼって15日目に当たる日より前に旅行者にその旨を通知します。

3　当社は、第１項の定める適用運賃・料金の減額がなされるときは、同項の定めるところにより、その減少額だけ旅行代金を減額します。

4　当社は、前条の規定に基づく契約内容の変更により旅行の実施に要する費用（当該契約内容の変更のためにその提供を受けなかった旅行サービスに対して取消料、違約料その他既に支払い、又はこれから支払わなければならない費用を含みます。）の減少又は増加が生じる場合（費用の増加が、運送・宿泊機関等が当該旅行サービスの提供を行っているにもかかわらず、運送・宿泊機関等の座席、部屋その他の諸設備の不足が発生したことによる場合を除きます。）には、当該契約内容の変更の際にその範囲内にお

いて旅行代金の額を変更することがあります。

5　当社は、運送・宿泊機関等の利用人員により旅行代金が異なる旨を契約書面に記載した場合において、募集型企画旅行契約の成立後に当社の責に帰すべき事由によらず当該利用人員が変更になったときは、契約書面に記載したところにより旅行代金の額を変更することがあります。

**第15条（旅行者の交替）**

1　当社と募集型企画旅行契約を締結した旅行者は、当社の承諾を得て、契約上の地位を第三者に譲り渡すことができます。

2　旅行者は、前項に定める当社の承諾を求めようとするときは、当社所定の用紙に所定の事項を記入の上、所定の金額の手数料とともに、当社に提出しなければなりません。

3　第1項の契約上の地位の譲渡は、当社の承諾があった時に効力を生ずるものとし、以後、旅行契約上の地位を譲り受けた第三者は、旅行者の当該募集型企画旅行契約に関する一切の権利及び義務を承継するものとします。

## 第四章　契約の解除

**第16条（旅行者の解除権）**

1　旅行者は、いつでも別表第一に定める取消料を当社に支払って募集型企画旅行契約を解除する ことができます。通信契約を解除する場合にあっては、当社は、提携会社のカードにより所定の伝票への旅行者の署名なくして取消料の支払いを受けます。

2　旅行者は、次に掲げる場合において、前項の規定にかかわらず、旅行開始前に取消料を支払うことなく募集型企画旅行契約を解除することができます。

一　当社によって契約内容が変更されたとき。ただし、その変更が別表第二上欄に掲げるものその他の重要なものであるときに限ります。

二　第14条第1項の規定に基づいて旅行代金が増額されたとき。

三　天災地変、戦乱、暴動、運送・宿泊機関等の旅行サービス提供の中止、官公署の命令その他の事由が生じた場合において、旅行の安全かつ円滑な実施が不可能となり、又は不可能となるおそれが極めて大きいとき。

四　当社が旅行者に対し、第10条第1項の期日までに、確定書面を交付しなかったとき。

五　当社の責に帰すべき事由により、契約書面に記載した旅行日程に従った旅行の実施が不可能となったとき。

3　旅行者は、旅行開始後において、当該旅行者の責に帰すべき事由によらず契約書面に記載した旅行サービスを受領することができなくなったとき又は当社がその旨を告げたときは、第1項の規定にかかわらず、取消料を支払うことなく、旅行サービスの当該受領することができなくなった部分の契約を解除することができます。

4　前項の場合において、当社は、旅行代金のうち旅行サービスの当該受領することができなくなった部分に係る金額を旅行者に払い戻します。ただし、前項の場合が当社の責に帰すべき事由によらない場合においては、当該金額から、当該旅行サービスに対して取消料、違約料その他の既に支払い、又はこれから支払わなければならない費用に係る金額を差し引いたものを旅行者に払い戻します。

**第17条（当社の解除権等－旅行開始前の解除）**

1　当社は、次に掲げる場合において、旅行者に理由を説明して、旅行開始前に募集型企画旅行契約を解除することがあります。

一　旅行者が当社があらかじめ明示した性別、年齢、資格、技能その他の参加旅行者の条件を満たしていないことが判明したとき。

二　旅行者が病気、必要な介助者の不在その他の事由により、当該旅行に耐えられないと認められるとき。

三　旅行者が他の旅行者に迷惑を及ぼし、又は団体旅行の円滑な実施を妨げるおそれがあると認められるとき。

四　旅行者が、契約内容に関し合理的な範囲を超える負担を求めたとき。

五　旅行者の数が契約書面に記載した最少催行人員に達しなかったとき。

六　スキーを目的とする旅行における必要な降雪量等の旅行実施条件であって契約の締結の際に明示したものが成就しないおそれが極めて大きいとき。

七　天災地変、戦乱、暴動、運送・宿泊機関等の旅行サービス提供の中止、官公署の命令その他の当社の関与し得ない事由が生じた場合において、契約書面に記載した旅行日程に従った旅行の安全かつ円滑な実施が不可能となり、又は不可能となるおそれが極めて大きいとき。

八　通信契約を締結した場合であって、旅行者の有するクレジットカードが無効になる等、旅行者が旅行代金等に係る債務の一部又は全部を提携会社のカード会員規約に従って決済できなくなったとき。

九　旅行者が第7条第五号から第七号までのいずれかに該当することが判明したとき。

2　旅行者が第12条第1項の契約書面に記載する期日までに旅行代金を支払わないときは、当該期日の翌日において旅行者が募集型企画旅行契約を解除したものとします。この場合において、旅行者は、当社に対し、前条第1項に定める取消料に相当する額の違約料を支払わなければなりません。

3　当社は、第1項第五号に掲げる事由により募集型企画旅行契約を解除しようとするときは、旅行開始日の前日から起算してさかのぼって、国内旅行にあっては13日目（日帰り旅行については、3日目）に当たる日より前に、海外旅行にあっては23日目（別表第一に規定するピーク時に旅行を開始するものについては33日目）に当たる日より前に、旅行を中止する旨を旅行者に通知します。

第18条（当社の解除権－旅行開始後の解除）

1　当社は、次に掲げる場合において、旅行開始後であっても、旅行者に理由を説明して、募集型 企画旅行契約の一部を解除することがあります。

一　旅行者が病気、必要な介助者の不在その他の事由により旅行の継続に耐えられないとき。

二　旅行者が旅行を安全かつ円滑に実施するための添乗員その他の者による当社の指示への違背、これらの者又は同行する他の旅行者に対する暴行又は脅迫等により団体行動の規律を乱し、当該旅行の安全かつ円滑な実施を妨げるとき。

三　旅行者が第7条第五号から第七号までのいずれかに該当することが判明したとき。　四　天災地変、戦乱、暴動、運送・宿泊機関等の旅行サービス提供の中止、官公署の命令その他の当社の関与し得ない事由が生じた場合であって、旅行の継続が不可能となったとき。

2　当社が前項の規定に基づいて募集型企画旅行契約を解除したときは、当社と旅行者との間の契約関係は、将来に向かってのみ消滅します。この場合において、旅行者が既に提供を受けた旅行サービスに関する当社の債務については、有効な弁済がなされたものとします。

3　前項の場合において、当社は、旅行代金のうち旅行者がいまだその提供を受けていない旅行サービスに係る部分に係る金額から、当該旅行サービスに対して取消料、違約料その他の既に支払い、又はこれから支払わなければならない費用に係る金額を差し引いたものを旅行者に払い戻します。

第19条（旅行代金の払戻し）

1　当社は、第14条第3項から第5項までの規定により旅行代金が減額された場合又は前三条の規定により募集型企画旅行契約が解除された場合において、旅行者に対し払い戻すべき金額が生じたときは、旅行開始前の解除による払戻しにあっては解除の翌日から起算して7日以内に、減額又は旅行開始後の解除による払戻しにあっては契約書面に記載した旅行終了日の翌日から起算して30日以内に旅行者に対し当該金額を払い戻します。

2　当社は、旅行者と通信契約を締結した場合であって、第14条第3項から第5項までの規定により旅行代金が減額された場合又は前三条の規定により通信契約が解除された場合において、旅行者に対し払い戻すべき金額が生じたときは、提携会社のカード会員規約に従って、旅行者に対し当該金額を払い戻します。この場合において、当社は、旅行開始前の解除による払戻しにあっては解除の翌日から起算して7日以内に、減額又は旅行開始後の解除による払戻しにあっては契約書面に記載した旅行終了日の翌日から起算して30日以内に旅行者に対し払い戻すべき額を通知するものとし、旅行者に当該通知を行った日をカード利用日とします。

3　前二項の規定は第27条又は第30条第1項に規定するところにより旅行者又は当社が損害賠償請求権を

行使することを妨げるものではありません。

第20条（契約解除後の帰路手配）

1　当社は、第18条第１項第一号又は第四号の規定によって旅行開始後に募集型企画旅行契約を解除した
　　ときは、旅行者の求めに応じて、旅行者が当該旅行の出発地に戻るために必要な旅行サービスの手配を
　　引き受けます。

2　前項の場合において、出発地に戻るための旅行に要する一切の費用は、旅行者の負担とします。

## 第五章 団体・グループ契約

第21条（団体・グループ契約）

　　当社は、同じ行程を同時に旅行する複数の旅行者がその責任ある代表者（以下「契約責任者」 といいま
す。）を定めて申し込んだ募集型企画旅行契約の締結については、本章の規定を適用します。

第22条（契約責任者）

1　当社は、特約を結んだ場合を除き、契約責任者はその団体・グループを構成する旅行者（以下「構成
　　者」といいます。）の募集型企画旅行契約の締結に関する一切の代理権を有しているものとみなし、当該
　　団体・グループに係る旅行業務に関する取引は、当該契約責任者との間で行います。

2　契約責任者は、当社が定める日までに、構成者の名簿を当社に提出しなければなりません。

3　当社は、契約責任者が構成者に対して現に負い、又は将来負うことが予測される債務又は義務につい
　　ては、何らの責任を負うものではありません。

4　当社は、契約責任者が団体・グループに同行しない場合、旅行開始後においては、あらかじめ契約責
　　任者が選任した構成者を契約責任者とみなします。

## 第六章　旅程管理

第23条（旅程管理）

　　当社は、旅行者の安全かつ円滑な旅行の実施を確保することに努力し、旅行者に対し次に掲げる業務を
行います。ただし、当社が旅行者とこれと異なる特約を結んだ場合には、この限りではありません。

一　旅行者が旅行中旅行サービスを受けることができないおそれがあると認められるときは、募集型企画
　　旅行契約に従った旅行サービスの提供を確実に受けられるために必要な措置を講ずること。

二　前号の措置を講じたにもかかわらず、契約内容を変更せざるを得ないときは、代替サービスの手配を
　　行うこと。この際、旅行日程を変更するときは、変更後の旅行日程が当初の旅行日程の趣旨にかなうも
　　のとなるよう努めること、また、旅行サービスの内容を変更するときは、変更後の旅行サービスが当初
　　の旅行サービスと同様のものとなるよう努めること等、契約内容の変更を最小限にとどめるよう努力す
　　ること。

第24条（当社の指示）

　　旅行者は、旅行開始後旅行終了までの間において、団体で行動するときは、旅行を安全かつ 円滑に実施
するための当社の指示に従わなければなりません。

第25条（添乗員等の業務）

1　当社は、旅行の内容により添乗員その他の者を同行させて第23条各号に掲げる業務その他当該募集型
　　企画旅行に付随して当社が必要と認める業務の全部又は一部を行わせることがあります。

2　前項の添乗員その他の者が同項の業務に従事する時間帯は、原則として８時から20時までとします。

第26条（保護措置）

　　当社は、旅行中の旅行者が、疾病、傷害等により保護を要する状態にあると認めたときは、 必要な措置
を講ずることがあります。この場合において、これが当社の責に帰すべき事由によるものでないときは、
当該措置に要した費用は旅行者の負担とし、旅行者は当該費用を当社が指定する期日までに当社の指定す
る方法で支払わなければなりません。

## 第七章　責　任

第27条（当社の責任）

1　当社は、募集型企画旅行契約の履行に当たって、当社又は当社が第4条の規定に基づいて手配を代行させた者（以下「手配代行者」といいます。）が故意又は過失により旅行者に損害を与えたときは、その損害を賠償する責に任じます。ただし、損害発生の翌日から起算して2年以内に当社に対して通知があったときに限ります。

2　旅行者が天災地変、戦乱、暴動、運送・宿泊機関等の旅行サービス提供の中止、官公署の命令その他の当社又は当社の手配代行者の関与し得ない事由により損害を被ったときは、当社は、前項の場合を除き、その損害を賠償する責任を負うものではありません。

3　当社は、手荷物について生じた第1項の損害については、同項の規定にかかわらず、損害発生の翌日から起算して、国内旅行にあっては14日以内に、海外旅行にあっては21日以内に当社に対して通知があったときに限り、旅行者1名につき15万円を限度（当社に故意又は重大な過失がある場合を除きます。）として賠償します。

第28条（特別補償）

1　当社は、前条第1項の規定に基づく当社の責任が生ずるか否かを問わず、別紙特別補償規程で定めるところにより、旅行者が募集型企画旅行参加中にその生命、身体又は手荷物の上に被った一定の損害について、あらかじめ定める額の補償金及び見舞金を支払います。

2　前項の損害について当社が前条第1項の規定に基づく責任を負うときは、その責任に基づいて支払うべき損害賠償金の額の限度において、当社が支払うべき前項の補償金は、当該損害賠償金とみなします。

3　前項に規定する場合において、第1項の規定に基づく当社の補償金支払義務は、当社が前条第1項の規定に基づいて支払うべき損害賠償金（前項の規定により損害賠償金とみなされる補償金を含みます。）に相当する額だけ縮減するものとします。

4　当社の募集型企画旅行参加中の旅行者を対象として、別途の旅行代金を収受して当社が実施する募集型企画旅行については、主たる募集型企画旅行契約の内容の一部として取り扱います。

第29条（旅程保証）

1　当社は、別表第二上欄に掲げる契約内容の重要な変更（次の各号に掲げる変更（運送・宿泊 機関等が当該旅行サービスの提供を行っているにもかかわらず、運送・宿泊機関等の座席、部屋その他の諸設備の不足が発生したことによるものを除きます。）を除きます。）が生じた場合は、旅行代金に同表下欄に記載する率を乗じた額以上の変更補償金を旅行終了日の翌日から起算して30日以内に支払います。ただし、当該変更について当社に第27条第1項の規定に基づく責任が発生することが明らかである場合には、この限りではありません。

　一　次に掲げる事由による変更

　　イ　天災地変

　　ロ　戦乱

　　ハ　暴動

　　ニ　官公署の命令

　　ホ　運送・宿泊機関等の旅行サービス提供の中止

　　ヘ　当初の運行計画によらない運送サービスの提供

　　ト　旅行参加者の生命又は身体の安全確保のため必要な措置

　二　第16条から第18条までの規定に基づいて募集型企画旅行契約が解除されたときの当該解除された部分に係る変更

2　当社が支払うべき変更補償金の額は、旅行者1名に対して1募集型企画旅行につき旅行代金に15％以上の当社が定める率を乗じた額をもって限度とします。また、旅行者1名に対して1募集型企画旅行につき支払うべき変更補償金の額が千円未満であるときは、当社は、変更補償金を支払いません。

3　当社が第1項の規定に基づき変更補償金を支払った後に、当該変更について当社に第27条第1項の規定

に基づく責任が発生することが明らかになった場合には、旅行者は当該変更に係る変更補償金を当社に返還しなければなりません。この場合、当社は、同項の規定に基づき当社が支払うべき損害賠償金の額と旅行者が返還すべき変更補償金の額とを相殺した残額を支払います。

第30条（旅行者の責任）

1　旅行者の故意又は過失により当社が損害を被ったときは、当該旅行者は、損害を賠償しなければなりません。

2　旅行者は、募集型企画旅行契約を締結するに際しては、当社から提供された情報を活用し、旅行者の権利義務その他の募集型企画旅行契約の内容について理解するよう努めなければなりません。

3　旅行者は、旅行開始後において、契約書面に記載された旅行サービスを円滑に受領するため、万が一契約書面と異なる旅行サービスが提供されたと認識したときは、旅行地において速やかにその旨を当社、当社の手配代行者又は当該旅行サービス提供者に申し出なければなりません。

## 第八章　営業保証金（旅行業協会の保証社員でない場合）

第31条（営業保証金）

1　当社と募集型企画旅行契約を締結した旅行者又は構成者は、その取引によって生じた債権に関し、当社が旅行業法第7条第1項の規定に基づいて供託している営業保証金から弁済を受けることができます。

2　当社が営業保証金を供託している供託所の名称及び所在地は、次のとおりです。

一　名称

二　所在地

## 第八章　弁済業務保証金（旅行業協会の保証社員である場合）

第31条（弁済業務保証金）

1　当社は、一般社団法人　　　旅行業協会（東京都　　　区　　　町　丁目　　番　　号）の保証社員になっております。

2　当社と募集型企画旅行契約を締結した旅行者又は構成者は、その取引によって生じた債権に関し、前項の一般社団法人　　旅行業協会が供託している弁済業務保証金から　円に達するまで弁済を受けることができます。

3　当社は、旅行業法第49条第1項の規定に基づき、一般社団法人　　旅行業協会に弁済業務保証金分担金を納付しておりますので、同法第7条第1項に基づく営業保証金は供託しておりません。

## 別表第一　取消料（第十六条第一項関係）

### 一　国内旅行に係る取消料

| 区　　　　　分 | 取　消　料 |
|---|---|
| 一　次項以外の募集型企画旅行契約 | |
| イ　旅行開始日の前日から起算してさかのぼって二十日目（日帰り旅行にあっては十日目）に当たる日以降に解除する場合（ロからホまでに掲げる場合を除く。） | 旅行代金の20%以内 |
| ロ　旅行開始日の前日から起算してさかのぼって七日目に当たる日以降に解除する場合（ハからホまでに掲げる場合を除く。） | 旅行代金の30%以内 |
| ハ　旅行開始日の前日に解除する場合 | 旅行代金の40%以内 |
| ニ　旅行開始当日に解除する場合（ホに掲げる場合を除く。） | 旅行代金の50%以内 |
| ホ　旅行開始後の解除又は無連絡不参加の場合 | 旅行代金の100%以内 |
| 二　貸切船舶を利用する募集型企画旅行契約 | 当該船舶に係る取消料の規定によります。 |
| 備考　（一）取消料の金額は、契約書面に明示します。<br>　　　（二）本表の適用に当たって「旅行開始後」とは、別紙特別補償規程第二条第三項に規定する「サービスの提供を受けることを開始した時」以降をいいます。 | |

### 二　海外旅行に係る取消料

| 区　　　　　分 | 取　消　料 |
|---|---|
| 一　本邦出国時又は帰国時に航空機を利用する募集型企画旅行契約（次項に掲げる旅行契約を除く。） | |
| イ　旅行開始日がピーク時の旅行である場合であって、旅行開始日の前日から起算してさかのぼって四十日目に当たる日以降に解除するとき（ロからニまでに掲げる場合を除く。） | 旅行代金の10%以内 |
| ロ　旅行開始日の前日から起算してさかのぼって三十日目に当たる日以降に解除する場合（ハ及びニに掲げる場合を除く。） | 旅行代金の20%以内 |
| ハ　旅行開始日の前々日以降に解除する場合（ニに掲げる場合を除く。） | 旅行代金の50%以内 |
| ニ　旅行開始後の解除又は無連絡不参加の場合 | 旅行代金の100%以内 |
| 二　貸切航空機を利用する募集型企画旅行契約 | |
| イ　旅行開始日の前日から起算してさかのぼって九十日目に当たる日以降に解除する場合（ロからニまでに掲げる場合を除く。） | 旅行代金の20%以内 |
| ロ　旅行開始日の前日から起算してさかのぼって三十日目に当たる日以降に解除する場合（ハ及びニに掲げる場合を除く。） | 旅行代金の50%以内 |
| ハ　旅行開始日の前日から起算してさかのぼって二十日目に当たる日以降に解除する場合（ニに掲げる場合を除く。） | 旅行代金の80%以内 |
| ニ　旅行開始日の前日から起算してさかのぼって三日目に当たる日以降の解除又は無連絡不参加の場合 | 旅行代金の100%以内 |
| 三　本邦出国時及び帰国時に船舶を利用する募集型企画旅行契約 | 当該船舶に係る取消料の規定によります。 |
| 注　「ピーク時」とは、十二月二十日から一月七日まで、四月二十七日から五月六日まで及び七月二十日から八月三十一日までをいいます。 | |
| 備考　（一）取消料の金額は、契約書面に明示します。<br>　　　（二）本表の適用に当たって「旅行開始後」とは、別紙特別補償規程第二条第三項に規定する「サービスの提供を受けることを開始した時」以降をいいます。 | |

※**別表第二「変更補償金」**は本文63ページを参照してください。

## 第一章　総　則

第1条（適用範囲）

1　当社が旅行者との間で締結する受注型企画旅行に関する契約（以下「受注型企画旅行契約」といいます。）は、この約款の定めるところによります。この約款に定めのない事項については、法令又は一般に確立された慣習によります。

2　当社が法令に反せず、かつ、旅行者の不利にならない範囲で書面により特約を結んだときは、前項の規定にかかわらず、その特約が優先します。

第2条（用語の定義）

1　この約款で「受注型企画旅行」とは、当社が、旅行者からの依頼により、旅行の目的地及び日程、旅行者が提供を受けることができる運送又は宿泊のサービスの内容並びに旅行者が当社に支払うべき旅行代金の額を定めた旅行に関する計画を作成し、これにより実施する旅行をいいます。

2　この約款で「国内旅行」とは、本邦内のみの旅行をいい、「海外旅行」とは、国内旅行以外の旅行をいいます。

3　この部で「通信契約」とは、当社が提携するクレジットカード会社（以下「提携会社」といいます。）のカード会員との間で電話、郵便、ファクシミリ、インターネットその他の通信手段による申込みを受けて締結する受注型企画旅行契約であって、当社が旅行者に対して有する受注型企画旅行契約に基づく旅行代金等に係る債権又は債務を、当該債権又は債務が履行されるべき日以降に別に定める提携会社のカード会員規約に従って決済することについて、旅行者があらかじめ承諾し、かつ当該受注型企画旅行契約の旅行代金等を第12条第2項、第16条第1項後段、第19条第2項に定める方法により支払うことを内容とする受注型企画旅行契約をいいます。

4　この部で「電子承諾通知」とは、契約の申込みに対する承諾の通知であって、情報通信の技術を利用する方法のうち当社が使用する電子計算機、ファクシミリ装置、テレックス又は電話機（以下「電子計算機等」といいます。）と旅行者が使用する電子計算機等とを接続する電気通信回線を通じて送信する方法により行うものをいいます。

5　この約款で「カード利用日」とは、旅行者又は当社が受注型企画旅行契約に基づく旅行代金等の支払又は払戻債務を履行すべき日をいいます。

第3条（旅行契約の内容）

当社は、受注型企画旅行契約において、旅行者が当社の定める旅行日程に従って、運送・宿泊機関等の提供する運送、宿泊その他の旅行に関するサービス（以下「旅行サービス」といいます。）の提供を受けることができるように、手配し、旅程を管理することを引き受けます。

第4条（手配代行者）

当社は、受注型企画旅行契約の履行に当たって、手配の全部又は一部を本邦内又は本邦外の他の旅行業者、手配を業として行う者その他の補助者に代行させることがあります。

## 第二章　契約の締結

第5条（企画書面の交付）

1　当社は、当社に受注型企画旅行契約の申込みをしようとする旅行者からの依頼があったときは、当社の業務上の都合があるときを除き、当該依頼の内容に沿って作成した旅行日程、旅行サービスの内容、旅行代金その他の旅行条件に関する企画の内容を記載した書面（以下「企画書面」といいます。）を交付します。

2　当社は、前項の企画書面において、旅行代金の内訳として企画に関する取扱料金（以下「企画料金」といいます。）の金額を明示することがあります。

第6条（契約の申込み）
1　前条第一項の企画書面に記載された企画の内容に関し、当社に受注型企画旅行契約の申込みをしようとする旅行者は、当社所定の申込書（以下「申込書」といいます。）に所定の事項を記入の上、当社が別に定める金額の申込金とともに、当社に提出しなければなりません。
2　前条第一項の企画書面に記載された企画の内容に関し、当社に通信契約の申込みをしようとする旅行者は、前項の規定にかかわらず、会員番号その他の事項を当社に通知しなければなりません。
3　第一項の申込金は、旅行代金（その内訳として金額が明示された企画料金を含みます。）又は取消料若しくは違約料の一部として取り扱います。
4　受注型企画旅行の参加に際し、特別な配慮を必要とする旅行者は、契約の申込時に申し出てください。このとき、当社は可能な範囲内でこれに応じます。
5　前項の申出に基づき、当社が旅行者のために講じた特別な措置に要する費用は、旅行者の負担とします。

第7条（契約締結の拒否）
　当社は、次に掲げる場合において、受注型企画旅行契約の締結に応じないことがあります。　一　旅行者が他の旅行者に迷惑を及ぼし、又は団体行動の円滑な実施を妨げるおそれがあるとき。
二　通信契約を締結しようとする場合であって、旅行者の有するクレジットカードが無効である等、旅行者が旅行代金等に係る債務の一部又は全部を提携会社のカード会員規約に従って決済できないとき。
三　旅行者が、暴力団員、暴力団準構成員、暴力団関係者、暴力団関係企業又は総会屋等その他の反社会的勢力であると認められるとき。
四　旅行者が、当社に対して暴力的な要求行為、不当な要求行為、取引に関して脅迫的な言動若しくは暴力を用いる行為又はこれらに準ずる行為を行ったとき。
五　旅行者が、風説を流布し、偽計を用い若しくは威力を用いて当社の信用を毀損し若しくは当社の業務を妨害する行為又はこれらに準ずる行為を行ったとき。
六　その他当社の業務上の都合があるとき。

第8条（契約の成立時期）
1　受注型企画旅行契約は、当社が契約の締結を承諾し、第6条第1項の申込金を受理した時に成立するものとします。
2　通信契約は、前項の規定にかかわらず、当社が契約の締結を承諾する旨の通知を発した時に成立するものとします。ただし、当該契約において電子承諾通知を発する場合は、当該通知が旅行者に到達した時に成立するものとします。

第9条（契約書面の交付）
1　当社は、前条の定める契約の成立後速やかに、旅行者に、旅行日程、旅行サービスの内容、旅行代金その他の旅行条件及び当社の責任に関する事項を記載した書面（以下「契約書面」といいます。）を　交付します。
2　当社は、第5条第1項の企画書面において企画料金の金額を明示した場合は、当該金額を前項の契約書面において明示します。
3　当社が受注型企画旅行契約により手配し旅程を管理する義務を負う旅行サービスの範囲は、第1項の契約書面に記載するところによります。

第10条（確定書面）
1　前条第1項の契約書面において、確定された旅行日程、運送若しくは宿泊機関の名称を記載できない場合には、当該契約書面において利用予定の宿泊機関及び旅行計画上重要な運送機関の名称を限定して列挙した上で、当該契約書面交付後、旅行開始日の前日（旅行開始日の前日から起算してさかのぼって7日目に当たる日以降に受注型企画旅行契約の申込みがなされた場合にあっては、旅行開始日）までの当該契約書面に定める日までに、これらの確定状況を記載した書面（以下「確定書面」といいます。）を交付します。
2　前項の場合において、手配状況の確認を希望する旅行者から問い合わせがあったときは、確定書面の

交付前であっても、当社は迅速かつ適切にこれに回答します。
3　第1項の確定書面を交付した場合には、前条第3項の規定により当社が手配し旅程を管理する義務を
　　負う旅行サービスの範囲は、当該確定書面に記載するところに特定されます。
第11条（情報通信の技術を利用する方法）
1　当社は、あらかじめ旅行者の承諾を得て、企画書面、受注型企画旅行契約を締結しようとするときに
　　旅行者に交付する旅行日程、旅行サービスの内容、旅行代金その他の旅行条件及び当社の責任に関する
　　事項を記載した書面、契約書面又は確定書面の交付に代えて、情報通信の技術を利用する方法により当
　　該書面に記載すべき事項（以下この条において「記載事項」といいます。）を提供したときは、旅行者の
　　使用する通信機器に備えられたファイルに記載事項が記録されたことを確認します。
2　前項の場合において、旅行者の使用に係る通信機器に記載事項を記録するためのファイルが備えられ
　　ていないときは、当社の使用する通信機器に備えられたファイル（専ら当該旅行者の用に供するものに
　　限ります。）に記載事項を記録し、旅行者が記載事項を閲覧したことを確認します。
第12条（旅行代金）
1　旅行者は、旅行開始日までの契約書面に記載する期日までに、当社に対し、契約書面に記載する金額
　　の旅行代金を支払わなければなりません。
2　通信契約を締結したときは、当社は、提携会社のカードにより所定の伝票への旅行者の署名なくして
　　契約書面に記載する金額の旅行代金の支払いを受けます。また、カード利用日は旅行契約成立日としま
　　す。

## 第三章　契約の変更

第13条（契約内容の変更）
1　旅行者は、当社に対し、旅行日程、旅行サービスの内容その他の受注型企画旅行契約の内容（以下
　　「契約内容」といいます。）を変更するよう求めることができます。この場合において、当社は、可能な
　　限り旅行者の求めに応じます。
2　当社は、天災地変、戦乱、暴動、運送・宿泊機関等の旅行サービス提供の中止、官公署の命令、当初
　　の運行計画によらない運送サービスの提供その他の当社の関与し得ない事由が生じた場合において、旅
　　行の安全かつ円滑な実施を図るためやむを得ないときは、旅行者にあらかじめ速やかに当該事由が関与
　　し得ないものである理由及び当該事由との因果関係を説明して、契約内容を変更することがあります。
　　ただし、緊急の場合において、やむを得ないときは、変更後に説明します。
第14条（旅行代金の額の変更）
1　受注型企画旅行を実施するに当たり利用する運送機関について適用を受ける運賃・料金（以下この条
　　において「適用運賃・料金」といいます。）が、著しい経済情勢の変化等により、受注型企画旅行の企画
　　書面の交付の際に明示した時点において有効なものとして公示されている適用運賃・料金に比べ て、通
　　常想定される程度を大幅に超えて増額又は減額される場合においては、当社は、その増額又は減額され
　　る金額の範囲内で旅行代金の額を増加し、又は減少することができます。
2　当社は、前項の定めるところにより旅行代金を増額するときは、旅行開始日の前日から起算してさか
　　のぼって15日目に当たる日より前に旅行者にその旨を通知します。
3　当社は、第1項の定める適用運賃・料金の減額がなされるときは、同項の定めるところにより、その
　　減少額だけ旅行代金を減額します。
4　当社は、前条の規定に基づく契約内容の変更により旅行の実施に要する費用（当該契約内容の変更の
　　ためにその提供を受けなかった旅行サービスに対して取消料、違約料その他既に支払い、又はこれから
　　支払わなければならない費用を含みます。）の減少又は増加が生じる場合（費用の増加が、運送・宿泊機
　　関等が当該旅行サービスの提供を行っているにもかかわらず、運送・宿泊機関等の座席、部屋その他の
　　諸設備の不足が発生したことによる場合を除きます。）には、当該契約内容の変更の際にその範囲内にお
　　いて旅行代金の額を変更することがあります。
5　当社は、運送・宿泊機関等の利用人員により旅行代金が異なる旨を契約書面に記載した場合において、

受注型企画旅行契約の成立後に当社の責に帰すべき事由によらず当該利用人員が変更になったときは、契約書面に記載したところにより旅行代金の額を変更することがあります。

第15条（旅行者の交替）

1　当社と受注型企画旅行契約を締結した旅行者は、当社の承諾を得て、契約上の地位を第三者に譲り渡すことができます。

2　旅行者は、前項に定める当社の承諾を求めようとするときは、当社所定の用紙に所定の事項を記入の上、所定の金額の手数料とともに、当社に提出しなければなりません。

3　第1項の契約上の地位の譲渡は、当社の承諾があった時に効力を生ずるものとし、以後、旅行契約上の地位を譲り受けた第三者は、旅行者の当該受注型企画旅行契約に関する一切の権利及び義務を承継するものとします。

## 第四章　契約の解除

第16条（旅行者の解除権）

1　旅行者は、いつでも別表第一に定める取消料を当社に支払って受注型企画旅行契約を解除することができます。通信契約を解除する場合にあっては、当社は、提携会社のカードにより所定の伝票への旅行者の署名なくして取消料の支払いを受けます。

2　旅行者は、次に掲げる場合において、前項の規定にかかわらず、旅行開始前に取消料を支払うことなく受注型企画旅行契約を解除することができます。

　一　当社によって契約内容が変更されたとき。ただし、その変更が別表第二上欄に掲げるものその他の重要なものであるときに限ります。

　二　第14条第1項の規定に基づいて旅行代金が増額されたとき。

　三　天災地変、戦乱、暴動、運送・宿泊機関等の旅行サービス提供の中止、官公署の命令その他の事由が生じた場合において、旅行の安全かつ円滑な実施が不可能となり、又は不可能となるおそれが極めて大きいとき。

　四　当社が旅行者に対し、第10条第1項の期日までに、確定書面を交付しなかったとき。　五　当社の責に帰すべき事由により、契約書面に記載した旅行日程に従った旅行の実施が不可能となったとき。

3　旅行者は、旅行開始後において、当該旅行者の責に帰すべき事由によらず契約書面に記載した旅行サービスを受領することができなくなったとき又は当社がその旨を告げたときは、第1項の規定にかかわらず、取消料を支払うことなく、旅行サービスの当該受領することができなくなった部分の契約を解除することができます。

4　前項の場合において、当社は、旅行代金のうち旅行サービスの当該受領することができなくなった部分に係る金額を旅行者に払い戻します。ただし、前項の場合が当社の責に帰すべき事由によらない場合においては、当該金額から、当該旅行サービスに対して取消料、違約料その他の既に支払い、又はこれから支払わなければならない費用に係る金額を差し引いたものを旅行者に払い戻します。

第17条（当社の解除権等－旅行開始前の解除）

1　当社は、次に掲げる場合において、旅行者に理由を説明して、旅行開始前に受注型企画旅行契約を解除することがあります。

　一　旅行者が病気、必要な介助者の不在その他の事由により、当該旅行に耐えられないと認められるとき。

　二　旅行者が他の旅行者に迷惑を及ぼし、又は団体旅行の円滑な実施を妨げるおそれがあると認められるとき。

　三　旅行者が、契約内容に関し合理的な範囲を超える負担を求めたとき。

　四　スキーを目的とする旅行における必要な降雪量等の旅行実施条件であって契約の締結の際に明示したものが成就しないおそれが極めて大きいとき。

　五　天災地変、戦乱、暴動、運送・宿泊機関等の旅行サービス提供の中止、官公署の命令その他の当社の関与し得ない事由が生じた場合において、契約書面に記載した旅行日程に従った旅行の安全かつ円

滑な実施が不可能となり、又は不可能となるおそれが極めて大きいとき。

六　通信契約を締結した場合であって、旅行者の有するクレジットカードが無効になる等、旅行者が旅行代金等に係る債務の一部又は全部を提携会社のカード会員規約に従って決済できなくなったとき。

七　旅行者が第7条第三号から第五号までのいずれかに該当することが判明したとき。

2　旅行者が第12条第1項の契約書面に記載する期日までに旅行代金を支払わないときは、当該期日の翌日において旅行者が受注型企画旅行契約を解除したものとします。この場合において、旅行者は、当社に対し、前条第1項に定める取消料に相当する額の違約料を支払わなければなりません。

第18条（当社の解除権－旅行開始後の解除）

1　当社は、次に掲げる場合において、旅行開始後であっても、旅行者に理由を説明して、受注型企画旅行契約の一部を解除することがあります。

一　旅行者が病気、必要な介助者の不在その他の事由により旅行の継続に耐えられないとき。

二　旅行者が旅行を安全かつ円滑に実施するための添乗員その他の者による当社の指示への違背、これらの者又は同行する他の旅行者に対する暴行又は脅迫等により団体行動の規律を乱し、当該旅行の安全かつ円滑な実施を妨げるとき。

三　旅行者が第七条第三号から第五号までのいずれかに該当することが判明したとき。

四　天災地変、戦乱、暴動、運送・宿泊機関等の旅行サービス提供の中止、官公署の命令その他の当社の関与し得ない事由が生じた場合であって、旅行の継続が不可能となったとき。

2　当社が前項の規定に基づいて受注型企画旅行契約を解除したときは、当社と旅行者との間の契約関係は、将来に向かってのみ消滅します。この場合において、旅行者が既に提供を受けた旅行サービスに関する当社の債務については、有効な弁済がなされたものとします。

3　前項の場合において、当社は、旅行代金のうち旅行者がいまだその提供を受けていない旅行サービスに係る部分に係る金額から、当該旅行サービスに対して取消料、違約料その他の既に支払い、又はこれから支払わなければならない費用に係る金額を差し引いたものを旅行者に払い戻します。

第19条（旅行代金の払戻し）

1　当社は、第14条第3項から第5項までの規定により旅行代金が減額された場合又は前三条の規定により受注型企画旅行契約が解除された場合において、旅行者に対し払い戻すべき金額が生じたときは、旅行開始前の解除による払戻しにあっては解除の翌日から起算して7日以内に、減額又は旅行開始後の解除による払戻しにあっては契約書面に記載した旅行終了日の翌日から起算して30日以内に旅行者に対し当該金額を払い戻します。

2　当社は、旅行者と通信契約を締結した場合であって、第14条第3項から第5項までの規定により旅行代金が減額された場合又は前三条の規定により通信契約が解除された場合において、旅行者に対し払い戻すべき金額が生じたときは、提携会社のカード会員規約に従って、旅行者に対し当該金額を払い戻します。この場合において、当社は、旅行開始前の解除による払戻しにあっては解除の翌日から起算して7日以内に、減額又は旅行開始後の解除による払戻しにあっては契約書面に記載した旅行終了日の翌日から起算して30日以内に旅行者に対し払い戻すべき額を通知するものとし、旅行者に当該通知を行った日をカード利用日とします。

3　前二項の規定は第28条又は第31条第1項に規定するところにより旅行者又は当社が損害賠償請求権を行使することを妨げるものではありません。

第20条（契約解除後の帰路手配）

1　当社は、第18条第1項第一号又は第四号の規定によって旅行開始後に受注型企画旅行契約を解除したときは、旅行者の求めに応じて、旅行者が当該旅行の出発地に戻るために必要な旅行サービスの手配を引き受けます。

2　前項の場合において、出発地に戻るための旅行に要する一切の費用は、旅行者の負担とします。

## 第五章　団体・グループ契約

第21条（団体・グループ契約）

　当社は、同じ行程を同時に旅行する複数の旅行者がその責任ある代表者（以下「契約責任者」といいます。）を定めて申し込んだ受注型企画旅行契約の締結については、本章の規定を適用します。

第22条（契約責任者）

1　当社は、特約を結んだ場合を除き、契約責任者はその団体・グループを構成する旅行者（以下「構成者」といいます。）の受注型企画旅行契約の締結に関する一切の代理権を有しているものとみなし、当該団体・グループに係る旅行業務に関する取引及び第26条第１項の業務は、当該契約責任者との間で行います。

2　契約責任者は、当社が定める日までに、構成者の名簿を当社に提出しなければなりません。

3　当社は、契約責任者が構成者に対して現に負い、又は将来負うことが予測される債務又は義務については、何らの責任を負うものではありません。

4　当社は、契約責任者が団体・グループに同行しない場合、旅行開始後においては、あらかじめ契約責任者が選任した構成者を契約責任者とみなします。

第23条（契約成立の特則）

1　当社は、契約責任者と受注型企画旅行契約を締結する場合において、第六条第一項の規定にかかわらず、申込金の支払いを受けることなく受注型企画旅行契約の締結を承諾することがあります。

2　前項の規定に基づき申込金の支払いを受けることなく受注型企画旅行契約を締結する場合には、当社は、契約責任者にその旨を記載した書面を交付するものとし、受注型企画旅行契約は、当社が当該書面を交付した時に成立するものとします。

## 第六章　旅程管理

第24条（旅程管理）

　当社は、旅行者の安全かつ円滑な旅行の実施を確保することに努力し、旅行者に対し次に掲げる業務を行います。ただし、当社が旅行者とこれと異なる特約を結んだ場合には、この限りではありません。

一　旅行者が旅行中旅行サービスを受けることができないおそれがあると認められるときは、受注型企画旅行契約に従った旅行サービスの提供を確実に受けられるために必要な措置を講ずること。

二　前号の措置を講じたにもかかわらず、契約内容を変更せざるを得ないときは、代替サービスの手配を行うこと。この際、旅行日程を変更するときは、変更後の旅行日程が当初の旅行日程の趣旨にかなうものとなるよう努めること、また、旅行サービスの内容を変更するときは、変更後の旅行サービスが当初の旅行サービスと同様のものとなるよう努めること等、契約内容の変更を最小限にとどめるよう努力すること。

第25条（当社の指示）

　旅行者は、旅行開始後旅行終了までの間において、団体で行動するときは、旅行を安全かつ円滑に実施するための当社の指示に従わなければなりません。

第26条（添乗員等の業務）

1　当社は、旅行の内容により添乗員その他の者を同行させて第24条各号に掲げる業務その他当該受注型企画旅行に付随して当社が必要と認める業務の全部又は一部を行わせることがあります。

2　前項の添乗員その他の者が同項の業務に従事する時間帯は、原則として８時から20時までとします。

第27条（保護措置）

　当社は、旅行中の旅行者が、疾病、傷害等により保護を要する状態にあると認めたときは、必要な措置を講ずることがあります。この場合において、これが当社の責に帰すべき事由によるものでないときは、当該措置に要した費用は旅行者の負担とし、旅行者は当該費用を当社が指定する期日までに当社の指定する方法で支払わなければなりません。

　　　　　　　　　　　　　　　標準旅行業約款

## 第七章　責　任

第28条（当社の責任）

1　当社は、受注型企画旅行契約の履行に当たって、当社又は当社が第4条の規定に基づいて手配を代行させた者（以下「手配代行者」といいます。）が故意又は過失により旅行者に損害を与えたときは、その損害を賠償する責に任じます。ただし、損害発生の翌日から起算して2年以内に当社に対して通知があったときに限ります。

2　旅行者が天災地変、戦乱、暴動、運送・宿泊機関等の旅行サービス提供の中止、官公署の命令その他の当社又は当社の手配代行者の関与し得ない事由により損害を被ったときは、当社は、前項の場合を除き、その損害を賠償する責任を負うものではありません。

3　当社は、手荷物について生じた第1項の損害については、同項の規定にかかわらず、損害発生の翌日から起算して、国内旅行にあっては14日以内に、海外旅行にあっては21日以内に当社に対して通知があったときに限り、旅行者1名につき15万円を限度（当社に故意又は重大な過失がある場合を除きます。）として賠償します。

第29条（特別補償）

1　当社は、前条第1項の規定に基づく当社の責任が生ずるか否かを問わず、別紙特別補償規程で定めるところにより、旅行者が受注型企画旅行参加中にその生命、身体又は手荷物の上に被った一定の損害について、あらかじめ定める額の補償金及び見舞金を支払います。

2　前項の損害について当社が前条第1項の規定に基づく責任を負うときは、その責任に基づいて支払うべき損害賠償金の額の限度において、当社が支払うべき前項の補償金は、当該損害賠償金とみなします。

3　前項に規定する場合において、第1項の規定に基づく当社の補償金支払義務は、当社が前条第1項の規定に基づいて支払うべき損害賠償金（前項の規定により損害賠償金とみなされる補償金を含みます。）に相当する額だけ縮減するものとします。

4　当社の受注型企画旅行参加中の旅行者を対象として、別途の旅行代金を収受して当社が実施する募集型企画旅行については、受注型企画旅行契約の内容の一部として取り扱います。

第30条（旅程保証）

1　当社は、別表第二上欄に掲げる契約内容の重要な変更（次の各号に掲げる変更（運送・宿泊機関等が当該旅行サービスの提供を行っているにもかかわらず、運送・宿泊機関等の座席、部屋その他の諸設備の不足が発生したことによるものを除きます。）を除きます。）が生じた場合は、旅行代金に同表下欄に記載する率を乗じた額以上の変更補償金を旅行終了日の翌日から起算して30日以内に支払います。ただし、当該変更について当社に第28条第1項の規定に基づく責任が発生することが明らかである場合には、この限りではありません。

一　次に掲げる事由による変更

イ　天災地変

ロ　戦乱

ハ　暴動

ニ　官公署の命令

ホ　運送・宿泊機関等の旅行サービス提供の中止

ヘ　当初の運行計画によらない運送サービスの提供

ト　旅行参加者の生命又は身体の安全確保のため必要な措置

二　第13条第1項の規定に基づいて受注型企画旅行契約が変更されたときの当該変更された部分及び第16条から第18条までの規定に基づいて受注型企画旅行契約が解除されたときの当該解除された部分に係る変更

2　当社が支払うべき変更補償金の額は、旅行者1名に対して1受注型企画旅行につき旅行代金に15％以上の当社が定める率を乗じた額をもって限度とします。また、旅行者1名に対して1受注型企画旅行につき支払うべき変更補償金の額が千円未満であるときは、当社は、変更補償金を支払いません。

3 当社が第1項の規定に基づき変更補償金を支払った後に、当該変更について当社に第28条第1項の規定に基づく責任が発生することが明らかになった場合には、旅行者は当該変更に係る変更補償金を当社に返還しなければなりません。この場合、当社は、同項の規定に基づき当社が支払うべき損害賠償金の額と旅行者が返還すべき変更補償金の額とを相殺した残額を支払います。

第31条（旅行者の責任）

1 旅行者の故意又は過失により当社が損害を被ったときは、当該旅行者は、損害を賠償しなければなりません。

2 旅行者は、受注型企画旅行契約を締結するに際しては、当社から提供された情報を活用し、旅行者の権利義務その他の受注型企画旅行契約の内容について理解するよう努めなければなりません。

3 旅行者は、旅行開始後において、契約書面に記載された旅行サービスを円滑に受領するため、万が一契約書面と異なる旅行サービスが提供されたと認識したときは、旅行地において速やかにその旨を当社、当社の手配代行者又は当該旅行サービス提供者に申し出なければなりません。

## 第八章 営業保証金（旅行業協会の保証社員でない場合）

第32条（営業保証金）

1 当社と受注型企画旅行契約を締結した旅行者又は構成者は、その取引によって生じた債権に関し、当社が旅行業法第七条第一項の規定に基づいて供託している営業保証金から弁済を受けることができます。

2 当社が営業保証金を供託している供託所の名称及び所在地は、次のとおりです。

　一　名称
　二　所在地

## 第八章 弁済業務保証金（旅行業協会の保証社員である場合）

第32条（弁済業務保証金）

1 当社は、一般社団法人　　　旅行業協会（東京都　　　区　　　町　丁目　　番　　号）の保証社員になっております。

2 当社と受注型企画旅行契約を締結した旅行者又は構成者は、その取引によって生じた債権に関し、前項の一般社団法人　　旅行業協会が供託している弁済業務保証金から　　円に達するまで弁済を受けることができます。

3 当社は、旅行業法第49条第1項の規定に基づき、一般社団法人　　旅行業協会に弁済業務保証金分担金を納付しておりますので、同法第7条第1項に基づく営業保証金は供託しておりません。

別表第一　取消料（第十六条第一項関係）

一　国内旅行に係る取消料

| 区　　　　　分 | 取　消　料 |
|---|---|
| （一）次項以外の受注型企画旅行契約 | |
| イ　ロからへまでに掲げる場合以外の場合（当社が契約書面において企画料金の金額を明示した場合に限る。） | 企画料金に相当する金額 |
| ロ　旅行開始日の前日から起算してさかのぼって二十日目（日帰り旅行にあっては十日目）に当たる日以降に解除する場合（ハからへまでに掲げる場合を除く。） | 旅行代金の20%以内 |
| ハ　旅行開始日の前日から起算してさかのぼって七日目に当たる日以降に解除する場合（ニからへまでに掲げる場合を除く。） | 旅行代金の30%以内 |
| ニ　旅行開始日の前日に解除する場合 | 旅行代金の40%以内 |
| ホ　旅行開始当日に解除する場合（へに掲げる場合を除く。） | 旅行代金の50%以内 |
| ヘ　旅行開始後の解除又は無連絡不参加の場合 | 旅行代金の100%以内 |
| （二）貸切船舶を利用する受注型企画旅行契約 | 当該船舶に係る取消料の規定によります。 |
| 備考　（一）取消料の金額は、契約書面に明示します。<br>　　　（二）本表の適用に当たって「旅行開始後」とは、別紙特別補償規程第二条第三項に規定する「サービスの提供を受けることを開始した時」以降をいいます。 | |

二　海外旅行に係る取消料

| 区　　　　　分 | 取　消　料 |
|---|---|
| 一　本邦出国時又は帰国時に航空機を利用する受注型企画旅行契約（次項に掲げる旅行契約を除く。） | |
| イ　ロからニまでに掲げる場合以外の場合（当社が契約書面において企画料金の金額を明示した場合に限る。） | 企画料金に相当する金額 |
| ロ　旅行開始日の前日から起算してさかのぼって三十日目に当たる日以降に解除する場合（ハ及びニに掲げる場合を除く。） | 旅行代金の20%以内 |
| ハ　旅行開始日の前々日以降に解除する場合（ニに掲げる場合を除く。） | 旅行代金の50%以内 |
| ニ　旅行開始後の解除又は無連絡不参加の場合 | 旅行代金の100%以内 |
| 二　貸切航空機を利用する受注型企画旅行契約 | |
| イ　ロからホまでに掲げる場合以外の場合（当社が契約書面において企画料金の金額を明示した場合に限る。） | 企画料金に相当する金額 |
| ロ　旅行開始日の前日から起算してさかのぼって九十日目に当たる日以降に解除する場合（ハからホまでに掲げる場合を除く。） | 旅行代金の20%以内 |
| ハ　旅行開始日の前日から起算してさかのぼって三十日目に当たる日以降に解除する場合（ニ及びホに掲げる場合を除く。） | 旅行代金の50%以内 |
| ニ　旅行開始日の前日から起算してさかのぼって二十日目に当たる日以降に解除する場合（ホに掲げる場合を除く。） | 旅行代金の80%以内 |
| ホ　旅行開始日の前日から起算してさかのぼって三日目に当たる日以降の解除又は無連絡不参加の場合 | 旅行代金の100%以内 |
| 三　本邦出国時及び帰国時に船舶を利用する受注型企画旅行契約 | 当該船舶に係る取消料の規定によります。 |
| 備考　（一）取消料の金額は、契約書面に明示します。<br>　　　（二）本表の適用に当たって「旅行開始後」とは、別紙特別補償規程第二条第三項に規定する「サービスの提供を受けることを開始した時」以降をいいます。 | |

## 別表第二　変更補償金（第三十条第一項関係）

| 変更補償金の支払いが必要となる変更 | 一件あたりの率(%) | |
| --- | :---: | :---: |
| | 旅行開始前 | 旅行開始後 |
| 一　契約書面に記載した旅行開始日又は旅行終了日の変更 | 1.5 | 3.0 |
| 二　契約書面に記載した入場する観光地又は観光施設（レストランを含みます。）その他の旅行の目的地の変更 | 1.0 | 2.0 |
| 三　契約書面に記載した運送機関の等級又は設備のより低い料金のものへの変更（変更後の等級及び設備の料金の合計額が契約書面に記載した等級及び設備のそれを下回った場合に限ります。） | 1.0 | 2.0 |
| 四　契約書面に記載した運送機関の種類又は会社名の変更 | 1.0 | 2.0 |
| 五　契約書面に記載した本邦内の旅行開始地たる空港又は旅行終了地たる空港の異なる便への変更 | 1.0 | 2.0 |
| 六　契約書面に記載した本邦内と本邦外との間における直行便の乗継便又は経由便への変更 | 1.0 | 2.0 |
| 七　契約書面に記載した宿泊機関の種類又は名称の変更 | 1.0 | 2.0 |
| 八　契約書面に記載した宿泊機関の客室の種類、設備、景観その他の客室の条件の変更 | 1.0 | 2.0 |

注一　「旅行開始前」とは、当該変更について旅行開始日の前日までに旅行者に通知した場合をいい、「旅行開始後」とは、当該変更について旅行開始当日以降に旅行者に通知した場合をいいます。

注二　確定書面が交付された場合には、「契約書面」とあるのを「確定書面」と読み替えた上で、この表を適用します。この場合において、契約書面の記載内容と確定書面の記載内容との間又は確定書面の記載内容と実際に提供された旅行サービスの内容との間に変更が生じたときは、それぞれの変更につき一件として取り扱います。

注三　第三号又は第四号に掲げる変更に係る運送機関が宿泊設備の利用を伴うものである場合は、一泊につき一件として取り扱います。

注四　第四号に掲げる運送機関の会社名の変更については、等級又は設備がより高いものへの変更を伴う場合には適用しません。

注五　第四号又は第七号若しくは第八号に掲げる変更が一乗車船等又は一泊の中で複数生じた場合であっても、一乗車船等又は一泊につき一件として取り扱います。

別紙

┌──────────┐
│ 特別補償規程 │
└──────────┘

## 第一章　補償金等の支払い

**第1条（当社の支払責任）**

1　当社は、当社が実施する企画旅行に参加する旅行者が、その企画旅行参加中に急激かつ偶然な外来の事故（以下「事故」といいます。）によって身体に傷害を被ったときに、本章から第四章までの規定により、旅行者又はその法定相続人に死亡補償金、後遺障害補償金、入院見舞金及び通院見舞金（以下「補償金等」といいます。）を支払います。

2　前項の傷害には、身体外部から有毒ガス又は有毒物質を偶然かつ一時に吸入、吸収又は摂取したときに急激に生ずる中毒症状（継続的に吸入、吸収又は摂取した結果生ずる中毒症状を除きます。）を含みます。ただし、細菌性食物中毒は含みません。

**第2条（用語の定義）**

1　この規程において「企画旅行」とは、標準旅行業約款募集型企画旅行契約の部第2条第1項及び受注型企画旅行契約の部第2条第1項に定めるものをいいます。

2　この規程において「企画旅行参加中」とは、旅行者が企画旅行に参加する目的をもって当社があらかじめ手配した乗車券類等によって提供される当該企画旅行日程に定める最初の運送・宿泊機関等のサービスの提供を受けることを開始した時から最後の運送・宿泊機関等のサービスの提供を受けることを完

了した時までの期間をいいます。ただし、旅行者があらかじめ定められた企画旅行の行程から離脱する場合において、離脱及び復帰の予定日時をあらかじめ当社に届け出ていたときは、離脱の時から復帰の予定の時までの間は「企画旅行参加中」とし、また、旅行者が離脱及び復帰の予定日時をあらかじめ当社に届け出ることなく離脱したとき又は復帰の予定なく離脱したときは、その離脱の時から復帰の時までの間又はその離脱した時から後は「企画旅行参加中」とはいたしません。また、当該企画旅行日程に、旅行者が当社の手配に係る運送・宿泊機関等のサービスの提供を一切受けない日（旅行地の標準時によります。）が定められている場合において、その旨及び当該日に生じた事故によって旅行者が被った損害に対しこの規程による補償金及び見舞金の支払いが行われない旨を契約書面に明示したときは、当該日は「企画旅行参加中」とはいたしません。

3　前項の「サービスの提供を受けることを開始した時」とは、次の各号のいずれかの時をいいます。
　一　添乗員、当社の使用人又は代理人が受付を行う場合は、その受付完了時
　二　前号の受付が行われない場合において、最初の運送・宿泊機関等が、
　　イ　航空機であるときは、乗客のみが入場できる飛行場構内における手荷物の検査等の完了時
　　ロ　船舶であるときは、乗船手続の完了時
　　ハ　鉄道であるときは、改札の終了時又は改札のないときは当該列車乗車時
　　ニ　車両であるときは、乗車時
　　ホ　宿泊機関であるときは、当該施設への入場時
　　ヘ　宿泊機関以外の施設であるときは、当該施設の利用手続終了時とします。

4　第二項の「サービスの提供を受けることを完了した時」とは、次の各号のいずれかの時をいいます。
　一　添乗員、当社の使用人又は代理人が解散を告げる場合は、その告げた時
　二　前号の解散の告知が行われない場合において、最後の運送・宿泊機関等が、
　　イ　航空機であるときは、乗客のみが入場できる飛行場構内からの退場時
　　ロ　船舶であるときは、下船時
　　ハ　鉄道であるときは、改札終了時又は改札のないときは当該列車降車時
　　ニ　車両であるときは、降車時
　　ホ　宿泊機関であるときは、当該施設からの退場時
　　ヘ　宿泊機関以外の施設であるときは、当該施設からの退場時とします。

## 第二章　補償金等を支払わない場合

### 第3条（補償金等を支払わない場合－その1）

1　当社は、次の各号に掲げる事由によって生じた傷害に対しては補償金等を支払いません。
　一　旅行者の故意。ただし、当該旅行者以外の者が被った傷害については、この限りではありません。
　二　死亡補償金を受け取るべき者の故意。ただし、その者が死亡補償金の一部の受取人である場合には、他の者が受け取るべき金額については、この限りではありません。
　三　旅行者の自殺行為、犯罪行為又は闘争行為。ただし、当該旅行者以外の者が被った傷害については、この限りではありません。
　四　旅行者が法令に定められた運転資格を持たないで、又は酒に酔って正常な運転ができないおそれがある状態で自動車又は原動機付自転車を運転している間に生じた事故。ただし、当該旅行者以外の者が被った傷害については、この限りではありません。
　五　旅行者が故意に法令に違反する行為を行い、又は法令に違反するサービスの提供を受けている間に生じた事故。ただし、当該旅行者以外の者が被った損害については、この限りではありません。
　六　旅行者の脳疾患、疾病又は心神喪失。ただし、当該旅行者以外の者が被った傷害については、この限りではありません。
　七　旅行者の妊娠、出産、早産、流産又は外科的手術その他の医療処置。ただし、当社の補償すべき傷害を治療する場合には、この限りではありません。
　八　旅行者の刑の執行又は拘留若しくは入監中に生じた事故

九　戦争、外国の武力行使、革命、政権奪取、内乱、武装反乱その他これらに類似の事変又は暴動（この規程においては、群衆又は多数の者の集団の行動によって、全国又は一部の地区において著しく平穏が害され、治安維持上重大な事態と認められる状態をいいます。）

十　核燃料物質（使用済燃料を含みます。以下同様とします。）若しくは核燃料物質によって汚染された物（原子核分裂生成物を含みます。）の放射性、爆発性その他の有害な特性又はこれらの特性による事故

十一　前二号の事由に随伴して生じた事故又はこれらに伴う秩序の混乱に基づいて生じた事故

十二　第十号以外の放射線照射又は放射能汚染

2　当社は、原因のいかんを問わず、頸部症候群（いわゆる「むちうち症」）又は腰痛で他覚症状のないものに対して、補償金等を支払いません。

第4条（補償金等を支払わない場合－その2）

1　当社は、国内旅行を目的とする企画旅行の場合においては、前条に定めるほか、次の各号に掲げる事由によって生じた傷害に対しても、補償金等を支払いません。

一　地震、噴火又は津波

二　前号の事由に随伴して生じた事故又はこれらに伴う秩序の混乱に基づいて生じた事故

第5条（補償金等を支払わない場合－その3）

1　当社は、次の各号に掲げる傷害に対しては、各号の行為が当社があらかじめ定めた企画旅行の旅行日程に含まれている場合でなければ、補償金等を支払いません。ただし、各号の行為が当該旅行日程に含まれている場合においては、旅行日程外の企画旅行参加中に、同種の行為によって生じた傷害に対しても、補償金等を支払います。

一　旅行者が別表第一に定める運動を行っている間に生じた傷害

二　旅行者が自動車、原動機付自転車又はモーターボートによる競技、競争、興業（いずれも練習を含みます。）又は試運転（性能試験を目的とする運転又は操縦をいいます。）をしている間に生じた傷害。ただし、自動車又は原動機付自転車を用いて道路上でこれらのことを行っている間に生じた傷害については、企画旅行の旅行日程に含まれていなくとも補償金等を支払います。

三　航空運送事業者が路線を定めて運行する航空機（定期便であると不定期便であるとを問いません。）以外の航空機を旅行者が操縦している間に生じた傷害

第5条の2（補償金等を支払わない場合－その4）

1　当社は、旅行者又は死亡補償金を受け取るべき者が次の各号に掲げるいずれかに該当する事由がある場合には、補償金等を支払わないことがあります。ただし、その者が死亡補償金の一部の受取人である場合には、他の者が受け取るべき金額については、この限りではありません。

一　暴力団、暴力団員、暴力団準構成員、暴力団関係企業その他の反社会的勢力（以下「反社会的勢力」といいます。）に該当すると認められること。

二　反社会的勢力に対して資金等を提供し、又は便宜を供与する等の関与をしていると認められること。

三　反社会的勢力を不当に利用していると認められること。

四　その他反社会的勢力と社会的に非難されるべき関係を有していると認められること。

## 第三章　補償金等の種類及び支払額

第6条（死亡補償金の支払い）

1　当社は、旅行者が第1条の傷害を被り、その直接の結果として、事故の日から百八十日以内に死亡した場合は、旅行者一名につき、海外旅行を目的とする企画旅行においては二千五百万円、国内旅行を目的とする企画旅行においては千五百万円（以下「補償金額」といいます。）を死亡補償金として旅行者の法定相続人に支払います。ただし、当該旅行者について、既に支払った後遺障害補償金がある場合は、補償金額から既に支払った金額を控除した残額を支払います。

第7条（後遺障害補償金の支払い）

1　当社は、旅行者が第一条の傷害を被り、その直接の結果として、事故の日から百八十日以内に後遺障害（身体に残された将来においても回復できない機能の重大な障害又は身体の一部の欠損で、かつ、そ

の原因となった傷害が治った後のものをいいます。以下同様とします。）が生じた場合は、旅行者一名につき、補償金額に別表第二の各号に掲げる割合を乗じた額を後遺障害補償金として旅行者に支払います。

2　前項の規定にかかわらず、旅行者が事故の日から百八十日を超えてなお治療を要する状態にあるときは、当社は、事故の日から百八十一日目における医師の診断に基づき後遺障害の程度を認定して、後遺障害補償金を支払います。

3　別表第二の各号に掲げていない後遺障害に対しては、旅行者の職業、年齢、社会的地位等に関係なく、身体の障害の程度に応じ、かつ、別表第二の各号の区分に準じ後遺障害補償金の支払額を決定します。ただし、別表第二の一（三）、一（四）、二（三）、四（四）及び五（二）に掲げる機能障害に至らない障害に対しては、後遺障害補償金を支払いません。

4　同一事故により二種以上の後遺障害が生じた場合には、当社は、その各々に対し前三項を適用し、その合計額を支払います。ただし、別表第二の七、八及び九に規定する上肢（腕及び手）又は下肢（脚及び足）の後遺障害に対しては、一肢ごとの後遺障害補償金は、補償金額の六〇％をもって限度とします。

5　前各項に基づいて当社が支払うべき後遺障害補償金の額は、旅行者一名に対して一企画旅行につき、補償金額をもって限度とします。

第8条（入院見舞金の支払い）

1　当社は、旅行者が第一条の傷害を被り、その直接の結果として、平常の業務に従事すること又は平常の生活ができなくなり、かつ、入院（医師による治療が必要な場合において、自宅等での治療が困難なため、病院又は診療所に入り、常に医師の管理下において治療に専念することをいいます。以下この条において同様とします。）した場合は、その日数（以下「入院日数」といいます。）に対し、次の区分に従って入院見舞金を旅行者に支払います。

　一　海外旅行を目的とする企画旅行の場合
　　イ　入院日数百八十日以上の傷害を被ったとき。　　　　四十万円
　　ロ　入院日数九十日以上百八十日未満の傷害を被ったとき。二十万円
　　ハ　入院日数七日以上九十日未満の傷害を被ったとき。　十万円
　　ニ　入院日数七日未満の傷害を被ったとき。　　　　　　四万円
　二　国内旅行を目的とする企画旅行の場合
　　イ　入院日数百八十日以上の傷害を被ったとき。　　　　二十万円
　　ロ　入院日数九十日以上百八十日未満の傷害を被ったとき。十万円
　　ハ　入院日数七日以上九十日未満の傷害を被ったとき。　五万円
　　ニ　入院日数七日未満の傷害を被ったとき。　　　　　　二万円

2　旅行者が入院しない場合においても、別表第三の各号のいずれかに該当し、かつ、医師の治療を受けたときは、その状態にある期間については、前項の規定の適用上、入院日数とみなします。

3　当社は、旅行者一名について入院見舞金と死亡補償金又は入院見舞金と後遺障害補償金を重ねて支払うべき場合には、その合計額を支払います。

第9条（通院見舞金の支払い）

1　当社は、旅行者が第1条の傷害を被り、その直接の結果として、平常の業務に従事すること又は平常の生活に支障が生じ、かつ、通院（医師による治療が必要な場合において、病院又は診療所に通い、医師の治療を受けること（往診を含みます。）をいいます。以下この条において同様とします。）した場合において、その日数（以下「通院日数」といいます。）が三日以上となったときは、当該日数に対し、次の区分に従って通院見舞金を旅行者に支払います。

　一　海外旅行を目的とする企画旅行の場合
　　イ　通院日数九十日以上の傷害を被ったとき。　　　　　十万円
　　ロ　通院日数七日以上九十日未満の傷害を被ったとき。　五万円
　　ハ　通院日数三日以上七日未満の傷害を被ったとき。　　二万円
　二　国内旅行を目的とする企画旅行の場合
　　イ　通院日数九十日以上の傷害を被ったとき。　　　　　五万円

ロ　通院日数七日以上九十日未満の傷害を被ったとき。　　二万五千円

　　ハ　通院日数三日以上七日未満の傷害を被ったとき。　　　　一万円

2　旅行者が通院しない場合においても、骨折等の傷害を被った部位を固定するために医師の指示により
　ギプス等を常時装着した結果、平常の業務に従事すること又は平常の生活に著しい支障が生じたと当社
　が認めたときは、その状態にある期間については、前項の規定の適用上、通院日数とみなします。

3　当社は、平常の業務に従事すること又は平常の生活に支障がない程度に傷害が治ったとき以降の通院
　に対しては、通院見舞金を支払いません。

4　当社は、いかなる場合においても、事故の日から百八十日を経過した後の通院に対しては、通院見舞
　金を支払いません。

5　当社は、旅行者一名について通院見舞金と死亡補償金又は通院見舞金と後遺障害補償金を重ねて支払
　うべき場合には、その合計額を支払います。

第10条（入院見舞金及び通院見舞金の支払いに関する特則）

1　当社は、旅行者一名について入院日数及び通院日数がそれぞれ一日以上となった場合は、前二条の規
　定にかかわらず、次の各号に掲げる見舞金のうちいずれか金額の大きいもの（同額の場合には、第一号
　に掲げるもの）のみを支払います。

　一　当該入院日数に対し当社が支払うべき入院見舞金

　二　当該通院日数（当社が入院見舞金を支払うべき期間中のものを除きます。）に当該入院日数を加えた
　　日数を通院日数とみなした上で、当該日数に対し当社が支払うべき通院見舞金

第11条（死亡の推定）

1　旅行者が搭乗する航空機若しくは船舶が行方不明となってから、又は遭難してから三十日を経過して
　もなお旅行者が発見されないときは、航空機若しくは船舶が行方不明となった日又は遭難した日に、旅
　行者が第一条の傷害によって死亡したものと推定します。

第12条（他の身体障害又は疾病の影響）

1　旅行者が第一条の傷害を被ったとき既に存在していた身体障害若しくは疾病の影響により、又は第一条の
　傷害を被った後にその原因となった事故と関係なく発生した傷害若しくは疾病の影響により第一条の傷害
　が重大となったときは、その影響がなかった場合に相当する金額を決定してこれを支払います。

# 第四章　事故の発生及び補償金等の請求の手続

第13条（傷害程度等に関する説明等の請求）

1　旅行者が第一条の傷害を被ったときは、当社は、旅行者又は死亡補償金を受け取るべき者に対し、傷
　害の程度、その原因となった事故の概要等について説明を求め、又は旅行者の身体の診療若しくは死体
　の検案を求めることがあります。この場合において、旅行者又は死亡補償金を受け取るべき者は、これ
　らの求めに協力しなければなりません。

2　旅行者又は死亡補償金を受け取るべき者は、当社の関知しない事由により第一条の傷害を被ったとき
　は、傷害の程度、その原因となった事故の概要等について、当社に対し、当該事故の日から三十日以内
　に報告しなければなりません。

3　旅行者又は死亡補償金を受け取るべき者が、当社の認める正当な理由なく前二項の規定に違反したと
　き又はその説明若しくは報告につき知っている事実を告げず、若しくは不実のことを告げたときは、当
　社は、補償金等を支払いません。

第14条（補償金等の請求）

1　旅行者又は死亡補償金を受け取るべき者が補償金等の支払いを受けようとするときは、当社に対し、
　当社所定の補償金等請求書及び次に掲げる書類を提出しなければなりません。

　一　死亡補償金請求の場合

　　イ　旅行者の戸籍謄本並びに法定相続人の戸籍謄本及び印鑑証明書

　　ロ　公の機関（やむを得ない場合には、第三者）の事故証明書

　　ハ　旅行者の死亡診断書又は死体検案書

　二　後遺障害補償金請求の場合

イ　旅行者の印鑑証明書
　　ロ　公の機関（やむを得ない場合には、第三者）の事故証明書
　　ハ　後遺障害の程度を証明する医師の診断書
　三　入院見舞金請求の場合
　　イ　公の機関（やむを得ない場合には、第三者）の事故証明書
　　ロ　傷害の程度を証明する医師の診断書
　　ハ　入院日数又は通院日数を記載した病院又は診療所の証明書類
　四　通院見舞金請求の場合
　　イ　公の機関（やむを得ない場合には、第三者）の事故証明書
　　ロ　傷害の程度を証明する医師の診断書
　　ハ　入院日数又は通院日数を記載した病院又は診療所の証明書類
2　当社は、前項以外の書類の提出を求めること又は前項の提出書類の一部の省略を認めることがあります。
3　旅行者又は死亡補償金を受け取るべき者が第一項の規定に違反したとき又は提出書類につき知っている事実を告げず、若しくは不実のことを告げたときは、当社は、補償金等を支払いません。
第15条（代位）
　当社が補償金等を支払った場合でも、旅行者又はその相続人が旅行者の被った傷害について第三者に対して有する損害賠償請求権は、当社に移転しません。

## 第五章　携帯品損害補償

第16条（当社の支払責任）
　当社は、当社が実施する企画旅行に参加する旅行者が、その企画旅行参加中に生じた偶然な事故によってその所有の身の回り品（以下「補償対象品」といいます。）に損害を被ったときに、本章の規定により、携帯品損害補償金（以下「損害補償金」といいます。）を支払います。
第17条（損害補償金を支払わない場合－その1）
1　当社は、次の各号に掲げる事由によって生じた損害に対しては、損害補償金を支払いません。
　一　旅行者の故意。ただし、当該旅行者以外の者が被った損害については、この限りではありません。
　二　旅行者と世帯を同じくする親族の故意。ただし、旅行者に損害補償金を受け取らせる目的でなかった場合は、この限りではありません。
　三　旅行者の自殺行為、犯罪行為又は闘争行為。ただし、当該旅行者以外の者が被った損害については、この限りではありません。
　四　旅行者が法令に定められた運転資格を持たないで、又は酒に酔って正常な運転ができないおそれがある状態で自動車又は原動機付自転車を運転している間に生じた事故。ただし、当該旅行者以外の者が被った損害については、この限りではありません。
　五　旅行者が故意に法令に違反する行為を行い、又は法令に違反するサービスの提供を受けている間に生じた事故。ただし、当該旅行者以外の者が被った損害については、この限りではありません。
　六　差押え、徴発、没収、破壊等国又は公共団体の公権力の行使。ただし、火災消防又は避難に必要な処置としてなされた場合を除きます。
　七　補償対象品の瑕疵。ただし、旅行者又はこれに代わって補償対象品を管理する者が相当の注意をもってしても発見し得なかった瑕疵を除きます。
　八　補償対象品の自然の消耗、さび、かび、変色、ねずみ食い、虫食い等
　九　単なる外観の損傷であって補償対象品の機能に支障をきたさない損害
　十　補償対象品である液体の流出。ただし、その結果として他の補償対象品に生じた損害については、この限りではありません。
　十一　補償対象品の置き忘れ又は紛失
　十二　第3条第一項第九号から第十二号までに掲げる事由
2　当社は、国内旅行を目的とする企画旅行の場合においては、前項に定めるほか、次の各号に掲げる事

由によって生じた損害に対しても、損害補償金を支払いません。

一　地震、噴火又は津波

二　前号の事由に随伴して生じた事故又はこれらに伴う秩序の混乱に基づいて生じた事故

第17条の2（補償金等を支払わない場合－その2）

1　当社は、旅行者が次の各号に掲げるいずれかに該当する事由がある場合には、損害補償金を支払わないことがあります。

一　反社会的勢力に該当すると認められること。

二　反社会的勢力に対して資金等を提供し、又は便宜を供与する等の関与をしていると認められること。

三　反社会的勢力を不当に利用していると認められること。

四　法人である場合において、反社会的勢力がその法人を支配し、又はその法人の経営に実質的に関与していると認められること。

五　その他反社会的勢力と社会的に非難されるべき関係を有していると認められること。

第18条（補償対象品及びその範囲）

1　補償対象品は、旅行者が企画旅行参加中に携行するその所有の身の回り品に限ります。

2　前項の規定にかかわらず、次の各号に掲げるものは、補償対象品に含まれません。

一　現金、小切手その他の有価証券、印紙、切手その他これらに準ずるもの

二　クレジットカード、クーポン券、航空券、パスポートその他これらに準ずるもの

三　稿本、設計書、図案、帳簿その他これらに準ずるもの（磁気テープ、磁気ディスク、シー・ディー・ロム、光ディスク等情報機器（コンピュータ及びその端末装置等の周辺機器）で直接処理を行える記録媒体に記録されたものを含みます。）

四　船舶（ヨット、モーターボート及びボートを含みます。）及び自動車、原動機付自転車及びこれらの付属品

五　山岳登はん用具、探検用具その他これらに類するもの

六　義歯、義肢、コンタクトレンズその他これらに類するもの

七　動物及び植物

八　その他当社があらかじめ指定するもの

第19条（損害額及び損害補償金の支払額）

1　当社が損害補償金を支払うべき損害の額（以下「損害額」といいます。）は、その損害が生じた地及び時における補償対象品の価額又は補償対象品を損害発生の直前の状態に復するに必要
な修繕費及び次条第三項の費用の合計額のいずれか低い方の金額を基準として定めることとします。

2　補償対象品の一個又は一対についての損害額が十万円を超えるときは、当社は、そのものの損害の額を十万円とみなして前項の規定を適用します。

3　当社が支払うべき損害補償金の額は、旅行者一名に対して一企画旅行につき十五万円をもって限度とします。ただし、損害額が旅行者一名について一回の事故につき三千円を超えない場合は、当社は、損害補償金を支払いません。

第20条（損害の防止等）

1　旅行者は、補償対象品について第16条に規定する損害が発生したことを知ったときは、次の事項を履行しなければなりません。

一　損害の防止軽減に努めること。

二　損害の程度、原因となった事故の概要及び旅行者が損害を被った補償対象品についての保険契約の有無を、遅滞なく当社に通知すること。

三　旅行者が他人から損害の賠償を受けることができる場合は、その権利の行使について必要な手続をとること。

2　当社は、旅行者が正当な理由なく前項第一号に違反したときは、防止軽減することができたと認められる額を差し引いた残額を損害の額とみなし、同項第二号に違反したときは、損害補償金を支払わず、また、同項第三号に違反したときは、取得すべき権利の行使によって受けることができたと認められる

額を差し引いた残額を損害の額とみなします。

3　当社は、次に掲げる費用を支払います。
　一　第1項第一号に規定する損害の防止軽減のために要した費用のうちで当社が必要又は有益であったと認めたもの
　二　第1項第三号に規定する手続のために必要な費用

第21条（損害補償金の請求）

1　旅行者は、損害補償金の支払いを受けようとするときは、当社に対し、当社所定の損害補償金請求書及び次に掲げる書類を提出しなければなりません。
　一　警察署又はこれに代わるべき第三者の事故証明書
　二　補償対象品の損害の程度を証明する書類
　三　その他当社の要求する書類

2　旅行者が前項の規定に違反したとき又は提出書類につき故意に不実のことを表示し、又はその書類を偽造若しくは変造したとき（第三者をしてなさしめたときも、同様とします。）は、当社は、損害補償金を支払いません。

第22条（保険契約がある場合）

1　第16条の損害に対して保険金を支払うべき保険契約がある場合は、当社は、当社が支払うべき損害補償金の額を減額することがあります。

第23条（代位）

1　当社が損害補償金を支払うべき損害について、旅行者が第三者に対して損害賠償請求権を有する場合には、その損害賠償請求権は、当社が旅行者に支払った損害補償金の額の限度内で当社に移転します。

---

### 手配旅行契約の部

## 第一章　総　則

第1条（適用範囲）

1　当社が旅行者との間で締結する手配旅行契約は、この約款の定めるところによります。この約款に定めのない事項については、法令又は一般に確立された慣習によります。

2　当社が法令に反せず、かつ、旅行者の不利にならない範囲で書面により特約を結んだときは、前項の規定にかかわらず、その特約が優先します。

第2条（用語の定義）

1　この約款で「手配旅行契約」とは、当社が旅行者の委託により、旅行者のために代理、媒介又は取次をすること等により旅行者が運送・宿泊機関等の提供する運送、宿泊その他の旅行に関するサービス（以下「旅行サービス」といいます。）の提供を受けることができるように、手配することを引き受ける契約をいいます。

2　この約款で「国内旅行」とは、本邦内のみの旅行をいい、「海外旅行」とは、国内旅行以外の旅行をいいます。

3　この約款で「旅行代金」とは、当社が旅行サービスを手配するために、運賃、宿泊料その他の運送・宿泊機関等に対して支払う費用及び当社所定の旅行業務取扱金（変更手続料金及び取消手続料金を除きます。）をいいます。

4　この部で「通信契約」とは、当社が提携するクレジットカード会社（以下「提携会社」といいます。）のカード会員との間で電話、郵便、ファクシミリ、インターネットその他の通信手段による申込みを受けて締結する手配旅行契約であって、当社が旅行者に対して有する手配旅行契約に基づく旅行代金等に係る債権又は債務を、当該債権又は債務が履行されるべき日以降に別に定める提携会社のカード会員規約に従って決済することについて、旅行者があらかじめ承諾し、かつ旅行代金等を第16条第2項又は第5項に定める方法により支払うことを内容とする手配旅行契約をいいます。

5　この部で「電子承諾通知」とは、契約の申込みに対する承諾の通知であって、情報通信の技術を利用

する方法のうち当社が使用する電子計算機、ファクシミリ装置、テレックス又は電話機（以下「電子計算機等」といいます。）と旅行者が使用する電子計算機等とを接続する電気通信回線を通じて送信する方法により行うものをいいます。

6　この約款で「カード利用日」とは、旅行者又は当社が手配旅行契約に基づく旅行代金等の支払又は払戻債務を履行すべき日をいいます。

第3条（手配債務の終了）

当社が善良な管理者の注意をもって旅行サービスの手配をしたときは、手配旅行契約に基づく当社の債務の履行は終了します。したがって、満員、休業、条件不適当等の事由により、運送・宿泊機関等との間で旅行サービスの提供をする契約を締結できなかった場合であっても、当社がその義務を果たしたときは、旅行者は、当社に対し、当社所定の旅行業務取扱料金（以下「取扱料金」といいます。）を支払わなければなりません。通信契約を締結した場合においては、カード利用日は、当社が運送・宿泊機関等との間で旅行サービスの提供をする契約を締結できなかった旨、旅行者に通知した日とします。

第4条（手配代行者）

当社は、手配旅行契約の履行に当たって、手配の全部又は一部を本邦内又は本邦外の他の旅行業者、手配を業として行う者その他の補助者に代行させることがあります。

## 第二章　契約の成立

第5条（契約の申込み）

1　当社と手配旅行契約を締結しようとする旅行者は、当社所定の申込書に所定の事項を記入の上、当社が別に定める金額の申込金とともに、当社に提出しなければなりません。

2　当社と通信契約を締結しようとする旅行者は、前項の規定にかかわらず、会員番号及び依頼しようとする旅行サービスの内容を当社に通知しなければなりません。

3　第1項の申込金は、旅行代金、取消料その他の旅行者が当社に支払うべき金銭の一部として取り扱います。

第6条（契約締結の拒否）

当社は、次に掲げる場合において、手配旅行契約の締結に応じないことがあります。

一　通信契約を締結しようとする場合であって、旅行者の有するクレジットカードが無効である等、旅行者が旅行代金等に係る債務の一部又は全部を提携会社のカード会員規約に従って決済できないとき。

二　旅行者が、暴力団員、暴力団準構成員、暴力団関係者、暴力団関係企業又は総会屋等その他の反社会的勢力であると認められるとき。

三　旅行者が、当社に対して暴力的な要求行為、不当な要求行為、取引に関して脅迫的な言動若しくは暴力を用いる行為又はこれらに準ずる行為を行ったとき。

四　旅行者が、風説を流布し、偽計を用い若しくは威力を用いて当社の信用を毀損し若しくは当社の業務を妨害する行為又はこれらに準ずる行為を行ったとき。

五　その他当社の業務上の都合があるとき。

第7条（契約の成立時期）

1　手配旅行契約は、当社が契約の締結を承諾し、第5条第1項の申込金を受理した時に成立するものとします。

2　通信契約は、前項の規定にかかわらず、当社が第5条第2項の申込みを承諾する旨の通知を発した時に成立するものとします。ただし、当該契約において電子承諾通知を発する場合は、当該通知が旅行者に到達した時に成立するものとします。

第8条（契約成立の特則）

1　当社は、第5条第1項の規定にかかわらず、書面による特約をもって、申込金の支払いを受けることなく、契約の締結の承諾のみにより手配旅行契約を成立させることがあります。

2　前項の場合において、手配旅行契約の成立時期は、前項の書面において明らかにします。

第9条（乗車券及び宿泊券等の特則）

1　当社は、第5条第1項及び前条第1項の規定にかかわらず、運送サービス又は宿泊サービスの手配の
みを目的とする手配旅行契約であって旅行代金と引換えに当該旅行サービスの提供を受ける権利を表示
した書面を交付するものについては、口頭による申込みを受け付けることがあります。

2　前項の場合において、手配旅行契約は、当社が契約の締結を承諾した時に成立するものとします。

第10条（契約書面）

1　当社は、手配旅行契約の成立後速やかに、旅行者に、旅行日程、旅行サービスの内容、旅行代金その
他の旅行条件及び当社の責任に関する事項を記載した書面（以下「契約書面」といいます。）を交付しま
す。ただし、当社が手配するすべての旅行サービスについて乗車券類、宿泊券その他の旅行サービスの
提供を受ける権利を表示した書面を交付するときは、当該契約書面を交付しないことがあります。

2　前項本文の契約書面を交付した場合において、当社が手配旅行契約により手配する義務を負う旅行サー
ビスの範囲は、当該契約書面に記載するところによります。

第11条（情報通信の技術を利用する方法）

1　当社は、あらかじめ旅行者の承諾を得て、手配旅行契約を締結しようとするときに旅行者に交付する
旅行日程、旅行サービスの内容、旅行代金その他の旅行条件及び当社の責任に関する事項を記載した書
面又は契約書面の交付に代えて、情報通信の技術を利用する方法により当該書面に記載すべき事項（以
下この条において「記載事項」といいます。）を提供したときは、旅行者の使用する通信機器に備えられ
たファイルに記載事項が記録されたことを確認します。

2　前項の場合において、旅行者の使用に係る通信機器に記載事項を記録するためのファイルが備えられ
ていないときは、当社の使用する通信機器に備えられたファイル（専ら当該旅行者の用に供するものに
限ります。）に記載事項を記録し、旅行者が記載事項を閲覧したことを確認します。

## 第三章　契約の変更及び解除

第12条（契約内容の変更）

1　旅行者は、当社に対し、旅行日程、旅行サービスの内容その他の手配旅行契約の内容を変更するよう
求めることができます。この場合において、当社は、可能な限り旅行者の求めに応じます。

2　前項の旅行者の求めにより手配旅行契約の内容を変更する場合、旅行者は、既に完了した手配を取り
消す際に運送・宿泊機関等に支払うべき取消料、違約料その他の手配の変更に要する費用を負担するほ
か、当社に対し、当社所定の変更手続料金を支払わなければなりません。また、当該手配旅行契約の内
容の変更によって生ずる旅行代金の増加又は減少は旅行者に帰属するものとします。

第13条（旅行者による任意解除）

1　旅行者は、いつでも手配旅行契約の全部又は一部を解除することができます。

2　前項の規定に基づいて手配旅行契約が解除されたときは、旅行者は、既に旅行者が提供を受けた旅行
サービスの対価として、又はいまだ提供を受けていない旅行サービスに係る取消料、違約料その他の運
送・宿泊機関等に対して既に支払い、又はこれから支払う費用を負担するほか、当社に対し、当社所定
の取消手続料金及び当社が得るはずであった取扱料金を支払わなければなりません。

第14条（旅行者の責に帰すべき事由による解除）

1　当社は、次に掲げる場合において、手配旅行契約を解除することがあります。

　一　旅行者が所定の期日までに旅行代金を支払わないとき。

　二　通信契約を締結した場合であって、旅行者の有するクレジットカードが無効になる等、旅行者が旅
行代金等に係る債務の一部又は全部を提携会社のカード会員規約に従って決済できなくなったとき。

　三　旅行者が第6条第二号から第四号までのいずれかに該当することが判明したとき。

2　前項の規定に基づいて手配旅行契約が解除されたときは、旅行者は、いまだ提供を受けていない旅行
サービスに係る取消料、違約料その他の運送・宿泊機関等に対して既に支払い、又はこれから支払わな
ければならない費用を負担するほか、当社に対し、当社所定の取消手続料金及び当社が得るはずであっ
た取扱料金を支払わなければなりません。

第15条（当社の責に帰すべき事由による解除）

1　旅行者は、当社の責に帰すべき事由により旅行サービスの手配が不可能になったときは、手配 旅行契約を解除することができます。

2　前項の規定に基づいて手配旅行契約が解除されたときは、当社は、旅行者が既にその提供を受けた旅行サービスの対価として、運送・宿泊機関等に対して既に支払い、又はこれから支払わなければならない費用を除いて、既に収受した旅行代金を旅行者に払い戻します。

3　前項の規定は、旅行者の当社に対する損害賠償の請求を妨げるものではありません。

## 第四章　旅行代金

### 第16条（旅行代金）

1　旅行者は、旅行開始前の当社が定める期間までに、当社に対し、旅行代金を支払わなければなりません。

2　通信契約を締結したときは、当社は、提携会社のカードにより所定の伝票への旅行者の署名なくして旅行代金の支払いを受けます。この場合において、カード利用日は、当社が確定した旅行サービスの内容を旅行者に通知した日とします。

3　当社は、旅行開始前において、運送・宿泊機関等の運賃・料金の改訂、為替相場の変動その他の事由により旅行代金の変動を生じた場合は、当該旅行代金を変更することがあります。

4　前項の場合において、旅行代金の増加又は減少は、旅行者に帰属するものとします。

5　当社は、旅行者と通信契約を締結した場合であって、第三章又は第四章の規定により旅行者が負担すべき費用等が生じたときは、当社は、提携会社のカードにより所定の伝票への旅行者の署名なくして当該費用等の支払いを受けます。この場合において、カード利用日は旅行者が当社に支払うべき費用等の額又は当社が旅行者に払い戻すべき額を、当社が旅行者に通知した日とします。ただし、第14条第1項第二号の規定により当社が手配旅行契約を解除した場合は、旅行者は、当社の定める期日までに、当社の定める支払方法により、旅行者が当社に支払うべき費用等を支払わなければなりません。

### 第17条（旅行代金の精算）

1　当社は、当社が旅行サービスを手配するために、運送・宿泊機関等に対して支払った費用で旅行者の負担に帰すべきもの及び取扱料金（以下「精算旅行代金」といいます。）と旅行代金として既に収受した金額とが合致しない場合において、旅行終了後、次項及び第三項に定めるところにより速やかに旅行代金の精算をします。

2　精算旅行代金が旅行代金として既に収受した金額を超えるときは、旅行者は、当社に対し、その差額を支払わなければなりません。

3　精算旅行代金が旅行代金として既に収受した金額に満たないときは、当社は、旅行者にその差額を払い戻します。

## 第五章　団体・グループ手配

### 第18条（団体・グループ手配）

当社は、同じ行程を同時に旅行する複数の旅行者がその責任ある代表者（以下「契約責任者」といいます。）を定めて申し込んだ手配旅行契約の締結については、本章の規定を適用します。

### 第19条（契約責任者）

1　当社は、特約を結んだ場合を除き、契約責任者はその団体・グループを構成する旅行者（以下「構成者」といいます。）の手配旅行契約の締結に関する一切の代理権を有しているものとみなし、当該団体・グループに係る旅行業務に関する取引及び第22条第1項の業務は、当該契約責任者との間で行います。

2　契約責任者は、当社が定める日までに、構成者の名簿を当社に提出し、又は人数を当社に通知しなければなりません。

3　当社は、契約責任者が構成者に対して現に負い、又は将来負うことが予測される債務又は義務については、何らの責任を負うものではありません。

4　当社は、契約責任者が団体・グループに同行しない場合、旅行開始後においては、あらかじめ契約責

任者が選任した構成者を契約責任者とみなします。

第20条（契約成立の特則）

1　当社は、契約責任者と手配旅行契約を締結する場合において、第5条第1項の規定にかかわらず、申込金の支払いを受けることなく手配旅行契約の締結を承諾することがあります。

2　前項の規定に基づき申込金の支払いを受けることなく手配旅行契約を締結する場合には、当社は、契約責任者にその旨を記載した書面を交付するものとし、手配旅行契約は、当社が当該書面を交付した時に成立するものとします。

第21条（構成者の変更）

1　当社は、契約責任者から構成者の変更の申出があったときは、可能な限りこれに応じます。

2　前項の変更によって生じる旅行代金の増加又は減少及び当該変更に要する費用は、構成者に帰属するものとします。

第22条（添乗サービス）

1　当社は、契約責任者からの求めにより、団体・グループに添乗員を同行させ、添乗サービスを提供することがあります。

2　添乗員が行う添乗サービスの内容は、原則として、あらかじめ定められた旅行日程上、団体・グループ行動を行うために必要な業務とします。

3　添乗員が添乗サービスを提供する時間帯は、原則として、8時から20時までとします。　4　当社が添乗サービスを提供するときは、契約責任者は、当社に対し、所定の添乗サービス料を支払わなければなりません。

## 第六章　責　任

第23条（当社の責任）

1　当社は、手配旅行契約の履行に当たって、当社又は当社が第4条の規定に基づいて手配を代行させた者（以下「手配代行者」といいます。）が故意又は過失により旅行者に損害を与えたときは、その損害を賠償する責に任じます。ただし、損害発生の翌日から起算して2年以内に当社に対して通知があったときに限ります。

2　旅行者が天災地変、戦乱、暴動、運送・宿泊機関等の旅行サービス提供の中止、官公署の命令その他の当社又は当社の手配代行者の関与し得ない事由により損害を被ったときは、当社は、前項の場合を除き、その損害を賠償する責任を負うものではありません。

3　当社は、手荷物について生じた第1項の損害については、同項の規定にかかわらず、損害発生の翌日から起算して、国内旅行にあっては14日以内に、海外旅行にあっては21日以内に当社に対して通知があったときに限り、旅行者1名につき15万円を限度（当社に故意又は重大な過失がある場合を除きます。）として賠償します。

第24条（旅行者の責任）

1　旅行者の故意又は過失により当社が損害を被ったときは、当該旅行者は、損害を賠償しなければなりません。

2　旅行者は、手配旅行契約を締結するに際しては、当社から提供された情報を活用し、旅行者の権利義務その他の手配旅行契約の内容について理解するよう努めなければなりません。

3　旅行者は、旅行開始後において、契約書面に記載された旅行サービスを円滑に受領するため、万が一契約書面と異なる旅行サービスが提供されたと認識したときは、旅行地において速やかにその旨を当社、当社の手配代行者又は当該旅行サービス提供者に申し出なければなりません。

## 第七章　営業保証金（旅行業協会の保証社員でない場合）

第25条（営業保証金）

1　当社と手配旅行契約を締結した旅行者又は構成者は、その取引によって生じた債権に関し、当社が旅行業法第7条第1項の規定に基づいて供託している営業保証金から弁済を受けることができます。

2　当社が営業保証金を供託している供託所の名称及び所在地は、次のとおりです。
　一　名称
　二　所在地

## 第七章　弁済業務保証金（旅行業協会の保証社員である場合）

第25条（弁済業務保証金）

1　当社は、一般社団法人　　　旅行業協会（東京都　　　　　区　　　　町　丁目　　　番　号）の保証社員になっております。

2　当社と手配旅行契約を締結した旅行者又は構成者は、その取引によって生じた債権に関し、前項の一般社団法人　　旅行業協会が供託している弁済業務保証金から　　円に達するまで弁済を受けることができます。

3　当社は、旅行業法第49条第1項の規定に基づき、一般社団法人　　旅行業協会に弁済業務保証金分担金を納付しておりますので、同法第7条第1項に基づく営業保証金は供託しておりません。

●監修者●
塚越公明（つかこし　きみあき）

　山梨大学教育学部卒業後近畿日本ツーリスト㈱入社、都内の旅行専門学校講師を経て平成7年旅行業務取扱主任者資格取得の専門校トラベル・アンド・コンダクターカレッジ設立、現在同校学院長。令和4年度の合格率は、国内管理者で全国平均の2.0倍、総合管理者では2.7倍に達する。首都圏11大学でも開講。

●執筆協力●
岡野貢（おかの　みつぐ）

　明治大学政治経済学部卒業。運輸省（現・国土交通省）入省後、国際運輸・観光局（現・観光庁）、国際観光振興会（JNTO、現・日本政府観光局）に勤務し退官。（一社）日本旅行業協会（JATA）研修試験部長として8年間勤務。現在は、本書をはじめ旅行管理者関係の参考書の執筆活動に専念している。

鹿沼歩（かぬま　あゆみ）

　中央大学法学部卒業。トラベル・アンド・コンダクターカレッジで学び、総合旅行業務取扱管理者試験に合格。現在、トラベル・アンド・コンダクターカレッジ新宿校、首都圏の大学、専門学校で国内・総合旅行業務取扱管理者講座を担当。

本書に対するお問合せは
トラベル・アンド・コンダクターカレッジ
東京都新宿区西新宿1－22－2　新宿サンエービル1階
Fax　03-6276-8561　メール　shikaku@tc-college.co.jp
本書刊行後の改訂については、下記ホームページを参照して下さい。
URL：//www.tc-college.jp

この1冊で決める!!
国内旅行業務取扱管理者 テキスト&問題集

2023年3月25日　第3版第1刷発行

監　修　者　　塚　越　公　明
発　行　者　　富　永　靖　弘
印　刷　所　　公和印刷株式会社

発行所　東京都台東区　株式　新星出版社
　　　　台東2丁目24　会社
〒110-0016　☎03(3831)0743

© SHINSEI Publishing Co., Ltd.　　　　Printed in Japan

ISBN978-4-405-03241-5